海外中国研究丛书
刘东 主编

[日] 松浦章 著
董科 译

清代内河水運史の研究

清代内河水运史研究

江苏人民出版社

图书在版编目(CIP)数据

清代内河水运史研究/[日]松浦章著;董科译.
—南京:江苏人民出版社,2010.5(2021.4重印)
(海外中国研究丛书/刘东主编)
书名原文:清代内河水運史の研究
ISBN 978-7-214-06228-4

Ⅰ.①清… Ⅱ.①松… ②董… Ⅲ.①内河运输—交通运输史—研究—中国—清代 Ⅳ.①F552.9

中国版本图书馆CIP数据核字(2010)第080203号

清代内河水運史の研究 by 松浦 章
Copyright © 2009 松浦 章
Original Japanese edition published by 関西大学出版部
This edition authorized by 松浦 章
Simplified Chinese translation copyright © 2021 by Jiangsu People's Publishing House
All rights reserved.
江苏省版权局著作权合同登记号:图字10-2009-337号

书　　　名	清代内河水运史研究
著　　　者	[日]松浦章
译　　　者	董　科
责 任 编 辑	王　田
装 帧 设 计	陈　婕
责 任 监 制	王　娟
出 版 发 行	江苏人民出版社
地　　　址	南京市湖南路1号A楼,邮编:210009
网　　　址	http://www.jspph.com
照　　　排	江苏凤凰制版有限公司
印　　　刷	江苏凤凰扬州鑫华印刷有限公司
开　　　本	652 mm×960mm　1/16
印　　　张	28.5　插页4
字　　　数	398千字
版　　　次	2010年6月第1版印次
印　　　次	2021年5月第2次印刷
标 准 书 号	ISBN 978-7-214-06228-4
定　　　价	85.00元

(江苏人民出版社图书凡印装错误可向承印厂调换)

序"海外中国研究丛书"

中国曾经遗忘过世界,但世界却并未因此而遗忘中国。令人嗟讶的是,20世纪60年代以后,就在中国越来越闭锁的同时,世界各国的中国研究却得到了越来越富于成果的发展。而到了中国门户重开的今天,这种发展就把国内学界逼到了如此的窘境:我们不仅必须放眼海外去认识世界,还必须放眼海外来重新认识中国;不仅必须向国内读者迻译海外的西学,还必须向他们系统地介绍海外的中学。

这个系列不可避免地会加深我们150年以来一直怀有的危机感和失落感,因为单是它的学术水准也足以提醒我们,中国文明在现时代所面对的绝不再是某个粗蛮不文的、很快就将被自己同化的、马背上的战胜者,而是一个高度发展了的、必将对自己的根本价值取向大大触动的文明。可正因为这样,借别人的眼光去获得自知之明,又正是摆在我们面前的紧迫历史使命,因为只要不跳出自家的文化圈子去透过强烈的反差反观自身,中华文明就找不到进入其现代形态的入口。

　　当然,既是本着这样的目的,我们就不能只从各家学说中筛选那些我们可以或者乐于接受的东西,否则我们的"筛子"本身就可能使读者失去选择、挑剔和批判的广阔天地。我们的译介毕竟还只是初步的尝试,而我们所努力去做的,毕竟也只是和读者一起去反复思索这些奉献给大家的东西。

　　　　　　　　　　　　　　　　　　刘　东

译者的话

松浦章先生是著名的中国航运史专家,他自20世纪60年代进入关西大学开始,便致力于航运相关研究,至今已有40余载。在将近半个世纪的岁月里,松浦先生出版学术著作20余部,发表学术论文100余篇,在航运史研究领域积累了厚重的研究成果。

我国是一个水运大国。由于国内水系纵横,且其中的大多数具备了航运所需的水位,所以利用水路进行的运输活动最迟在汉代便已广泛展开。到了隋代,为了满足漕粮运输的需求,我们的祖先更是凭借高超的智慧和惊人的毅力,开凿了世界上最长的运河——大运河。明清时代是我国商品经济大发展的时期之一。在这一时期,民船行驶于国内各大水系之上,经由民船的水路运输承担了国内运输中的重要部分。可以说,明清时代的商品经济大发展与水路运输的发达是密不可分的。

本书便是一部探究我国清代水运史的著作。在书中,松浦先生着眼于清代内河水运史上的各大水系、税关以及民船,将税关看作基点,各大水系看作动脉,并将运行于各线之上,连接各大基点的民船看作水运活动中流淌着的血液,为读者编织了一张清代内河水运网的全图。

　　松浦先生的研究以丰富翔实的史料见长,在本书中,他灵活运用我国学者尚未广泛涉猎的清代奏折以及清末民初由日本人编写的《中国省别全志》中所见水运相关史料,对我国学者的相关研究进行了积极补充。值得一提的是,书中的资料篇介绍了清末民初我国各地民船种类及样式。在近代中国,由于人们对各种民船司空见惯,故未能系统地为这些曾为我国商品经济发展作出了巨大贡献的民船进行记录。而对中国表现出莫大兴趣的日本人,却于这一时期在东亚同文会的统筹下,对除东北以外的各省进行了细致绵密的调查,这些调查报告中,便有关于民船的详尽记录。这些记录被收录在东亚同文会编写的《中国省别全志》之中,松浦先生将这些有关民船的记录一一摘抄整理后作为资料全文刊出,相信这些宝贵的资料定能惠及今后的研究。

　　由于译者学识有限,加之任务紧迫,故谬误之处在所难免,在此敬希各位读者不吝指正。

董　科
2010 年 5 月 1 日
于千里山寓所

序

本书作者松浦章先生，是中国水运史研究的第一人，至今为止，他以航运、贸易、漂流船、海盗、海商等丰富多彩的主题，围绕中国大陆、日本、琉球、中国台湾、朝鲜等地域，积累了厚重的研究成果。水运大体上分为海运与内河水运两种。本次，松浦先生着眼于后者，出版了《清代内河水运史研究》一书。

布满中国全境的大小水系，向来为内河水运所利用。这种水运活动，长期以来承担了中国国内大量运输的重要部分。本书首先概括了从历史学角度研究明清时代内河水运的课题和盛清时代的社会与水运的情况，然后解明了发生于清代社会，以大运河水系、长江水系等为中心的内河水运之特性。另外，关于支撑起清代内河水运的帆船，本书收录了于雍正年间编纂成书的关于大运河浙江省杭州北新关的《北新关志》船谱中所载全部民船图像。[1] 这些船舶图，令人浮想联翩，仿佛亲眼看到清代航行于内河之上的帆船的情况，作为史料意义重大。再者，本书还提

---

[1] 杭州出版社于2009年3月出版了《杭州运河文献集成》共5册，在第1册中收录了《北新关志》全文，为节约篇幅，在此仅引用数幅船图以作示例，欲得知船图详情请参阅《杭州运河文献集成》——译者注。

炼整理了于20世纪初叶调查了除东北以外的中国全境的东亚同文书院编纂的《中国省别全志》中《民船》部分所见船名。这些船名,数量达到了1 000种以上。这些史料,均是将来进一步研究水运史的基础,故十分贵重。我确信它们必将给学界带来巨大裨益。在此,衷心希望本书广为江湖所接受。

关西大学名誉教授
桥本征治

目　录

序说　清代内河水运史的研究　1

　　1. 绪言　1
　　2. 清代内河水运史研究成果　5
　　3. 清代内河水运的情况　7
　　4. 作为清代交通道路的水路　11

序章　盛清时代的社会与水运　16

　　1. 绪言　16
　　2. 雍正时代奏折政治的发展　16
　　3. 乾隆时代的国内经济与水运　18
　　4. 小结　26

第1篇　明清时代的水运　29

第1章　明代江南的水运　31

　　1. 绪言　31
　　2. 江南的水运　32
　　3. 江南的内河船　37
　　4. 小结　42

1

第 2 章　明清时代的长江水运　44

　　1. 绪言　44

　　2. 明清时代的经济发展与长江　45

　　3. 长江帆船的通航区域　47

　　4. 小结　53

第 3 章　清初的榷关　54

　　1. 绪言　54

　　2. 明末的钞关　56

　　3. 清初的榷关　61

　　4. 小结　72

第 4 章　18 世纪中国沿海与长江航运　76

　　1. 绪言　76

　　2. 中国沿海地区的航运　77

　　3. 长江流域的航运　79

　　4. 小结　81

第 2 篇　清代大运河的水运　83

第 1 章　关于清代大运河的水运　85

　　1. 绪言　85

　　2. 大运河上的漕船　86

　　3. 航行于大运河上的帆船　93

　　4. 小结　103

第 2 章　清代江南、江北内河的行舟航运　104

　　1. 绪言　104

　　2. 江南、江北的内河水路网　107

　　3. 清代江南、江北内河水路航运的实态　112

　　4. 江南、江北内河航行的船舶　129

　　5. 小结　135

第3章　清代的扬州关　137

1. 绪言　137
2. 清代扬关、由闸的机能　140
3. 通过扬州关、由闸关的民船　144
4. 小结　149

第4章　清代苏州的水运　150

1. 绪言　150
2. 康熙、雍正时代苏州的经济情况　152
3. 苏州、浒墅关的水运　160
4. 小结　169

第3篇　清代长江水系的航运　171

第1章　清代芜湖市场与民船　173

1. 绪言　173
2. 芜湖市场的形成　175
3. 来航芜湖的民船　182
4. 小结　187

第2章　清代的九江常关与民船航行　189

1. 绪言　189
2. 明代的九江钞关　190
3. 清代的九江常关　194
4. 小结　210

第3章　清代汉口的民船业　212

1. 绪言　212
2. 汉口埠头的情况　214
3. 来航汉口民船的种类及其运营结构　217
4. 汉口税关的民船船料　223
5. 小结　225

第4章　关于清代四川的民船航运业 226

    1. 绪言 226

    2. 清代四川的民船航运 228

    3. 清代四川航运业的展开 233

    4. 小结 251

第4篇　清代内河水运诸相 253

  第1章　清代湖南的水运 255

    1. 绪言 255

    2. 从1902年《清国洞庭、鄱阳两湖沿岸事情》看湖南民船航运 256

    3. 日本领事报告中的民船航运 260

    4. 小结 267

    附：《湘桂粤三江民船运输调查》（粮食运销局）上海图书馆藏 267

  第2章　清代福建产茶叶输出的集散地之一
       ——江西河口镇：水运与陆运的接点 270

    1. 绪言 270

    2. 清代的河口镇 271

    3. 从崇安县星村镇到河口镇的路途 284

    4. 小结 301

  第3章　清代内河水运的河盗、湖盗、江贼 309

    1. 绪言 309

    2. 清代内河水运的河盗 310

    3. 湖盗与江贼 321

    4. 小结 327

终章　清代内河水运的旅人与物流 329

    1. 清代使用内河水路的旅人 329

    2. 清代内河水路的水运与物流 334

资料篇1　《北新关志》所见内河船舶图 339

资料篇 2　吴中孚撰《商贾便览》所见内河航运船舶　*349*

资料篇 3　《中国省别全志》所见中国民船名称清单　*357*

后　　记　*437*

序说 清代内河水运史的研究

1. 绪言

在中国古代,水运的重要性众所周知。"漕"这个汉字,自古以来被用来指代经由水路运输国家的税粮和军粮。

长江三峡巫峡附近(摄于 2002 年夏季,三峡工程完工之前)

2001年11月,从湖北江陵张家山汉墓247号墓出土的竹简中,有西汉时代的《二年律令》,其中的贼律条中,已经可以看到对运输中发生的伤害事故的相关规定。可见,水运是重要的运输方式之一。①

中国存在多个水系。其中大多数拥有能够承载航运活动的水位,不仅木造帆船,就连大型汽船亦可通航。这些水系中最大的是长江,现在仍有众多船舶往返于长江口和重庆之间,进行航运活动。这些船舶自客船至运输船,往来交错,这条水上交通的主干线时至今日仍旧是一条重要的交通路线。

中国内河中能够通航的水系中最长的是黄河,有3 794公里,其次是长江3 224公里,接下来是东北的黑龙江1 892公里、松花江1 890公里,汉水1 554公里和京杭运河1 442公里。②

同治十一年(1872)创刊的上海报纸《申报》第26号,1872年5月30日,即同治十一年四月二十四日第一版登载了《船舶论》,这篇文章将轮船,亦即是汽船作为交通方式的重要性指摘如下:

> 舟楫之利,至轮船为已极矣。大则重洋、巨海,可以浮游而自如;小则长江、内河,可以行走而无滞。其运载重物也,为至便。其传递紧信也,为至速。其护送急客也,为至妥。

上述部分强调了轮船的运输能力以及速度。接下来对轮船作为交通手段较以往的帆船,即民船的便利性强调如下:

> 譬如上海搭到汉口,其价每人不过七金,计钱十二千余,为期不过三日。若改搭民船,由上海而苏州,由苏州而镇江,由镇江而金陵、安庆、九江,以至汉口,虽船价火食稍可减省一半,而为期至速,

---

① 徐世虹:《张家山〈二年律令〉中的损害赔偿之规定》,中国社会科学院简帛研究中心编《张家山汉简〈二年律令〉研究文集》,广西师范大学出版社,2007年,第301页。
② 《新编实用中国地图册》,中国地图出版社,2002年,中国交通(二)《主要内河通航里程表》第4页。附带说明一下,在本书的终章,会提到福建省九龙江。此江的通航长度在该图上为142公里。

总在二旬以外,其途间之累坠阻滞,较之轮船已可往返三次矣。

搭乘轮船,由上海至汉口,一个人的船费不超过七两,换算成钱制约12 000余,3天到达。另一方面,由民船自上海至汉口,至苏州、镇江利用大运河之航运,从镇江开始利用长江航运,经南京、安庆、九江到达汉口。虽然比轮船的运费较低,但乘坐民船最快也需要花费20日。此间轮船已经往复上海与汉口之间三次。在此强调了轮船的速度。这样,轮船的出现为交通带来了不同于以往帆船的高速与安定。

到这样的交通革命在中国发生为止,各地水系中被长期广泛利用的木造帆船,在很长的时期之中,为中国的大量运输提供了可能性。

在以往中国的交通史领域的研究中,关于民船航运活动的积累并不多见。但是1945年以前的日本,却有众多值得注目的研究业绩。其中之一,是1943年10月东亚海运株式会社内部出版发行的《支那的航运》。① 该书第二章《支那航运中之特异点》中,将"戎克"(即Junk)作为第三节题名列举。该节第一小节"(一)《戎克及民船之定义》"中有:

> 关于戎克及民船的名称,通行的说法是,戎克形体较大,被用于远距离航行,船体坚固,相比之下,民船形体较小,用于内河近距离沿岸航行,船体并非十分坚固。但是现在加入中支戎克协会之戎克,一艘平均14吨左右,并非大型船只,且航行范围亦大概迄于舟山群岛方面。航行于南方的戎克,其航行距离也并非很远。从这一点可以知道,戎克与民船并无截然之区别,若将其等同视之,也根本没有关系。②

虽然当时以戎克和民船等称呼将中国帆船严格区别,但并非由航行水域来进行划分,而是以船舶的形状,特别是大小来区别。一般大型的中国式帆船被称为戎克,而小型的则被归类为民船。

---

① 《支那的航运》,东亚海运株式会社,1943年,第679页。
② 同上书,第50页。

刊行于 1927 年的满铁调查资料第 69 篇,《支那之戎克与南满三港》,是基于对大连、营口、安东三港的进行调查戎克后提出的报告书。书中凡例部分写道:

> 所谓戎克者,乃支那帆船之俗称,其正名本谓民船,在本篇中,以俗称统称。①

中国式帆船的俗称是戎克或 Junk,但其更为普遍的名称则是民船。另外,关于在调查戎克之际的困难,同书说:"戎克的从业者为支那人,其运用状态完全遵从于习惯及传统,因此欲就其秩序进行调查,或欲获得文献资料,均极为困难。"②

关于戎克、Junk 的出典,Henry Yule and A,C, Burnell, *Hobson-Jobson*,中有:"大型东方帆船,特别是指中国船"③,书中还指出,Friar Odorico 的旅行记中所见"Zuncum"一词是 Junk 的最古老的用例。另外,曾任厦门领事的上野专一,在提交明治二十九年(1896)至明治三十年(1897)以厦门为中心的报告书《支那南部篷船航业状况》之际说:"本文中所称之篷船,支那人称之为民船,外国人称之为'Junk',乃支那各地固有之帆船也。"④亦即是说,报告中使用的"篷船"一词,与 Junk 民船一样,均指中国式帆船。

因此,在本书中以民船一词,作为指代中国式帆船的基本词汇进行论述。虽然目前关于民船的研究并成果不多见,但是民船的活动对中国来说极其重要。

---

①② 南满洲铁道株式会社庶务部调查课,佐田弘治郎编辑发行,满铁调查数据第 69 编:《支那的戎克与南满三港》南满洲铁道株式会社,1927 年,凡例第 1 页。
③ Henry Yule and A,C, Burnell, *Hobson-Jobson ; A Glossary of colloquial anglo-Indian words and Phrases , and of Kindred terms , Etymological , Historical . Geographical , and Discursive* , First published in 1886, 1985, p.472.
④《官报》第 4148 号,明治三十年(光绪二十三,1897)5 月 4 日,第 12 页。

2. 清代内河水运史研究成果

　　中国内河的重要性自古便广为人知。明末来到中国的利玛窦，对内河运输表现出莫大关心。他从长江进入大运河，而后到达北京。关于这一河段，他说："有很多运输粮食的船只。这些船只的数量达到一万只。"①他还说，这些船多是来自江西省、浙江省以及南京所在的南直隶、包括了湖南、湖北的湖广省以及山东省，它们是为了赴北京缴付贡租而航行于运河之上的。另外，水路交通不仅负担了粮食运输，"除了这些船，很多往返于王都的官吏之船以及来自内地的个体商人的船也来往于运河之上"。② 也就是说，因公出差的官员以及商人也在利用大运河的水运交通。关于在水运途中需要采取的一些措施，利玛窦说：

　　　　行走于运河与河川的时间是夏天，由于水果、鱼、蔬菜等物品，会在长达一两个月的长途运输中腐烂，所以在这些物品中加上冰块加以保存。但是，冰块在夏天也会融化，所以在船通过的地区，所有城镇都在洞穴或地下窖藏大量冰的义务，以保证船只在通过这些区域时保鲜货物所需冰块的供给。③

　　除了水路结冰的时期，特别是在夏天，冬季的冰块被各个地方保存在冰窖之中，以便在温度较高的夏天作为运输食品等货物时的保鲜剂使用。正如利玛窦所举的这个例子，在中国，自古有很多智慧被灵活运用于航运之上。

---

① 川名公平、矢泽利彦、平川裕弘译《利玛窦　中国基督教布教史(1)》大航海时代丛书第Ⅱ期8，岩波书店，1982年，第374页。该书在中国被译作《利玛窦中国札记》，由何高济、王尊仲、李申翻译，何兆武校译，中华书局1983年出版——译者注。
② 《利玛窦　中国基督教布教史(1)》，第375页。
③ 同上书，第377页。

关于清代的航运史的研究,在晚清,有很多外国人来到中国,对活动于各地舞台上的帆船表现出莫大关心。但是到目前为止,以这些帆船为研究对象的成果并不多见。在日本,星斌夫著有明代大运河粮税运输相关漕运的书籍《明代漕运之研究》。① 在书中,作者不但从制度史的角度出发,总结了明代漕运的运营机构、民运组织、防卫组织等相关问题,还对清代的漕运问题有所提及。星斌夫还在《明清时代交通史之研究》②中,对清代的漕运制度中的运营机构、防御组织以及运营的实际情况进行了考察。

从清代的常关制度与商品流通的视角出发,对大运河与长江等河流上各关的考察,在香坂昌纪③、吴建雍④、泷野正二郎⑤、何本方⑥、鲁子健⑦、饭岛涉⑧、顾盼⑨、许檀⑩、祁美琴⑪等诸位学者的努力下得到了推进。

---

① 星斌夫:《明代漕运之研究》,日本学术振兴会,1963年。
② 星斌夫:《明清时代交通史之研究》,山川出版社,1971年。
③ 香坂昌纪:《清代浒墅关之研究Ⅰ、Ⅱ、Ⅲ、Ⅳ》,《东北学院大学论集·历史地理学》第3、5、13、14号,1973年、1975年、1980年、1984年。
香坂昌纪:《清代大运河上的商品流通——乾隆年间,以淮安关为中心》,《东北学院大学论集·历史地理学》第15号,1985年。
香坂昌纪:《清代北新关与杭州》,《东北学院大学论集·历史地理学》第22号,1990年。
香坂昌纪:《清代中期的杭州与商品流通——以北新关为中心》,《东洋史研究》第50卷第1号,1991年。
香坂昌纪:《清·民国初期钱塘江水系的商品流通》,《中国文化及其周边》,1992年。
④ 吴建雍:《清前期榷关及其管理制度》,《中国史研究》,1984年第一期。
⑤ 泷野正二郎:《清代淮安关的构成与机能》,《九州岛大学东洋史学论集》第14号,1985年。
泷野正二郎:《清代常关中的包揽》,山口大学《文学会志》第39号,1988年。
泷野正二郎:《清代围绕凤阳关的物资流通——以乾隆年间为中心》,《和田博德教授古稀记念 明清时代的法与社会》,汲古书院,1993年。
⑥ 何本方:《清代的榷关与内务府》,《故宫博物院院刊》1985年第2期。
⑦ 鲁子健:《清代四川的榷关》,《中国社会经济史研究》1987年第3期。
⑧ 饭岛涉:《中国近代的常关制度——以牛庄洋关对营口常关之管理为中心》,《社会经济史学》第56卷第3号,1990年。
⑨ 顾盼:《清初广东省的商品流通——以太平关的移动为中心》,《史峰》第6号,1991年。
⑩ 许檀:《明清时期运河的商品流通》,《历史档案》,1992年第1期。
许檀:《明清前期九江关及商品流通》,《历史档案》,1999年第1期。
⑪ 祁美琴:《清代榷关制度研究》,内蒙古大学出版社,2004年。

在利用水运进行的人员物资的移动之中,船舶的存在不可或缺。但是,在至今为止的航运史研究之中,学者缺乏从船舶的种类及其运营方式进行考察的视角。

因此,在本书的各个章节中,欲以围绕上述问题点,即各个常关通关船舶的形态、数量以及其航运目的进行论述。

3. 清代内河水运的情况

佐伯富指出,在清代,被称为两淮富豪的扬州盐商,利用长江水运之利,垄断了自长江口至内陆的湖南、湖北,这一广大的区域的食盐生意。① 经营两淮盐买卖的扬州商人,在用船将盐从盐场运往湖北、湖南贩卖之后返回江南之际,其船并非空载。佐伯富指出,同治《长沙县志》卷十六,风土商贾中有:"秋冬之交,淮商载盐而来,载米而去",包世臣的《淮盐三策》中也有:"盐船载米煤等物,顺流而下,船得倍利,并以利民",由此可知两淮盐船在返航之际装载米以及煤等货物。②

特别是在湖北、湖南,如果作物丰收,那么各地的商人就会携民船而至。雍正十年(1732)二月二十四日湖广总督迈柱的奏折中有:

> 窃照楚省北南,虽获连年丰稔,米价平,但邻省搬运甚多,皆缘富商大户,牟利之徒,任意私贩,联樯顺流而下,广为囤积。是以每年三四间,楚省因贩多而价长,邻省因囤积而更昂,垄断周利,民受其困。今查汉口地方,自去年十一月至本年二月初旬,外贩米船已有四百余号,自盐商巨艘装运者,尤不可以数计。目今,米价值已渐增加,倘至青黄不接之时,必甚昂贵。楚价一长,则省之贵可以类推。臣以民食攸关,亟宜豫计。③

---

① 佐伯富:《清代盐政之研究》,东洋史研究会,1956 年第一版,1962 年第二版。
② 同上书,第 307—308 页。
③ 《宫中档雍正朝奏折》第 19 辑,台北故宫博物院,1979 年,第 482 页。

从资料中可以得知,由于湖北省连年丰收,各地的商人携民船而至。特别是雍正九年十一月到第二年的二月初旬,来到汉口的各省船舶多达400只以上,尤其是盐商的船只,体积巨大,数量众多。亦即是说,江南的盐船装载淮南盐从长江下游往中游运输,并在中游地区装载货物返航。这些船只在返回江南时装载的货物中,具有代表性的便是湖北、湖南省产的米。

雍正九年五月初四日河东总督田文镜的奏折中提到,在将湖南、湖北的米运往陕西省东南部的商州之际,运输方法成为了一个问题:

> 奏为钦奉上谕事,窃照湖广运米十万石至商州一案……据程秉礼详称,勘得萧江口至荆子关,计程二百六十里,河阔水平,虽有浅滩,扒船可以行走;白荆子关至龙驹寨,计程三百六十里,溪流浅窄滩,石险峻,惟有小鳅船可以往来。盖鳅船首尾,俱尖身长,而窄较扒船灵动,船底系楺木打造,性软而坚,即经伤损,尚可修理。今奉文造船,必以小鳅为最,查扒船可装米十三石,鳅船可装米十四石,通计十万之米,豫省需船一千只,即可循环运送。今淅川县有中样扒船三百只可以雇募,在荆子关以下行运,至鳅船一项船,底系楺木板片,楺木系湖南宝庆等府出产,若委员赴宝庆,设厂造船,未免往返稽迟,缓不济事。即造完船只,尚须雇觅熟练溪河,惯撑鳅船之头舵水手押送来豫,方能行运。通盘计算,不如赴湖北雇觅为便。今拟于楚省雇觅小鳅船五百只,并于淅川打造小扒船二百只,连雇募之中样扒船三百只,共计一千只,接流递运等情,思鳅船豫省既难打造,而荆子关至龙驹寨扒船又难行走,必得赴楚,雇募小鳅船随一面委员鳅带银两飞赴楚省,雇觅鳅船五百只。又恐隔属呼应不灵,复咨湖广督臣转饬地方官协同委员,雇觅在案。至所需扒船,除将淅邑现有中样扒船三百只雇用外,又于淅川设厂三处,多雇匠役,昼夜赶打小扒船二百只应用。

如资料中所说那样,要将 10 万石米从湖北省运往陕西省,必须借助内河水运。从河川的状况出发,名为扒船和楸船的小型船只被选定为运输工具。扒船载重 13 石,楸船载重 14 石,10 万石米需要 1 000 只这样的小船来运输。

关于从湖北省到商州的内河水路,《陕西通志》卷三十七,《屯运一》中引用的《商洛转漕图记》道:

> 自襄阳府城、汉江,历谷城、光化,至均州之小江口贰伯捌拾里,入小江口经河南内乡境,至淅川壹伯陆拾里,又伯伍里至淅属之荆子关,又伯壹拾伍里入秦境,为商南之徐家店。又伯壹拾里竹林关,伯壹拾里龙驹寨。自襄迄寨水路,凡捌伯七拾余里。其间多支河流入,其滩之险而可名者,壹伯叁拾有奇。

从位于汉江中游的湖北省襄阳,沿汉水至谷城县,经过位于现在老河口市附近的光化县,从现在的均县小江口入丹水,再通过河南省西部的淅川县,到达河南省荆子关。过荆子关后进入陕西省,再逆丹水而上至商南、龙驹寨。从襄阳到龙驹寨的水路长达 870 余里。在这段路程中,有很多险滩,光是有名字的险滩就有 130 个。

王士祯在《居易录》卷十九中,对这段航路记述如下:

> 总督川陕尚书佛伦上筹秦十疏,其第七疏言,湖广襄阳府,有自襄江进小江口,通陕西商州龙驹寨水路一道。自襄阳府至小江口二百四十里,襄江大船载运,每船可八九十石至百石,自小江口换小船,至河南淅川县荆子关二百余里,每船可四五十石。又于淅川县换小船,至陕西商南县徐家店二百余里,河狭滩多,每船可载七八石。自徐家店至商州龙驹寨二百里,此假水路多滩险,每船可载五六石。至龙驹寨已上,不通舟楫。龙驹寨至西安府,相距四百余里,中间有秦岭蓝关七盘等,则系岭路,有百里许。臣惟小江口至龙驹寨,虽系山河,亦古来转运河道,但近代久不行运,恐河道间有淤废。

若此运道,果能广运楚米至龙驹寨积贮,较之陆路挽运,殊为便易。龙驹寨至省城不远,所积粮米,自可随时调度,以备不虞。

这是一段关于襄阳到西安之间运输问题的史料,西安到龙驹寨之间是山路,但自襄阳到龙驹寨之间运用水路更为方便。

关于山西省的内河水运,《河南通志》卷十五,《河防·河防考四》中有:

> 山西巡抚疏称,汾河自河津县起,至绛州止,可行装载百石之船。由绛州至平阳府城以及洪洞县,可行装载五六十石之船。惟是介休县之义堂桥,积石累累,滩多水急,向无纤路,自介休至省城,又多淤浅,必制小船。仿照艍船、麻阳船之式,移咨楚省,酌调船匠水手,修造教演,臣愿捐造百只。倘遇歉收,即于汾河接运,又称随预造有桅有柁有桨之小船三只,内一只可载粮四十石,一只可载粮三十石,一只可载粮二十石,在汾河内演试,自省城以至河津县,俱可行走。

这是关于山西省内河水运中汾河的内容。汾河在山西省西南部的河津县流入黄河,从河津县上航至绛州的水路可走载重 100 石的船舶,从绛州出发经由平阳府到洪洞县的河道可走 50—60 石的船舶,从汾州府的介休县到省城太原,由于滩多水急等原因,若非小船不能航行。所以山西巡抚策划仿造艍船、麻阳船的样式建造 20、30、40 石的船舶在这段河道上试航。

雍正十二年(1734)七月二十三日云贵广西总督尹继善的奏折中有:

> 云贵广西总督尹继善,谨奏为滇粤全河告成事。窃查滇省,僻处边隅,不通舟楫,处处崇山峻岭,商旅难行,百货腾贵,是以开通河道,甚关紧要。查由滇通粤,有土黄一带河道,发源于滇省广南府之分水岭,合师宗州、西隆州诸山之水,汇聚成川,自土黄起经西隆、西林、土富州、土田州诸境,过剥隘而至百色,共计七百余里,可以直达

两粤,旁通黔楚……自雍正十一年十二月起,至本年五月,已将全河七百四十余里一律开通,随照贵州、湖广滩河驾使之麻阳船、鳅船式样成造试行,往返无阻。现在广东之三板等船,已有载货前来,沿河交易,嗣后四方商贾,闻风奔凑,财货可以流通,且运铅运钱,可省数百里之旱路,滇粤两省,受益实多。

右江、郁江均发源于云南与广西省界附近,在浔州府附近流入西江,这封奏折描述的是郁江上游水运的情况。

关于航行在内河水路上的船舶,乾隆《大清会典》卷四十七,《户部·税关》中江西省内船舶税则中有:

江西九江关税,三十五万四千二百三十四两有奇。凡官商盐茶有征,客商货物除竹木输税外,余皆无征,惟科船料。船分各类,均量宽深及长,以别号数,以定税之重轻。

这里大致说明了位于长江中游的江西九江税关的征税标准。来到九江的帆船中,有名称的大概有五十余种:

辰船、驳船、大浆船、大广船、大襄船、竹山船、抚船、大斗船、大鹏子船、方稍船、大黄船、大敞梢船、大座船、大扁船、大划船、柏木船、湖南船、大鸦尾、小五船、划船、巴斗船、鸦尾船、中抚船、鹏子船、采石船、临江船、桐槽船、渔船、下江黄船、三板船、中辰船、镇江沙船、焦湖船、鳅船、獭子船、芜湖船、宋埠船、摇船、扶梢船、江窝船、三桨船、巴干船、车牌船、丰城船、宣船、奉新船、两尖船、中扁船、满江红船、本水船、钱课船、带脚船、脚船、盐船、带脚船、涨船。

关于这些帆船的详细情况,请参考本书第2篇第2章。

4. 作为清代交通道路的水路

康乾时代被认为是清代最繁荣的时期。这一时期包括了康熙时代

11

61年、雍正时代13年以及乾隆时代60年,共计134年。在本节中,笔者欲从这段盛世的中间时代——雍正时代的官吏的奏折中,分析清代内河水运作为交通道路发挥的机能及其具体情况。

关于清代基本的交通手段,河南总督田文镜雍正六年(1728)二月初三日的奏折中有:

> ……尚可手提肩负,多则须骡驮车载矣。水路则须舟船装运矣。其脚费皆钱粮所出……①

亦即是说,在雍正时代,出行或走陆路或走水路。

湖北巡抚费金吾在雍正八年(1730)三月二十四日的奏折中,向雍正帝报告他离京赴任途中的情况:

> 于三月初八日卯时自海甸起程……于三月十六日辰刻抵山东济南府,拟歇息一二日,即由河南陆路赴任。乃以陛辞之后,陆行微劳,饮食稍减,户部员外郎沈文崧仰体皇上爱臣之心,朝夕诊视,细心体察,药饵得宜……劝臣静养,旬日由水路赴任。臣查山东至湖北仅二千里,由河南陆路而行不过二十日,可以到任。若由水路,须取道长江,虽计程止三千余里,而时交夏令南风,必多迟速,难以日计。伏思微之身,皇上再赐之身也。②

费金吾于三月初八日从北京出发,三月十六日到达山东济南。由于身体状况不佳,暂时在该地休息。负责医治他的户部员外郎沈文崧建议他静养,然后取道路途中颠簸较少的水路赴任。但水路比陆路长一千里,时值春夏之交,刮着南风,如走水路则必须逆风而行,所以费怕走水路耽误了赴任的时间。从山东济南到湖北的水路,应该先顺大运河南下后进入长江,并上航至湖北。

---

① 《朱批田文镜奏折》四,第104页,《雍正朱批谕旨》第6册,文源书局,1965年,第3273页。
② 《宫中档雍正朝奏折》第16辑,台北故宫博物院,1979年2月,17页。

关于水运带来的效果,贵州布政使金陞,广东巡抚鄂弥达在雍正八年七月初七日的奏折中如是报告:

> 臣再四思维,查湖南乃产米之处,而辰州府所属之沅州与黔属玉屏县联界,附近军营至贵州省城仅止八百一十五里,至湖南省城则一千五百八十里。较其远近相去一半,况今清江一带河道开通,自沅抵黔,水路往来尤为便利。①

湖南省在清代是著名的米谷生产地。湖南西部的沅州所产米谷,向西输送到贵州省城贵阳,其距离只有815里,而输送到湖南省城长沙的距离则有1 580里。若沅州至贵阳的水路状况良好,则将沅州与贵州省相接的选择最为妥当。

关于湖南与贵州水运对地区经济的影响,从云贵广西总督鄂尔泰在雍正八年十一月二十八日的奏折中可以窥见一端:

> 查湖南辰州府属之沅州,与黔属玉屏县联界。今清江一带,河道开通,自沅抵黔,水路往来尤为便利。……沅州归黔,则运米之回空船只,即载苗地货物,带往湖广江浙各处发卖,卖完之日,即载淮盐绸布,赴黔贩卖。如此往来运售交相济用,则谋生之苗猓,渐化为守法之良民,瘠薄之边方,将变为富饶之乐土等语。臣查湖南沅州原与黔接壤,今河道已通,毫无阻滞。②

湖南省西部的沅州府,通过沅江支流清江的水运,与贵州省东部相连,其结果,沅州运米至贵州的船只在返航时并非空载而归,而是装载贵州的物产至湖广江浙等地贩卖,贩卖完毕后再装载淮盐绸布等物品赴贵州贩卖。这样,物资得以流通,对贵州的少数民族地区经济发展起到了重要的作用。

---

① 《朱批鄂弥达奏折》上,第14—15页。《雍正朱批谕旨》第10册,文源书局,1965年,第5931—5932页。
② 《宫中档雍正朝奏折》第17辑,台北故宫博物院,1979年,第249页。

水运的效果不仅限于一部分地域。关于水运在长江流域最大市场之一的汉口发挥之机能，浙江巡抚李卫在雍正四年六月初一日的奏折中说：

> 查湖广汉口地方，向来聚米最多者，皆由四川土饶人少，产米有余，本地谷贱伤农，故川民乐于出卖，以助完粮用度之需。从前年羹尧每年将川米贩运湖广江省各处，发卖获利甚多，人人共知……况四川米价较各处颇贱，川江直抵湖广水路，盘运甚易。即或有风波之险，而十余船中损失一只，亦不至伤及原本。①

在湖北省的汉口，集中了来自四面八方的大米，其中占有大量比例的是四川省生产之大米。四川省土地肥沃，人烟稀少，生产粮食多有剩余。这些剩余的农产品经长江水运运至汉口集散，再由汉口运至更加下游的省份，为四川人带来利益。从四川顺长江下航很容易，运输途中的危险较小，即便发生事故，损失也比较轻微。

但是，水路运输也并非绝对安全。于雍正十年七月至雍正十一年二月担任安徽巡抚的徐本②在奏折③中说：

> 谨奏，为敬陈挐获积盗缘由，仰祈睿鉴事。窃照，安河寿州地方，滨临淮河，为江南豫省水路孔道，往来商贾停泊河干，每遭劫掠。历年以来，一岁之中申报大盗十余起至数十起不等。臣密加查察，访有一伙积盗，俱系沿河聚族而居，撑驾小舟，假以捕鱼为业，散布河滨，久惯为匪，商贾不敢夜行。臣密谕庐凤道李如兰到彼访拿，该道随雇觅客舟减从前往。临晚，行至该州地方，即遇一伙惯盗，视为客商，拉船欲劫。经该道差役，擒获孟二一犯，究出同伙，为匪者二

---

① 《宫中档雍正朝奏折》第6辑，台北故宫博物院，1978年，第99页。
② 钱实甫编《清代职官年表》二，中华书局，1980年，第1587—1588页。
③ 这则奏折中虽未记录日期，但《雍正朱批奏折》第6册中所见该奏折之前"雍正十一年七月初十日"的字样可知，该奏折为雍正十一年七月至十二月之间所写。

十余人。供明,每遇客船停泊,即便尾随行劫,共计劫过棉花船、米船、瓶罐船,一共十余案,其余抢窃之案尚多。陆续拿获平文早等一十三名。并跟获孙马绰号骝花马,孙黑绰号无天地,平小报绰号免虎坐等三名。其余各盗,现在密檄严拿。臣查此辈,久匿河干,积惯行劫。且有如此绰号,实为水路大害。当将各盗饬令臬司,严审劫过各案,确情追缉,余盗定拟具题,并分委附近佐贰人员,令庐凤道督率前往沿河一带,将大小渔船取具连环互保,编列号数,严密稽查其孙、平、焦、邓等姓聚族而居者,设立族正,不时查举,如有违犯,一体坐罪。再令文武员弁,轮流巡哨,务期宁谧外,所有拿获寿州积盗缘由。相应奏闻,伏祈睿鉴,谨奏。①

如同这则奏折所说,以航行于水路上的商旅之人为猎物的盗贼也从未停止过其活动。河川中有河盗、川盗,湖中有湖盗,长江中有江贼。关于这些盗贼出没的情况,将在本书第4篇第3章中进行叙述。

上面的简单叙述,便是本书的导论。在本书中,笔者欲将水运在社会生活中的重要地位与清代内河水运史这一课题相结合进行论述。

---

① 《朱批徐本奏折》第32—33页。《雍正朱批谕旨》第7册,文源书局,1965年,第3953页。

序章　盛清时代的社会与水运

1. 绪言

在本章中,欲从在清代社会生活中,内河航运作为社会经济基础活动的视角出发,论述官吏发送给皇帝的报告书——奏折作为记载内河航运史史料的重要性。

清代官吏的奏折,虽然在记述上鲜有统一性,但这些记录不但时间明确,而且内容除涉及地名之外,还对相关事例还有更为具体的描述,这一点是极其重要的。

2. 雍正时代奏折政治的发展

清朝基本继承了明朝的政治体制,在文书形式方面也继承了明的制度。其中一个例子就是题本。题本在形式与内容上必须非常严密,并且需要注明报告时间。因此题本不适合于紧急报告。为了对应这种情况,在康熙帝时代,清人开发出了在发生紧急情况之时,臣下可以将相关事件以奏折的形式自由地向皇帝报告这一方式。将奏折报告活用至极的,是雍正皇帝。

若要将雍正帝的时代的政治特征用一个词语概括,那便是"奏折政治"。所谓奏折,即官吏以书信的形式的文书就种种事项向皇帝报告。通过奏折,政治被推进。雍正帝通过皇帝与臣下之间互相交换文书的形式,对臣下逐一指示。

例如,地方官对其任地的气候情况、经济政治社会情况、官吏的人事问题,以及对皇帝的问候等报告书,均有利用奏折形式呈交皇帝的。可以说,雍正皇帝的勤政,促使了官吏勤于政务。多数的官吏需要面对的上司只有皇帝一人。所以雍正皇帝不得不每天自清晨开始批阅奏折,下达指示,直至深夜。①

皇帝的指示直接用朱笔写在来自于各个官员的奏折之上,这种批示被称为朱批,而被朱批过的奏折则叫朱批奏折。大量这样的奏折被保存在北京的紫禁城,也就是现在的故宫之中。这件事情从20世纪初期开始广为人知。现在,这批奏折被保存在中国第一历史档案馆以及台北的故宫博物院之中。奏折在经过朱批后被送还到各个官吏之处。官吏们在恭敬地阅读皇帝的指示后,并不能保存记有皇帝真笔的奏折,而必须将它们再次送回皇宫之中。雍正帝是一位忠实仔细地实行了朱批的皇帝。雍正帝在位的时间较前一代康熙的61年以及后一代乾隆的60年短得多,仅有13年。究其原因,一是雍正帝即位时已经四十有五,二是雍正帝勤于批示奏折,恐怕是过劳而死。但是,可以说这种过于劳累的为政方式,特别是逐一阅读各省送来的奏折,本身就是雍正帝自己所期望的政治方法。也正是这样的为政方法,使得仅为康熙、乾隆五分之一强的雍正时代很少有政治上的不稳定。如果要列举这一时期的动荡,恐怕只有与在西北地方兴起的少数民族部落——准噶尔的战争。为了这场战争,雍正帝设立军机处。这一为了保持军事机密而设立的新制度,

---

① 宫崎市定:《雍正帝——中国的独裁君主》,中共文库,中央公论社,1996年。

对清朝产生了深远的影响。军机处在此后历代皇帝的管辖下,被赋予莫大的权力。19世纪之初,清廷设立军机大臣,此后军机处不仅在军事机密上握有大权,而且成为了一般的国政参与者。

雍正帝在财政方面也采取了一些很重要的措施。其中最重要的就是养廉银制度的创设。在以往的地方税中,由地方官自由决定的部分较多,由此产生的苛捐杂税给民众带来了很大痛苦。为了解决这个问题,雍正帝创设了养廉银,即在官员的俸禄之外再支付一些补贴性质的养廉银,并严格禁止规定之外的征税。① 这一制度的创设是为了防止给民众加以过重的税收负担。但是,随着时代的前进,养廉银制度也变质了。

3. 乾隆时代的国内经济与水运

雍正十三年(1735),14岁的乾隆帝即位。乾隆帝治世时,征讨准噶尔、台湾、缅甸、越南、廓尔喀等地,建树了十大武功,因此他在晚年时自称十全老人。在乾隆帝执政的时期,清朝的版图不断扩大,就连被称为西方屋脊的帕米尔高原,也被其纳入囊中。此时清朝所控制的疆域范围,甚至凌驾于元朝之上。这样,清朝迎来了全盛的时期。

乾隆帝不仅在军事方面很有建树,而且积极推进文化事业,最近影印出版,广为研究者所利用的《四库全书》,就是在他的命令下编纂而成的。

综观清朝的财政,由于清朝皇室兴起于满洲,所以各方面的花销均很简朴,即使如此直到圣祖康熙帝的时候,国库仍无余银。雍正帝之时,为谋求国库的充裕,厉行节约财政支出之政策。乾隆时代,受前代之恩惠,岁入颇多,即便经历了十余回战争,国库中仍有余银数千万两。由于国库的充裕,国家数次免除了全国的租税。这一时期国家收入的中心是

---

① 岩见宏:《关于养廉银制度的创设》,收录于《雍正时代之研究》,同朋社出版,1986年。

土地税,约占总收入的 3/4①,其他诸如食盐专卖及关税等收入,主要用于宫廷经费以及军事费用等支出。值得一提的是军事费用,由于清朝兴起于东北地方,故不必如明朝一般在北方以及东北花费大量军费。康熙时代,平定三藩之乱之后,军费支出明显减少,只用满人、蒙古人、汉人组成之禁旅八旗、驻防八旗的 20 万军队,以及以汉人为主体的 50—60 万绿营军维持国内治安。维持这支军队的费用较少,这对国家财政的安定作出了贡献。

自康熙至雍正、乾隆时代,清朝财政丰裕。虽说这样的成果,与清朝皇室的节俭以及雍正帝所推行财政政策的奏效是密不可分的,但与天下太平同时而来的经济发展,与财政盈余的关系紧密关系也是不可忽视的。这一时期不仅是清朝帝室有财政盈余财,民间的百姓手头也很宽裕。② 在雍正、乾隆时代,负责中央财政银两收支的户部,其银库的剩余银两最高有 7 800 余万两③,可见这一时期的清朝,国家极为安定。

在清代的农村,自给自足的经济崩溃,货币经济的波澜波及农民的家庭经济,农民不得不去购买自己不制造的日用品以及生产工具。因此,农民必须前往位于市镇等地的市场,通过商人或者专门的牙行购买生活必需品。另一方面,农民为了得到购买生活必需品的现金,又将自己的生产的农副产品卖给商人或牙行。从农民处购得农副产品的商人将其在全国范围内贩卖,从而产生了许多至今仍很有名气的特产。可以说,这一结果是货币经济在在全国范围内的发展造成的。

值得注意的是以山西、陕西省籍人士为中心的晋商以及以安徽省徽州籍人士为中心的徽商等大型商团。他们掌握了国内的经济命脉。他们主要通过运输清朝专卖盐以及相关物品取得巨大收益,而后在扬州与苏州修建豪宅。不仅是专卖盐以及相关物品的运输,这些商人在其他商

---

① 岩井茂树:《财政——国家之变貌》,《从数据看中国近代史》,有斐阁选书 920,1996 年。
② 和田清:《康熙·乾隆时代》,《东亚史论数》,生活社,1942 年。
③ 岩井茂树:《财政——国家之变貌》,《从数据看中国近代史》。

品的交易上也对国内经济造成了巨大影响。①特别是晋商,其出身地山西省紧邻皇帝脚下的直隶省,与首都北京相去不远,他们与清朝的权力结合,对政府专用物资的运输等作出了贡献。②

货币经济的发达也造成了国内流通铜钱数量不足的问题。虽然税金是以白银的形式交纳的,但与民众日常生活息息相关的货币却是铜钱。为了弥补制钱原料——铜的不足,中国通过长崎贸易从日本进口了大量的铜,这一贸易在康熙时代末期至乾隆时代最为繁盛。虽然中国西南地区的云南省产铜也盛,但较通过长江水系将铜自云南运往沿海地区来说,通过大型中国帆船自长崎运输回国在各方面都远为便利。因此,康熙通宝、雍正通宝、乾隆通宝中的很大一部分都含有日本生产的铜。这一时期的日本,乃是世界屈指可数的产铜国。

在农副产品中,最具代表性的是茶。茶叶在当时不仅在中国国内贸易中占有重要地位,还是当时世界市场中的重要商品之一。茶叶自中国西北地区运往俄罗斯,经由南方的广州输出至欧洲诸国,尤其是英国对茶更是喜爱有加。乾隆时代,自广州向英国出口的中国产品中,茶叶的贸易额占60%以上。茶叶的大量出口,促使了制茶业长足进步,也孕育出安徽省、福建省、湖南省等至今仍负有盛名的产茶地。

大黄是现在中药的主要药剂之一,其原产地在长江源头附近的四川省与甘肃省等地。大黄自原产地运输至位于长江中游城市汉口的药材市场以及江西樟树镇的药材市场集散,再利用长江等河流之水运,至广州出口到欧洲;至福建省福州出口到琉球;至浙江乍浦镇出口到日本。这一出口的流通机构到乾隆时代几近完成。③大黄也是国际流通商品之一。

---

① 佐伯富:《清代盐政之研究》,东洋史研究会;寺田隆信:《山西商人之研究》,东洋史研究会;藤井宏:《新安商人之研究》,《东洋学报》,第36卷第1—4号。
② 佐伯富:《中国史研究》第2、3,东洋史研究会。
③ 松浦章:《关于清代大黄的贩卖路经》,《关西大学东西学术研究所纪要》,第23辑,1990年;松浦章:《清代海外贸易史之研究》,朋友书店,2002年。

在这一时期,不仅是以茶叶与大黄的流通为代表的国际贸易,国内贸易流通也蓬勃发展。关于这一点,可以从承担商品流通航运的船舶数量窥见一端。位于江西省北部的九江关所,在长江航运中有着重要地位。这一关所在乾隆十三年(1748)和乾隆十四年(1749)分别有着48 250艘和44 795艘的通关记录。到了乾隆二十五年(1760),这一记录达到了61 485艘。① 另外,在大运河与长江的交汇之处扬州附近的关所,乾隆二十三年(1758)与乾隆二十四年(1759)年分别有94 026艘与89 389艘的通关记录。② 再者,综观浙江沿海的情况,在乾隆之初通过浙江海关的船舶数量达到了15 000艘。③ 数量超乎想象的船舶,为国内民众运输食品以及日用品所利用,其结果,商品的流通活动得以在国内展开。北京是诸多长江流域以及沿海地区物产的消费地之一。在北京,不用说宫廷消费的食物,民间消费的日用品等等,也均是由自各地运来的。这些货物中,又以江苏、浙江、江西、湖北、湖南等地生产的货物为主。江苏、浙江的布类、生丝;江西、湖北、湖南等地的竹材、木材、瓷器、纸、油等货物,均经由船舶输送至北京。这些物品的运输,将长江以及大运河利用至极致。

关于清代内河水运,现欲从先前所述奏折的纪录,就其情况进行若干说明。

邻近北京的天津,是自大运河通过海河与沿海航运的联结点,西宁乾隆三十五年(1770)十月十九日的奏折中有:

    查天津关,惟赖南来货物船只及闽广海船杂货税料。今本年春

---

① 松浦章:《清代九江常关与民船的航行》,《关西大学文学论集》第42卷第3号,1993年。参照本书第3篇第2章。
② 参考松浦章:《关于清代的扬州关》,《关西大学文学论集》第43卷第2号,1993年;本书第2部第3章;松浦章:《十八世纪中国沿海与长江的航运》,《UP》,东京大学出版会,第262号,1994年。
③ 参考松浦章:《清代前期浙江海关与海外贸易》,《史泉》第85号,1997年;松浦章:《清代海外贸易是之研究》,朋友书店,2002年。

间河道浅涸,各口货物稀少;夏间河水涨发挽运,维艰兼之。本年闽广洋船,较上年少来十二只,是以所收额外盈余比较上年不敷。①

天津关的物流,以来自大运河以南的内河船及来自福建广东的海船所载货物为主。

关于位于大运河山东段的临清关,山东巡抚准泰乾隆十六年(1751)六月十三日的奏折中有:

> 缘临清一关,原系水路通津,并陆路要道,惟赖米粮商贩船只通行,始得钱粮丰裕。又必直隶与豫东两省,彼此粮价贵贱不同,或北收南贩,南收北贩。米粮通行,由舟过关,船料粮税,方克丰盈。若彼此粮价适均商民,无利可觅,则运贩稀少,税料亦既无多。此临关历年收税大概之情形也。②

由此可见,通过临清关的物资,是直隶省、河南省、山东省等地的产品。关于同样位于大运河沿岸的淮安关的情况,淮安关监督总管大库事务郎中普福乾隆十五年(1750)四月二十八日的奏折中有:

> 伏查淮安关税,向借北路河南、山东,暨江南之凤阳、徐州等处出产豆、麦、棉、铁、枣、梨、油、麻等货,贩运往南。而南路江苏、浙、闽等处所产绸、缎、布、纸、糖、茶、竹、木等物运行、往北以供税课。③

由此可知,淮安关税收因河南省、山东省以及来自凤阳徐州等地的物资之流通量的多寡而变动。通过淮安关运往南方的,是上述各地生产的豆、麦、棉、铁、枣、梨、油、麻等货物,而自南方而来,通过该关的货物则有自江苏、浙江、福建而来绸、缎、布、纸、糖、茶、竹、木等物资。

道光元年(1821)四月二十三日达三的奏折中有:

---

① 中国第一历史档案馆藏,《朱批奏折》,MF19-2598。
② 同上书,MF19-716。
③ 同上书,MF19-394。

> 向来淮关税课,以黄河豆载为大宗。①

由是可知,淮关的税收主要依赖黄河流域生产的大豆等货物的物流。

在宿关也能看到同样的事例。道光元年(1820)六月十二日达三的奏折中有:

> 淮宿关税,以黄河豆为大宗。淮关所过豆船,总由宿关顺流南下,故淮宿关税之丰歉总资豆船之多寡。……查档册,嘉庆二十四年关税丰盈,西河船过关二千六百四十八只。本年,西河过关七百五只,数少至一千九百余只。

宿关的税收主要来源于装载大豆等豆货的船舶,嘉庆二十四年(1819),河西过关船只有2 648只,而翌年,即道光元年则减少为1 943只。即便如此,每日的通关船舶数也有50余只,而在情况好的年份,每日通关船舶能达到70余只。

关于安徽省凤阳关,安徽巡抚托庸乾隆二十七年(1762)十二月初二日的奏折中有:

> 黄河以北粮食,向俱北上,惟河以南粮食,由淮直下。黄河决口,与该关税务无碍……凤阳关,全赖豫省黄河以南各府来豆,由淮河直下关报税。②

凤阳关收入多少依赖于河南省各府生产豆货的多寡。

乾隆二十年(1755)八月初七日西宁关于浒墅关的奏折中有:

> 上年江浙秋收大稔,本地米粮充裕,价值平减。冬春至夏,外来米豆不能获利,是以过关米豆税少。又因春夏之间,所过饼货猪口无几,是以饼税猪税较往年倍少。又苏杭一带,近岁蚕丝棉花歉收,

---

① 《道光朝关税案》,《史料旬刊》,地一八五。
② 中国第一历史档案馆藏,《朱批奏折》,MF19-1870。

以致绸缎布匹价值亦复倍昂,故绸缎等税亦致短少,是以盈余银两比上届较少。①

这是关于苏州附近的浒墅关税收的报告。通过浒墅关的物资,有各地运至江浙的大米,以及生猪豆饼等货物,另外还有苏杭之间生产的绸缎等物品。

关于长江的武昌关,湖广总督阿尔赛乾隆九年(1744)三月二十八日的奏折中有:

> 武昌关为各省水陆通衢,客商往来络绎不绝……商贩船只之多寡又支本地临省年岁之丰歉以为准。②

由于水路交通方便,每年有很多来自各地的船只通过位于长江中游的武昌关。武昌关的税收多寡,与邻省湖南等地农业生产的丰歉有很大的关系。来到武昌的船只数量,与湖北的各个邻接省份农产品的多寡成正比。

武昌上游的荆州沙市设有荆关③,关于此关,唐绥祖乾隆十五年(1750)正月二十六日的奏折中有:

> 查湖北荆关……荆关税课征收,川湖竹木簰筏及船料银两,并无别项货物。④

荆关的主要收入依靠来自四川省、湖南省,运输竹材、木材的船只。另外管理荆关税务郎中丽柱乾隆二十三年(1758)四月二十六日的奏折中有:

> 荆关钱粮盈绌,全赖湖北、湖南、四川叁省载米船只,往来络绎,暨川中簰筏频下,庶盈绌。今乾隆贰拾叁年钱粮较少之处,只缘

---

① 中国第一历史档案馆藏,《朱批奏折》,MF19-970。
② 同上书,MF18-1930。
③ 同上书,MF19-1166。
④ 同上书,MF19-0355。

湖北、湖南、四川叁省,均有办运河南、山东,米谷封船装载,以致商贩船只无几。更兼本地货卖簿筏,尚未进关。①

荆关的税收的多少,和来自湖北省、湖南省、四川省载米船只的多寡有着密切关系。乾隆二十三年税收减少的原因在于自湖南、湖北、四川输往河南、山东的货物减少以及从四川来荆关的筏的数量的减少。

关于长江上游四川省的渝关,四川巡抚纪山乾隆十年(1745)十二月二十日的奏折中有:

> 渝关税银,凭木植之多寡……川省虽素称产木,近因生齿日繁,近因木植砍伐殆尽,现今悉在深山砍运。乾隆九年成都下游大江水发,而产木之保宁、达州两路洗河水小,商贩搬运维艰,抵关木植稀少。②

渝关税收的多少,与从四川省下游区域运至的木材数量成正比。乾隆十年左右,由于过度砍伐,人们不得不到深山中去采伐木材。而生产木材的宝宁州、达州水系由于河流较小,不适于木材的运输。

关于四川的夔关,四川巡抚开泰乾隆二十三年(1758)二月二十九日的奏折中有:

> 夔关杂税,全赖客商贩运布匹、绸缎,广货来川,置买红花、铜铅等货载运。③

夔关的收入,依靠来自各地的商人带来的物资流通。棉布、绸缎以及广东的货物来到四川,而四川的红花、铜、铅等货物则由船舶运至全国各地。

关于江西省赣江上的常关——赣关,唐绥祖乾隆十四年(1749)五月

---

① 中国第一历史档案馆藏,《朱批奏折》,MF19-1045。
② 同上书,MF18-2370。
③ 同上书,MF19-1099。

初九日的奏折中有：

> 江右一省，额设二关。赣关抽收江粤往来商税，九江关抽收江楚往船料。虽两关，所收额税多寡不同。①

江西省有两个税关，一个是赣江上的赣关，一个是长江上的九江关。赣关征收经由赣江来往于江西、广东之间客商的商税，而九江关负责征收经由长江来往于湖北、江西两地之间船只的船料。

乾隆二十二年(1757)五月二十日江西巡抚胡宝瑔的奏折中有：

> 缘土产桐茶油子，收成歉薄，价昂贩稀，又杉木木簰，俱运下江发卖，因江南岁歉之后难以出售，前商羁守未返续贩，过关者因而稀少，并江南所细茶，亦鲜有运贩到关，至胡椒本属洋货，多有沿海运至闽浙等省货卖。②

由于歉收，本来可以运往江南的桐油、茶油价格高涨，而木材之类本应运至江南销售的物品，由于江南歉收，难以出售，所以通关的船只很少。江南生产的细茶，也很少被运到该关。

4．小结

雍正、乾隆时代(1723—1795年)大约是18世纪的后四分之三，从世界史的角度来看，虽然这一时期的欧洲有各类专制君主相继登场，封建色彩浓厚，但是却是一个相对安定的时代。可以说，中国的清朝也是同样的情况。如果说，给予这一时期中国社会的安定以经济基础的，乃是连接水系之间的水运，这想必不为过。

在本章中，叙述了清代，尤其是在以乾隆时代为中心的岁月里，经济物流的基干——水运的一些情况。乾隆时代的六十年里，经济安定，国

---

① 中国第一历史档案馆藏，《朱批奏折》，MF19-0193。
② 同上书，MF19-0932。

家兴盛。为经济的安定提供强有力支撑的,正是本章中所叙述的水运。但是要如实再现清代水运的情况,绝非易事。在本书中,笔者欲以清代官吏的奏折,特别是关于税关的重要报告为中心,论述清代水运的一个侧面。

第1篇
明清时代的水运

第一篇

第1章 明代江南的水运

1. 绪言

万历二十六年(1598)末,进入苏州的利玛窦在《利玛窦中国札记》中,将苏州的情况记录如下:

> 它位于一条平静的清水河上,或者可以更恰当地说是位于一个湖上,吹拂着和风。这里的人们在陆地上和水上来来往往,像威尼斯人一样。①

在这里,利玛窦将明代的苏州,比作与著名的意大利水乡威尼斯。关于苏州的经济地位,他说:

> 经由澳门的大量葡萄牙商品以及其他国家的商品都经过这个河港。商人一年到头和国内其他贸易中心在这里进行大量的贸易,

---

① 原注引自川名公平译,矢泽利彦注,平川佑弘解说《利玛窦中国基督教派教布教史(1)》大航海时代丛书第Ⅱ期8,岩波书店,1982年,第394页。为方便国内读者查阅,中译本改引此书的中文译本,即何高济、王遵仲、李申译,何兆武校《利玛窦中国札记》上册,中华书局,1983年,第338页。

结果是在这个市场上样样东西都没有买不到的。从陆路入城只有一个入口,但从水路进城则有好几个入口。①

从经由澳门津口的葡萄牙货物,到其他各国的进口商品,都经过苏州。苏州在商品的流入流出过程中,成长为一个巨大的商品流通市场城市。从文中不难看出,苏州作为商品市场而发达的一大原因,便是水运的发达。

关于苏州以及江南,特别是长江下游地区的水路网的情况,先学早有论及②,但是关于这个水路网的实际情况,现有研究成果并不多。③

因此,在本章中,笔者欲以明代为中心,叙述江南,特别是江浙地区水路网发达的地区为中心,论述这一时代的水路交通状况。

2. 江南的水运

万历二十五年(1597)成书的王士性著《广志绎》卷四,《江南诸省》中有:

> 江南用舟船,无马。④

书中指出,在江南以船为主要交通工具,极少使用马匹。可以说,这条记录如实地反映了在中国江南,水运作为交通、交流的手段,被广泛运用这一事实。

王士性在同书中,对浙江水运的状况记述如下:

> 浙十一郡惟湖最富。盖嘉、湖泽国,商贾舟航易通各省。⑤

---

① 《利玛窦中国札记》上册,第338页。
② 冈崎文夫、池田静夫:《江南文化开发史》,弘文堂书房,1930年初版,1933年再版。池田静夫:《江南小河文化史论》,《东亚经济研究》,第22卷第1号,1938年。
③ 松浦章:《中国海事史研究之现状》,《东洋史研究》,第45卷第2号,1986年。笔者在该文中指出,江南的水运研究并未取得充分进展。
④⑤ 元明史料笔记丛刊《广志绎》中华书局,1981年,第70页。

在浙江省的十一个郡中,最为富有的是位于太湖南岸的湖州。这是由于嘉兴、湖州一带水路发达,商人的船只往来方便。

在1939年日本人的调查中,关于太湖南岸的情况,有记录如下:

> 这一地带全部是水乡,比起步行来乘船更为快捷……"南船北马"中的南船,在太湖沿岸最盛。商旅贩卖蔬菜杂货,皆乘小舟,由一个村落行往另一个村落。①

即便到了20世纪中叶,太湖南岸地区的水运网与王士性的时代相比,变化并不大,交通运输的手段还是以水运为主。

那么,在太湖以南,水运发达的城市究竟是什么样的呢?王士性在《广志绎》中,以绍兴为例,进行了说明:

> 绍兴,城市一街则有一河,乡村半里一里亦然。水道如棋局布列,此非天造地设也。②

在绍兴,城、市的地方每一条街均有一条河,在周边的乡村,也是半里一里便有一条河。水路在此地如同围棋的棋盘一样紧密分布。可见在此地城市、乡村之间以水路相连的壮观景象。

这样的水路网,对于商业活动来说是重要的商品流通道路。在关于这一点,欲举《沪城备考》卷六,神救布商条所见逸话来说明。

> 万历癸未,邑有新安布商持银六百两,寄载于田庄船将往周浦……③

万历十一年(1583),有一个徽州的布匹商人来到了上海。他带着600两银子,乘田庄船,赴上海东南的周浦镇。这个故事的后续,是讲布商的银子被舟子所夺,后来被神灵所救的事。从这个故事中也不难看

---

① 庄司宪季:《杭州旅日记》,《太湖踏查记》三省堂,1944年,第460页。
② 元明史料笔记丛刊《广志绎》71页。
③ 《上海掌故丛书》第一集。

出,在江南地区,作为运输物资的手段,水运的地位及其重要。

那么,明代江南航运的水路网友是怎样形成的呢?令人惋惜的是,由于资料的匮乏,很难得知其具体情况。在此笔者欲通过民国初期的资料,进行补欠作业。

民国《乌青镇志》卷二十一,航业条中收录了有《轮船一览表》《快船一览表》以及《航船一览表》①。首先来看《轮船一览表》。在这张表中,记载了局名、航线以及班期的信息:

局　名	航　　线	班　期
招商局	菱湖、双林、乌镇、盛泽、平望、上海	每日一次
源通局	上海、平望、盛沢、乌镇、双林、菱湖	每日一次
通源局	嘉兴、陶笕、濮院、桐乡、炉头、乌镇、双林、袁家汇、湖州	每日来往一次
通源局	双林、乌镇、炉头、桐乡、濮院、陶笕、嘉兴	每日来往一次
王清记局	乌镇、宗扬庙、石弯、石门、长安	每日来往一次
公大局	乌镇、榧市、善练、石冢、袁家汇、湖州	每日来往一次
鸿大局	南浔、乌镇、炉头、桐乡、屠甸镇、硖石	每日来往一次
翔安局	德清、新市、榧市、乌镇、嘉兴	每日来往一次
宁新局	菱湖、双林、南浔、震泽、严墓、乌镇	每日来往一次

关于船的班次,《快线一览表》中有:

船别	经由地点	班次
王店船	濮院	每日一次
湖州船	马腰横街	同上

---

① 民国《乌青镇志》卷二十一,《工商·轮船一览表》(第15页),《快船一览表》(第15—16页),《航船一览表》(第16页)

震泽船	严墓	同上
湖州船	双林、槿市	同上
嘉兴船	新塍、槿市	同上
塘栖船	新市、槿市	同上
南浔船	乌镇、炉头、桐乡、屠甸镇、硖石	一来一往
长安船	南浔、乌镇、炉头、石弯、崇德	每日来往
桐乡船	炉头	同上
崇德船	石弯	同上
硖石船	乌镇、炉头、桐乡、屠甸镇	隔日一次
善练船	槿市	每日一次
濮院船	石谷庙	同上
湖州濑	马腰横街	每日一次

另外,《航船一览表》中,将行船的目的地记录如下:

船别	班期	船别	班期
上海船	十日一班	湖州船	同上
上海船	同上	槿市船	同上
苏州船	七日一班	桐乡船	同上
震泽船	每日一班	新市船	隔日一班
硖石船	同上	崇德船	同上
双林船	同上	杭州船	四日一班
南浔船	同上	海宁船	每日一班
嘉兴船	隔日一班	新塍船	同上
南浔船	每日一班	盛泽船	隔日一班

另据《嘉兴新志》上编,以平湖为中心的水路网情况如下:

嘉兴至平湖有航船二,逐日来回。

平湖至钟埭航船一,逐日来回。

35

嘉善至平湖快班船,逐日来回。
平湖至枫泾快班船,逐日来回。
大通桥至平湖快班船,逐日来回。
徐婆寺至平湖快班船,逐日来回。
苏州至平湖定班货运航船一。
上海至平湖定班货运航船一。①

上述以乌青镇及平湖为中心的水运网,可以图1《杭嘉湖地区内河主要航路略图》表示。

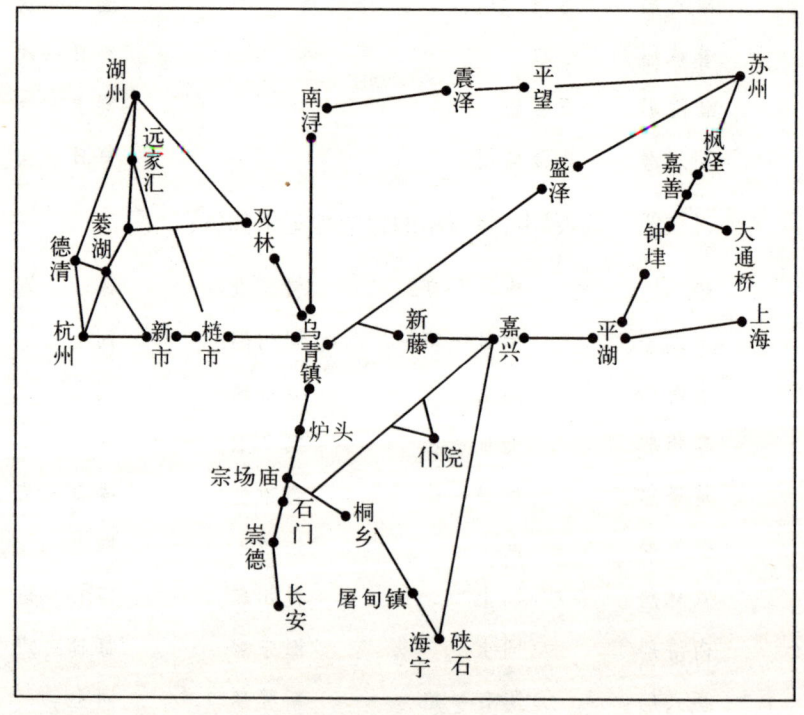

图1 杭嘉湖地区内河主要航路略图

(注)本图参照民国《乌青镇志》、嘉兴新志及《全国交通营运线路里程示意图(第二版)》
(人民交通出版社,1983年6月第2版第3次印刷)第三部分《水运》制作

———————

① 浙江省射骑赤学院历史研究所,同经济研究所,嘉兴市图书馆合编《嘉兴府城镇经济史料类纂》(陈桥驿序,1985年)所收《嘉兴新志》上编,1929年,同书第277页。

正如王士性所说"嘉、湖泽国,商贾舟航易通各省"①那样,在明代,嘉兴湖州地区也具有类似图 1 那样的航运水路网,这一水路网十分发达,水运作为为人员商品流通的重要手段,广为人们所运用。

3．江南的内河船

那么,什么样的船舶行驶于明代的江南水路之上呢?

顾炎武在《天下郡国利病书》(原编第四册)中引用了郑若曾的《太湖图》。在这里的记录中,我们可以看到行驶于内河之上的船舶的身影:

> 江船与海船不同,海船与内河之船不同,内河之船与湖泖船又不同。②

由此可见,行驶于长江、沿海、内陆河川、太湖之上的船舶,各不相同。关于内河船,同书中有:

> 内河之船即今之官航、民舶是已。③

航行于内陆河川的船舶之中,官府的船舶被称为官航。而庶民在利用水路时使用的船舶被称为民舶。关于这两种船各有什么样的构造,它们之间的差异,无从知晓。

另外,关于内河船的种类,也很难考证。但是,同书中记录了航行于太湖之上的船舶的种类,现列记如下:

> 运石者,谓之山船。
> 运货者,谓之驳船。
> 民家自出入者,谓之塘船。
> 卫所巡司所用者,谓之巡船。

---

① 元明史料笔记丛刊《广志绎》70 页。
②③《天下郡国利病书》原编、第四册,第 3 页。

乡夫、水兵所驾者,谓之哨船。

往来津口者,谓之渡船。①

上面列举了六种船舶。搬运石料的船舶名为山船;搬运货物的船舶叫驳船;庶民自家使用的船舶叫塘船;卫所的水上巡逻船叫巡船;乡夫、水兵乘坐的船舶叫哨船;供人往来于各个津口之间的船舶叫渡船。在明代,至少有上述各种船舶被使用。这些船舶虽然可能与上述船舶在构造上可能存在一些差异,但想必有许多构造类似这些太湖船的船舶行驶于内陆河川之上。

在此,欲借用清代的资料,对行驶于江南地区内河水路之上的船舶种类补欠。乾隆《南浔镇志》卷二十四,《器用之属·舟》中可以看到很多当时江南人使用的船舶的名称:

市户收租之船,曰租船,亦曰赈船。

载货物之船,大者曰装船,小者曰驳船。又有陶墩船,亦装船也。

农家有田装船。

渔家有渔船。

有载客及寄书,带货往来近处城市乡村者,曰航船。

吴江、芦墟一带,舟人泊舟,船行之前,以待雇唤者,曰芦墟船。

江北流民,以船为家,曰䈉包船,俗名倒撑船。②

在这些船舶之中,既有作为水上居住者居所的船舶也有用作运输的船舶。其中作为交通、运输手段的有租船、装船、驳船、田装船、航船五种。

收租之船被称为租船,或是赈船,是收集租税时必要的船舶。利用船舶收租,想必是由于江南水运发达,利用船舶搬运征收而来之租税极

---

① 《天下郡国利病书》原编,第四册,第3页。
② 乾隆《南浔镇志》卷十四,《物产·器用之属·舟》,第16页。

为便利之故。

装船主要用作货运,大型的叫装船,小型的叫驳船,另外也有被称为陶墩船的装船。这些船舶,在江南地区货运物流活动中扮演着不可或缺的角色。

田装船是农户前往自家田地时的交通工具,也被用作作物特产的搬运船。

航船作为旅客、货物的运输以及书信传达的交通工具,来往于邻近的城市与乡村之间。

这些船舶在明代江南的日常生活中广为所用,在这里可以举一个例子来说明。叶权著《贤博编》中提到,嘉靖三十八年(1559),江南打行①横行。有打行,欲骗取行医为业且非常富有的僧侣之金银。他们乔装打扮,"若农庄人,棹小船载鱼肉酒果",前往僧侣家中。从上述的记录中可知,打行的人装扮成农夫的模样,在小船中装载鱼肉酒果。从这一例子与先前提到的万历十一年(1583)徽州商人用田庄船输送商品的例子中,不难窥见这样一个事实,即在明代的后期,人物往来时一般用内河船只作为交通工具。

在《贤博编》中,还有利用航船的记录:

> 独小航船厚板周札,高方如槻,仅留一门,非伛偻不能出。②

小航船外形近似长方形,船身以厚板覆盖,只留一个小门,出入此门的人必须弯腰才能通过。

民国《乌青镇志》卷二十一,《工商》中,对以乌青镇为中心的航船之

---

① 关于打行的研究,有上田信《明末清初围绕江南"无赖"的社会关系——打行与脚夫》,《史学杂志》第90编第11号,1981年;川胜守:《明末清初的打行与访行——旧中国社会中的无赖史料》,《史渊》第119辑,1982年3月。川胜以《明实录》嘉靖三十八年十一月丁丑条为依据,将打行横行之滥觞定于此时,在叶权著作中,有"吴下新有打行……几杀翁巡抚大立",与川胜在其文中指出的年代互相对应。
② 元明史料笔记丛刊《贤博论 粤剑编 原李耳载》,第8页。

利用记述如下：

> 名大航船，自有快班船，后趁客极少，商人装货，必赖航船，以其船大能载重也。①

到了民国时代，由于快班船这一快速船只的出现，航船的乘客大为减少。虽说如此，航船载重量大，商人运输货物时不得不使用航船。

上述以乌青镇为中心的航船利用，与乌青镇的地理环境有着密切的关系。明代后期的著作《续见闻杂记》卷十一中有：

> 地方风俗　乌镇属乌程，青镇属桐乡。自南栅以至北栅，皆一河为界，至太师桥以北不论矣②

乌青镇是形成于内河两岸的城镇，所以在这个市镇，内河船是不可或缺的交通手段。

这一情况到了民国时期也未曾改变。民国《乌青镇志》卷二十一，《工商·航业》中有：

> 市集之繁盛，全恃交通之便利。吾镇虽无铁道、公路之通达，但轮舟往来，及快班船、旧式航船，逐日来往各埠，暨经过者，各有数起，交通亦属便利。③

乌青镇的运输依靠水运这一情况，即便到了民国时代也没有太大变化。不过，新兴的蒸汽船，在晚清之后的水运中扮演了愈来愈重要的角色。

关于航船的利用，不见限于乌青镇周边，在苏州周边亦广为人所用。民国《吴县志》卷五十一，《物产二·器用之属·航船》中有：

---

① 民国《乌青镇志》卷二十一，第16页第1行。
② 瓜带庵藏明清掌故丛刊，李乐撰《见闻杂记》下，上海古籍出版社，1986年，第1020页。
③ 民国《乌青镇志》卷二十一，第14页。

> 航船 有载客及寄书带货往来近处各城市者,曰航船。①

航船作为装载旅客、货物、书信往返于邻近各城市之间的船舶,被广泛使用。前面所引《南浔镇志》中亦有类似的记载,由此不难看出,航船在江南地区是一种普遍的交通工具。

《吴县志》上述记录的后面,有编者的按语:

> 按,航船之名其来已久,载入唐人诗中。②

航船的由来甚古,在唐代的时候就被写入了诗中。

《吴县志》上述条目中,还对当时苏州周边的内河船有所提及。其文如下:

> 农船 吴为水乡,农家出入皆以船行。凡装稻、载柴、粜米,装壅罱泥等皆农船也。③

在江南地区,特别是吴县,由于地处水乡,农户自出门至运输农产品、装载生活用品时都运用船舶。这些船舶被称为农船。该书中还列举了一下的内河船名:

> 装船 驳船 载货物之船,大者曰装船,小者驳船。④

运输货物的船只中,大的被称为装船,小的被称为驳船。

在吴县,名为装船、驳船的船只,与在南浔镇附近一样,被用作货运。由此不难推测,租船、装船、驳船、田装船、航船等内河船只,在明代的江南被广泛地使用。

万历《崇德县志》卷七,《外记》中,载有在崇德被称为豆船的船只。

> 邑中地桑稀者,种梅豆,堪作腐,远方就市者众,亦称一熟。商人从北路夏、镇、淮、扬、楚、湖等地贩油豆来,此作油饼。又或转贩

---

① 民国《吴县志》卷五十一,第16—17页。
② 同上书,第17页。
③④ 同上书,第16页。

于南路,商人豆船,皆集包角堰,谓之小瓜洲。①

在崇德,桑田数量较少,而种梅豆多。到了收获的时节,商人自各地而来,收购油豆、豆油或者油饼,并通过内河船运往各处。运输这些豆制品的船被称为豆船。豆船的名称出自其装运的货物,若按船种来分类,恐怕应当属于装船或者驳船。

那么,这些内河船是如何建造的呢?作为参考资料,民国《乌青镇志》卷二十一,《工商》中有:

> 造船业　凡客船、驳船、田装船等,均能制造,工司有黎里人、本地人,两班厂房均设栅外。南栅养鱼窍一处,有孙永茂、孙隆顺、沈永顺、沈源懋等十数家;西栅高桥外有沈森顺、沈洪顺、杨廉记、施茂记等十数家。四乡各村航船均向船厂租赁,遇有损坏实时到厂修理。船上摇橹,别有专工制,全镇只南北栅二家,此业生计尚属稳健。②

青乌镇的南栅、西栅,有制造客船、驳船、田装船的造船厂,这些造船所为民间经营。在民国初期,乌青镇的南栅、西栅两处有大约三十个经营造船业的家庭造船厂。至于内河船只使用的橹,则有专门的作坊制造。

4. 小结

综上所述,到了明代,由于历史地理形成的环境,江南复杂的水路网发达。内河船通过对这一水路网的运用,担负起江南地区运输及交通的任务。

明代留下的关于水路交通的史料很少,因此无法考证航路等具体情

---

① 《嘉兴府城镇经济史料类纂》,第250—251页。
② 民国《乌青镇志》卷二十一,《工商》,第15页。

况。但通过使用清代、民国史料进行推测,不难得出在这一时期,水路网迅速发展,并形成了连接各个市镇之间的主要航路这一结论。在这些航路之上,装船、田装船、航船作为日常生活中的客货运输工具被广泛运用。另外,在农村,农船是农民生活中不可或缺的多用途交通工具。

水路网既是交通道路,又是商品流通的道路。王士性所说"江南用舟船,无马"的情况,便是这一点的最佳印证。

第 2 章 明清时代的长江水运

1. 绪言

作为中国史研究的诸多课题之一,连接江南与江北之大运河的流通以及水运为先学所注目,至今为止的研究业绩颇丰。但是,与大运河相连接的长江流通、水运方面的研究并未能取得充分进展。近年来,长江在历史上发挥的作用渐渐引起学界的重视。在日本,桦山纮一编著的《长江文明与日本》[1]得以出版,书中收录了梅原郁著《中国史中的长江》[2]以及加藤祐三著《近代史中的长江》[3]等论文,在这些论文中,学者们指出了研究长江的重要性。

在中国,长江研究的重要性,也逐渐为历史学界所认识。近年来,中国唐史学会、湖北省社会科学院历史研究所编《古代长江中游的经济开发》[4]

---

[1] 桦山纮一编著《长江文明与日本》,福武书店,1987年。
[2] 同上书,第11—54页。
[3] 同上书,第137—184页。
[4] 中国唐史学会、湖北省社会科学院历史研究所编《古代长江中游的经济开发》,武汉出版社,1988年。

以及牟发松编《唐代长江中游的经济与社会》①等著作被出版,另外,在经济学的领域,也有孙尚清主编的《长江经济研究——综合开发长江的构想》②等著作被刊行。由此可见,长江的研究,不仅在历史学领域上为人注意,而且在现代经济等领域之研究中,也引起了中国学者的重视。

但是,关于14—19世纪,也就是明清时代长江水运史的研究,至今为止还没有取得充分进展。所以在本章中,笔者欲就明清时代长江的流通以及水运史,作一些论述。

2. 明清时代的经济发展与长江

在明代,长江在经济上的重要价值,是于景泰元年(1450)年被认识到的。《大明会典》卷三十五,《课程四·钞关》中有:

> 景泰元年,差主事二员,于湖广金沙州、江西九江监收船科钞,一年更代。

湖广省武昌府江夏县的金沙洲以及江西省九江府均位于长江流域,明朝为了向过往船只收取税金,向这两个地方派遣了负责税收的官员。

关于金沙洲,清人顾祖禹的《读史方舆纪要》卷七十六,《湖广二·武昌府·江夏县》中有:

> 金沙州、在西南江滨。

亦即是说,金沙洲位于湖北省武昌的西南方向,在长江之滨。另外,关于九江关,嘉靖《九江府志》卷九,《职官志·公署》中有:

> 户部分司在郡域西门外,景泰庚午,朝廷用议者言,于九江府地方设立钞关一所。凡船只上下,计科多寡,收钱钞有差,以供经国之

---

① 牟发松编《唐代长江中游的经济与社会》,武汉大学出版社,1989年。
② 孙尚清主编《长江经济研究——综合开发长江的构想》,中国展望出版社,1986年。

费。是年,户部主事李蕃始领其事。①

该书卷十六,王汝宾的《新迁九江钞关记》中有:

> 景泰初年,以国用不敷,确舟税以充之。四方商舟,骈集其地,实当合流会派之冲。

景泰庚午元年(1450)设置向通过该地船舶征税的钞关,这恐怕是由于九江作为长江流域商品流通的要地,其重要性受到人们关注。

《大明会典》卷三十五中,记有九江、金沙州等地钞关的设置、停止、再次设置等数次改变,由此可知,长江流域的商品流通,是在15世纪上半叶变得频繁起来的。

另外,到了成化七年(1471),长江流域的其他地方也被注目。明《宪宗实录》成化七年二月戊寅(五日)条中有:

> 增置工部属官三员,往直隶太平府芜湖县、湖广荆州府沙市、浙江杭州府城南税课司三处,专理抽分。前此三处,客商停聚,竹木市卖,有司惟收其课钞。

亦即是说,明朝向长江流域的安徽省芜湖、湖广省荆州府江陵县的沙市以及长江河口以南的杭州这三个地方派遣了对商品流通征收税金的官员。关于芜湖,《读史方舆纪要》卷二十七,《江南九·太平府·芜湖县》中有:

> 芜湖实为要冲也。今商旅骈集,明天启中置榷关于此。

在清代,芜湖也是商人云集的地方。关于沙市,《读史方舆纪要》卷七十八,《湖广四·荆州府·江陵县》中有:

> 沙市城,府东南十五里,商买辏集之处,相传楚故城也。亦谓之沙头市。

---

① 嘉靖《九江府志》,天一阁藏明代方志选刊36。

传说中沙市是楚国的故城，也被称作沙头市，该地也是商人云集的地方。

芜湖、沙市等地之所以备受注目，是由于在这些地方商贾云集，有竹材、木材集散的专门市场。明朝选择在长江流域的芜湖和沙市二地征收商品交易税的事实暗示了在 15 世纪下半叶，长江水运波及的范围相当广泛。

到了清代，长江流域的商品流通更加活跃。汉口是长江流域的一个大城市。清人钱泳在《履园丛话》十四中说：

> 汉口镇为湖北冲要之地，商贾毕集，帆柱满江，南方一都会也。

从这个例子中不难看出，有数量巨大的帆船从长江流域的各地航行来到此地。

3. 长江帆船的通航区域

长江的水运是依靠帆船的航行维系的。但是，目前为止的研究并未分析航行于长江流域的帆船种类以及到达长江流域各地的帆船数量多寡。因此，笔者欲以清代，特别是清末的资料为基础，就帆船数量等进行考察。

(1) 清代航行于长江之上的帆船

自长江口的上海之长江之滨主要城市的里程表如下：

> 泸州—重庆—648 km—宜昌—167 km—沙市—539 km—汉口—269 km—九江—368 km—芜湖—96 km—南京—87 km—镇江—305 km—上海

下面就这些主要城市的到港船只情况进行考察。

关于航行于长江之上的帆船的特色，可从清代通过九江关的船只中窥知一二。《宫中档乾隆朝奏折》第三辑，两江总督尹继善乾隆十七年(1752)五月二十一日的奏折中有：

> 九江关征收船料，每年税银之盈缩，实视所到船只之多寡。而所到船只中，又有大小之别，如船大则料自多，船小则料自少。历来货物，米粮俱系大船，人载多系小船。岁时丰歉，气候阴晴，既有不同过关船只。①

通过九江的船只中，大型船只主要运输米粮，小型船只则主要运输人员。该奏折中，还提及雍正十三年(1735)一年之中，通关九江的船舶数量为 42 615 只。② 乾隆十五年(1750)，自年初开始，两个月又十二天中通关船只数为 7 349 只③，如果按照这个数字进行推算，则该年通关的船舶约为 38 000 只。乾隆十五年十一月初三日江西巡抚兼提督衔阿思哈的奏折中有：

> 查，经征底簿，乾隆十三年分该关共过时满等船四万八千二百五十只，乾隆十四年分共过时满等船四万四千七百九十五只。又查，该年江浙与江广米价相等贩运者稀，过关船少，是以税数比较十三年分少银二万九百三十余两，亦属有因。④

从该奏折中可知，乾隆十三年通过九江关的船舶有 48 250 只，乾隆十四年通过该关的船舶则有 44 795 只。从这里可以推测，在 18 世纪上半叶，每年通过九江关的船舶应该在 4 万只以上。

在汉口，光绪二十年(1894)至光绪二十四年(1898)年间，每年约有 2 200—2 500 只来自四川、陕西、河南、湖南、江西和湖北各路的船只寄港。

光绪十八年(1892)至光绪二十七年(1901)，一年有约 20 000 只至

---

① 《宫中档乾隆朝奏折》第三，台北故宫博物院，1982 年，第 95 页。
② 同上书，第 96 页。
③ 同上书，第 95 页。
④ 《朱批奏折》，财政类，中国第一历史档案馆，MF19 - 556 - 557。

30 000只来自湖南、湖北、江苏、安徽以及江西的船舶寄港九江。

关于芜湖,虽然没有清末寄港的数据,但是在稍后的中华民国元年(1912),有船34 702只寄港。寄港芜湖的船只主要来自江苏省临近大运河的江都县、湖北省中处于长江流域的各地以及湖南的湘乡和江西各地。

(2) 长江帆船航的通航区域

1935年5月刊行的《第三次申报年鉴》,《交通·航运·中国航路》中提及,长江是中国最大的内河航路,这条河的主要通航路线是自上海至重庆的河段,这一河段又可分为以下三个区域:上海至汉口的600海里,汉口至宜昌的370海里以及宜昌至重庆的350海里。①

航行于长江上游及中游的船只主要有"川船"、"南船"以及"戈船"。"川船"是四川船的总称,主要航行于重庆至宜昌之间;"南船"是湖南船的总称,主要航行于湖南各地至汉口之间;"戈船"则是湖北船的总称,其大部分是航行于长江支流汉水之上的小型船舶。

关于重庆的民船情况,东亚同文会调查编纂部编写的《支那开港港场志 第二卷 扬子江流域》中有:

> 航行于宜昌、重庆之间的民船,因船种、船形大小以及所属地等志不同,附有种种名称。此等民船,乃依据多年经验,以水路之便而制,其舵机殊为强大。且船主有备长棹,船中有以此棹助舵机之构造。船之大者,可积二千担,小者可积一百担之上。现将著名之船种列举如下。②

在接下来的部分,该书列举了以下34种船舶的名称:白板麻雀尾、

---

① 《第三次申报年间》,1935年,第45页。
② 东亚同文会调查编纂部编《支那开港港场志 第二卷 扬子江流域》,东亚同文会调查编纂部,1924年,第117页。

收口雀尾、南板麻雀尾、麻阳船、辰驳子、鳅船、五板子、舿子船、阴阳船、乌龟船、马耳声、厂麻口秧子、原板、舵龙子、小表驳子、鹅儿子、草菜船、毛鳅、锅钟头、辗船、大河船、毛板、烟火船、艚哥、老雅秋、南河船、材杆船、百甲船、牛头船、乌江子、钓钩子、表边子、麻秧子、牯牛船。①

关于重庆和宜昌之间的航行时间，由船舶的大小，长江的水量以及风向的不同而不尽相同。一般来说，在丰水期，上航需要一个月至一个半月，最长需要三个月，而下航需要七八天。在枯水期，上航需要三十天左右，而下航需要八至十二天。②

关于宜昌的民船，《支那开港港场志 第二卷 扬子江流域》中有：

> 在宜昌，民船有南船及川河船两大种类。南船负责此地与扬子江下游地方之运输，川河船则为跨越山峡之险，负责与四川省之间运输者。此等民船之种类，有八十种以上，其主要者如下。③

书中列举的船舶名称，自宜昌航向长江下游的南船，有驳船、巫江子、小驳、鳅江子、鸦梢子、满江红、沙窝子、溜子、摆江子等9种④，而自宜昌溯江而上，穿越三峡开往重庆的川河船则有麻阳子、鹅儿子、麻雀尾、扒窝、辰驳子、划子、鳅船、五板、辰条子、脚船、辰扁子、三板、挠摆子、跨子、沽阳子等15种。⑤在这15种船只中，除跨子是专门运输旅客的客船之外，其他的都是货船。这些船只，开往长江上游的重庆、万县、夔州，湖南长沙、常德、湘潭，以及湖北省内的沙市、汉口等地。⑥关于与宜昌同在湖北省的沙市，该书中有：

> 沙市为四川贸易之中继地，故民船来往极其频繁，常呈帆樯林立之景象。伴随宜昌开港与汽船航行之开始，该地亦渐显衰落之景

---

① 《支那开港港场志 第二卷 扬子江流域》，第117—118页。
② 同上书，第120页。
③ 同上书，第266页。
④⑤⑥ 同上书，第267页。

象。但时至今日,内河及扬子江上民船之航行仍盛,出入沙市之民船数量亦不少。①

由此可知,到了20世纪20年代,虽然汽船已经通航,但在沙市,帆船运输仍较为繁荣。沙市的民船,根据所属地方的不同,可以划分为三大类:四川省籍的川船、湖南省籍的南船以及湖北省籍的划船。四川省的川船,在上航之际主要运输棉花、土布以及咸鱼等货物,下航时运送盐、药材、砂糖等物品。川船一般每年往返一次。②

湖南省籍的南船来往于沙市、宜昌与湖南各地之间,从湖南航往宜昌方向时装载湖南生产的大米,从宜昌方向返航回湖南时则装载四川省的物产、胡麻粕以及各类洋货。湖北省籍的划船主要来往于沙市与汉口之间。③

在该书中提及的寄港沙市的船只中,川船有麻阳子、麻雀尾、毛鱼鳅、三舱船、胯子船、挠摆子、扒窝子、辰拨子、艄麻阳、五板等10种,南船有津市楸船、仓港楸船、浏阳楸船、乌江子、倒扒子、鸭艄划子、津市驳船、衡州小驳、桃源驳子、郴州小驳、巴杆、长船、辰条子、龙阳飘子、沙窝子、小麻阳、铲子等17种,划船则有荆帮划子、螺山鸭艄、黄陂扁子、拖扁子、鸭艄、满扦、襄阳扁子、宜都峡划子、河溶挠摆子、宜都挠摆子、义渡鸥船、驳船等12种。④

关于汉口、九江以及芜湖的民船情况,将在本书第3篇中详细论述,故在此欲先叙述位于长江下游区域,长江大运河汇合之处的镇江的民船的情况。

关于镇江,《支那开港港场志 第二卷 扬子江流域》中有:

> 镇江为扬子江、大运河以及附近无数水路之中心,因此来到此

---

① 《支那开港港场志 第二卷 扬子江流域》,第295—296页。
② 同上书,第297页。
③ 同上书,第268页。
④ 同上书,第298—300页。

地之民船数量极多,常有数千只民船停泊。①

由此可知,民船主要通过江北运河航路、江南运河航路、长江沿岸以及沿海地区四条航路来到镇江。② 该书中列举了18种来到镇江的民船:大焦湖、宁国船、南京凉篷子船、江浦船、六合船、扬州府船、邵伯划子船、扬州帮船、镇江课船、驳船、邵伯湖船、小泛船、崇明沙船、宁波船、山淮船、泰州装盐关驳、开稍大江划以及小湖广划子。③ 关于自镇江至长江的民船航行,该书中有:

> 长江一带,上自湖南湖北,下至江口之间,无不出入此地者。最为频繁地通过此地及对岸瓜洲之民船,乃安徽、江苏两省之民船。④

由此可知,来到镇江的船舶中,有自湖南省、湖北省远道而来者。来到镇江的民船中,以大焦湖为最大,《支那开港港场志 第二卷 扬子江流域》中有:

> 大焦湖 此种船为硬木所造,其载重从四百五十担至九百担,帆樯三支,造船之费用为一担一元六角。内外乘员从四人至八人,由安徽之芜湖、池州等地,载米而来,返航时多为空载,有时亦载棉制品、砂糖等杂货而归。⑤

可知,此船来自镇江上游的安徽省芜湖、池州等地,其运输的货物以米谷为主。

在长江下游,有各种民船被使用。关于这些民船的名称,由于船的产地不同,种类繁多,故要以总称区分这些船只很困难。例如,在长江河口附近的南京,寄港的船只中不仅有来自长江流域的湖南、湖北、江西、安徽、江苏等地的民船,还有来自宁波、广东、福建、牛庄等地的海船。

---

① 《支那开港港场志 第二卷 扬子江流域》,第1000页。
② 同上书,第1000—1001页。
③ 同上书,第1001—1004页。
④⑤ 同上书,第1001页。

4. 小结

在明清时代,伴随商品经济的发展,航行于长江之上的帆船数量也有增加。特别是以九江为中心的长江中游地区,自 18 世纪中叶至 20 世纪初叶,每年大概有 4 万只帆船通过。这些帆船,在粮食等货物以及人员的运输上,发挥了极其重要的作用。在今后,有必要对长江流域各个港口的水运情况进行个别研究。

[参考文献]

China, Imperial Maritime Customs, Decennial Reports, First issue, 1893.

China, Imperial Maritime Customs, Decennial Reports, Second issue, 1906.

China, Imperial Maritime Customs, Decennial Reports, Fourth issue, 1924.

第 3 章　清初的榷关

1. 绪言

在上一章中,通过商品流通这一侧面,叙述明朝万历年间以后中国的经济活动的进展。值得注意的是,在商品流通上,水运发挥了重要的作用。

江南的税粮在国家收入中占据很大比重,要将这些税粮从江南运输至北京,大运河的水运是不可或缺地方法。明廷看到大运河以及长江水系的水运量扩大,于是在这些河道的要地设置钞关,征收船钞。①

接替明朝统治中国的清朝,也将大运河作为一项重大课题来看待。

---

① 明代的钞关制度研究,通过佐久间重男的《明代的商税制度》,《社会经济史学》第 13 卷第 3 号,1943 年《关于明代商税的本色折色之我见》,《オリエンタリカ》第 2 号,1948 年;《明代商税与财政的关系》(上、下),《史学杂志》第 65 编第 1 号、第 2 号,1956 年等著作而被开拓。最近,中国学者魏林著《明钞关的设置与管理制度》,《郑州大学学报(哲学社会科学)》1986 年第 1 期;《明钞关制度对商人资本发展的阻碍作用》,《郑州大学(哲学社会科学)》,1989 年第 1 期;《明代钞关税收变化与商品流通》,(1989 年明史国际学术讨论会报告论)等,对明代的钞关进行了重新认识。关于清代的常关制度,研究成果颇多,尤其是关于常关的研究,取得了很大的进展。但是,关于清朝入关之初至康熙初年的常关的研究并未取得进展。具体的研究成果有:香坂昌纪:《关于清代关税赢余银的制定》,《集刊东洋学》第 14 号,1956 年;《关于乾隆代前期关税主谷税免除例》,《文化》第 32 卷第 4 号,1969 年,《清代浒浒墅关之研究　（转下页）

顺治十年(1653)工部尚书兴能等报告道："我国家漕粮有数百万之多,挽输有数千里之远。苟无漕船载运,势必雇募民艘"。① 正如该报告所说,在清代,粮税的水路运输也是不可或缺的。

明清时代,虽说粮税的运输必定经过水路,但国家仍从过往于这些水路的船只征收税金。明代于大运河与长江等水系设立钞关,经过这些水系的船只,按船体大小被征收船料,按所载货物的量,被收取货税等税金。

至今为止,对于清朝初期的研究是以政治史为中心的,以入关之后清朝实施何种经济政策统治中国这一视角为出发点的研究积蓄甚少。②

(接上页)Ⅰ、Ⅱ、Ⅲ、Ⅳ 浒墅关与物货流通》,《东北学院大学论集 历史学·地理学》,第3、5、13、14号,1972年、1975年、1983年、1984年;《清代大运河的物货流通——以乾隆年间淮安关为中心》,《东北学院大学论集 历史学·地理学》第15号,1985年;《清代的北新关与杭州》,《东北学院大学论集 历史学·地理学》第22号,1990年;《清代中期的杭州与商品流通——以北新关为中心》,《东洋史研究》第50卷第1号,1991年;《雍正年间的关制改革及其背景》,《东洋史集》第5辑,1993年;《清朝中期的国家财政与关税收入——〈汇核嘉庆十七年各直省钱粮出入清单〉》,《和田博德教授古稀记念 明清时代的法与社会》,1993年;《清代南新关与商品流通》,《松村润先生古稀记念 清代史论丛》1994年。吴建雍:《清前期榷关及其管理制度》,《中国史研究》,1984年第1期。在这篇论文中,"清前期"的范围包括了清朝建国直到鸦片战争之前的时期。没有集中考察明末以及清代的顺治、康熙前期的情况。顾盼:《清初广东省的商品流通——以太平关的移动为中心》,《史峰》第6号,1991年。泷野正二郎:《关于清代淮安关的构成及机能》,《九州大学东洋史论集》第14号,1985年;《关于清代常关的包揽》,《山口大学文学会志》,第39号,1988年;《关于清代凤阳关的物资流通——以乾隆年间为中心》,《和田博德教授古稀记念 明清时代的法与社会》,1993年。寺田隆信:《关于清朝的海关行政》,《史林》第49卷第2号,1965年。彭泽益:《清初四榷关地点和贸易数量》,《社会科学战线》,1984年第3期。松浦章:《清代芜湖市场与民船——清代芜湖海关前史》,《关西大学文学论集》第40卷第2号,1991年;《关于清代前期的海关监督》,《关西大学文学论集》第41卷第2号,1992年;《清代海关与中国海船》,《关西大学博物馆学课程创设三十周年纪念特集》1992年;《清代九江常关与民船航行》,《关西大学文学论集》第42卷第3号,1993年;《关于清代的扬州关》,《关西大学文学论集》第43卷第2号,1993年。

① 中国第一历史档案馆藏《工科史书》编号工Ⅰ,顺治十年正月,工部尚书兴能等题,顺治十年正月二十六日题。

② 在清史的研究中,关于顺治朝的研究专著很少,现有成果中又多以清军入关后的政治史为中心展开论述。在最近的研究成果中,着眼于顺治时代的有周远廉著《顺治帝》(吉林文史出版社,1993年)一书,该书描述的内同几乎全是顺治时代的政治史。吉林出版社邀请中国的清史研究专家给清朝的历代皇帝书写传记并出版,周先生的成果便是这套传记中的一册。关于顺治朝,较新的研究成果有谷井阳子著《清朝在征服汉地的过程中的指针与政策》(收于小野和子编《明末清初的文化与社会》,京都大学人文科学研究所,1996年)。作者在文中,不仅以以往以政治史为中心的观点出发,还综合了军事、经济政策等侧面,详细地分析了清朝在入关后是采用何种方法在旧明朝的统治区域扩大统治范围的。

55

那么,清朝是否继承,或如何继承了明朝的钞关等经济制度呢？另外,在入关以后,清朝又是如何管理在大运河以及长江水系上所设税关的呢？在本章中,欲讨论这两个问题。

2. 明末的钞关

(1) 钞关与《船料则例》

虽然明朝自建立之初便设置了商税项目对商业征税,但直到水运活动大为发展后的宣德四年(1429)年以降,才开始征收船钞。据明《宣宗实录》宣德四年六月壬寅(二十七日)条记载,作为纠正钞法未能有效实施这一错误的方法,明朝沿大运河设置了钞关。人们雇用船舶运输货物之际,需按载重量的多少以及路途的远近纳税。自南京至淮安、自淮安至徐州、自徐州至济宁、自济宁至临清、自临清至通州,每段路程需按每100料缴钞100贯的标准纳税,另外直接往返于南京和北京之间,需按每100料缴钞500贯的标准纳税。① 但是后来,钞关不仅被设在临清州、济宁州、徐州府、淮安府、扬州府等大运河沿岸地带,而且被设置在长江水系南京附近的上新河。

梁材在嘉靖九年(1530)五月初三日的《钞关禁革事宜疏》中,叙述了船料则例。其主旨是,船料本是按船舶装载货物之多寡征收的,但是为了简化征税程序,改由以船体横木相当的梁的长短决定船料的轻重。大体上,由梁长五尺开始,至梁长一丈二尺的船舶均被课税。当然,船料因船的大小不同而多寡有别,一丈以上的船由于船体很大,被征收的船料多,而一丈以下的船由于船体小,被征收的船料也少。② 亦即是说,船料基本上是以内河船舶的船腹长度为基准征收的。

---

① "中央研究院"历史语言研究所校印本《明实录》第19册,第1325页,中文出版社,1985年。
② 《皇明疏钞》卷三十八,中国史学丛书三编第二辑,台湾学生书局,1987年(七),第2853—2854页。

在明代,设立于各地的钞关的征税项目,被收录《万历会计录》卷四十二,《沿革事例》①中。在此将其中主要钞关的征税项目归纳如下:

钞 关 名	钞关设置地名	征 税 项 目
崇文门分司	北京　崇文门	商税
郭县钞关	河西务　北直隶　顺天府	船料
济宁钞关	山东　济宁州	船料
徐州钞关	南直隶　徐州府	船料
淮安钞关	南直隶　淮安府	船料
扬州钞关	南直隶　扬州府	船料
上新河钞关	南直隶　应天府	船料
浒墅钞关	南直隶　苏州府	船料
九江钞关	江西　九江府	船料
金沙州钞关	湖广　武昌府	船料
临清钞关	山东　临清州	船料、商税
北新钞关	浙江　杭州府	船料、商税

《万历会计录》卷四十二,《钞关船料商税》中,还收录了记载各钞关征税项目的则例。现将其列记如下([　]中为补充内容)

河西务钞关　〇长、乌船则例

〇河、赣船则例

临清钞关　〇长船则例

〇河、赣、渡、航、乌、渔船则例

浒墅钞关　〇船料则例

九江钞关　〇船料则例

北新钞关　〇长船、剥船、河船、赣船、焦湖船、桨船、沙船[则例]

〇罗子头船、边江船、王巷船、乌船、落脚头船、艎船[则例]

---

① 北京图书馆古籍珍本丛刊53《万历会计录》下,书目文献出版社,第1326页。

	○太湖船、宜兴船、马口船、划子船、匾子船、摊船［则例］
	○摇罗船［则例］
	○航船、脚船、摇船、阔船、头船、划船［则例］
	○尖船［则例］
淮安钞关	○重、河、赣、剥、摇、航、棹等船［则例］
	○重、长、乌、船［则例］
扬州钞关	○河船、赣船、航船、板船、棹船［则例］
	○剥船、沔阳船、池州船、满江红、船山船、左蠡船、衡州船、满蓬稍船、舶船、宣州船、奉新船、罗丝头船、乌船、抚州船、荆州船、广信船、楪壩边江船、海雕船、排脚船、漏八尺航船［则例］
	○长船、沙船、栏船、摇船［则例］
	○空船则例①

由此可知，各钞关的则例是根据船舶的名称确定的。不过，船舶也有多种多样的名称，有明显是以江西省各地地名命名的赣船，有以南直隶的太湖及其近郊地名命名的太湖船、宜兴船，还有以船体特征命名的，如用于水深较浅水域航行的沙船，另外也有以用途及所属行业命名的船只，如渔船、航船等等。像这样以船只的固有名称分别制定则例的做法，暗示了因各种船舶在构造上的差异而产生的梁的计算标准已被明确规定这一事实。

各钞关的船料则例，基本上是基于通关船舶的船腹长度的。具体的标准如下：

四尺/五尺/六尺/七尺/八尺/九尺/一尺/一丈一尺/一丈二尺/一丈三尺/一丈四尺/一丈五尺/一丈六尺/一丈七尺/一丈八尺/一

---

① 《万历会计录》，第1316—1325页。

丈九尺/二丈/……

船腹长度每加减一尺,课税率也随之变化。船料的上限因钞关的不同而不尽相同,位于长江水系的九江钞关则例中的上限为三丈六尺。

《万历会计录》中,收录了主要的钞关的课税收入:

  临清钞关   八万三八〇〇余两

  浒墅钞关   三万九九〇〇余两

  九江钞关   一万五三〇〇余两

  北新钞关   三万六八〇〇余两

  淮安钞关   二万二七〇〇余两

  扬州钞关   一万二九〇〇余两①

那么这些钞关实际征税数额如何呢?关于这一点,王樵在《方麓集》卷一,《考核差满属关事》中,记录了扬州钞关的实际税收金额。根据王樵的记录,在万历二十年(1592)五月十九日至二十一年五月二十四日的 1 年又 5 天中,扬州钞关共征税 11 652.90798 两。② 这个数字,与《万历会计录》中所见扬州钞关税收额 12 900 余两十分接近。从这一点可以推知,《万历会计录》中所载税收数额应该与现实际况相差不大。

(2) 万历、崇祯时期钞关的苛税

由于水运量的增加以及明朝财政的紧张,从万历年间开始,钞关税收大增。明《神宗实录》万历二十五年(1597)十月辛酉(四日)条中,记录了种种增加税收的方案,其中就包括了增加关税的方案。③ 现将各钞关的原额、增加额等整理如下:

---

① 《万历会计录》,第 1316—1325 页。
② 景印文渊阁《四库全书》第 1285 册,第 114 页,上海古籍出版社。
③ "中央研究院"历史语言研究所校印本《明实录》第 110 册,第 5883 页。中文出版社版《明实录(十二)》,第 11674 页。

万历二十五年(1597)钞关增额表

钞 关 名	原 额	增 加 额	新 原 额
河西务钞关	46 000 余两	15 000 两	61 000 余两
临 清钞关	83 000 余两	25 000 两	108 000 余两
浒 墅钞关	40 000 两	12 000 两	52 000 两
九 江钞关	15 000 余两	5 000 两	20 000 余两
北 新钞关	33 000 余两	10 000 两	43 000 余两
扬 州钞关	13 000 余两	5 000 两	18 000 余两
淮 安钞关	22 000 余两	10 000 两	32 000 余两

到了万历朝以后,各钞关的税额更是年年猛增。关于这个问题,在此举一个例子进行说明。道光《浒墅关志》卷四,《五·榷税则例》①中,浒墅钞关的增加税额如下表:

万历四十一年(1613)至顺治二年(1645)浒墅钞关船料总额表

年号(公元)	增加新饷银	船料总额
万历四一年(1613)		39 900 余两(仅计折色)
万历四五年(1617)		45 000 余两
天启 元年(1621)	22 500 两	[67 500 余两]
天启 五年(1625)	20 000 两	87 500 两
崇祯 元年(1628)	4 375 两	[91 875 两]
崇祯 二年(1629)	4 375 两	[96 250 两]
崇祯 三年(1630)	17 500 两	113 750 两
崇祯 七年(1627)	17 062 两 5 钱 49 081 两 2 钱 5 分	130 812 两 5 钱 179 893 两 7 钱 5 分
顺治 二年(1645)		113 946 两 8 钱 7 分 5 厘

从表中可知,仅崇祯七年(1627)一年,浒墅关就一举增税 17 000 余

---

① 《中国地方志集成 乡镇志专辑》5,江苏古籍出版社,1992 年,第 101—105 页。

两,加上"奉扎加增练饷银"49 000 余两,两项共计 66 000 余两。在明末,自万历四十五年(1617)至崇祯七年(1627)的 10 年间,浒墅关的税收总额增加了将近 4 倍。税收涨速之快,令人咋舌。

3. 清初的榷关

(1) 顺治朝的榷关

顺治元年(1644)四月己卯(二十二日),吴三桂迎接山海关外清军入关。五月己丑(二日),清军进入北京。其后的十月甲子(十日),顺治帝于皇极门颁布即位诏书于天下,并以叔父多尔衮为摄政王统摄政事,由是满族在中国的统治宣告成立。顺治帝开始统治中国后,首先对各个关津的货物情况进行了调查,并欲根据调查的结果制定税收额度。因此,在顺治元年这一年之中,清朝免除了各个关津的税收。到了顺治二年正月初一日,各关恢复征税。至于征税的额度,清朝的统治者免、或者削减了明末以来增加的部分。① 《淮关统志》卷六,《令甲》中有:

> 国朝顺治二年,各关津税银俱照前朝万历年间《会计录》原额征解。②

由此可知,顺治二年的征税额度是依据《万历会计录》中所载原额制定的。

清朝在很大程度上继承了明朝的钞关制度。《淮关统志》卷二,《建制》中有:

> 国朝顺治二年乙酉,照前明之例设立钞关。③

---

① 《世祖实录》卷九,顺治元年十月甲子(十日)条。《清实录》3,《世祖章皇帝实录》中华书局,1985 年,第 96 页。
② 《淮关统志》卷六,《中国方志丛书·华中地方》第 85 号,成文出版社,1970 年,第 77 页。
③ 同上书,第 35 页。

由此可知,清朝在明朝钞关制度的基础上设置了钞关。但清制与明制有根本上的不同,即将钞关分别划归户部和工部管辖。在和水运息息相关的榷关之中,自清初至乾隆年间,划归户部管辖的有直隶天津关、山海关、山东临清关、江苏海关、江苏浒墅关、扬州关、西新关,安徽凤阳关、芜湖关、江西九江关、赣关、福建海关、浙江海关、北新关,湖北夔关以及广东海关、太平关等。而划归工部管辖的,则有山东临清工关,江苏龙江关、宿迁关、浙江南新关,湖北荆关,湖南辰关以及四川渝关等。①

关于户部辖关与工部辖关的差异,乾隆《钦定大清会典》卷十六,《户部·关税》中有:

> 凡天下水陆衢令,舟车之所辐辏,商旅之所聚,集设关置尹,掌其治禁,以安行旅,以通货贿,爰系之税,以便调几以佐国家经费。②

而该书卷七十五,《工部·关税》中则有:

> 凡天下关津榷务,户部掌之。其隶工部者,专税竹木。商旅辐辏之地间榷船货,皆因地制宜。③

可知,清代的税关是以户关为主的。据乾隆十八年(1753)奏销册的记载,该年户关税收 4 324 050 两,而工关税收仅有 271 546 两。④ 户关和工关的税收分别占税关税收的 94.1% 和 5.9%。亦即是说,户关的税收占税关税收的九成以上。不过,虽说清朝继承了明朝的钞关制度,但这一制度在固定下来的过程中,经历了很多变迁。特别是在清朝刚入关之初,税关发生了各种各样的问题。

---

① 乾隆《钦定大清会典则例》卷四十七,《户部·关税上》卷一百三十六,《工部·关税》景印文渊阁四库全书第 521 册,第 475—497 页、624 册,第 287—293 页。
② 乾隆《钦定大清会典》卷十六,景印文渊阁《四库全书》第 619 册,第 150 页。
③ 乾隆《钦定大清会典》卷七十五,景印文渊阁《四库全书》第 619 册,第 690 页。
④ 乾隆《钦定大清会典》卷十六,卷七十五,景印文渊阁《四库全书》第 619 册,第 150、691 页。

(a) 清朝入关之初的荆关、杭关、浔关

关于顺治初年各关所课税的状况,据顺治二年(1645)七月丙寅(十七日)工部报告,芜湖、杭州、龙江、荆州与清江五处关所,每年抽税银129 631两4钱,工部向这些税关派遣官员负责抽分工作。① 因此,安徽省的芜湖、浙江省的杭关、江苏省的龙江、湖北省的荆州与江苏省的清江这五处关所归工部管辖。但是时隔不久,这些税关就被户部接管了。

湖广巡抚高士俊顺治三年(1646)十一月的报告中说,荆关的税收多寡,取决于来自四川的竹木船以及来过往船舶数量的多寡。但在当时,由于张献忠政权的存在,从湖北至四川的道路不通,至湖南的路也被堵塞,商人不愿意冒险做生意,所以通关船舶的数量很少。② 这个例子说明,通过荆关的船舶来自四川湖南以及长江下游区域。由于当时清朝的统治还没有延伸到这些地区,所以来到荆关的船舶数量寥寥无几,税收自然也就很少了。

顺治四年(1647)正月,荆关、通惠河中河的清江厂、杭关、芜关以及龙江厂的关差,由工部移归户部的管辖。③ 值得注意的是,杭关在顺治三年(1646)还未被清朝纳入统治区域之内。关于这一点,顺治三年(1646)杭州抽分主事李士劼说,杭关专榷的竹材、木材,产于严州、衢州、处州、金华四府,而这些地方属于江东(富春江东)上游地区,尚未纳入版图,杭关也未开关。虽说竹木产自四府,但贩卖竹木的商人其实都是徽州、宁波、苏州、松江等地的商人,如果不给予他们在税额上的优惠,他们就不会来做生意。④ 如同李说的那样,清朝统治尚未延伸至杭关上游区域,所以从这些区域运出的物资不会到达杭关。另外,在上游地区经商的商人是徽商、宁波商人、苏州商人以及松江商人,这些生意并不是他们值得冒

---

① 《世祖实录》卷十九,顺治二年七月丙寅(十七日)条。《清实录》3,第171页。
② 《顺治年间设关榷税档案选》(上),《历史档案》1982年第4期,第25页。
③ 《世祖实录》卷三十,顺治四年正月庚申(十八日)条。《清实录》3,第247页。
④ 《工曹章奏》顺治三年五月十四日条,《史料丛刊初编》,《罗雪堂先生全集四编》第7册,台湾大通书局,1972年,第2991页。

生命危险去做的生意。所以在当时,若无税率等优惠政策,商人是不会因趋利来做这些生意的。

除此之外,未被纳入清朝统治范围的地区还有很多。荆州抽分工部员外卢六艺说,荆关的课额全赖西南为转输,但是现在在江南使用隆武年号,在西边则有张献忠的势力盘踞,因此目前不能在此地设立税关。① 这一情况是由江南的唐王政权以及四川的张献忠等势力与清朝对峙造成的。清朝在这个时候,仍不能随心所欲地对荆关这一水运要地进行支配。荆关税收的主要来源是对四川的竹木商船征收的税金,而征税的根本是对商船征收税金。因此,为了开征税金,必须要保证商船的通航。② 但是,由于长江上游地区的四川与下游地区处于政治对立的局面,从下游至四川地区,或是由四川地区至长江下游地区的船舶均不航行,故几乎没有船只通过处于上下游交界处的荆关。四川未被清朝乃入统治范围之内。榷关的税收亦未得到拓展这就是当时的情况。当时,四川是张献忠坚固的大本营,所以四川与湖南之间交通不通,与云南、贵州等地更是断绝了往来。虽说有榷关的存在,却没有通过榷关的商人。在四川有张献忠等人的势力,这一情况甚至影响到了江西省九江榷关的税收。亦即是说,往来航行于长江中游九江附近水域的船舶数量激减。若无船舶通关,即便设置再多的榷关,也无法得到税金收入。

(b) 清朝入关之初时榷关的种种情况

关于顺治初期的税关情况,《世祖实录》卷四十二,顺治六年(1649)正月乙亥(条)发往户部上谕说,设置税关征收税金的目的,本来是为了对不法交易进行调查,并非要与商人争利。因此即便收税,其额度也很少。上谕指示户部,满汉官员今后要照税则课税。如果有以私情或者重权贵,私自放免船只或者对商船增税,抑或是为中饱私囊征收规定外的

---

① 《工曹章奏》顺治三年六月初二日条。《史料丛刊初编》,第2998—2999页。
② 《工曹章奏》顺治三年七月初二日条。《史料丛刊初编》,第3002页。

税款,令商人民众痛苦的行为,一经查实严惩不怠。① 这份上谕,重点提到了要取缔满汉官员在税则以外课税或是索取贿赂等妨碍商业活动的行为。

顺治八年(1651)闰二月乙卯(八日)的发往吏部的上谕,指出了榷关的问题点:"榷关之设,国家藉以通商,非以苦商。关税原有定额,差一司官已足,何故滥差多人,忽而三员,忽而二员。每官一出,必市马数十匹,招募书吏数十人。绍兴棍徒,谋充书吏,争竞钻营,未出都门,先行纳贿。户部又填给粮单,沿途骚扰,鞭打驿官,奴使村民,恶迹不可枚举。包揽经纪,任意需索,量船盘货,假公行私。沿河一带,公然与劫夺无异。商贾恐惧不前,百物腾贵,天下通行河道何以至此。朕灼知今日商民之苦,著仍旧每关设官一员,其添设者悉行裁去,以后不得滥差。其裁缺彻回之员,既不利于商贾,又何利于州县之民。户部不得妄咨勤劳,吏部不得更与铨补,国家爱惜牧民之官,岂得仍前朦混,尔部谨识朕谕,实心遵守,毋负朕通商爱民之意。"②在各关,除了从中央派遣的关差之外,胥吏、经纪等,也对以船舶航行于水路之上的商人们很多障碍。顺治皇帝如实地掌握了关差等人的行为对商业活动造成妨碍的情况。

各关弊害,时常被人指责。户部多罗端重郡王波洛等,在顺治八年(1651)四月二十日的题本中指出,各关存在五种严重的弊害。其一是"单书之弊",此弊害指在税关在接受报税之际,故意对报税者的申报书吹毛求疵,找到一些申告遗漏,并以此为借口,收取法外的手续费的行为。其二是"盘货之弊",此弊害指以货物申报额不足为借口,征收规定以外的税金。其三是"包揽之弊"。此弊害指帮助商船代办通关手续的经纪,勾结胥吏,包揽过关的行为。最可恨的是,这些人有时故意诱骗商人暗用"私费"包揽过关,过关时被官发觉,商人的货物遭押,此时商人为

---

① 《世祖实录》卷四十二,顺治六年正月乙亥(十六日)条。《清实录》3,第 337 页。
② 《世祖实录》卷五十四,顺治八年闰二月乙卯(八日)条。《清实录》3,第 426 页。

了保住货物又不得不上下打点。其四是"关牙之弊",此弊害指关差借官之名,向一些不应征税的小商人征收税金,令商人倍感困惑的行为。其五是"量船之弊",此弊害指不管船上是否载有货物或者货物的多少,强行按照船的大小征收船料的行为。①

另外,江宁巡按上官铉在顺治八年十二月初一日的题本中提到,在芜湖两关最令商人头痛的便是保家。这样的保家有120余户,船只到达税关时,要依赖保家报税。每份报税单,正课(正规的税金)一两的情况下,保家要勒索手续费二三两,甚至四五两。② 在芜湖的户关、工关两关,最令商人们头疼的便是代办商船通行手续的保家。这些保家以代办手续为由,索取法外的手续费。

权关的关差似乎存在种种问题,其中似乎汉人官吏的问题更为严重:"今各关止设汉臣一员,而税务之输纳,不及满臣盘诘之严密"。③ 在这里,暗示了汉人关差对通关商船索要种种贿赂的问题。所以,朝廷得出满人官吏非常重要这里结论。

顺治十一年(1654)四月,户科给事中杜笃祜提出了四条解决税关弊害的措施,即"一裁吏役,一查税票,一关差回避原籍,一批文核对限期"。④ 这是防止管理的不正行为,使关税业务严格而公正的措施。如同杜笃祜指出那样,在税关,法外征税以及官员的不正行为从未间断过。

顺治十一年六月庚辰(二十二日)顺治帝的诏书中,可以看到如下指示:关税本来是有定额的,身为政府派遣的关差,不能征收规定外的税金,不要为难商人。关差不能超越税关职务的权限,干预地方行政。⑤

顺治十二年(1655)四月,御史张嘉要求停设满人关差。对此,吏部

---

① 《历史档案》1982年第4期,第28页。
② 同上书,第29页。
③ 中国第一历史档案馆藏《户科史书》,顺治十年十一月,全宗2,编号15。工科榷赤哈哈方臣土克善题、顺治十年十一月初三日题。
④ 《世祖实录》卷八十三,顺治十一年四月庚申(一日)条。《清实录》3,第649页。
⑤ 《世祖实录》卷八十四,顺治十一年六月庚辰(二十一日)条。《清实录》3,第664页。

主事达都弹劾了张嘉对满人表现出的反感行为。达都的理由是,若不差遣满人官吏,汉人官吏在收税时必将徇私枉法。达都等人以张嘉痛恨满人不给汉人徇私枉法的机会为由,上疏弹劾张嘉。这份上疏被下放到吏部审议,结果,吏部要求对张嘉罚俸一年。对此,顺治帝说:"诏谕求言,原为兵民疾苦。张嘉妄陈关差添设满官,致多扰累,明系借端偏忌,殊属可恶。著降一级调用"。① 若是满人管理,则会按照征税规定征收税款,若这样做,汉人关差就无利可图了,因此对设置满人官吏的做法表现出了不满的情绪。这则记事,说明了汉人关差的弊害,同时也表明了税关征收规定以外通行税的做法从未间断过的情况。

顺治十四年(1657)三月甲寅(十一日)条中,收录了江南江西总督郎廷佐关于"江南三大困"的上奏。江南三大困,其一,"江南官多降调,为钱粮积欠多而考成严也。"他请求顺治帝"将考成规则,去其降调之例。重不过革职戴罪"。其二,顺治八年(1651)至顺治十三年(1656),江南欠有钱粮400余万两。其三,清军进驻江南,影响了江南的商品流通:"江南为数省咽喉,商贾舟楫所聚。向因大军经过,封船载送,商民坐困"。② 如同郎廷佐说的那样,清军入关之后,由于战线的扩大,江南的水运运力资源被优先调配到军事用途上,这样就妨碍了江南商人、民众利用水运进行人、物运输的活动,造成了运输活动的停滞等弊害。

(2) 康熙朝的权关

那么,从顺治时代到康熙时代,权关的税收情况又发生了什么样的变化呢?

(a) 权关的征税情况

康熙二年(1663)八月,针对户部的议覆,漕运总督林起龙条奏,当时

---

① 《世祖实录》卷九十一,顺治十二年四月庚午(十六日)条。《清实录》3,第715页。
② 《世祖实录》卷一百八,顺治十四年三月甲寅(十一日)条。《清实录》3,第849页。

在各关对漕运的重船实行夹带私活的检查,但因关口过多,由于各地的检查而产生了运输停滞的现象。所以,"应如所议,止于仪真、瓜洲、淮安、济宁、天津等五处地方,严加盘查。又水次附载,沿途包买,运官通同奸商诸弊,均关漕运要务,亦应如所议严禁。"①从这里可以看出,在沿大运河北上的漕运途中,位于大运河与长江汇合地附近的江北仪真、瓜洲,大运河与淮水汇合处的淮安,与济水汇合处的济宁以及与海河汇合处的天津这五个地方被作为检查船只装载货物的紧要关口而备受重视。

康熙四年(1665)正月,有发往户部、工部的上谕。上谕中说,在各省设立税关,本来是国家为了促进通商,丰盈国家财政而采取的措施。过去由于钱粮不足,规定对超额征税的官员进行晋升、纪录等奖励,因此,各地官员为了得到奖励而超额征税,骚扰地方,困苦商民。这些行为是不好的。应该全部按照定额征收。②如此,康熙帝一改清朝以往嘉奖超额税收的姿态,以图通过定额征收税金的方式,推进商业活动的发展。

康熙四年九月己酉,发往户部与工部的上谕说,最近得知各地税务官员为了中饱私囊,雇用地方棍徒,"通同作弊,巧立名色,另设戥秤,于定额之外,恣意多索",造成了弊害。"或指称漏税,妄拏过往商民挟诈;或将民间日用琐细之物及衣服等类,原不抽税者亦违例收税;或商贾已经报税,不令过关故意迟延掯勒",各种弊害不胜枚举。这是违背国法,困苦商民,令人憎恶的行为。以后,地方的税务官员要清廉守法,如果商人的通商顺利,那么地方也会安定。前面所说的不正行为,内者科道官,外者总督、巡抚,必须严格监督报告,如果巡抚等人不严加监察报告,将被问罪。③ 从这份上谕中可知,在各个关所,税务官员无秩序地征收税款,给商民带来了无尽的痛苦。

---

① 《圣祖实录》卷十,康熙二年八月甲寅(十九日)条。《清实录四 圣祖仁皇帝实录一》,中华书局,1985年,第155—156页。
② 《圣祖实录》卷十四,正月己亥(十二日)条。《清实录》4,第209页。
③ 《圣祖实录》卷十六,康熙四年九月己酉(二十六日)条。《清实录》4,第247页。

关于如何除去各个税关正在发生的弊害,直隶巡抚王登联提出了一个方法。这个方法被收录在康熙五年(1666)五月庚申(十日)条中。将税关条例刻于木榜之上,并将木榜"立关口,并商贾往来之孔道,遍行晓谕。或例内有加增之数,亦明白注出,以杜吏役滥徵之弊。应如所请。嗣后直隶各省设立关税之处,应多刊木榜,昭示商民,照额征收。如有不肖官吏,于定额之外私行滥收者,令该督抚不时查察,据实题参,依律治罪。"①这个方法被获准实施。

(b)榷关的专任官、兼任官

据康熙六年(1667)七月户部的题本,关于今后向各关派遣的监督:"应仍差满汉贤能官员。庶使恶棍无漏税之弊,而额课亦不致缺少。得上曰,前各关抽税,因差部员笔帖式等扰民,故尔停止。今布政司道官,未尝尽裁,且各省有知府同知、通判等官,岂不可令其管理,何又请差满汉官员。各关税仍交地方官征收。"②在这里,针对各税关的监督官是从中央派遣的专门官为好还是以地方官兼任为好,在户部展开了针锋相对的议论。

康熙六年七月,户部等衙门的议覆中,左都御史王熙提出了禁止官员妨害贸易的对策:"嗣后王公以下,文武大小各官家人,强占关津要地,不容商民贸易者,在原犯之地,枷号三个月。"③由此可知,当时存在以权力妨碍民间商业活动的情况。

康熙六年九月户部的议覆中所见河南道御史徐诰武的疏言中有:"江南淮海道,专管海防。地方事务,俱停其兼管。其淮安关税等项,亦宜委员管理。应如所请,并行文直隶各省,将各关事务,俱委专员管理。"④这样,各关的管理工作,便由从中央派遣的专门的监督官担

---

① 《圣祖实录》卷十八,康熙五年四月庚申(十日)条。《清实录》4,第266—267页。
② 《圣祖实录》卷二十三,康熙六年七月癸卯(一日)条。《清实录》4,第313页。
③ 《圣祖实录》卷二十三,康熙六年七月甲辰(二日)条。《清实录》4,第313页。
④ 《圣祖实录》卷二十四,康熙六年九月乙卯(十四日)条。《清实录》4,第329—330页。

当了。

另一方面,康熙六年十月,康熙帝命令杭州府同知管理杭州北新关、南新关事务。① 这样,浙江省杭州的北新关、南新关事务由杭州府同知兼管。但是时隔不久,北新关的管辖权又发生了变化。康熙七年(1668)五月,浙江北新关的事务归由盐运使管理。② 北新关被划到杭州府同知兼管下不到一年,又被划给盐运使兼管。

康熙八年(1669)正月,户部的议覆中有户科给事中苏拜的疏言:"关税一差,归于外府佐贰官管理。但各官俱有专掌,又兼理关税,事务烦多。且身为地方官,畏惧上司,希图足额,必致增派商民。请仍差部员。应如所奏,将满汉司官兼差收税。得上曰,关税多者,将各部院贤能满汉官员差遣;关税少者,仍交地方官征收。其应差部院官,与应交地方官之处,分别议奏"③负责税关的官吏时常改变,这些人事变动又与榷关的税收额息息相关,这样的做法对通关各关的商人造成了痛苦。

康熙八年(1669)二月,户部遵照康熙帝的意思,对户科给事中苏拜关于关税的上疏进行了再次审议:"查崇文门税差,已奉上曰设官收税。其通州坐粮厅、京城左右二翼仓、宝泉局、大通桥、通州西仓、中南仓、张家口、杀虎口,此九差原系臣部官员差遣,应仍旧例外。浒墅关额税银一十四万两零;芜湖关额税银一十二万两零;北新关额税银九万两零;九江关额税银九万两零;淮安关额税银五万两零;太平桥额税并盐利银共四万两零;扬州关额税银三万两零;赣关桥额税银三万两零;天津关额税银三万两零;西新关额税银二万两零;淮安仓征收税银二万两零;临清关额税银二万两零;凤阳仓征收税银二万两零;临清仓无征收税银,止有米折银,本色米麦。又在临清关一处,应并为一差。江宁仓原归并西

---

① 《圣祖实录》卷二十四,康熙六年十月戊子(十七日)条。《清实录》4,第 32 页。
② 《圣祖实录》卷二十六,康熙七年五月乙丑(二十八日)条。《清实录》4,第 361 页。
③ 《圣祖实录》卷二十八,康熙八年正月丙辰(二十二日)条。《清实录》4,第 386 页。

新关,今应仍旧。此一十三差,税额既多,应择各部院贤能满汉官员差遣。其它运厅,额税银六千两零。居庸关额税银三千两零;徐州仓征收税银三千两零;德州仓征收税银七百两零,此四差税额俱少,应交与地方官征收。"①在各关中,征税额较多的,采用了派遣满人、汉人专门官负责单一方式。

康熙九年(1679)十一月月丙子(二十三日),撤江南西新关的户部官差,该关由工部管理的龙江关接管。工部派往芜湖关的关差,归由芜湖关户部管理。② 这样,以前归户部管辖的南京西新关变为由工部龙江关管理,而芜湖的工关则变为由户部管理。

关于以何种官员担任各关的关差,《浒墅关志》卷六《榷使》的开头部分有具体例子:

> 顺治二年,照明旧例,差户部主事一员。四年,满汉官二员,笔帖式一员。九年,只汉官一员。十二年,仍兼满官笔帖式。十四年,仍汉官一员。康熙元年,仍兼满官笔帖式。四年,停止差官,归并苏松常道管理。七年,裁道缺归并府佐。八年,仍差满汉官笔帖式。十二年,不论满汉官一员,笔帖式如故。雍正元年,归并江苏巡抚,委地方官监收。二年,苏州织造管理。乾隆六年,布政使兼管。十一年,巡抚带管后仍归织造兼理。③

关于浒墅关归清后的榷使,同书中有:

> 程良孺,湖广孝感人,举人。弘光时任,是年为本朝顺治二年六月,王师下江南,良孺投诚,仍司榷政。甫六日,为枫桥民所逐,遂逸去。至京口殂。④

顺治二年(1645)六月,清军南下江南,当时浒墅关的榷使湖广人程

---

① 《圣祖实录》卷二十八,康熙八年二月己巳(六日)条。《清实录》4,第387页。
② 《圣祖实录》卷三十四,康熙九年十一月丙子(二十三日)条。《清实录》4,第466页。
③④ 《中国地方志集成 乡镇志专辑》5,江苏古籍出版社,1992年,第124页。

良孺降清,因此保住了自己的职位。但是,时隔数日,程便被苏州枫桥的民众驱逐。苏州的枫桥有米谷等市场,以水运物资的集散地而闻名的枫桥居住着为数众多的水运业者以及劳动者。程良孺身为浒墅关的榷使,若是遭到民众的憎恨,那么这份憎恨的根源,恐怕在于钞关本身。驱逐程良孺的,有很大可能是以水运业者等为中心的民众。

在程良孺之后成为浒墅关榷使的官员是邱俊孙。邱是湖广宜城人,癸巳进士。最早被任命为浒墅关榷使的满族人,是顺治四年被任命的镶红旗人郑库呐。

如上,关于浒墅关一关的人事问题,清朝采取了各种各样的方法。

康熙十八年(1679)十月丙寅(五日)条载,各关差官员"所办铜觔,应买废钱旧器皿等铜解送。或将红铜六十斤、铅四十斤折作铜一百斤解送"。① 各关差的主要负责是收集铜斤,以及将这些铜纳入户部这一业务。这条记录表明,随着利用内陆河川进行的商品流通量的增加,各个税关的征税额也逐渐增加。

台湾郑氏降清后,清朝撤废迁界令,发布展海令,并与康熙二十三年(1684)在福建和广东设立了海关。康熙二十三年九月,"户部等衙门遵谕议覆,福建、广东新设关差,止将海上出入船载,贸易货物征税。其海口内桥津地方,贸易船车等物停其抽分,并将各关征税则例给发监督酌量增减定例。"②此后,被称为海关的海口税关,首先被设置于福建和广东,并按照各关的征税则例征收税金。③

4. 小结

钞关创始于明代宣德年间,到了明末,由于国家财政困难,各钞关大

---

① 《圣祖实录》卷八十五,康熙十八年十月丙寅(五日)条。《清实录》4,第1078页。
② 《圣祖实录》卷十六,康熙二十三年九月丁丑(一四日)条。《清实录》5,《圣祖仁皇帝实录二》,中华书局,1985年,第215—216页。
③ 参考前列寺田论文、松浦章:《关于清代前期的海关监督》。

幅增税，令进行商品交易的商人以及从事航运业的人们叫苦不迭。取代明朝统治中国的清朝，虽然迅速降低了各钞关的税率，但是由于官吏征收规定以外的税款，以及参与航运的牙行、保家等的非法榨取，商人以及从事航运的人们也时常感到痛苦。

如果说明末让商人叫苦不迭的是种种苛税，那么到了清代取而代之的则是各个钞关的官吏制定的种种征税方法。也有是说，负责税关事务的官吏不同，税率就不同，而且课税的方法也不同。这其中还包括了成为中国新统治者的满族如何使用汉族官员这一问题。各关的负责官员也时常被改变。或以专门官主持税关事务，或是以地方官兼管税关事务，在各关有着不同的情况。

关于明代钞关主事的任期，万历《大明会典》卷三十五，《户部二十二·课程四·钞关》，景泰元年(1450)条中有：

> 差主事二员，于湖广金沙洲、江西九江，监收船料钞，一年更代。①

另外，《淮关统志》卷八，《题名》，明景泰元年(1450)条中也有：

> 令于各关专差主事监收，一年更代。②

亦即是说，各钞关的主事官员任期为一年。但是，到了清初，各钞关主事官员的任期没有被明确规定。这一点从芜湖关的例子中可以得到印证。③《芜关榷志》中说，大清顺治二年，平定江南，初秋将恢复抽分税务。在此将从顺治二年(1645)到顺治十三年(1656)，该关的监督官列记为下表。

---

① 《大明会典》卷三十五，台湾文海出版社版，(二)，第642页。
② 《淮关统志》卷八，第169页。
③ 《芜关榷志》(南京大学图书馆影印本)及《明清档案》A19-77。

年　次	监　督　官　名	任　　期	收税额
顺治二年	工部员外郎　朱之瑶　江西安福人 工部员外　戴国光　河南光山人	1年4个月 1个月	34 722 两
顺治三年	工部员外郎　曹国柄　直隶大兴人		
顺治四年	禅陀买章京　恰　代　满　人 　　　　　　李一蕃　辽东铁岭人	共1年5个月	116 950 两
顺治五年	户部阿暇喇阿房　王肴报　辽东人 　　　　　　　　阿哈万　满　人 云南司主事　陈哀一　河南兰阳人	1年3个月	61 060 两
顺治六年	户部爱惜喇库哈方　年　哈　满人 江南司主事　傅长祺　河南永城人	11个月又19日	61 828 两
顺治七年	户部爱惜喇库哈方　和多礼　满人 福建清吏司主事　李宗孔　江南江都人	1年2个月	65 291 两
顺治八年	工部主事　杨晙　直隶曲周人	1年1个月	40 806 两
顺治九年	工部员外郎　任长庆　山西石梅人	15个月又24日	46 824 两
顺治十年	工部员外郎　李贲　河南堰城人	1年又20日	38 471 两
顺治十二年	工部一切里哈方　鄂弹　满人 虞衡司员外郎　牛天宿　山东章丘人	1年又18日	42 164 两
顺治十三年	工部虞衡司主事　张愿翔　陕西华州人 爱惜喇库哈方　哈弹兔　满人 赤哈哈方　周卜年　辽东人	1年1个月又22日	57 068 两

从这张芜湖榷关的历任表中可以看出，榷关的主事官员任期并非一定。另外，从档案中可知，任长庆就任监督的日期是顺治九年八月十五日，离任的日期是顺治十年十一月八日，任期15个月又24日（据《明清档案》A19-77）。

这样的状态得到安定，是顺治十三年（1656）以后的事情。《钦定大清会典则例》卷四十八，《户部·税关下》，顺治十三年条中有：

　　题准，各关专差汉官，两翼差笔帖式，张家口、杀虎口各差满官一人，汉军官一人，笔帖式一人，照例一年更代。①

可知，在直隶的左翼、右翼、张家口，以及山西杀虎口各关，关差一年更代的规定被实施。究其根据，乃为"照例"，但是从芜湖关关差就任的事例中可知，这个旧例没有得到很好的遵守。将关差的任期明确规定为一年，是康熙二十六年（1687）以后的事情了。康熙二十三年（1684）在福建、广东设置了海关监督，三年后，规定了海关监督的任期为一年。

乾隆《钦定大清会典则例》卷四十八，《户部·税关下》，[康熙]二十六年条中有：

> 议准四省海差一年更代。②

即，江南（江苏）、浙江、福建、广东四省设置的海关关差，采取一年更代的方式。③ 对于国家财政来说，关税与漕粮、盐政同等重要。收取关税收入的权关，由于每天都和钱打交道，所以在此任职的官员容易腐败。故短期交替的任命方式应该说是比较理想的。在新设置的海关，采取监督任期一年的方式，是在海关设置之后三年的事情。这一点，恰好反映了当时清朝关于的权关政策正处于摇篮期这一侧面。

清代基本继承了明代的钞关制度，在内陆河川的各处设置了相当于明代钞关的权关这一常关。除此之外，还在沿海四省新设海关，对沿海贸易船以及海外贸易船平行征税。于内陆河川设置常关以及在沿海设置海关这一征税方式，在长达一个半世纪的时间内一直被实施，直至鸦片战争之前。

---

① 乾隆《钦定大清会典则例》卷四十八，《户部·关税下》，景印文渊阁四库全书本，第612册，第499页。
② 同上书，第501页。
③ 松浦章：《关于清代前期的海关监督》，松浦章：《清代海外贸易史之研究》，朋友书店，2002年，第564—582页。

第4章 18世纪中国沿海与长江航运

1. 绪言

20世纪80年代以后,随着对外开放政策的展开,中国在经济发展上取得了很大成就,以现代中国的沿海海域及长江中、下游为中心的区域,尤其是以华南地区为中心的一大经济圈迅速崛起,令世界瞩目。这一被称为"华南经济圈"的地区,吸引了全世界企业以及企业家的目光。虽说这一经济圈是改革开放之后才崛起的,但它的基础并不是改革开放后一夜间形成的。早在18世纪时,类似"华南经济圈"的经济圈就已经华南地区兴起,并与中国其他地方协作,共同发展。

那么200年前的中国沿海地区和长江流域的经济状况是怎么样的呢?在本章中,笔者欲从航运史的视角出发,以清代乾隆时代(1736—1795)官吏写给乾隆帝的奏折为基础资料,对当时中国社会的物资流通状况进行考察。

2. 中国沿海地区的航运

在乾隆五十四年(1789)十二月十四日崇椿宜兴的报告中,记载了自华北、华中、华南沿岸航行至锦州、岫严、复州、金州、盖州、牛庄六座城市(均位于现在辽宁省渤海湾沿岸)所属港口的船舶总数:

> 锦州、岫严、复州、金州、盖州、牛庄等六城所属海口确查去后嗣据各该委员等会同各该城守尉,协领州县通判等官,按照各该海口地方官所存出入商船,挂号底簿内,逐细查得乾隆五十二年共到口船四千一百四十九只。五十三年共到口千三千三百七十八只。五十四年共到口船一千七百八十二只。今以五十四年船数较比上二年,实系短少十分之六。①

如同资料所示,乾隆五十二年(1787)有 4 149 只,乾隆五十三年(1788)有 3 378 只,乾隆五十四年(1789)有 1 782 只。虽然该资料中只显示了三年的记录,但根据这个数据,不难推测每年自华北、华中、华南沿岸航行至东北辽宁沿海的船舶,每年约有三四千只。这些船只中,大部分是由位于长江口的上海航行而至的平底型海船——沙船。这些船舶将南方的棉布、茶叶、砂糖等华中、华南的物产运至北方,在返航之际又将东北生产的大豆、大豆油以及豆饼等货物运回南方。

天津与华南地区的海路连接,在雍正时代较为多见,针对这一课题的研究成果也很多。② 不过在乾隆时代也可以看到同样的倾向。长芦巡

---

① 《宫中档乾隆朝奏折》第 74 辑,台北故宫博物院,1988 年,第 435 页。
② 香坂昌纪:《清代前期的沿岸贸易的一个考察——以雍正年间福建、天津之间的贸易为中心》,《文化》第 35 卷第 1・2 号,1971 年。
　Ng Chin-keong; *Trade and Society: The Amoy Network on China Coast*, 1683—1735, Singapore U. P., 1983.

盐御史兼官天津钞关事务三保,在乾隆元年(1736)八月八日的报告①中提到,自雍正十三年(1735)八月四日至乾隆元年八月二日的一年间,有78只船,将砂糖、纸类、日用陶瓷器等物品从福建运至天津。另外,西宁在乾隆四十六年(1781)六月二日的报告②中提到,自1781—1782年的一年之间,来到天津的福建、广东商船的数量达到了85只。这些南方的船只,在返航回故乡之际,一般自天津赴辽宁沿海,将东北生产的大豆等谷物装船运回家乡。

据江苏巡抚王师在乾隆十六年(1751)三月二日的报告③,来自福建与广东,被称为"鸟船",船底装有龙骨的海洋帆船航行至上海;上海周边的平底型海船——沙船自上海出发,向着山东或者东北地区的港口扬帆起航。前面已经提到,沙船航行的目的地主要是东北、华北地区,它运输的货物主要是大豆等谷物产品。据两江总督尹继善乾隆十三年(1748)九月十六日的报告④,每年都有台湾、厦门的海船航行至上海。这些来自广东、福建、台湾的海船,将砂糖、茶叶与各色果脯带到上海,返航之际带回棉花、谷物等物品。

据议政大臣广禄等人乾隆六年(1741)九月六日的报告⑤,自南洋的咬留吧,即印度尼西亚的雅加达至厦门的距离为280更,合陆地的16 800余里(约9 600公里)。厦门与南洋诸国的联系很密切,中国船从此地出发,不仅将中国产品带到南洋诸国,更将中国移民运输到东南亚各国。另外,福州将军兼管闽海关事新柱在乾隆十五年(1750)九月八日的报告中提到,该年回到厦门的中国海外贸易船有53只,自东南亚各国带回米27 722石、稻谷820石,对福建省南部漳州、泉州的粮食供应作出了重大贡献。

广东巡抚尚安乾隆四十八年(1783)四月二十五日的报告道:

---

①②③④ 中国第一历史档案馆藏《朱批奏折》,财政类,关税项。
⑤ 中国第一历史档案馆藏《朱批奏折》,外交类。

兹乾隆四十八年分应征税课计,自四十六年十二月二十六日起至四十七年十二月二十五日止,此一年内共到外夷洋船一十四只,进口细货共一百五十六万四千六百二十三斤,粗货五百八十万九千三百四十九斤。出口细货一百二十万二千六百二十四斤零,粗货一一千二百二十五万四千五百八十六斤,通共征收税耗等项银二十五万二千零三十两八钱零。比较四十一、二两年,少收银一十八万余两,即比较上三届四十四、五、六等年,亦少收银十三万至十七万、十八万余两不等。又澳门夷船二十五只,征收税钞等银五万二千二百七十三两零。又吕宋夷船三只,在洋被风吹入粤东口内,愿赴任澳门报税,就地发卖,征收银八千三百五十四两零,两项合算,比较四十一、二两年多收银四万余两。又本港船十七只,福潮船四百三十只,共征收税银九万八千零六十四两零。比较四十一、二两年,俱多收至七万两以外。连各属口岸五十六处,征收银十一万零四百十七两零,通计实共征银五十二万一千一百四十两零。①

自乾隆四十六年十二月二十六日至四十七年十二月二十五日的一年之间,进入广州港的英国、荷兰、法国等欧洲等国的船有14只,自马尼拉而来之船有3只,广东海外贸易船17只,广东等地的沿海商船430只,至澳门的外国船有25只。将毛织品以及被称为自鸣钟的座钟带到中国的欧洲船,在广州购买大量红茶、绿茶、丝织品、棉布、瓷器、药剂等物品运回欧洲。

3. 长江流域的航运

那么,在长江流域,物资的流通的情况又是怎样的呢?关于这一点,

---

① 《宫中档乾隆朝奏折》第55辑,台北故宫博物院,1986年,第801—802页。

从穆克登乾隆五十年(1785)十一月九日的报告①中可窥其一端。该报告称,自乾隆五十年八月二十一日(9月24日)至十一月八日(12月9日)的77日间,有1 541只米船自江西省到达上游的湖北省,共运米184 900石,平均每艘120石;1 591只米船自江西省到达长江下游的安徽省、江苏省,运米421 896石,平均每艘载重322石。以长江中游的九江为中心,江西省生产的大米被运输至长江的上游以及下游。

湖北省的沙市,在清代曾设有名为荆关的税关。作为该税关的管理人,管理荆关税务郎中丽柱于乾隆在二十三年(1758)四月二十六日的报告②中提到,通过荆关的船舶,多半是由湖北、湖南、四川运米至长江下游的船舶以及从四川省航往长江下游航行的筏。湖北等三省的大米与木材,经长江而下,供应河南省与山东省的需求。

地处江西省北部,与长江相接的九江,在长江流域商品流通上具有重要的地位。若上游的湖北、湖南等省的米价高腾,则下游的江西省、安徽省、江苏省所产大米被运往上游;若下游的米价高腾,则湖北省、湖南省生产的大米,经由九江被运往下游。③ 江西巡抚阿思哈在乾隆十五年(1750)十一月十三日的报告④中提到,乾隆十三(1748)、十四(1749)年通过九江的船舶数分别是48 250只和44 795只。在乾隆时代,通过九江,航行于长江之上的船舶每年有40 000—60 000只,平均每天一百余只到一百数十只。

安徽省的芜湖,在清代是屈指可数的米市场,来自长江上游、下游的船舶均航行至此地。⑤ 据尹继善乾隆二十六年(1761)六月九日的报告⑥,登录于位于芜湖的户部管辖税关的货船数量,乾隆二十三年(1758)

---

① 中国第一历史档案馆藏《朱批奏折》,商业贸易类。
②④ 中国第一历史档案馆藏《朱批奏折》,财政类,关税项。
③ 松浦章:《清代九江常关与民船航行》,《关西大学文学论集》第42卷第3号,1993年。
⑤ 松浦章:《清代芜湖市场与民船——清代芜湖海关前史》,《关西大学文学论集》第40卷第2号,1991年。
⑥ 中国第一历史档案馆藏《朱批奏折》,财政类,关税项。

第 2 篇
清代大运河的水运

第 1 章　关于清代大运河的水运

1. 绪言

连接北京和浙江省杭州的水运要道大运河,在清代中国国内物资的流通中扮演着重要的角色。关于清代大运河发挥的机能,两江总督高晋、江苏巡抚明德乾隆三十二年(1767)五月二十一日的奏折中有:

> 凡京城所需南货,全赖江南漕船带运,而江南所需北货,亦赖漕船带回。若漕船全停,不惟南北货物,不能流通。①

亦即是说,北京消费的产品均经由漕运自江南输送而至,而江南需要的北方货物,也由漕船在返航时带回。如果漕船停运,则南北之间货物的流通则无法实现。

即便到了 20 世纪上半叶,大运河仍然保持了其作为中国南北之间货运流通主干道的地位。关于这一点,大正十年(1921)7 月,东亚同文书院的调查报告中有:

---

① 中国第一历史档案馆藏《宫中朱批奏折》,财政类,漕运项,MF10-856。

  大运河自直隶省通州始，向东过天津，南下入山东，过临清、东昌诸县，横跨黄河，向东南入江苏，再继续向东南，过宿迁、泗阳诸县至清江浦，从此地向南直下过扬州，跨扬子江至镇江。镇江以南为江南运河，经苏州、杭州再向东行至宁波。全长三六〇〇里，相当于一二〇〇英里。此河古来为连接南华北之重要交通道路，在支那之政治、文化、经济上，具有至为重大之价值。①

这份报告，不但简略记述了大运河从北京近郊的通州，至天津、山东省、江苏省、浙江省的河道概况，而且指出了大运河在作为交通运输的道路发挥了重要机能的同时，对中国的政治以及文化产生了深远的影响。

关于大运河的定义，大正五年(1916)的报告中有着明确的说明：

  一般来说，运河指能够发挥运输作用的水道，始自通州，过天津至江苏的水道被冠以大运河的特称。元明清之间，用作将南方之米输往北京的被称为运粮河或漕运河，因此也简称为运河。②

在以往的研究中，大运河的漕运制度方面得到了充分的重视③，但从航运史的角度出发的研究成果并不多见。故笔者在此欲以档案资料为基础，从航运史的角度出发，考察清代大运河漕运的实际情况。

2. 大运河上的漕船

  航行于大运河之上的漕船，受到了种种限制。这一点，可通过根据

---

① 谷光隆编：《东亚同文书院　大运河调查报告》，爱知大学，1992年3月，第431页。
② 《东亚同文书院　大运河调查报告》，第8页。
③ 星斌夫：《大运河——中国之漕运》，近藤出版社，1971年。星斌夫：《明清时代交通史之研究》，山川出版社，1971年。星斌夫译注《大运河发展史——从长到黄河》，平凡社，东洋文库410，1982年。
李文治、江太新：《清代漕运》，中华书局，1995年。
香坂昌纪：《清代大运河的物货流通——以乾隆年间淮安关为中心》，《东北学院大学论集　历史学　地理学》，1985年。该文考察了位于大运河中央附近的淮安关的物资流通。

至雍正年间为止的数据编纂的《漕运全书》①以及嘉庆年间编纂的《钦定漕运全书》②等书之记载而知晓。

《漕运全书》卷十一,《沿途催运》中有:

> 各省漕船重运北上,自淮安至天津沿途,原有定限。③

另外,《钦定漕运全书》卷十三,《淮通例限》中有:

> 漕粮抵通定限,山东、河南限三月初一日至通,江北限四月初一日……④

可见,上述两书中均记载了漕船运输中存在的日程限制这一事实。不过,这里并未记录漕船于各运河的具体航行日数。关于这一数字,浙江省图书馆古籍部⑤藏清代抄本《运河纪略》⑥中有详细记录。该书中详细地记录了从江苏省淮安起,各地漕船航行至北京附近通州的航运期限。现将这些漕运期限抄录如下:

> 漕船程途限期
>
> 江南　山阳县境内运河一百一里限八日
>
> 清河县黄运河四十八里限五日
>
> 桃源县运河九十五里限五日
>
> 宿迁县运河一百五十里限八日
>
> 邳州运河一百二十里限四日
>
> 　以上江南河道共五一百十八里限三十日

---

① 北京图书馆古籍珍本丛刊55,《漕运全书》,全39卷,书目文献出版社。此书影印自清抄本。书中最新的内容为雍正十三年(1735)的记录。

②《钦定户部漕运全书》,全8册,台湾成文出版社,1969年。该书内表纸上记有据乾隆三十一年(1766)刊本的字样,但以嘉庆十六年(1811)的记录为最后记录。

③ 北京图书馆古籍珍本丛刊55,《漕运全书》,第258页。

④ 成文出版社印行《钦定户部漕运全书》第1册,第543页。

⑤ 位于浙江省省会杭州市西湖北岸附近的孤山。

⑥ 浙江图书馆善本　乙　登记号:004465。

山东　峄县运河一百一十里限四日

滕县运河五十里限二日

沛县运河四十八里限一日

鱼台县运河八十五里限二日

济宁州运河七十五里限三日半

济宁卫运河十八里限一日

巨野县运河二十五里限一日

嘉祥县运河十六里限一日

汶上县运河五十六里半限二日

东平州运河六十里限二日

寿张县运河二十里限一日

东河县运河十三里十三里限一日

阳谷县运河六十里限二日

聊城县运河六十三里半限二日半

唐邑县运河十七里半限半日

博平县运河十七里半限半日

清平县运河三十九里限一日

临清州运河四十里限三日

清河县运河二十里限半日

夏津县运河二十里限半日

武城县运河一百五十里限二日

恩　县运河七十里限一日半

德州卫运河二百三十里限四日

　　以上东省河道共一千三百零二里限四十日

直隶　安陵泛河程六十四里限一日六刻

连镇泛河程三十里限五时

夏口泛河程五十六里限七时六刻

薛河湾河程六十二里限一日四刻

冯家口河程十七里限二时三刻

砖河泛河程三十七里限五时一刻

沧州泛河程五十里限四时七刻

兴济泛河程三十里限四时一刻

青县河程三十八里限五时二刻

马厂泛河程二十七里限三时六刻

唐家屯泛河程二十八里限三时七刻

陈家屯泛河程二十八里限三时七刻

存城泛河程二十九里限四时

渎流泛河程二十八里限三时七刻

杨杨青泛河程二十八里限三时七刻

北斜泛河程二十八里限三时七刻

北斜泛至天津关二十里二时六刻

　　以上直隶河道共五百七十八里限十日

天津关至河西务一百六十里限五日

河西务至木厂二十二里限一日

木厂至梗子上三十里限一日

梗子至板会口三十里限一日限一日期

板会口至和合站三十里限一日

和合站至供给店三十里限一日

供给店至长店三十里限一日

长店至通州埧三十里限一日

　　以上河程三百六十二里限十二日

　　自淮起至通州埧二千七百六十里限一百日

由此可知,漕船的航行日数有着如上的限制。从江苏省淮安府治下山阳县至江苏省北部的徐州府治下的邳州共518里,限30日,山东省内运河共1 302里,限40日,直隶省内运河长578里,限10日,天津至通州362里,限12日。从江南的淮安府山阳县至通州全程2 760里,限92日到达。平均每天需要航行28里以上。江南河道518里,限30日,故每日平均航行17.3里;山东运河1 302里,限40日,故每日平均航行32.6里;直隶省内运河578里限10日,故每日平均航行57.8里;自天津至通州的362里限12日,故每日航行30.2里。

另外,在《运河纪略》中,还记载了漕船在卸货之后回程需要的天数:

回空限期

自石埧至天津　限七日　　　　天津至德州　限十二日

德州至峄县　限三十日七时　　峄县至淮安府　限十四日六时

以上回空定限六十四日一时

漕船从南方载漕米至通州后,空载返回淮安之际,需要航行64日。以2 760里的路程除以64日航程,每天的平均航行距离为43里。这个速度相对装载漕米北上时的速度快60%。由此可知,是否装载货物,对漕船行驶速度的影响很大。

在《运河纪略》中,没有记录淮安府以南的漕运日数。不过书中有《浙江省至北京通州水程》一项,该项记录了自杭州至北京的水路里程,其中当然包括了杭州至淮安之间主要地段的水路里程:

浙江杭州府仁和县武林驿至石门县一四〇里。

石门县至嘉兴府九十九里

嘉兴府嘉兴县西水驿至平镇六十里

平望镇至吴江县五十里

吴江县松陵驿至苏州府五十里

苏州府姑苏驿至无锡县九十里

无锡县锡山驿至常州府九十里

常州府武进县昆陵驿至丹阳县一百里

丹阳县云阳驿至镇江府九十里

镇江府丹徒县京口驿至瓜洲口十六里

江都县瓜洲口至甘泉县五台山五十二里

甘泉县广陵驿五台山至邵伯镇四十里

邵伯镇至高邮州通湖七十一里

高邮州孟城驿至界首镇六十里

界首至宝应北门六十里

宝应县安平驿至淮安府西门七十里

从上面的记载可以得知,自杭州府至淮安府,运河水路共计1 138里。若加上淮安府至北京的2 760里,则运河水路的总里程为3 898里,换算成公制的话,约为2 245公里。这正是四千里运河这一称呼的由来。

当然,漕船的出发地不尽相同,所以漕运的里程亦长短不一。乾隆四年(1739)四月十五日巡视南漕驻扎淮安监察御史钟衡的奏折中有:

> 查,各省粮船,江北淮扬各帮,限十二月以里过淮。安、池等属与江宁苏、松、常、镇等府州属各帮,限正月以里过淮。浙江、江西、湖广,限二月以里过淮,此向来定例也。①

由此可知,在清代有这样的规定:输送税粮的漕船,若出发地为江北淮安、扬州府附近,那么在十二月末之前必须通过淮安北上;若出发地为安徽池州、江苏省苏州、松江、常州、镇江等地,那么在翌年正月之内必须通过淮安北上;发自浙江省、江西省、湖北省、湖南省的漕船,则必须于翌年二月之内通过淮安北上。但是,由于自种种原因,漕船要在规定的时间内通过淮安并非易事。该奏折中有:

> 臣查得各省粮船,俱系冬兑冬开,只因程途远近不同,所以过淮

---

① 中国第一历史档案馆藏《宫中朱批奏折》,财政类,漕运项,MF9 - 588。

迟早限期不同。如江南之江宁常、镇、苏、太等属帮船,至江路近,到淮亦近,即安庆各帮,路虽较远,但由长江东下,再遇西南顺风,日可行二三百里,不至有违限期。惟松江府属地,处苏州之东隅,有黄浦江污淀诸湖之间隔,帮船经行未易径渡。且查浙省各帮,水次俱在杭、嘉湖三府,开行至苏,近者一百七八十里,远者二三百里,皆由官塘大路,可以人力挽拽而行。而松属之华、奉、娄、金、青、福,至苏近二百里,远者二百七八十里。上海一县,计程三百六十里,南汇一县计程三百八十里,非由黄浦、大江则由污淀诸湖,势必守候风潮,潮小而风顺,潮大而风长顶俱不能飞渡,虽有人力,无凭牵挽,迨到苏已届淮限,而浙江粮船又已先,不能挽越前进。①

各省漕船一般在旧历冬十月至十二月组成船团开往通州方向,但由于所在地方的地理情况不同,航行的距离也大不相同。江南江宁的常州、镇江、苏州、太仓州等地的帮船在长江水域,离淮安距离较近。安徽各帮虽离通州方面较远,但由于地处长江流域,沿长江而下,可以很方便地到达大运河口。如果顺风,每天可以前进二三百里。另一方面,松江虽然离通州比安徽近,但是此地位于苏州以东,需借道泥沙沉积较为严重的黄浦江,且途中要经过很多湖泊,所以比起由经由长江到达大运河口更为困难。在浙江省各帮中,嘉兴、湖州府地方,距离苏州近则一百七八十里,远则二百七八十里,均有较好的水路可以至运河。另一方面,上海县距离苏州则有360里,南汇县则有380里。如果不走长江、黄浦江,则必须经过数量繁多,泥沙沉积严重的湖泊。且航行之际,更是受到风向、潮汐等条件限制,路途艰难。历尽艰辛来到苏州时,已经接近通过淮安的期限,而此时浙江的船已先到,只能跟在其后向北行进。

---

① 中国第一历史档案馆藏《宫中朱批奏折》,财政类,漕运项,MF9-588、MF9-589。

3. 航行于大运河上的帆船

下面欲讨论在清代由大运河南侧向北京方面输送漕米的漕船数量。现将始自顺治朝的各种档案中所见每年漕运船只数量制作成表格列记。

表1 清代漕运船数量表

公元	中国历	漕船数	出典
1647	顺治四年八月十九日	5 970 只	内阁题本①
1689	康熙二十八年四月十三日	4 092 只	《督漕疏草》②
1712	康熙五十一年五月二十六日	5 923 只(过扬州、湖广、江西、浙江、江南四省漕船)	李煦奏折115页
1723	雍正朝	7 119 只(江南等七省现运漕船共)	雍正朝汉文朱批奏折汇编3 第1辑第521—522页
1723	雍正元年七月一日	5 600 余只	雍正汉文朱批汇编1—595页
1724	雍正二年五月二十五日	5 700 余只(过闸)	宫中档雍正朝奏折第2辑第693页
1725	雍正三年五月二十六日	3 060 余只(过南旺)	宫中档雍正朝奏折第4辑第405页
1726	雍正四年三月二十日	3000 余只	宫中档雍正朝奏折第5辑第782页
1729	雍正七年六月十五日	5 600 只(过天津2 384只未到3 216只)	雍正朝汉文朱批奏折汇编15-539—540页
1735	雍正十三年十二月二十六日	7 119 只	9-0085
1736	乾隆元年十二月	3 600 只	9-0168
1737	乾隆二年五月二十日	5 128 只	9-0195
1737	乾隆二年四月二十三日	4 685 只(过洪船)	明清档案A72-30

---

① 《中国古代社会经济史资料》第一辑,福建人民出版社,1985年,第194页。
② 《督漕疏草》,(《四库全书存目丛书》)卷一,第9页。

续　表

公元	中 国 历	漕 船 数	出　典
1738	乾隆三年四月二十二日	5 400 只	9 - 0337
1738	乾隆三年七月二十四日	5 532 只　104 帮	9 - 0391
1738	乾隆三年七月十一日	5 555 只(过临清船)	明清档案 A83 - 73
1739	乾隆四年七月四日	3 910 只　81 帮	9 - 0615
1740	乾隆五年六月二十一日	5 731 只　107 帮	9 - 0751
1741	乾隆六年六月十七日	5 856 只　108 帮	9 - 0894
1742	乾隆七年四月二十四日	4 550 只	9 - 1026
1742	乾隆七年六月二十二日	4 212 只(过济宁)	明清档案 A113 - 10
1743	乾隆八年五月一日	3 673 只　84 帮	9 - 1433
1743		3 687 只	9 - 1738
1743	乾隆八年闰四月二十四日	3 610 只(过临清)	明清档案 A121 - 58
1744	乾隆九年五月二十一日	4 752 只	9 - 1738
1744		4 413 只	9 - 1904
1744	乾隆九年五月四日	4 758 只(过济宁、漕 4 496、白 266)	明清档案 A130 - 143
1745	乾隆十年六月十三日	5 648 只	9 - 1905
1745		5 783 只	9 - 2024
1746	乾隆十一年四月二日	5 399 只	9 - 2024
1746		5 272 只　96 帮	9 - 2155
1747	乾隆十二年六月一日	4 937 只　94 帮	9 - 2156
1748	乾隆十三年五月二十九日	3 687 只(过济宁、漕 3 425、白 262)	明清档案 A153 - 53
1748	乾隆十三年七月五日	3 657 只	9 - 2246
1748		3 687 只	9 - 2336
1749	乾隆十四年五月六日	5 572 只	9 - 2336
1749	乾隆十四年五月二十四日	白 262 只(过临清)	明清档案 A159 - 53
1750	乾隆十五年四月二十六日	5 396 只(过济宁)	明清档案 A163—94

续　表

公元	中　国　历	漕　船　数	出　典
1750	乾隆十五年四月二十六日	5 658 只	9-2474
1751	乾隆十六年八月一日	6 295 只 119 帮	
1751	乾隆十六年	4 915 只(过济宁)	宫中档乾隆朝奏折第3辑第1页
1752	乾隆十七年五月九日	3 590 只	宫中档乾隆朝奏折第3辑第1页
1752	乾隆十七年五月九日	3 590 只(过济宁)	宫中档乾隆朝奏折第3辑第1页
1753	乾隆十八年五月二十八日	4 879 只(过济宁)	宫中档乾隆朝奏折第5辑第509页
1753	乾隆十八年九月一日	6 016 只 117 帮	9-2696
1753	乾隆十八年	5 488 只	大清会典则例卷42，户部，漕运二
1753	乾隆十八年五月二十八日	4 879 只	宫中档乾隆朝奏折第5辑第509页
1754	乾隆十九年五月六日	4 164 只	宫中档乾隆朝奏折第8辑第436页
1754	乾隆十九年六月二十八日	4 144 只	9-2704
1754	乾隆十九年五月六日	4 167 只(入山东境)	宫中档乾隆朝奏折第8辑第436页
1755	乾隆二十年六月七日	5 243 只	宫中档乾隆朝奏折第11辑第631页
1755	乾隆二十年九月十八日	5 532 只	明清档案A191-7
1756	乾隆二十一年六月二十九日	5 126 只 96 帮	宫中档乾隆朝奏第14辑第751页
1756	乾隆二十一年六月四日	白 250 只(过济宁)	明清档案A192-130
1757	乾隆二十二年九月四日	4 946 只 97 帮	9-2794
1759	乾隆二十四年五月十七日	4 300 只	10-0163

续 表

公元	中 国 历	漕 船 数	出 典
1759	乾隆二十四年闰六月一日	5 336 只	10-0210
1760	乾隆二十五年四月二十二日	3 260 只	10-0358
1760	乾隆二十五年四月十一日	1 140 只(过天津)途中数	明清档案 A201-77
1761	乾隆二十六年四月二十二日	3 469 只	10-0532
1762	乾隆二十七年闰五月一日	4 106 只	10-0670
1763	乾隆二十八年四月十三日	4 931 只	宫中档乾隆朝奏折第17辑第431页
1763	乾隆二十八年四月九日	1 433 只(过淮河)	宫中档乾隆朝奏折第17辑第398页
1764	乾隆二十九年五月四日	4 611 只 87 帮	宫中档乾隆朝奏折第21辑第389页
1764	乾隆二十九年五月四日	4 611 只(过济宁)	宫中档乾隆朝奏折第21辑第389页
1765	乾隆三十年七月十七日	4 749 只(到通州)	明清档案 A205-65
1766	乾隆三十一年五月十九日	4 456 只	10-0770
1766	乾隆三十一年八月四日	6 238 只(回空)	明清档案 A205-109
1767	乾隆三十二年七月二十三日	5 036 只	明清档案 A206-107
1768	乾隆三十三年七月二十日	4 374 只(到通州)	明清档案 A207-73
1769	乾隆三十四年六月十七日	4 138 只	明清档案 A208-87
1770	乾隆三十五年六月八日	4 184 只(过天津)	明清档案 A209-81
1771	乾隆三十六年八月二十五日	4 764 只	明清档案 A212-113
1772	乾隆三十七年六月二十二日	4 935 只(过天津)	明清档案 A215-58
1773	乾隆三十八年八月十一日	6 276 只(到通州)	明清档案 A219-31
1776	乾隆四十一年七月五日	4 644 只(过天津)	明清档案 A227-65
1777	乾隆四十二年八月二十二日	6 097(到通州)	明清档案 A231-118
1778	乾隆四十三年八月二十二日	5 683 只(过天津)	明清档案 A234-25
1779	乾隆四十四年八月二十六日	4 821 只(过天津)	明清档案 A234-92

续 表

公元	中 国 历	漕 船 数	出 典
1780	乾隆四十五年九月二十五日	4 398 只(到通州)	明清档案 A234-192
1781	乾隆四十六年九月三日	4 703 只(到通州)	明清档案 A236-5
1782	乾隆四十七年九月五日	2 996 只(到通州)	明清档案 A236-152
1783	乾隆四十八年八月七日	4 242 只(到通州)	明清档案 A238-41
1784	乾隆四十九年八月十九日	3 402 只(过天津)	明清档案 A241-110
1786	乾隆五十一年九月四日	2 387 只(到通州)	明清档案 A246-9
1787	乾隆五十二年七月九日	2 594 只(过天津)	明清档案 A248-89
1788	乾隆五十三年八月十九日	5 471 只(过天津)	明清档案 A253-99
1789	乾隆九十四年七月十九日	5 999 只(过天津)	明清档案 A255-89
1790	乾隆五十五年四月二十九日	2 464 只(过天津)	明清档案 A256-30
1790	乾隆五十六年六月十七日	4 951 只(过天津)	明清档案 A259-38
1792	乾隆五十七年闰四月二十五日	4 878 只(过济宁)	明清档案 A263-54
1794	乾隆五十九年六月一日	2 870 只(到通州)	明清档案 A270-59
1795	乾隆六十年六月二十六日	4 787 只(回空船)	明清档案 A270-140
1796	嘉庆元年三月二十四日	4 095 只	宫中档嘉庆朝奏折第 1 辑第 460 页
1797	嘉庆二年十二月二十七日	4 200 只	宫中档嘉庆朝奏折第 6 辑第 33 页
1798	嘉庆元年五月二十四日	4 420 只(过济宁)	明清档案 A272-53
1798	嘉庆三年六月十日	白 470 只(5 月的回空船)	明清档案 A284-75
1805	嘉庆十年八月三日	4 344 只	12-0388
1806	嘉庆十一年六月二日	4 712 只	12-0728
1807	嘉庆十二年四月十六日	4 642 只	12-1054
1810	嘉庆十五年五月十八日	4 561 只	12-2226
1811	嘉庆十六年五月二十四日	4 668 只	12-2913
1812	嘉庆十七年	6 242 只	嘉庆大清会典则例卷 166,户部,漕运

续 表

公元	中 国 历	漕 船 数	出 典
1813	嘉庆十八年六月二十二日	4 759 只　100 帮	13－0774
1814	嘉庆十九年四月二十二日	4 713 只　96 帮	13－1035
1815	嘉庆二十年十一月十六日	3 041 只　78 帮	13－1228
1816	嘉庆二十一年十月十八日	4 031 只　88 帮	13－1593
1817	嘉庆二十二年十月二十四日	4 258 只　91 帮	13－1955
1818	嘉庆二十三年六月七日	4 704 只　98 帮	13－2280
1819	嘉庆二十四年闰四月二十三日	4 184 只	13－2664
1819	嘉庆二十四年十二月十三日	4 693 只	14－0037
1820	嘉庆二十五年四月十九日	4 105 只	14－0235
1821	道光元年四月十二日	4 215 只	14－0706
1822	道光二年五月十日	4 400 只	14－1011
1823	道光三年四月二十九日	4 565 只	14－1241
1824	道光四年五月八日	1 847 只	14－1499
1825	道光五年五月三日	2 726 只	14－2002
1825	道光五年六月七日	4 700 只	14－2116
1827	道光七年四月十八日	3 587 只	15－0172
1828	道光八年十月二十五日	4 356 只	15－0732
1829	道光九年	4 471 只	15－1506
1830	道光十年	4 515 只	15－1506
1831	道光十一年五月十一日	4 387 只	15－1506
1831	道光十一年十一月二日	4 254 只	15－1640
1832	道光十二年闰九月二十八日	2 637 只	15－1922
1833	道光十三年十一月二十日	3 976 只	15－2224
1834	道光十四年六月二十日	1 892 只	15－2494
1834	道光十四年	3 168 只	16－0667
1835	道光十五年六月七日	2 687 只	15－2862
1835	道光十五年闰六月八日	4 249 只	15－2926
1835	道光十五年闰六月二十五日	4 261 只　100 帮	15－2965
1835	道光十五年	4 013 只	16－0667

续 表

公元	中 国 历	漕船数	出 典
1836	道光十六年	3 443 只	16－0667
1837	道光十七年	4 289 只	16－0667
1840	道光二十年六月八日	3 401 只	16－1062
1841	道光二十一年五月十四日	3 359 只	16－1385
1843	道光二十三年七月十九日	3 032 只	16－1630
1844	道光二十四年十一月十五日	3 154 只	16－1793
1847	道光二十七年十月十四日	1 950 只	16－1906
1848	道光二十八年七月三日	851 只(海运、沙船)	16－2168
1848	道光二十八年七月三日	851 只(海运、沙船)	历史档案 1995 年 3 期

注：表中未注明出处的数字，出典为中国第一历史档案馆藏朱批奏折财政类。数字代表缩微胶卷 MF 卷数及编号。16－1906 即为 16 卷第 1906 号。

那么，每艘漕船载运的米谷数量有多少呢？这一点在中国第一历史档案馆所藏的黄册中有着具体的记载。中国第一历史档案馆藏黄册第 1113 号中，收有雍正三年(1725)十二月九日的《雍正三年起运二年分漕白船粮数目册》。该册中记有，6 406 艘漕船"装改正米三，一九三，八九〇．二五石"自江南等地来到北京。由此可知，每艘漕船的平均载重量为 498.57 石。各省的漕船数量如下：

表2　雍正二年(1724)各省漕船数量

省　名	帮　数	船只数	平　均
山　东　省	7	708	101.1
河　南　省	10	451	45.1
江　南　省	59	3 088	52.3
浙　江　省	19	1 054	55.5
江　西　省	14	696	49.8
湖　广　省	5	409	81.8
合　　计	114	6 406	56.2

中国第一历史档案馆藏黄册第1223号中有嘉庆三年(1798)十二月十六日的《嘉庆三年起运二年分漕白船粮数目册》,据册中记载,4 528只漕船运来"兑换正米麦豆二,二八六,三八九. 二八石",每艘漕船平均载重504.94石。各省漕船数量如下表。

表3　嘉庆元年(1796)各省漕船数量表

省　名	帮　数	船　只　数	平　均
山 东 省	10	792	79.2
河 南 省	10	456	45.6
江 南 省	35	1 625	46.4
浙 江 省	11	1 020	92.7
江 西 省	13	635	48.8
合　计	79	4 528	57.3

目前找到的资料仅有上述两条。但是从中不难看出,每艘漕船的平均载重量约为500石。

关于航行于大运河之上帆船的大小,有漕运总督补熙乾隆二年八月二十七日的奏折可作参考:

> 奏为请定运河水度以利漕船事。窃查漕船之迅速,全籍河水之深通庶得遄征无惧早实天庾。伏查漕运议单内开康熙十七年议定,漕船载米不得过四百石,入水不得过六捺等因,遂相沿河水三尺五寸为度,原未经部议奉为成规也。……嗣于雍正二年题定江西、湖广粮船,远涉长江,造船以十丈为率,短不得过九丈,装载正耗米一千石有余,较之从前,已及加倍,入水八捺,非得四尺难以济运。①

由此可知,漕船的大小与运河的水深有关系。康熙十七年(1678)之

---

① 中国第一历史档案馆藏《宫中朱批奏折》,财政类,漕运项,MF9 - 248。

际,有规定漕船载米不得超过 400 石,吃水不能超过六捺,运河水深也只有三尺五寸,也就是 112 厘米。雍正二年(1724),江西、湖南、湖北等地,为了远距离航行的方便,建造了以十丈,约 32 米为标准的大船,最小的也有需九丈,即 28.8 米。这些船只可装载漕米 1 000 石以上,吃水八捺,只有在水深四尺,即约 128 厘米以上的河道才能通航。

在 1916 年东亚同文书院的调查报告中有:

> 往来运河之民船最大九〇〇担,最小五〇担,二〇〇—三〇〇担者最多。①

航行于运河之上的民船,最大的载重 900 担,约 53.7 吨,最小的 50 担,约 3 吨。最常见的是载重 200—300 担,也就是 11—17.9 吨的民船。

漕船在携带公物的同时顺带私物也是被允许的。乾隆四年(1739)八月初九日协理山东道事山东道试监察御史宫焕文的奏折中有:

> 夹带私货之宜查也,定例漕船起运赴通(州),每船准带土宜一百二十六石,违例多带者照追入官。②

漕船再往通州运送漕米时也带了一些私货,但是每艘船允许携带的私物重量被限制在 126 石。不过一般情况下,漕船都是超载航行的。

乾隆七年(1742)七月二十三日,巡视南漕驻扎济宁兵科掌印给事中吴元安的奏折中有:

> 查山东一省并江南邳州一带,均系地内,开河全赖湖河之水收蓄灌输,以通漕运,但免海运、陆运之艰苦。考前明河成之日,每船载米不过五百石。今已载至七八百石至千余石矣。载米既多,船体重大,加以木植、瓷器等项粗重货物,自非雨泽及时河水充足,未免

---

① 《东亚同文书院 大运河调查报告》,第 9 页。
② 中国第一历史档案馆藏《宫中朱批奏折》,财政类,漕运项,MF9-623。

有浅涩之虞。当斯之际,不能把水以注河,惟有减载以轻舟。①

山东省及江苏省北部的邳州地方,大运河水的补充依赖周遭湖水及黄河水。在明代,漕船载重量没有超过500石的,但是到了清代这一数字已经变为700—800石乃至1 000石。与明代相比,清代的漕船不仅载重量大了,船体重量也变大了。再加上漕船运输木材瓷器等重量大的货物,若非在雨水充裕,黄河水量大的时候,这样的运输是极为困难的。

嘉庆九年(1804)十月三十一日江西巡抚秦承恩的奏折中有:

> 伏查,江西额设漕船六百三十八只内,除本年轮造新船八十一只现已购料兴工可以克期完竣外,其回空未到船五百五十七只,每只约计装米一千四百余石,以民船每只装米五六百石,而计共需民船一千五百余只。本地内河之船,板薄钉稀,长江风浪,不堪驾驶。②

江西省内设有漕船638只,除新造81只外,其余的557只还在返航途中。若以这些漕船每只装米1 400余石计算,换算每只载重500—600石的民船,则需要1 500余只。江西省的内河船,船板薄而船钉少,不能耐受长江的风浪。

乾隆五十一年(1786)二月二十六日湖南巡抚浦霖的奏折中有:

> 头帮于二月二十一日开行,二帮、三帮亦即于二十三、二十五日开行。③

湖南省该年度漕船于二月下旬出发。

乾隆五十一年四月十九日直隶总督刘峨的奏折中有:

> 江西、湖广等省成造剥船,前准湖广督臣特成额、江西抚臣何裕城等咨会,剥船起程日期到,臣当经派委南运河守备张宗禹前往迎

---

① 中国第一历史档案馆藏《宫中朱批奏折》,财政类,漕运项,MF9-1185。
② 同上书,MF12-26。
③ 同上书,MF10-2959。

催在案,兹据该守备禀称,湖北委员汉阳府知府德泰押送头起剥船一百五十三只,于四月十四日出临清闸,十五日抵油坊,十八日可入直隶景州境,二十一日可抵天津。①

这份奏折如实地反映了江西省、湖南省、湖北省建造剥船用作漕运,这些船已出汉阳经大运河过山东到达天津的情况。据《浒墅关志》卷五《签量则例》记载,通过苏州府浒墅关的船舶中有名为"活梁头江剥船"②的船只。由此可见,这份奏折中所说的"剥船"是运输船中的一种。

4. 小结

以上,主要依据档案史料,考察了大运河帆船航运的情况。在清代,每年有4 000只上下的船只,运载税粮自湖南、湖北、江西、浙江、江苏、河南、山东等地开往天津、通州方向。这些漕船平均每艘运输税粮500石上下。在以往的研究中,我们已经知道在大运河与长江的交汇处扬州,乾隆二十四年(1758)通关船舶50 000余只,乾隆五十五年通关66 000余只。③ 如果将漕船数量与通关扬州的帆船数量进行对比,我们可以发现漕船的数量约占航行于大运河之上帆船总数的10%。

---

① 中国第一历史档案馆藏《宫中朱批奏折》,财政类,漕运项,MF11-10。
② 松浦章:《关于清代苏州的水运》,《关西大学文学论集》第48卷第3号,第45页。
③ 松浦章:《关于清代的扬州关》,《关西大学文学论集》第43卷第2号,第47—48页。

第 2 章 清代江南、江北内河的行舟航运

1. 绪言

如同古人所说"南船北马"那样,在长江以南的地域,水运是极其重要的交通手段。明代为讨伐倭寇竭尽全力的俞大猷,在《正气堂集》卷七《谕宜整迓河船》中,将这一地域的交通情况总结如下:

> ……卑职窃见,常、镇、苏、松、嘉、杭、湖内之地,沟河交错,水港相通,惟舟楫之行,则周流无滞。而步行马驱,每一二里必过一桥,或百五十里,必船渡而后得济。又其地多水田而少燥园,其燥园则皆桑拓之区,陆战于此,我之长技,委无所施,贼之埋伏,可以屡逞,何能取胜……①

俞大猷的发言,恰如其分地反映了在常州、镇江、苏州、松江、嘉兴、杭州、湖州等处于长江下游的地区,水运是民众在日常生活中不可或缺的交通手段,比起陆运来说,水运远为方便的实际情况。

---

① 俞大猷:《正气堂集》,全 10 册(道光二十一年三月刻本),中国社会科学院近代史研究所藏。

至今为止,关于分布于常州、镇江、苏州、松江、嘉兴、杭州、湖州等地区的市镇之历史形成,已有很多研究成果。关于分布于江南三角洲的城镇,依靠丝织业、棉纺业等特有产业得到发展这一点,业已被先学解明。① 这些城镇,主要是利用互相连接的水路网,通过互相协作,得到发展的。

关于促进这些城镇之间交通网络形成的水运,外国人对其中所利用的交通共工具——船舶表现出很大的关心。② 尤其是20世纪40年代前半,日本学者对中国的帆船,也就是戎克型民船表现出莫大关心,他们就此问题进行实地调查,并在此基础上进行了研究。③ 他们指出,民船是水运活动中极其重要的交通方式。在这些研究之中,戎克与民船被明确地分为两类:

---

① 以清代为中心的研究成果可列举如下:刘石吉:《明清时代江南市镇研究》,中国社会科学出版社,1987年。樊树志:《明清江南市镇探微》,复旦大学出版社,1990年。森正夫编《江南三角洲市镇研究——从地理学想历史学的接近》,名古屋大学出版会,1992年。陈学文氏《明清时期 杭嘉湖市镇史研究》,北京群言出版社,1993年。滨岛敦俊、片山刚、高桥正编《华中、华南三角洲农村实地调查报告书》,《大阪大学文学部纪要》第34卷,1994年。川胜守:《明清江南市镇社会史研究——空间与社会形成的历史学》,汲古书院,1999年。关于江南城镇研究成果中存在的问题的综述,川胜在他的研究成果(第12—72页)中有详细讨论。
② 东亚同文会编《中国省别全志》,各篇中专《民船》这一项目进行记述。Ivon A Donnely:Chinese Junks;And Other Native Craft,1924。《戎克 中国的帆船》中支戎克协会,1941年。小林宗一:《支那的戎克》,扬子江(东京),1942年。G. R. G. Worcester:Sail& Sweep in China Her Majesty's Stationery Office,London,1966. G. R. G. Worcester:The Junks & Sampans of The Yangtze(长江之帆船与舢板),1971. Naval Institute Press,USA,Third Printinng,1983.
③ 马场锹太郎:《支那水运论附满洲国水运》,东亚同文书院支那研究部,1935年。马场锹太郎:《交通编(支那交通概说)》第三章《水路交通》,《现代支那讲座》第一讲,《地理历史》,上海东亚同文书院支那研究部,1939年,第105—133页。添田邦雄:《关于苏北的民船业》,《华北航业》,第6号,1941年。寻木慎一郎:《江南地方的民船》,《东亚同文书院大学 东亚调查报告 昭和十五年度》所收,1941年6月。水野邦雄:《关于中支的民船业》,《华北航业》,第11号,1941年。芝池靖夫、手岛正毅:《中支的民船经营》,《满铁调查月报》第22卷第3号,1942年。芝池靖夫、手岛正毅:《关于中支民船的劳动》,《满铁调查月报》第22卷第4号,1942年。天野元之助《交通手段的发达》,《支那农业经济论》(中),改造社,1942年,第532—557页。满铁调查部编《中支的民船业——苏州民船实态调查报告》,博文馆,1943年。小泉贞三:《关于支那民船的经营》,《经济论丛》第57卷第3号,1943年。上坂酉三:《中国交易机关的研究》,早稻田大学出版部,1949年。Andrew Watson translations,"Transport in Transition;The evolution of tranditional shippinng in China." Michigan Abstracts of Chinese and Japanese Works on Chineses History,NO.3,1972.

戎克（Junk）必有一帆柱，以橹棹为辅助，航行于近海及江阴下游的扬子江上。船型稍大，有二吨至五百吨，最大者可达千吨。船员主要是粗壮的男子。

民船不一定有置帆柱，主要用橹棹，航行于内河湖沼，是小型船。多为二吨至百吨级别，船员主要是家庭式的男女混合，孩子亦同船而行。①

亦即是说，根据这个分类，一般来说，用于海洋航行的中国式帆船是戎克，用于内陆河川航行中国式帆船等船舶则是民船。

到了后来，在中国，关于航海用戎克型帆船的活动，也逐渐被重视。关于经由这些帆船的海外贸易，中国的研究者表现出莫大关心，并对其进行了大量研究，《海交史研究》等专业杂志被刊行，人民交通出版社也出版了《中国水运史丛书》。② 但是，在至今为止的研究成果中，以港口史为中心的较为多见，而关于发生在内陆河川，由中国式船舶进行的航运等水运活动的研究还没有取得充分进展。另外，郭松义、张泽咸两位先生在《中国航运史》（台湾文津出版社《中国文化丛书》中的一册）③中，亦提及清代内陆河川的航运情况。但是，这部著作是从中国全境的情况写成的，对江南、江北的水运情况叙述稍为简略，且叙述重点仍被放在沿海以及海外的航运上。

郭松义着眼于清代前期航行于中国全境内陆河川上的船舶，进行了研究。④ 他的研究属于综合性研究，对于各个地域的细节研究并不充分。并且，关于清代江南、江北的民众将船舶灵活运用于水运的实际情况的

---

① 上海厚生医学专科学校，中支戎克协会调查班：《黄浦江上戎克民船生活者之医学调查》，1943年，第5页。
② 松浦章：《中国海事史研究之现况》，《东洋史研究》第45卷第2号，1986年，第166—175页。松浦章：《关于清代福建的海船业》，《东洋史研究》第47卷第3号，1988年，第46—75页。陈希育：《中国帆船与海外贸易》，厦门大学出版社，1991年。
③ 郭松义、张泽咸：《中国航运史》，台湾文津出版社，1997年。
④ 郭松义：《清前期内河航船考略》，《清史论丛》1994年号，1994年，第87—107页。

研究①,至今尚未取得进展。窃以为,这是由于直接叙述各市镇间水运情况的直接资料极少,因而学者们对清代江南民众在日常生活中灵活运用水路网这一问题缺乏充分注意。

在本章中,欲以一些具体的事例,讨论江南三角洲以及长江下游江北的一些地区的民众,是如何将船舶这种极其重要的交通运输工具运用到日常生活中的。笔者将着眼于讲述船只行走于江南运河等水路之际,抑或是停泊于水路上之时遇强盗、窃贼之害的清代档案史料,并通过这些档案史料,叙述江南、江北民众灵活运用船舶的具体情况。

2. 江南、江北的内河水路网

如同俗话"南船北马"所说那样,在江南,自古以舟船水运作为重要的交通运输方式。江南水路的干线,是起源自北京,以杭州为终点,全长1 800公里的"京杭运河"。这条运河在扬州附近的由闸与长江汇合,再由镇江转接江南运河,到达杭州。因此,从这个意义上来说,江南、江北的主干水路,是自扬州北上至北京以及自镇江南下至杭州的大运河部分。

关于大运河水路的状况,清末抄本《运河纪略》②中有《浙江省至北京通州水程》,这篇文章记载了从杭州至淮安主要地方的水程。现将这个里程表整理如下:

---

① 1949年以前的调查成果有:满铁调查部编《中支的民船业》,博文馆,1943年。该书的附录《中支的民船业〈附录〉实态调查基本诸表》中,记录了详细的调查结果。
人民交通出版社的《中国水运史丛书》中有《苏州航运史(古代部分)》(人民交通出版社,1989年)与《浙江航运史(古代部分)》(人民交通出版社,1993年7月),但均以海洋史、漕运史为中心展开论述,关于江南水乡区域的水运史却甚少提及。
松浦章:《关于明代江南的水运》,《山根幸夫教授退休明代史论集》,汲古书院,1990年。松浦章:《关于清代苏州的水运》,《关西大学文学论集》第48卷第3号,1999年。松浦章著,姚传德译《清代苏州的水运》,(唐力行主编《家庭、社区、大众心态变迁 国际学术讨论会论文集》),黄山书社,1999年,第278—289页。
② 浙江图书馆善本 乙 登记号:004465。

浙江杭州府仁和县武林驿至石门县一四〇里。

石门县至嘉兴府九十九里

嘉兴府嘉兴县西水驿至平镇六十里

平望镇至吴江县五十里

吴江县松陵驿至苏州府五十里

苏州府姑苏驿至无锡县九十里

无锡县锡山驿至常州府九十里

常州府武进县昆陵驿至丹阳县一百里

丹阳县云阳驿至镇江府九十里

镇江府丹徒县京口驿至瓜洲口十六里

江都县瓜洲口至甘泉县五台山五十二里

甘泉县广陵驿五台山至邵伯镇四十里

邵伯镇至高邮州通湖七十一里

高邮州孟城驿至界首镇六十里

界首至宝应北门六十里

宝应县安平驿至淮安府西门七十里

从浙江省的省城杭州出发，经过嘉兴府、苏州府、常州府、镇江府后横渡长江，再经扬州府到淮安城下，这一段大运河的里程合计1 138里。这段水路是大运河在江南、江北地区的主要水路。

清代的里程书——乾隆甲午(三十九,1774)作序的《天下路程　示我周行》中，记录了当时比较有代表性的水路路程。在此欲将书中记载的水路按顺序归纳如下：

《天下路程　示我周行》上集

　　自江南省城进京,至北京崇文门之水路

《天下路程　示我周行》中集

　　自苏州府,经双塔至松江府水路程

自苏州府,经太仓州至南翔镇水路程

自苏州府,经东霸至芜湖县水路程

自苏州府,经常熟县至太仓州水路程

自扬州府,经泰州至通州水路程

《天下路程　示我周行》下集

自浙江省城,经绍兴府至南海水路程　附　普陀山之景色

自浙江省城,经长安霸至上海县水路

想必,上面列举的水路,便是清代江南的主要水路吧。另外值得注意的是,书中水路的起点苏州府、扬州府、杭州府、镇江府、松江府、太仓州等地,均为州府的治所驻地。在此,以《天下路程　示我周行》中所见《自苏州府经双塔至松江府水路程》为例,进行说明。

自苏州府经双塔至松江府水路程

苏州府阊门　新开河塔　双塔　夜航船　五里　盘门　九里　封门　六里　黄天锡

六里　独树湖　六里　高店　六里　大八间村　六里　大窑　十八里　陈湖　三十里

双塔　十八里　淀山湖　十八里　谢寨门巡司　十二里　南路　十八里　柳湖　十八里

松江府

从苏州府的阊门,至松江府的水路路程合计153里,约合78公里。在这段路程中有13个靠港地,这些靠港地的间距约为10里前后,不到6公里。①

清代吴学澜著《吴郡岁华纪丽》卷三,《荡湖船》中有:

---

① 杨正泰校注《天下水陆路程　天下路程图引　客商一览醒迷》,山西人民出版社,1992年。松浦章:《关于明代江南的水运》。

> 吴故水乡,非舟楫不行。苏城内外,四面环水,大艑小舫,蚁集鱼贯。①

可见苏州一带行舟水运的发达。

另外,在各地的镇志中,收录关于江南水路网的相关情况的记录。

关于江苏省江都县邵伯镇的甘棠,咸丰五年(1855)的《甘棠小志》卷一,《建置》中有:

> 镇当南北水陆孔道,行旅往来。②

关于江苏省无锡县的梅里,道光四年(1824)重刻《梅里志》卷二,《建置》中有:

> 运河自京口而来,下达苏杭,绵亘八百余里,南北往来之孔道也。③

关于江苏省吴江县的黎里镇,嘉庆十年(1805)的《黎里志》,卷二,《形胜》中有:

> 每日黎明,乡人咸集,百货贸易,而米及油饼为尤多,舟楫塞港。④

可见,黎里镇的繁荣与水运有着极其密切的关系。

关于浙江省湖州府菱湖镇的情况,光绪十九年(1893)《菱湖镇志》卷十一,《器用之属》中列举了多种船只:

> 船　里人婚礼迎娶之船曰花船。市户收租之船曰赈船。载货物于苏州曰装船。载丝往上海者曰丝船。农家有田庄船。渔家有

---

① 《吴郡岁华纪丽》,江苏地方文献丛书,江苏古籍出版社,1998年,第113页。
② 《中国地方志集成　乡镇志专辑》第16辑,江苏古籍出版社,1992年,第13页。
③ 《中国地方志集成　乡镇志专辑》第10辑,江苏古籍出版社,1992年,第391页。
④ 《中国地方志集成　乡镇志专辑》第2辑,江苏古籍出版社,1992年,第137页。

第 2 章　清代江南、江北内河的行舟航运

渔船。有载客及寄书带货往来近处各城市乡村曰航船。①

可见,在浙江省湖州府治下的菱湖镇,船舶被用于各种各样的用途。婚礼时迎娶新娘的船,收租的船,往苏州、上海运输货物的船。这些船被以使用目的命名。而以用途命名的则有用于农业的田庄船,用于渔业的渔船,以及被广泛使用的航船。

关于浙江省桐乡县的乌青镇,民国二十五年(1936)的《乌青镇志》卷二十一,《工商·航业》中有:

> 航业　市集之繁盛,全恃交通之便利。吾镇虽无铁道公路之通达,但轮舟往来,快班船、旧式航船,逐日来往各埠。②

乌青镇虽然位于远离铁路的地方,但是因为有水路,可以用汽船、旧式帆船航行,所以没有出现交通不便的情况。

关于浙江省嘉兴市的新丰镇,民国三十四年(1945)的《新丰镇志略初稿》第六章,交通中有:

> 我镇往日之交通工具只籍载船,以通达各埠。迨清季末年有绍兴快班船。③

可见,在嘉兴府金的交通运输中,行舟航运占了很大的比例。

关于现在属于上海市松江县管辖的张泽镇,清代的《张泽镇》卷四,《舟楫》中有:

> 航船　本庄水上交通,有张、陆二姓民,航船各一艘,俗称张家船、陆家船。船每日载旅客带商货驶松江郡城,早开暮返。④

可以推测,当时在各镇有专门从事行舟航运的从业人员。

---

① 《菱湖镇志》卷十一,《器用之属》。
② 《中国地方志集成　乡镇志专辑》第 23 辑,江苏古籍出版社,1992 年,第 594 页。
③ 《中国地方志集成　乡镇志专辑》第 19 辑,江苏古籍出版社,1992 年,第 606 页。
④ 《中国地方志集成　乡镇志专辑》第 1 辑,江苏古籍出版社,1992 年,第 537 页。

111

另外,关于从事船舶制造业的人员,民国《乌青镇志》卷二十一,《工商》中有:

> 造船业　凡客船、驳船、田庄船等,均能制造。工司有黎里人、本地人两帮厂房。①

可见在水乡地区使用的客船、驳船、田庄船等,均是由专业的造船业者制造的。

那么,利用这些水路进行运输的速度如何呢？我们来看看清代运输进口的日本铜所需要的日程。乾隆三十一年(1766)九月户部的移会中有:

> 自苏州府至扬州府水路四百四十里,又自扬州府至济宁州南旺,计水路一十二百九十五里,共一千七百三十五里,系逆水,每日行三十里,应限行五十八日。自南旺至天津府,计一千三百二十四里,系顺水,每日行五十里,应限行二十七日。自天津府至保定府,计三百九十里,系逆水,每日行三十里,应限十三日。……自汉口由大江,至扬州府,计一千五百九十里,系顺水,按日行五十里,应限行三十二日。②

由此可知,在大运河、长江,运输日本铜的船只按顺水日行 50 里,逆水日行 30 里的基准进行航行。

3. 清代江南、江北内河水路航运的实态

在清代的档案资料中,江南的民众在乘船航行的途中遭遇盗贼的记录随处可见。这些记录,多是官吏在追捕盗贼时书写的报告。这些资料中,记录了江南民众在日常中利用水路行舟活动。在此欲以这些资料的

---

① 《中国地方志集成　乡镇志专辑》第 23 辑,江苏古籍出版社,1992 年,第 589 页。
② "中央研究院"历史语言研究所藏,明清档案(编号:080235)移会。

有关行船航运的部分为中心,按时间顺序分别阐述长江以南的大运河、江南各水路、太湖、江北各水路的水运活动情况。

(一) 江南运河的航运

○江南运河＝嘉兴、常州之间及经运河支流至平湖的航运

据常州府详,据荆溪县详称,雍正七年十月二十七日,据浙江嘉兴府平湖县监生叶德福报,为大盗劫杀事,内称生系平湖人,带银三百九十两有余,摇船一只,同伙四人,俱上籴谷,路由台治徐舍地方,本月二十六日,船歇徐舍镇店口河下,时及二更,忽遭大盗拾数余,凶驾船两只。①

这是雍正七年(1729)嘉兴府平湖县监生向常州府运输米谷时在常州府附近被袭击的实例。在这个例子中,事主有很大可能是利用大运河从嘉兴府航行至常州府附近的。

○江南运河＝苏州、无锡之间的航运

据苏州府详,据元和县详称,雍正八年三月初十日,据无锡县民王宗元报,为截路抢夺,叩赐通详辑究事,内称痛身同侄王四,于今三月初九日,船载猪、米,来苏投牙巢卖。②

这是雍正八年(1730)利用大运河航道,用船将猪、米从无锡运至苏州的舟船航运的实例。

○江南运河＝武进县治下之航运

据常州府详,据武进县详称,雍正九年六月二十八日,据栖鸾乡二十五都五面事主钱秉文、张考先报,为停舟被劫事。内称身系借本贩解生理,今六月二十一日,身往咸墅堰谢茂承行内,贩买麻豆饼

---

① 《明清档案》A43－80。
② 《明清档案》A45－40。

> 共七十余石,见有发票可据。至二十四日晚,到家,将船停泊河边。二十五日,身往宜邑官村行内,探听饼价低昂,有伙伴张考先在船看守,讵料,是夜被盗,将身饼撑往羊家塘旷野地方。①

这是雍正九年(1731)武进县栖鸾乡的居民利用水运从事商业活动的实例。戚墅堰在大运河边,位于武进县的东南,由此可知,事主一行利用了常州府内水路以及大运河的水路。

○江南运河=湖州府、镇江府之间及经由支流至金坛、溧阳之间的航运

> 据溧阳县详称,雍正十年八月二十九日,据李大成、丁茂安报,为大盗劫杀,号详缉究事。内称,身系湖州府德清县新市镇居民,契本银三百四十两、铜钱十二千,雇身表弟陈殿龙船只往金坛,采买元米。于本月二十八日,行至台治地方准杨树头村金家稻行门首歇。夜二更时分,遭盗一伙。②

雍正十年(1732)湖州府德清县新市镇的居民李大成、丁茂安等赴镇江府金坛买米。他们的行程中,能利用很长一段大运河航道的可能性很大。

○江南运河=嘉兴府、苏州府之间及大运河支流航运

雍正十年九月十四日,受害者梅尚臣报告了行舟时被袭的事件。

> 据苏州府详,据元和县详称,雍正十年九月十四日,据事主梅尚臣呈,为行舟被劫事,词称切身嘉兴府桐乡县人,揭贩衣服、棉绸等货。往正仪、双凤等处,货卖回家。于九月十二日夜,舟至尹山停泊,十三日五更时分,开至台治夹浦桥地方,遭盗一伙。③

---

① 《明清档案》A50-94。
② 《明清档案》A55-61。
③ 《明清档案》A55-44。

这是雍正十年(1732)嘉兴府桐乡县人梅尚臣赴苏州东部的正仪贩卖衣料等物品的实例。

○江南运河＝苏州、常州之间的航运

> 据常州府详,据阳湖县详称,乾隆二年十月初五日,据陈能约禀,为行舟被劫事。内称,身系苏州府长洲县人,欲到杨巷史禄余行内籴米,于本月初叁日黄昏时候,路过台治八四房坟前港内,有大船壹只,装盗拾余人,各持刀棍,跳至船中,劫去银两等物。①

乾隆二年(1737)苏州长洲县人陈能约驾船到常州府治下的湖阳县购买米谷。从常州到苏州的大运河长约93公里。②

○江南运河＝镇江府丹徒县、丹阳县之间的航运

> 丹阳县民王靖章与浙客张姓,于乾隆叁年陆月拾捌日夜,同舟行至丹徒县辛丰金涵口地方,被案一案。③

这是乾隆三年(1738)位于大运河水域的镇江府丹阳县的王靖章与可能是商人的张姓浙江人同乘一船赴镇江府城附近的丹徒县时遇到盗贼的事例。他们在航行途中利用的航路很可能是大运河。

○江南运河＝无锡、苏州之间及经支流至常熟之间的航运

> 据苏州府详,据常熟县详称,乾隆二十三年二月初十日,据金匮县船户周安万禀,称窃身操舟为业,今二月初九日,有吴静安倩身船,载造糯米拾石五斗,在舱并造糯米三石,贮放船头,来治果卖。行至宝岩,时已二更,将至烧香,浜迫近西湖阔井处。④

在这个例子中,乾隆二十三年(1758),常州府金匮县从事操船业的

---

① 《明清档案》A82-17。
② 《全国交通营运线路里程示意图(第二版)》,人民交通出版社,1978年,九,浙江省(杭嘉湖地区),第39—40页。
③ 《明清档案》A87-36。
④ 《明清档案》A198-007。

周万安,将船从金匮县开到无锡,再由无锡到苏州最后通过运河支流前往常熟县,于常熟县遇盗。从无锡至苏州这段路程,有很大可能是利用了大运河水运。

〇江南运河＝镇江府、苏州府之间及经由支流至常熟之间的航运

> 据镇江府详,据丹阳县详称,案于乾隆二十三年三月初四日,据周以兴报称,窃身丹徒县人,皆伙阮君弼,由常熟卖货回里,于三月初一日,在常熟顺搭徐受舍船只,初三日,在宪治马桥停泊,是夜被盗。①

乾隆二十三年(1758),丹阳县人周以兴与生意伙伴阮弼君等人乘船前往常熟,这段行程有很大可能是利用了大运河的水运。他们到达常熟后又雇用了其他的船只。

〇江南运河＝镇江、苏州枫镇之间的航运

《历史教学》1986 年第 9 期介绍了中国历史博物馆藏《丹徒县船户揽运米商货官契》:

> 丹徒县口　都本江船户杨义山、王国才、杨文仪,今将自己船叁只在镇江河下,承揽到金庭商人致大宝号名下米叁载,前往苏州枫镇客便处交卸。三面云水脚船……言定浒墅关钞,客自报纳。乾隆五十一年十二月二十五日立,船户杨义山(押)、王国才(押)、杨文仪(押)、京口杨尊周行(押)、代行顾万隆(押)。顺风大吉。②

由此可知,镇江从事航运业的船主受客商委托,运输米至苏州枫镇。在这里也提到了在浒墅关缴纳税金的事项,因此所以可以明确,这次旅程的路径是:从镇江出发,利用江南运河南下,通过浒墅关到达苏州枫镇。

---

① 《明清档案》A198－6。
② 《历史教学》1986 年第 9 期,《丹徒县船户揽运米商货物官契》,第 64 页。

○江南运河＝浙江仁和、苏州府吴江县之间的航运

　　吴江县报案内开,道光元年十一月初九日,据事主震泽县民陈景源报称,伊往嘉兴置货,十一月初七夜,船至吴江吉庆地方,被盗,……同日又据事主马秉汇呈称,伊载货船至嘉兴交卸,十一月初七夜,至吴江七里湾地方,被盗。……同日又据事主浙江仁和县民徐春泉报称,伊由苏州回籍,十一月初七夜,船至吴江唐家路地方,被害。……①

这是发生于道光元年(1821)由同一案犯实施的三起客船遇袭事件。这是舟船航行于吴江至嘉兴之间以及吴江与仁和之间的具体例子。在这些航程中,航路正是位于大运河之上。

○江南运河＝镇江、杭州之间的航运

　　据苏州知州汪云任详,据长洲县知县景寿春详称,道光十七年八月初一日,据地保张汉山报,据丹徒县职员郭凌运、民人陶以交等报称,伊等合雇陈添桂船只,往浙江置买烟叶。八月初一日黎明,行至长洲县潘家角地方,被逃驾船。②

这是道光十七年(1837)镇江府治下丹徒县职员与民间人士一同雇用船只前往浙江购买烟叶时在苏州附近遇袭的事件。在这个事例中,事主一行所用航路,很明显是由镇江附近进入大运河,再由运河南下前往杭州。

○江南运河＝杭州府治下的航运

《中外日报》第1822号,光绪二十九年七月十六日(1903年9月7日)的外埠新闻条中有名为《航船被盗》的记事:

　　航船被盗○自省垣至塘西镇,向有来往航船。某夜,忽来盗船

---

① 中国第一历史档案馆藏《刑部档案》,7075案卷。
② 同上书,7136案卷。

117

一艘,有盗十数人,持械登航船,劫夺衣物、银洋若干。次晨即将衣物在镇上典当,致被拘获四人,余俱逸去,其四人已解仁和县实候办。①

这是光绪二十九年(1903)从杭州出发取道大运河前往塘栖镇的航船遭遇强盗的事例。从杭州到塘栖镇,水路长度26.4公里。②

○江南运河＝嘉兴府、苏州间之间的航运

《时报》己酉(宣统元年,1909)十二月二十一日的地方通信,《嘉兴通信》中有:

> 嘉兴航船之开往苏属芦堰镇,十六日,装载各货及搭客行至离镇七、八里之遥,时未日没,突来盗船两只,盗匪十余人,各执快枪,拦住抢劫现洋二百余元,火腿锡箔各物,悉数取去,并尽剥船中各人衣服。该船遭此盗祸,只得开回禾中再行报案。③

这是宣统元年(1909)十二月,航船定期往返于嘉兴府与位于苏州府东南的芦堰镇的事例。

(二) 江南各水域的航运

○苏州府治下白茆浦的捕鱼及航运

> 据苏州府详,据昭文县详称,据典史赵万选呈称,雍正九年五月初七日,据渔户盛吉甫抱季圣功禀,为报明被窃叩赐申缉事。内称,身捕鱼为活,今年五月初一日夜,停船在白茆桥张家市秦家湾地方,三更时分,被贼上船窃去。④

---

① 《中外日报》第1822号,光绪二十九年七月十六日(1903年9月7日)外埠新闻。
② 《全国交通营运线路线路里程示意图(第二版)》,人民交通出版社,1978年8月,九,浙江省(杭嘉湖地区),第41页。
③ 《时报》己酉(宣统元,1909)十二月二十一日《地方通信》《嘉兴通信》《○白日抢劫》。
④ 《明清档案》A49-72。

雍正九年(1731)苏州府治下昭文县的渔民捕鱼,并在晚上休息的时候遭遇窃贼。遭窃的地方位于昭文县城至长江之间的白茆浦,这是在白茆浦从事渔业活动的实例。

○嘉兴府、松江府之间的航运

> 据松江府详,据青浦县详称,雍正十年八月初七日,据典史董乾元呈称,八月初三日,值本县赴奉贤县,勘灾公出,据嘉兴县船户吴二观禀,为行舟被劫,报明缉究事。内称,切二在治大西门外,撑驾嘉兴日船度活。今八月初二日,由嘉开行至朱家角西栅外野猫洞地方,时已黄昏,遇船一只,载有数人,口称查船,即肆行劫,后开各客物件,理合报明,伏乞缉究,至在船被劫客人愈惟城等,见在开开禀报等情,并开失单一纸。①

这是雍正十年(1732)嘉兴府船从事运输业的户驾船前往松江府青浦县的实例。

○松江府治下的航运

> 据松江府详,据青浦县详称,雍正十年八月初七日,据本县典史董乾元呈称,八月初四日,值本县赴奉贤县勘灾公出,据藩司舍人张永昌并漕标兵目张增年、生员陶英才湖等,县民金有山、许文魁、夏德章、周汉琳、王楚佩、马元观、金山县解犯批差朱惠等禀,为航船盗劫,叩赐差拏究追事。内称切昌,于八月初一日晚,奉司主差赍公文三角宪牌一道,前往松江娄、金二县投递,随同众下落航船。初三日夜,行至烂路塘安庄地方,时始黄昏,突遭船载数枭。②

这是雍正十年(1732),松江府青浦县职员出门公干,利用航船行于青浦县与奉贤县之间的事例。

---

① 《明清档案》A55-7。
② 《明清档案》A55-14。

○松江府治下的航运

据松江府详,据青浦县详称,雍正十年八月初七日,据典史董乾元呈称,八月初五日,值本县赴奉贤县勘灾公出,据沈巨山禀,为报明行舟被害盗事。内称切山,住居金泽镇,于七月二十七日到城探戚,至八月初三日归家。傍晚时分,船过莲湖,忽遇贼船一只。①

这是雍正十年(1732)住在青浦县金泽镇的沈巨山在探望了奉贤县的亲戚后利用航船回家的事例。

○苏州府吴江县的乡村航运

据吴江县详称,雍正十年九月十二日,据单差王荣禀,为禀明事。内称切身蒙差催杭欠,本年折银顽户,随即雇小船于初七日往乡,行至邱舍汲水港地方,时因风大,停泊住宿。②

这是雍正十年单差王荣为了催缴欠税而利用小船到达苏州府吴江县附近的事例。

○浙江省、常州府阳湖县之间的航运

据常州府详,据阳湖县详称,乾隆九年四月二十八日,据杭州府仁和县民张崑良禀报,为匪猖叩肠缉事。内称,身籍仁和,在嘉、杭等处盐行帮伙。本月十四日,雇潘圣祥船往溧阳各盐铺,兑兑盐课银三百八十三两一钱□□□厘,包贮船舱。二十六日,行至台治几墅桥地方停泊。夜半时分,被贼抽帮上船。③

乾隆九年(1744),浙江省杭州府仁和县民张崑良在常州府治下遭到匪贼袭击。张从事食盐贩卖的工作,他去镇江府治下的溧阳县的各盐铺征收贩卖专卖盐所得的监课税银,在返回的途中,于常州府治下地方遇

---

① 《明清档案》A55－12。
② 《明清档案》A55－60。
③ 《明清档案》A133－80。

袭。清朝和历代王朝一样,对食盐实行专卖制度,并制定其贩卖区域。张负责的是两浙盐的一部分贩卖区域。周青云的《盐法通志》卷五,《疆域·两浙》中记载,两浙盐的销路除了浙江省全域,还包括江苏省的苏州府、松江府、常州府、镇江府以及太仓州。雍正《敕修两浙盐法志》卷一,《疆域》载,两浙行盐区在江南地区辖苏州府、松江府、常州府、镇江府以及徽州府。不过,地处江宁府的溧阳县也被划归为两浙行盐区。① 雍正八年(1730),溧阳县被划归归镇江府管辖。②

这个例子,证实了镇江府的溧阳县归属于两浙盐的销售地区的事实。这是一个反映了当时行盐区食盐销售具体情况的事例。

〇苏州府、常州府之间的航运

> 据常州府详,据江阴县详称,乾隆九年十月十二日,据王佛报,为报明被劫事。内称,身系常熟县人民,置有棚船一只。向代华墅镇各店铺,往苏代置货物,回则照账交卸。本月初七日,船回时,值更深。将船停泊湖塘桥南湾,身同甥杨摇船,辛苦睡熟,不料有贼伙数人上船,身等惊觉。③

常熟府的王佛经营着自己的棚船,他受常州府江阴县华墅镇的店铺委托,往苏州购买商品。因此他驾船航行于华墅镇与苏州之间。

〇通州直隶州、常州府江阴县之间的航运

> 乾隆十一年三月十九日,据通州详称,三月十二日,据如皋县详称,乾隆十年十二月初五日,据方振侯报,为报明被盗事。词称,窃身在于江阴领张世德银本,同仰荆山在通州吴瑞玉、张扶先行内置花。十一月二十四日,在丝鱼港雇张严顺之船装载。二十五日开

---

① 史学丛书《两浙盐法志》106,第 123 页。
② 《清史稿》卷五十八,地理五,江苏,江宁府中记载:"雍正八年,改溧阳属镇江",第 1984 页。同上书,镇江府中记载:"雍正八年,以江宁府之溧阳来属",第 1999 页。
③ 《明清档案》A136-112。

> 行,船至张王港开头,时已更深,忽遇壹船行来,约有肆伍人,跳上身船。将身同舵工严长卿、水手沈隆升等赶入舱中,搬去花玖大包半又弍小包。上有世德为记,并将竹箱内衣银及洪永昌行买范春和号饼票一纸拏去。①

通州与江阴县隔长江相望,方振侯受江阴县商人委托赴通州购买棉花,此时他们利用了船运。这只船是能够在长江和内陆运河上航行的船只。

○扬州、上海之间的航运

> 据太仓州详称,乾隆十五年九月十八日,据地方陆发黏,据江都县民倪有章原报,为黏申报明事。内称,窃身卖豆麦营生,本月拾弍日,雇船载往上海发卖。于拾四日晚,船至口泾口,遇口口停泊,至拾五点早开行,遇盗上船。②

乾隆十五年(1750),扬州治下的江都县民倪有章赴上海贩卖豆、麦。可以认为,他是运用运河水运,从扬州赴上海的商业活动的。

○嘉兴府秀水县治下的航运

> 据秀水县知县鲁克恭详开,乾隆拾六年九月初二日,据监生张士璜禀称,窃璜居住仵业,业开钱庄、米铺。于昨晚,令店伙王上美驾船来城买货,路至迎春桥南被盗……劫去血本银肆百九拾五两,并衣被物件。③

这是乾隆十六年(1751)秀水县监生张士璜经营的店铺的伙计为进货而利用舟船的实例。

○江宁府江宁县、安徽省宁国府之间的航运

---

① 《明清档案》A142-67。
② 《明清档案》A179-28。
③ 《明清档案》A179-13。

> 据江宁府详,据江宁县详称,窃照,卑职于嘉庆贰年八月贰拾柒日……拾壹月初叁日,准上元县移开,拾月贰拾日,奉本府押发被劫船户王传生等下县随讯、据王传生供称,系泾县船户,在江宁揽载陈福等货物,前赴旌德县交卸,于拾月拾九日贰更时分,舟泊江宁县双闸洲地方,被盗持械上船。①

船是在南京城下的长江水域遭遇抢劫的。事主是船户王传生,安徽省宁国府泾县人。在芜湖附近有一条流入长江的江,名为青戈江。泾县位于此江的中游。在泾县流入青弋江的河川有泾水,旌德县位于泾水的上游。由此可知,王传生是利用安徽省内河川以及长江水运营生的船户。

○江宁府句容县、上海之间的航运

> 据江宁府详,据上元句容二县会详称,嘉庆二十年二月初十日,蒙齐札开,据句容县禀,事主慎香树……嘉十九年六月初十日,据客民慎香树禀称,伊同仇志朋雇坐王凤高船只往上海买糖货。于六月初九日夜,行抵下蜀街新开河停泊,被盗。②

嘉庆二十年(1815),很有可能是江宁府句容县人的慎香树等,从上元县行船至上海做生意,在归途中遭遇盗贼。他们恐怕是取道南京赶赴上海的。这是从南京附近行船至上海从事商业交易的具体事例。

○松江府治下的航运

> 据署江苏按察使积拉明阿详,据松江府知府觉罗炳奎详,据署上海县知县黄冕详称,道光十五年十月初九日,据事主叶德元、李大观呈称,由松江同船至上海买物,十月初八日夜,船至黄浦江周家渡河面,被匪驾船。③

---

① 《明清档案》A283-44。
② 中国第一历史档案馆藏《刑部档案》7060 案卷。
③ 中国第一历史档案馆藏《刑部档案》7104 案卷。

道光十五年(1835),驾船从松江向上海航行的叶德元等人,在黄浦江的周家渡河面遇到强盗。从松江到上海,水路约有60公里。

《同文沪报》第6836号,光绪二十七年六月二十日,1901年8月4日,《本埠新闻·南市》条中,有名为《麦船倾覆》的记事:

> 前日有无锡人方谋,由原籍装载小麦来沪。驶至浦江老白渡地方,忽遇狂风支撑不住。①

无锡人方谋驾船装载小麦运至上海,遭遇强风船只失事。在这个例子中,方谋应该是运用大运河从无锡来到苏州,经吴淞江,即苏州河到达上海的。无锡和上海之间的航线长度约为150公里。

《时报》第5号,光绪三十年五月初三日,1904年6月16日,《商务》中有:

> 元米涨价〇昨日南市到无锡元米船二号约装五百石,常帮元米船一号约二百石,溧阳元米船一号约装三百五十石。

这里记有无锡、常州、溧阳等地装载米谷的船只到达上海的南市的事例。这是一种恒常的航运。另外,在同日的记事中有:

> 新麦上市〇昨日南市有意亭、田井良处装来新小麦约一千三百担。

小麦也经由运河航运到达上海。

《时报》第12号,光绪三十年五月初十日,1904年6月23日,《商务》中有:

> 惟到埠者,有溧阳元米船一艘约装二百石,无锡大子籼米船一艘约装二百五十石,苏州新小麦船三艘约装七百石,常帮粳米船二艘约装三百石,常帮白元米一艘约装一百五十石云。

---

① 《同文沪报》缩微胶卷,中华全国图书馆文献缩微中心,2N-0427。

《时报》第13号,光绪三十年五月十一日《商务》中有:

溧阳糙元米船一艘三百石,此系同泰碓坊自办。无锡籼米船二艘约装五百石,一到南市,一到新闸。无锡元米船二艘约装四百石,无锡小麦船一艘约装三百石,田井小麦船二艘约装五百石,常帮元米船一艘装二百石,常帮白粳米船一艘约装二百五十石。

《时报》第15号,光绪三十年五月十三日《商务》中有:

常帮白米船一艘约装二百石,同里米船一艘约装二百石,无锡元米与大子籼米船各一艘共装四百三十石。又田井、无锡、苏州等三处小麦船各一艘,共装六百五十石。

类似的例子还有很多,在江南地区,米谷被恒常地从无锡、常州、溧阳等地运至上海的南市。

(三) 太湖航运

○镇江府溧阳县、浙江省之间的太湖航运

据镇江府详,据溧阳县详称,雍正十年正月二十七日,据沈大伦禀,为叩缉恩追事。词称,身系杭州海宁县人民,契本往高淳口上,籴买籼米。于本月二十六日行至,歇到二更时分,遭大盗架厂船二只。①

雍正十年正月二十七日,沈大伦陈述,他是浙江省杭州府海宁县人,往高淳口购买籼米。同二十六日至旅舍,二更时分,遇到了大盗所驾厂船两只。这是浙江省海宁县人民到镇江府溧阳县下遇盗的事例。至于他所走之航路,应该是从海宁出嘉兴府,沿大运河至镇江府下丹阳县附近,然后沿金坛运河、昆仑河(即现在的丹金槽河)至溧阳县的,或是经由

---

① 《明清档案》A52-44。

一部分太湖水面进入荆溪,过宜昌至溧阳。

〇常州府荆溪、浙江省之间的太湖航运

> 据常州府详,据荆溪县详称,雍正十年九月二十九日,据沈有德报,为报明失窃事。内称,身系浙民,借本投治贩猪生理。于本月二十八日夜,船泊宜农桥地方,意欲投杨令望牙行买猪。①

这是雍正十年的例子。常州府在江苏省的南部,濒临太湖,在湖的对岸便是浙江省。因此,几乎可以确定,常州府至浙江省北部地区的航运是通过太湖航路进行的。

〇苏州、宜兴之间的太湖航运

> 据无锡县详称,雍正十年十月十二日,据吕天长禀,为停舟被劫事。内称,身系杭州府仁和县民,于本年九月二十八日,在苏州雇张太船一只,往宜兴贩买籼谷。二十九日夜,船泊台治盛店桥地方,身与船户熟睡,被盗。②

这也是雍正十年的例子。浙江省杭州府仁和县县民吕天长来到苏州,雇船前往宜兴。苏州与宜兴隔湖相望,所以这条船多半是在横渡太湖时遇到窃贼的。

〇浙江湖州、常州府荆溪之间的太湖航运

> 据常州府详,乾隆八年十一月二十七日,据浙江湖州府乌程县民孟廷贤,范世忠报,为报明事。内称,身等籍乌程,合本贸易。于本月二十六日夜,船至荆溪县,泊于治下徐舍镇地方,不意是夜三更时分,身等睡卧被盗。③

乾隆八年(1743),浙江湖州府乌程县居民孟廷贤和范世忠合伙做生

---

① 《明清档案》A55-58。
② 《明清档案》A55-59。
③ 《明清档案》A132-76。

意,二十六日,他们乘坐船只到达荆溪县,停泊于徐舍镇地方,二人熟睡后被盗。乌程县位于浙江省治下,在太湖南岸,而荆溪县在常州府治下,位于太湖西岸。徐舍镇与荆溪县都在荆溪沿岸,徐舍镇在荆溪县上游。所以可以确认,孟廷贤、范世忠二人此行利是用了太湖与荆溪的水路。

○荆溪县治下的太湖航运

乾隆拾五年拾壹月拾八日,访得卑(荆溪)县乌溪相近之湖面,于初玖日夜,有米船被劫之事,随移会营汛协查去后,贰拾壹日,据典史孙珏详称,拾壹月拾贰日,据宜兴县开上区拾图吴加升禀,为失窃首关叩详缉追事。词称,身准宜邑船、载糙米肆拾柒石,往浙货卖。于本月初玖日夜,泊船乌溪地方,是夜睡熟,被贼钻入。①

宜兴县的吴加升,雇用宜兴县的船只,装载糙米 47 石前往浙江贩卖,卖完货物返航时,在荆溪县治下太湖湖面的乌溪地方被窃。在这里,太湖的湖面是连接宜兴县与浙江的重要航道。

○太仓州、常州府之间的太湖航运

据常州府详,据荆溪县详,乾隆贰拾四年肆月贰拾九日,据吴县民邱殿玉禀称,窃身系宝山县唐逸恭米店帮伙,于本月肆月贰拾四日,店主令身出外籴米,雇瞿大成船只,带有银钱柒百余金,于贰拾八日,行至洛城桥地方停泊。不意,于是夜更深时分,被盗多人。②

苏州吴县县民邱殿玉是宝山县唐逸恭米店的店员,他受店主之命,雇用船只并携带银两,赴太湖西岸的荆溪县购买米谷。这次行程,横渡太湖的可能性很大。

(四)江北的航运

在此,欲与上节一样,以档案资料为基础,论述长江以北水域的清代

---

① 《明清档案》A171-119。
② 《明清档案》A200-58。

民众是如何灵活运用船舶从事航运活动的。

○通州、常州之间的航运

> 据苏州府详,据常熟县详称,乾隆八年十月二十九日,准如皋县关开,本年十月二十二日,据蔡基汶呈,为据实报明事。内称,切身胞弟蔡基龙,有如字八号船一只,于南河周家港,今十月十五日,身将壮猪、棉花、黄豆等物,令弟同水手陈宏远等,运至常熟县六院镇发卖。至十六日天将明时,行至普玉沙南寻与沙北霞,有匪船一只。①

在这个乾隆八年(1743)的例子中,江苏省通州治下如皋县居民蔡基龙,利用自己的船只将猪、棉花、黄豆等物品运往他处交易。从如皋县至长江,需要经由江北水路,接着横跨长江利用江南的水路。

○镇江府、常州府靖江之间的航运

> 据常州府详,据清江县详称,乾隆拾壹年八月贰拾叁日,据镇江府丹徒县米客朱元吉禀,为禀明被盗情由事。内称,窃身借本,上运漕晏灿郁行,买稻并糙米,雇梁山船装至大桥董世高、朱超凡行内,雇王成裕船,装送江南。因风水不便,本月贰拾壹日晚,停泊烂港口江心阴沙。不料夜深潮长,身等熟睡,被盗。②

乾隆十一年(1745)八月二十三日,镇江府丹徒县的米客朱元吉陈述,他借款经营,于晏灿郁行购买稻谷及糙米,雇用梁山船运至大桥董世高、朱超凡行内,再雇用王成裕的船运往江南。因为风水不便,八月二十一日晚上在烂港口江心阴沙停泊,深夜涨潮,一行人熟睡后被窃。镇江府的米商,赴常州府靖江县治下购买米谷,往江南运输。常州府靖江县位于长江以北,从靖江到此买米,必须利用一段长江水路。此为商人在江北、江南之间运输米谷的例子。

---

① 《明清档案》A132-28。
② 《明清档案》A145-73。

○扬州府治下的航运

据扬州府详,据甘泉县详称,乾隆二十三年八月初二日,据事主黄鲁卿禀称,窃身籍属徽州,同店伙汪学等,代客运木。停泊邵伯后河,候风过湖。八月初一日二更时分,俱各睡熟,被盗。①

受害者黄鲁卿是徽州籍人士,与同伴汪学等人,代客人运送木材。他们将船停泊于邵伯后河,等待起风过湖。八月初一日二更时分,一行人熟睡后,被窃贼光顾。这是徽州商人运输木材,在位于大运河上,扬州之北,高邮之南的邵伯湖附近被窃贼光顾的具体事例。

○淮安府治下的航运

盐城县城外,行舟被盗……据淮安府知府陶易详,据盐城县知县朱洛臣详称,乾隆三十九年六月初六日,据事主生员王纪报称,本月初壹日,生坐王凡船只往淮,彼晚,船至相近流均沟口地方,遇有壹船在船伍人,阻其去路。壹人上船,将生拉出船舱,生同船户王凡惊落下水。……被盗处所相距县城壹百肆拾里,并无村舍,亦无墩防营汛。②

在这个例子里,盐城县的生员,在前往淮安府时使用了船舶。盐城到淮安的直线距离约70公里,现在的陆路有138公里,而水上航路约有120公里。③ 在当时,两地之间的水路船舶辐辏,所以比起走陆路,走水路应当远为便利。

4. 江南、江北内河航行的船舶

那么,以这个江南三角洲为中心,在长江流域下游地区的江北、江南

---

① 《明清档案》A198-118。
② 《明清档案》A222—122。
③ 参阅《江苏省地图册 最新版》,广东省地图出版社,1997年;《全国交通营运线路里程示意图(第二版)》,第39,132页。

区域航行的船舶到底有哪几种？关于这一点，上面列举的史料没有给我们答案。在此，笔者欲以通过位于大运河上的苏州浒墅关的船舶为例，进行说明。我们先看《浒墅关志》卷五，《签量则例》。该书中收录了大梁头船、活梁头江剥船、活梁头江舥船、活梁头内江船、镇江小栏水船、小江舥船、镇江罗江船、外江船、山船、邵伯山船、山舥船、老太湖船、新太湖船等船舶的名称。从这些船名中，可以知道其中有一些来自镇江、扬州附近的江都、大运河边的邵伯镇以及太湖。另外，所谓的外江船，应该是指来自长江流域的船舶。① 清末时的记录《海关十年报告1892—1901年》，《苏州》中记有：公司船、红头船、蒲鞋头、牡丹头、浪船、邵伯划子、山上船、航船、庐墟快、米包子、脚划船、满江红、太湖船、南湾子、沙飞船、丝网船、石头船、常熟快、双开门、小快船、料匹子、爢钓子、湖广船、无锡快、乌山船、横快子、太网船、锅钓了、海宁船、吴江快、关快、南头船、尖头船等33种类②民船的名称以及它们来自何地。公司船、红头船、脚划船主要来往于上海杭州与苏州之间，蒲鞋头、邵伯划子、满江红、南湾子等船舶在江苏省内以及长江流域的其他地方也能见到，乌山船、浪船、海宁船来往于镇江与苏州之间，山上船、大网船、太湖船主要航行于太湖之上，牡丹头、沙飞船、横快子由江北来到苏州，江西省的锅钓子也来到苏州。航船、庐墟快、米包子、丝网船、石头船、常熟快、双开门、小快船、料匹子、爢钓子、无锡快、吴江快、关快、南头船、尖头船等船舶则主要在以苏州近郊为中心的内河水域活动。③

这些来到苏州的船舶中，苏州近郊的民船占有很大比例，当然也有一部分从南方的杭州、东方的上海、浒墅关以北水域以及长江上游的江西省、湖南、湖北方面远道而来的民船。

关于通过浒墅关的船舶数量，笔者仅找到唯一一则资料，这便是江

---

① 松浦章：《关于清代苏州的水运》，第45页。
②③ 同上书，第46页。

苏巡抚革职留任陈弘谋乾隆二十六年(1761)九月二十九日的奏折。陈弘谋在该奏折中写道：

> （乾隆）二十四年五月初三日起，连闰至二十五年四月初二日止，经征底薄逐一吊查，过米麦豆船五万八千九百四十八只，收税银二十八万二千八百十九两零；二十五年四月初三日起至二十六年四月初二日止，共过米麦豆船五万四千七百二十二只，收税银二十四万三百四十七两零……二十四年期内共过杂货船六万五千九十只，收税银二十万七千四百九十八两零；二十五年期内共过杂货船六万六千七百四十一只，收税银二十一万千三十三两……①

从这份奏折可以知晓乾隆二十四年(1759)与乾隆二十五年(1760)两期通过浒墅关的船舶数量。乾隆二十四年期通关米麦豆船 58 948 只，杂货船 65 090 只，合计 124 038 只；乾隆二十五年通关米麦豆船 54 722 只，杂货船 66 741 只，合计 121 463 只。这两年的通关船舶数均超过 12 万只，若以这两年每年 355 天来算，平均一天通关数量达到 349 只和 342 只，也就是说平均每天有 300 只以上的船舶通过该关。

另一方面，在江北大运河口附近的扬州及由闸，乾隆二十三年(1758)通关船舶 147 716 只，乾隆二十四年(1759)通关 141 202 只。不过到了乾隆五十五年(1790)和乾隆五十七年(1792)，通关的船舶数减少为 66 244 只和 54 485 只。② 由此可知，在乾隆二十四年前后，每天通过位于长江和大运河汇合地北岸的扬州的船舶数，平均在 300 只以上。而乾隆五十七年，这一数字减少到平均每天通过 153 只。

那么有多少船舶来到位于大运河最南端的杭州呢？就这一问题，笔者欲以雍正《北新关志》卷十四中所见《北新钞关船式图》(参阅本书资料篇)为基础进行讨论。

---

① 中国第一历史档案馆藏《朱批奏折》，财政类。
② 松浦章：《关于清代的扬州关》，《关西大学文学论集》第 43 卷第 2 号，1999 年，第 46—48 页。

《北新钞关船式图》中收录了 70 余幅船式图。在这些船式图中,有一些没有固定名称,而具有固定名称的船则有 64 种。不难想象,这些船舶被用于包括大运河、大运河河支流的江南水运之中。有船名的船舶如下:

> 嘉兴盐润头、嘉兴圈逢船、嘉兴齐门船、嘉定船、嘉定平头船、海船、牛皮船、湖州花船、湖州圈篷船、湖州沙飞船、湖州船、湖州太湖船、湖州太湖船、湖州白壳子、吴江尖头船、光福报船、孝丰船、杭州船、杭州大洞子船、杭州泥塔头船、杭州墅湖船、杭州赵堂船、高淳船、施家霸泥塔头、松江华亭盐施船、松江船、焦湖船、常州马船、常州划子船、常州划子船外船、震汇船、水洋毛篷子、水洋毛篷子方稍、苏州船、苏州大尖头船、苏州汤湖船、丹阳划子船、长安摊船、镇江瓜子船、镇江板船、镇江罗江船、镇江栏水船、镇江划子船外船、南京、南京满江红、南京楼船、南湖兜消船、南寻航船、宁波船、马溜子、板船、琵琶船、平湖花船、便民船、抹头子、满江红船、余杭区摊润位、余杭区摊圆位、扬州沙飞船、刘河汤湖船、档板尖头船、粮划子尖头船、邵伯木展头船邵白开消船、闸里沙河。

在这些船舶之中,可以看到很多地名:嘉兴、嘉定、湖州、吴江、杭州、松江、常州、邵伯、苏州、丹阳、镇江、南京、宁波、平湖、余杭地区、扬州等等,其中位于浙江的有嘉兴、湖州、杭州、宁波、平湖、余杭地区,而位于江苏省的则有嘉定、吴江、松江、常州、邵伯、丹阳、镇江、南京和扬州。来自江苏的船舶之中,又以来自与浙北相邻地区的为多。而扬州、邵伯则位于长江以北。邵伯在扬州府治下,位于扬州府城之北,沿大运河。来自这两个地方的船,是横渡长江后航行至杭州的。

另外,还可以将这些船的样式归纳为河船、航船、沙船、润头船、桨船、尖船、太湖船、长船、摊船、剥船、摇船和划子船 12 个种类。下面欲以管见资料对这些船种进行若干叙述。

132

众所周知,沙船是既可以在海上航行,有能够在内陆河川航行的平底帆船。①

在上面众多档案中可以看到,在江南的民众经常利用的船舶中,时常有航船的身影出现。关于航船,在日本人于明治时期写的调查报告中有着详细的记录。《中国省别全志　第十五卷　江苏省》第三章《民船》中记载:

> 航船　合乘船之总称。短距离航行之船,皆是航船,故其种类颇多。航船多以航行的河川或来往的地名命名。例如上海至松江之间的被称为上海松江航船。此等船大百担以外,三百担以内,船员七、八名。可载乘客数量由其大小不同而不同。大者可载乘客三十人,小者可载十七、八人。造船费用七、八百元。②

由此可知,航船在江南地区作为合乘船被普遍利用。

航船这一名称历史悠久。南宋赵彦卫在《云麓漫钞》卷六中写道:

> 今浙西临流州县,凡载行旅之舟,谓之航船。③

可见,早在南宋,江南地区,特别是浙江省附近,就将通过水路运输旅客的船舶称为航船了。另外,清人徐珂在《清稗类钞》稗九十,《舟车类》中写道:

> 航船　浙江临水州县各乡皆有航船。男女老幼杂处其中。以薄暮开驶者为多。解缆时,鸣铜锣为号以告大众。邮政未通信,局未设之处,且为人寄递函件。罔或误。④

---

① 周世德:《中国沙船考略》,《科学史集刊》第5期,1963年。
上野康贵:《关于清代江苏的沙船》,《铃木俊教授还历记念　东阳史论丛》,1964年。
Joseph Needham; Science and Civilisation in China, vol. 4, part 3, Civil Engineering and Nautics, pp. 428–429.
② 《中国省别全志　第十五卷　江苏省》,东亚同文会,1920年,第279页。
③ 赵彦卫:《云麓漫钞》卷六,世界书局,1969年再版,第92页。
④ 徐珂:《清稗类钞》稗九十,舟车类。

可见航船在江南水乡是一种重要的交通手段,同时航船也是运输和通信业务的代行者。该书中还有:

> 班船　江苏之称航船也。曰班船,喻其往来有定,更番为代也。

航船在苏州地方被称为班船,定期航行是其营业目标中的重点。

关于太湖船,清代乾隆年间金友理著《太湖备考》卷六,《风俗》中有:

> 以舟楫为艺,出入江湖,动必以舟。故老稚皆善操舟,又能泅水。①

可见太湖周边的人们从小就擅长操船。太湖船是既可在河川中航行,又可在湖水中航行的船只。关于在江南水乡很常见的划船,《清稗类钞》稗九十,《舟车类》中有:

> 划船　以竿进舟谓之划,而俗以用桨者为划,伸足推之。进行甚速,绍兴人精此技皆男子也,谓之划船,常往来于江浙间。

满江红这一船名在明代就有了,《清稗类钞》稗九十,《舟车类》中有:

> 满江红,船名,江淮之船也。船之门为斜面,其大小有一号至五号之别,五号最大。行时,不论风之顺逆,必使帆,以橹佐之。

无锡快是以地名命名的船只,关于这种船,《清稗类钞》稗九十,《舟车类》中有:

> 无锡快者无锡人所泛之船也。往来于苏之苏州、松江、常州、镇江、太仓,浙之杭州、嘉兴、湖州。买棹者问船之大小,则于单夹共双夹共之外。

《清稗类钞》稗九十,《舟车类·小汽船施带船舶》中记载道:

> 满江红、无锡快诸舟之往来江浙间也。

---

① 金友理:《太湖备考》卷六,《风俗》。江苏地方文献丛书,江苏古籍出版社,1998年,第296页。

综上所述,江南水乡地区航行着各式各样的船舶。尤其是,运载货物、旅客,定期航行的船舶被称为航船。

关于清代江南民船的航行能力,有清末两份报纸中的记录可供参考。第一份是上海的《申报》。该报第 26 号,同治十一年四月二十四日(1872 年 5 月 30 日)刊登的《轮船论》中有:

> 计沪至苏,水路几及三百里。轮船行走,至迟每时可以五十里,三百里程途一日可到;若用内地民船,迟则三日,速亦二日。①

在此时,航行于内陆河川的汽船进出江南各条水路,与民船竞争。人们首先对两种船的速度表现出了莫大关心,故报中以上海至苏州之间的航线为例进行了说明。民船走完这段距离需要 2—3 天。现今上海与苏州之间的水路距离为 139.5 公里②,这样看来民船每天可以行驶 46.5—70 公里上下。

第二份报纸是字林洋行在上海刊行的《沪报》。该报第 66 号,光绪八年六月十九日(1882 年 8 月 2 日)中,有一篇名为《西报论内河轮船》的文章,文中说:

> 查苏州至沪,民船须四五日不等,风苟不顺则尚不止此数。苟用小轮船,则不过一日夜耳。③

苏州与上海之间 130 余公里的水路,民船需要航行 4—5 日。这一速度与先前所述:顺水时大运河、长江航行一日 50 里,逆水时 30 里的速度基本相符。因此,这个速度应当是当时民船的一般速度吧。

5. 小结

在本章中,以档案史料,特别是航行中遇强盗、窃贼之害的史料,讨

---

① 《申报》第 26 号,同治十一年四月二十四日(1872 年 5 月 30 日)《轮船论》。
② 《全国交通营运线路里程示意图(第二版)》,第 40 页。
③ 字林洋行《沪报》第 66 号,光绪八年六月十九日(1882 年 8 月 2 日)。

论了长江下游区域江南、江北的民众是如何将船舶作为一种交通运输的方法运用的。关于江南、江北等地民众利用船舶的事例,鲜有传至今的,但是有关航行中遇到盗窃、抢劫的档案不胜枚举。在本章中,笔者仅以管见,列举出了其中一部分,并通过对江南、江北人民利用船舶的实态的考察,解明了船舶在这一地区被灵活运用的情况。在这些档案中,包含从事专卖盐销售的船只被袭击的记录。这则档案,证明了当时专卖盐被正确地分配到各个行盐区中销售的事实。另外,很多具体事例告诉我们,太湖作为一个湖泊,被湖岸周边地区人民当作水路,灵活运用。

  从上述事例中也可以看到,在江南、江北水乡地区,船舶有着多方面的用途。无论是在公用方面还是在私用方面,船舶均被广泛运用。船舶在这一地区不仅是交通工具,而且是运输工具和通信工具。这些江南、江北水乡的船舶,在公用方面被用于运送公金,装载公务前往相关机关,也就是作为交通工具。另外,也被用作官吏移动的交通工具。在私用方面,民众将大量或少量物资运往各地。另一方面,船舶还有旅客运输以及私信传递的职能。

  在江南、江北地区被广泛利用的船舶中,最具代表性的是航船。航船是在江南、江北水乡被用作共乘船被普遍运用的船舶,它不仅运送旅客,还代理邮政业务。由于航船在特定的地域定期往来,所以也被称为班船。当时,民船从苏州到上海所需要 4—5 天,以今天的眼光来看,这绝不是一个很快的速度,但是在当时民船却为人员、物资的流动作出了巨大的贡献。

  上面列举的关于行船遇盗的资料,从一个侧面反映了清代民船在江南、江北水乡水路网上航行的真实情景。

第 3 章　清代的扬州关

1. 绪言

江都人徐谦芳在民国二十七年(1938)所著《扬州风土记略》卷上,《地势》中记道:

> 扬州之地,北界淮,南临江,东濒东海,西北滨湖。柂以漕渠,轴以昆岗,重江复关之际,四会五达之庄,淮海之间,此为重镇。

位于长江下游的扬州,作为水运的要地备受重视。扬州是长江水运与大运河水运的连接点,发挥着水运枢纽的机能。

其实,早在唐代以后,扬州便作为漕运的基础备受重视。[①] 关于这一状况,嘉庆《扬州府志》卷二十,《赋役·漕运》条中有:

> 扬州郡,当江淮津要。唐都关中,宋都汴,皆转漕东南,设转运发运等使驻节于此,以经理其事。

[①] 李廷先:《唐代扬州刺史考》,第七章《唐代江淮地区漕运》,江苏古籍出版社,1992年,第386—396页。

扬州对于建都关中和中原的唐、北宋等王朝而言,是江南税粮运往首都途中的重要据点。到了明代,扬州作为商品流通的要地之一,备受瞩目。万历《扬州府志》卷四,《关税》条中有:

> 国朝宣德四年,令南京至北京沿河濒县临清、济宁、徐州、淮安、扬州、上新河客商辏集处,设立钞关。差御史及户部主事各一员,照钞法例监收船料钞。于是,扬州关肇见于郡城南隅。

宣德四年(1429)年,明朝在南京附近以及大运河自南京至北京的河段沿岸各处设置了钞关,其中山东的临清州、济宁州,南直隶的徐州、淮安府、扬州府位于大运河沿岸,而南京附近的上新河则位于长江沿岸。

民国《江都县续志》卷四,《民赋考·关税》条中有:

> 县境幅员,方不过百里,而扬关由闸总口分巡计设十九处之多。

江都县方圆仅一百余里,但扬关、由闸两处总口分巡,却设置有19处之多。从这一事例中可以得知,在扬州附近狭窄的范围内有着纷繁复杂的水路。同书中有:

> 关署在把江门外。

亦即是说,扬州关的关署被设置在扬州城把江门外。雍正《扬州府志》卷十五,《关税》条中有:

> 瓜洲由闸,河饷及仪征,归并河饷。

由闸的总口被设置在长江沿岸的瓜洲。由于在扬州有扬关和由闸两处总口,所以扬州的常关一般被总称为扬由或关闸。

在本章中,欲考察包含扬关与由闸两处总口的扬州关在商品流通上发挥的作用。

第3章 清代的扬州关

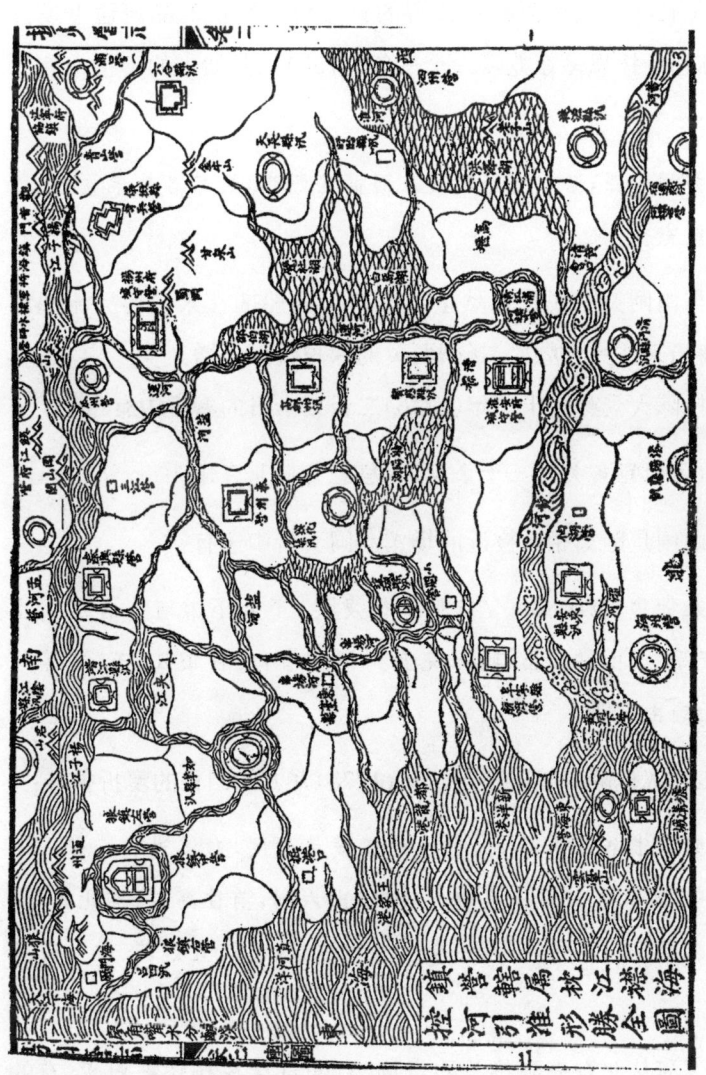

扬州、瓜洲附近镇营辖属枕江襟海控河引淮形胜全图[1]

[1] 《扬州营志》，江苏扬州古旧书店刊本，卷三舆图。该图为上半部分的南侧，图的上方可见扬子江，右边可以看到运河。

2. 清代扬关、由闸的机能

关于位于长江与大运河接点位置的扬关与由闸在商品流通上发挥的机能,江苏巡抚托恩多在乾隆二十三年(1758)二月初十的奏折中有着明确的说明:

> 查关闸税课,全赖商船辐辏。而商船贩运,又赖各处丰收,货物广销方能充裕。①

扬州关与由闸关的税收当然全部来自于商船的往来。商品流通的旺盛,促使商船来往更为频繁,扬州两关的课税收入大增。

苏州巡抚陈大受乾隆十一年(1746)二月二十日的奏折中有:

> 查,由闸距扬关仅三十余里,商船经行同此河道。②

扬关与由闸是距离相当接近的场馆。同奏折中还有:

> 北来货物,扬关纳钞,有即就扬发卖,不赴下游者。有运往上江、江宁等处,由仪征出口,只完轻则河饷者,惟往镇江、苏、常等处之货,始到由闸。③

另外,江苏巡抚萨载乾隆三十八年(1773)九月初四日的奏折中有:

> 凡南来浙省江苏杂货,悉由镇江横越两闸,对渡进口。江、广、安徽货船,亦由长江顺流直进大桥口,出六闸,前往高宝、淮北等处。甚至北来米、麦、豆饼等货,亦有由六闸进口,出江直达苏、常一带贩卖者。④

通过大运河从北方来到扬关的货物,有的直接在扬州被贩卖,有的经由仪征,通过长江运至南京方面贩卖。麦子、豆、豆饼等货物,有的在

---

①②③④ 中国第一历史档案馆,《朱批奏折》,财政类,关税项。

到达扬关之后,继续沿大运河南下,横渡长江后经由镇江再次进入大运河,运往苏州、常州等地贩卖。这些货物中,只有自扬关经由镇江通过大运河南下的货物才通过由闸。另一方面,来自长江流域江西、湖北、湖南、安徽等省,经由此地入大运河,被运至高宝、淮北方面贩卖的货物数量也不少。

那么,什么是决定通过扬州关、由闸关船舶数量的要因呢?乾隆二十年(1755)十月二十六日傅恒等人在奏折中提到,扬关由闸之收税,全赖南北货物之流通,始能充裕。① 由此可知,扬关、由闸的税收,与南北商品的流通量成比例关系。那么,对通过两关来往于南北之间的船舶征税数量有多少呢?在此先举明代的事例加以说明。

据王樵《考核差满属官事》,万历二十年(1592)前后扬州钞关的税收大约在12万两左右。

表1 万历十八—二十年扬州钞关税收表

时 期	征收时间	船税正耗积余银(两)
万历十八年(1590)	1年又26日	12 682.621 9
万历十九年(1591)	1年又37日	13 614.185 6
万历二十年(1520)	1年	11 652.907 98

清代,关于扬关、由闸的税收中相当于纯收入的部分,即盈余银的记录有很多留存至今(参阅表2)。

表2 扬关、由闸盈余银表

年 号	盈余银(两)	年 号	盈余银(两)
雍正十年	78 346	十二年	94 590
雍正十一年	89 688	十三年	124 571

---

①《明清档案》第191册,"中央研究院"历史语言研究所,1989年,第73页。

续　表

年　号	盈余银(两)	年　号	盈余银(两)
乾隆元年	117 412	三十三年	64 324
〇二年	40 563	三十四年	66 386
〇三年	64 596	三十五年	70 986
〇四年	29 069	三十六年	73 156
〇五年	90 069	三十七年	73 434
〇六年	27 700	三十八年	74 050
		三十九年	75 220
乾隆十三年	57 565	四十年	76 003
十四年	128 711	四十一年	76 189
十五年	118 039	四十二年	91 887
		四十三年	92 244
乾隆二十二年	40 170	四十四年	92 508
二十三年	44 170	四十五年	92 810
二十四年	69 676	四十六年	92 984
二十五年	54 321	四十七年	93 097
二十六年	55 792	四十八年	93 148
二十七年	56 933	四十九年	93 177
二十八年	57 966	五十年	34 113
二十九年	69 440	五十一年	25 971
三十年	60 567	五十二年	27 492
乾隆三十一年	61 307	五十三年	60 636
三十二年	62 250	五十四年	83 235

注：本表中雍正十三年至乾隆十四年的数据来自《乾隆朝上谕档》第8册(档案出版社，1991年)第729—732页；乾隆四十二年以后的数据，来自中国第一历史档案馆的档案以及《宫中档乾隆朝奏折》。

第3章 清代的扬州关

雍正十年(1732)的盈余银仅有78 000余两,到了雍正十三年这一数字增加为120 000余两。乾隆时代的前半,盈余银的数量减少,到了乾隆二十年以后恢复到40 000两以上,乾隆二十四年(1759)以后达到50 000至70 000两,而乾隆四十二年(1777)至乾隆四十九年(1784),每年的盈余银在90 000两以上。乾隆五十年后,盈余银出现了减少的倾向。

乾隆五十年(1785)的盈余银较上一年,急剧减少了60 000两左右。究其原因,江苏巡抚闵鹗元在乾隆五十一年(1786)一月二十六日的奏折中说:

> 上年,河南、山东二省,年岁平常,豆石、豆饼出产无多,五、六月间,天又干旱,南北商贩稀少,即盐税一项,亦因扬河浅涸,不能照额起运,以致各款均有短绌,系属实情等因。①

乾隆五十年扬州关的税收,起自乾隆四十九年十一月十日,截至乾隆五十年十一月九日。在这一年之间,河南、山东两省的豆类生产量较以往有所减少,因此豆饼生产量亦较往年有所下降。另外,在夏季的五六月间,出现了干旱的情况,河川以及运河水量不足,船舶航行困难。由于气候反常造成的作物减产以及运河水量不足,扬州关的盈余银急剧减少。

那么,扬关、由闸税收收入的基础是什么呢?下面欲以奏折为基础,就此问题进行分析。嘉庆八年(1803)四月二十六日两江总督江苏巡抚资淳的奏折中有:

> 缘扬关、闸税课,全以北来饼豆为大宗,上年山东等省歉收,丰歉不齐,饼豆到关稀少。②

嘉庆九年(1804)四月二十六日江苏巡抚汪志伊的奏折中亦有:

---

①② 中国第一历史档案馆,《朱批奏折》,财政类,关税项。

> 缘扬关、由闸税课,全以北来豆船为大宗,因豫东等处豆价稍昂、贩运到关稀少。①

嘉庆十六年(1811)二月二十九日将无巡抚章煦的奏折中有：

> 缘扬关、由闸税课,向以北来饼豆为大宗。上年因山阳、三铺、云昙口及宝应王家庄提工漫溢,复又三坝漫口湖水下注,重载商船南下稀少。②

> 缘扬关、由闸,向以北来饼豆,南来杂货为大宗,而南北货船,逢夏月暑热之时向不往来。③

道光十一年(1831)七月十八日江苏巡抚程祖路的奏折中有：

> 缘关、闸税课,向以南来绸缎、杂货,北来饼豆为大宗。④

正如上面引用的奏折指出那样,在19世纪前半,扬关、由闸税收的基础,乃是对从山东、河南等省份出发,装载豆货经大运河南下的货船所征税金。另外,亦有为数众多,从南方出发,装载江南生产的丝织品等物品的船只,在经大运河北上时通过扬关、由闸。

3. 通过扬州关、由闸关的民船

那么,有什么样的民船,通过位于长江与大运河水路交通要地的扬关、由闸呢？关于这一点欲以以下所列两封奏折进行说明。乾隆二十六年(1761)七月十二日两江总督高晋的奏折中有：

> 扬关并芒稻闸等四口,二十四年,收米豆棉花饼税共银四万四千四百四十五两四钱八分九厘零,通船一万四千八百九十一只,较二十三年,过船一万八千八百一十六只,收银五万四千八百五十一两七钱一分六厘,计少过船三千九百二十五只,少收税银一万四百

---

①②③④ 中国第一历史档案馆,《朱批奏折》,财政类,关税项。

六两二钱二分六厘零。又收入梨枣税银八百七十二两二钱一分四厘,过船二百六十九只,较二十三年过船三百只,收银一千三百八十三两一分三厘,计少三十一只,少收税银五百一十两七钱九分九厘。又收引盐船税银一万一千五百一十五两五钱九分,过船六千二百十九只,较二十三年过船八千二百四十三只,收税银一万二千六百四十两二钱,计少过船二千二十四只,少收税银一千一百二十四两六钱一分。以上通计,米豆棉花饼梨枣,引盐船各项较上届二十三年,共少过船五千九百八十只,少收税银一万二千四十一两六钱三分五厘零。又收杂项零星货物,税银三万五千九百八两三钱二分零,过船三万四百三十六只,较二十三年多过船四千一百五,多收银二千一百五十九两四钱八分二厘零,以之抵补米豆等税不足,乃较上届,短少九千八百八十二两一钱五分零。①

乾隆二十四年(1759)扬关的税收以及通过扬关的民船数量一目了然。另外,关于由闸,同奏折中有:

再由闸并仪征南坝二口,二十四年收米豆棉花饼税,共银二万八千八百四十二两九钱六分一厘,过船一万四千五百四十三只,较二十三年过船一万七千三百一只,收税银三万五千五百九十一两一钱七分二厘零,计少过船二千七百五十八只,少收税银六千七百四十八两二钱一分一厘零。又收枣税银三百九十二两三钱五分,过船一百一十一只,较二十三年过船一百五十七只,收税银六百二十六两四分一厘零,计少过船四十六只,少收税银二百三十三两六钱九分一厘零。以上通计,米豆棉花饼枣等税,较上届二十三年共少过船二千八百四只,少收税六千九百八十一两九钱二厘零。又收杂项零星货物税银二万五千一百三十六两一钱七分九厘零,过船二万二

---

① 中国第一历史档案馆,《朱批奏折》,财政类,关税项。《明清档案》第202册,1990年,第61页。乾隆二十六年八月二十六日来保等人的奏折也引用了在这封奏折。

千九百一十八只,较二十三年多过船四十只,多收税银一千五百九两三钱二分五厘零。以之抵补米豆等税不足,仍较上届短少银五千四百七十二两五钱七分。①

乾隆二十四年(1759)通过扬关等四口的民船中,装载米谷、豆、棉花的有 14 891 只,装载梨子、枣子的有 269 只,装载政府专卖盐的有 6 129 只。而此前的乾隆二十三年(1758),通过扬关等四口的民船中,装载米谷等的有 18 826 只,装载梨枣的有 300 只,装载食盐的有 8 243 只。乾隆二十三年,通过扬关、由闸的船舶合计有 94 000 余只,乾隆二十四年有 89 000 余只。具体数字,请参阅表3。

表3 乾隆二十三、二十四年扬关、由闸通关民船数

扬关等四口	乾隆二十三年(只)	乾隆二十四年(只)
米豆棉花饼船	18 816	14 891
枣 船	300	269
引盐船	8 243	6 219
杂货零星船	26 331	30 436
小 计	53 690	51 436
由闸等二口	乾隆二十三年(只)	乾隆二十四年(只)
米豆棉花饼船	17 301	14 543
枣 船	157	111
杂货零星船	22 878	22 918
小 计	40 336	37 572
合 计	94 026	89 387

---

① 中国第一历史档案馆,《朱批奏折》,财政类,关税项。《明清档案》第202册,第61页,乾隆二十六年八月二十六日来保等人的奏折。

表 4　乾隆五十五、五十七年扬关、由闸通关民船数

船　种　名	乾隆五十五年(只)	乾隆五十七年(只)
麦豆船	14 821	10 728
杂货船	51 523	43 757
合　　计	66 344	54 485

从两江总督书麟等人乾隆五十八年(1793)十一月十二日的奏折中，可以窥知乾隆五十五、五十七年两年通过扬关、由闸的民船数量。

　　五十五年最旺之年，统计过关麦豆船一万四千八百二十一只，杂货船五万一千五百二十三只。自五十七年八月初十日开征之日起，至五十八年八月初九报满日止，共过关麦豆船一万零七百二十八只，杂货船四万三千七百五十七只。①

在乾隆五十五(1790)年，通过两关的民船中，装载麦、豆的有 14 821只，装载杂货等物品的有 51 523 只。而自乾隆五十七年(1792)八月十日至翌年八月九日的一年之间，有麦豆船 10 728 只及杂货船 43 757 只通过扬州、由闸两关。由此可知，通过两关的船舶数量在乾隆五十五年有66 000 余只，五十七年有 54 000 余只。

那么，在两封奏折中提到的杂货，一般是指什么样的货物呢？关于这一点，可以苏州巡抚陈大受乾隆十一年(1746)六月二十七日的奏折中所见由闸的《零星则例》供参考：

　　开载二百一十余条，其中米、麦、芝麻、豆石已奉免税，酒曲例禁森严，水银、银朱、铜线、洋青、京钱等项甚为稀少。(中略)他如纸张有捆黄、表心、小皮、火纸、毛纥、草纸、川连、扛连、改黄、大皮、辉屏、花尖、毛厂、毛边、连士之分。布疋有色布、白布、浜布、夏布、葛布之别。酒则泉酒、白花、细酒、老酒、烧酒，茶则粗茶、赦茶、添壶、松萝、

---

① 中国第一历史档案馆，《朱批奏折》，财政类，关税项。

霍山、武夷，糖则红糖、白糖、冰糖，油则香油、柏油、桐油，麻则黄麻、白麻、苎麻。①

由此可知，杂货主要是指纸类、布类、酒类、茶叶、糖类、油类以及麻类等货物。在茶类中，以地名命名的有松萝、霍山和武夷，松萝是指安徽省徽州府休宁县松萝山所产之茶，而霍山乃是同省六安州霍山县霍山所产茶叶的名称。至于武夷，则是产于福建省西北部武夷山地带茶叶的总称。这些茶叶，从产地出发，经过不同的路径，来到了扬州附近。另外，该奏折所提到的糖类，虽然不能明确其产地，但参考到清代中国蔗糖生产以及运输的情况，这些糖恐怕是产自南部沿海的福建、广东，并经由沿海帆船运输至上海等地后再转由内河航运来到扬州附近的。

长江流域的对外开放，也对扬关的税收产生了影响。江苏巡抚张树生同治十二年（1873）六月二十一日的奏折中提到，虽然扬关四口的税收暂时有所增加，但其总体的趋势还是在减少的。究其原因，张说：

> 形短绌，实缘江海通商，南北大宗货物多被轮船、夹板船装运（中略）为长江通商以来所未有。洋税愈增，则常税愈减。②

由于外国轮船及夹板船对运货运市场份额的侵蚀，来源于民船的扬关常税减少的趋势很明显。

扬关在1902年，划归设在镇江的税务司管辖。《中外日报》第1150号，1901年10月25日，即光绪二十七年九月十四日的《外埠新闻　镇江》中有：

> 权归税司○扬州之扬、由关，书吏扦巡向归常镇道选用，今闻于西历一千九百零二年，即明年正月一号起，改归镇江关税司管理各

---

① ② 中国第一历史档案馆，《朱批奏折》，财政类，关税项。

务,常镇道则仅居监督之名,收记银数而已。①

扬关、由闸的事务,划归镇江关税司所管,常镇道仅留监督之名,记录收银数量。

大运河　扬州瓜洲口　1992年2月摄影

4. 小结

以上,就位于大运河与长江的连接处附近的扬州关在清代之机能以及通关船舶的数量进行了考察。扬关处于北方山东、河南等省份向江南运输豆类产品的通过点,另外江南以及长江流域的产品也通过由闸、扬关运往北方。承担以上运输的交通工具是民船,在18世纪中期每年有约9万只民船通过扬关以及由闸,在此之后,每年通过的船舶数量恐怕也有数万只。扬关及由闸在清代每天需要处理一百数十只至二百数十只民船的通关事务。

---

① 来源于中国社会科学院近代史研究所图书馆所藏本。

第 4 章 清代苏州的水运

1. 绪言

明代俞大猷在《正气堂集》卷七《谕宜整遡河船》中,对江南的水路情况记述如下:

> ……卑职窃见,常、镇、苏、松、嘉、杭、湖内之地,沟河交错,水港相通,惟舟楫之行,则周流无滞。而步行马驱,每一、二里必过一桥,或百五十里,必船渡而后得济。又其地多水田而少燥园,其燥园则皆桑拓之区,陆战于此,我之长技,委无所施,贼之埋伏,可以屡逞,何能取胜……①

江南的常州、镇江、苏州、松江、嘉兴、杭州、湖州等地水路辐辏,但陆地交通极为不便,船舶交通方便且重要。另外清代陈宏谋在《培远堂偶存稿》②卷十,《文檄·苏臬·弥盗议详》中记道:

---

① 俞大猷:《正气堂集》全10册,中国社会科学院近代史研究所图书馆藏(集 250—8048),道光二十一年三月刻本,第十七卷《论宜整遡河船》,第 11—13 页。
② 来源于上海图书馆所藏本。

> 江苏一省,地广户繁,临江滨海,大河小港、舟楫,随处可通。南北往来商贾于焉云集。

同书卷四十三,《文檄·江苏·饬查巡船檄》乾隆二十三年(1758)八月条中有:

> 江苏地方,滨临湖海,兼处港汛,避远无人之地,舟楫皆可通行。匪类摇驾小艇往来甚易,窃劫之后尤易窜匿。

从上文中也可以知道,在江苏省,水运是最合适的交通运输手段。

特别值得一提的是,处于江苏省水运中心位置的地方是苏州。清代孙嘉淦在《南游记》中记道:

> 辛丑(康熙六十年)二月二十四日出都,此则吾南游之始也。

康熙六十年(1721),他自北京出差至江南的旅途中经过苏州。他还写道:

> 虎邱南六、七里,苏州城也。姑苏控三江,跨五湖而通海,阊门内外,居货山积,行人水流,列肆招牌,灿若云锦。语其繁华,都门不逮。①

他描写了苏州及其周边的繁荣景象。从他的描述中不难得知,在清代,江南,特别是位于江南中心的苏州,是中国经济活动中最重要的地域。

在苏州商品的流通中,典型的象征是浒墅关。《浒墅关志》②卷一,《水》中有:

---

① 孙嘉淦:《南游记》一卷(上海图书馆 长 614202-04)嘉庆七年(1802)敦和堂刻本《孙文定公奏疏》十卷,《南游记》一卷,《制义》一卷三册。
② 香坂昌纪在《清代浒墅关之研究》Ⅰ—Ⅳ,《东北学院大学论集 历史学地理学》第3、5、13、14号,1972年,1975年,1983年,1984年中,以浒墅关的组织形式为中心进行了详细研究。另外,参考松浦章《关于清初的榷关》(载于小野和子编《明末清初的社会与文化》),京都大学人文科学研究所,1996年。

> 运河在浒墅镇,漕渠考,自府城(苏州)西北三十里达浒墅西,又十五里至望亭接无锡县界。

浒墅关在苏州府城西北三十里(约 15 公里)的地方。众所周知,浒墅关位于大运河上,是大运河以北水运物资以及南方的宁波、杭州、嘉兴、湖州方面通过大运河输送物资的重要十字路口。关于这一点,康熙十四年(1675)的《浒墅关志序》中有如下记述:

> 惟浒墅为诸关之冠。浒墅旧名虎畛,踞郡治西偏,为南北往来要冲。襟领江浙,商旅环会。此吴川之锯镇,数郡之咽喉,不可以弗志也。

浒墅关位于南北物资的流通中的重要位置。因此在本章中,笔者欲以苏州及浒墅关为中心,叙述清代苏州水运的情况。

2. 康熙、雍正时代苏州的经济情况

在清代,位于苏州的苏州织造局与南京的江宁织造局、杭州的杭州织造局并称三织造,专门生产宫廷御用丝织物。李煦自康熙三十二年(1693)至康熙六十一年(1722)的 32 年间担任苏州织造长官,是亲眼目睹了苏州及其周边社会经济动向的重要人物。乾隆《江南通志》卷一○五,《职官志·苏州织造》载,康熙二十九年(1690)至康熙三十一年(1692),曹寅任苏州织造,后来他转任江宁织造,李继曹担任苏州织造,任期长达三十余年。李担任苏州织造的时间,几乎等于康熙时代的后半部分。

李煦担任苏州织造的时期,康熙帝平定了三藩之乱与台湾郑氏,完成了满族对中国全域的统治。虽说这一时期清朝还有准噶尔部的叛乱以及俄国南下入侵等问题,但国内环境基本趋于安定。关于这一时期苏州的情况,康熙《苏州府志》卷二十一,《风俗》中有:

> 郡城之东,皆习机业,织文曰缎,方空曰纱。工匠各有专能,匠有常主,计日受值,有他故则唤无主之匠,代之曰唤找。无主者黎明立桥以待,缎工立花桥,纱工立广化寺桥,以车纺丝者,曰车匠,立廉溪坊,什百为群,延颈而望,如流民相聚。粥后散归,若机房工作减,此辈衣食无所矣。每桥有行头分遣,今织造府禁革,以其左右为利也。

苏州城的东侧,机业发达,有各种专业的工匠。这些工匠每天早晨在固定的地方等待雇用。关于苏州产品流通的情况,同书道:

> 市井多机巧,能为伪物,始与交易,则出以试尝,外若可观,非信货也。能辨识之,然后出其佳者,价亦相去什百。其行卖于市者,或扣金,或击竹,各有标识、以知其所鬻之货、时新品物、按节而出、有夜市食物恒便。

由于交易兴盛,商品中甚至出现了假货。同书中还有:

> 货物店肆,充溢金间,贸易镪至辐辏,然倚市门者,称货鬻财,多负子母钱。远方贾人,挟资以牟厚利。若枫桥之米、豆,南濠之鱼盐、药材,东西汇之木牌,云委山积,而奸牙市侩巧为乾设,亦时有之。

苏州城周边出现了专门交易一种商品的市场。其中枫桥的米、豆等谷物类,南濠的鱼、盐药剂,东西汇的木材,堆积如山。这些市场的行情,作为苏州织造官的李煦均向康熙帝具体报告。这一点从下面的表1《康熙年间苏州米价表》[①]也能够得知。

[①] 关于清代江南的米价,参考罗仑主编,范金民、夏维中著《苏州地区社会经济史(明清卷)》南京大学出版社,1993年,第420—425页。

岸本美绪:《清代中国之物价与经济变动》,研文出版,1997年,第17—123页。

表1 康熙三十二至六十一年苏州米价表(单位:钱)

公元	中国历	粗	上
1693	康熙三十二年七月	7	10
	康熙三十二年十一月	9	10
1707	康熙四十六年八月	12	14.7
1709	康熙四十八年四月		14
	康熙四十八年五月		14
	康熙四十八年七月	11	12
	康熙四十八年十月	10	12
	康熙四十八年十月	9	11
	康熙四十八年十一月	9	10
1711	康熙五十年二月	8	9
	康熙五十年四月	8	10
	康熙五十年四月	8	9
	康熙五十年九月	7	9
	康熙五十年十月	7	8
1712	康熙五十一年十月	7	8
	康熙五十一年十二月	7	8
1713	康熙五十二年一月	7	8
	康熙五十二年八月	9.6	10.6
	康熙五十二年十一月	9	10
1714	康熙五十三年一月	9	10
	康熙五十三年三月	9	10
	康熙五十三年四月	9	10
	康熙五十三年九月	10	11
	康熙五十三年十月	9.3	10.5
1715	康熙五十四年三月	10	11
	康熙五十四年五月	10.7	11.8

续 表

公元	中 国 历	粗	上
	康熙五十四年六月	10.8	11.7
	康熙五十四年七月	11	12
	康熙五十四年八月	11	12
	康熙五十四年九月	11	12
1716	康熙五十五年二月	9	10
	康熙五十五年三月	10	11
	康熙五十五年五月	10	11
	康熙五十五年六月	9	11
1716	康熙五十五年七月	9	11
	康熙五十五年八月	10	11
	康熙五十五年九月	9.5	11
	康熙五十五年十月	10	11.5
	康熙五十五年十二月	10.5	11.5
1717	康熙五十六年一月	10	11
	康熙五十六年三月	10.8	11.7
	康熙五十六年四月	10.5	11.6
	康熙五十六年五月	10	11
	康熙五十六年六月	10	11
1718	康熙五十七年八月	9	10
	康熙五十七年闰八月	8.5	9.5
	康熙五十七年闰八月	7	9
	康熙五十七年十一月	6.5	8.5
1719	康熙五十八年四月	7.5	9
	康熙五十八年五月	7.5	9
	康熙五十八年六月	7.5	9
	康熙五十八年六月	7.3	8.7
	康熙五十八年七月	7.3	8.7

续　表

公元	中　国　历	粗	上
	康熙五十八年八月	7.3	8.7
	康熙五十八年九月	7.3	8.7
	康熙五十八年十月	7	8
	康熙五十八年十一月	7	8
1720	康熙五十九年一月	7	8.2
	康熙五十九年二月	7	8.2
	康熙五十九年三月	7.4	8.6
	康熙五十九年四月	7.2	8.4
	康熙五十九年五月	7.6	9
	康熙五十九年六月	7.8	9.5
	康熙五十九年七月	8	9.5
	康熙五十九年八月	8.2	9.6
	康熙五十九年九月	8	9.2
	康熙五十九年十月	7.8	9.4
	康熙五十九年十月	8	9
	康熙五十九年十一月	8	9
1721	康熙六十年五月	8.3	9.7
	康熙六十年六月	8.4	9.7
	康熙六十年闰六月	8.4	9.7
	康熙六十年七月	8.5	9.8
	康熙六十年八月	9.6	11
1712	康熙六十一年三月	9.7	12
	康熙六十一年四月	9.6	11.8
	康熙六十一年六月	9.6	11.8
	康熙六十一年七月	10.3	12.5

续　表

公元	中国历	粗	上
	康熙六十一年八月	9.8	10.2
	康熙六十一年九月	9.5	11.4
	康熙六十一年十月	9.2	11

在这份米价表中,记录了自康熙三十二年(1693)开始到康熙六十一年(1722)为止的苏州米价。从表中可知,苏州的米价在这三十年间大约维持在每石银一两左右,而粗米维持在每石银九钱左右。当然,米价也有出现大幅波动的时候。李煦在康熙四十五年(1706)三月的奏折中报告:

> 切照苏州地方,去年收成甚好,今岁菜麦亦俱茂盛。而米价忽然腾贵,卖至每石一两三钱五分,一两四钱三分不等。臣煦留心打听,盖因各行家有揽福建人买米,每石价银一两八钱,包送至乍浦出海,以致本地米价顿贵。①

康熙四十四年(1705),虽说蔬菜与麦子的收成很好,但米价却迅速高腾。据李煦的调查,这是由于福建商人在苏州大量购买米谷,通过大运河跨越省界运至浙江乍浦,然后再经由海路运往福建所致。这样的事件,在李煦的奏折中仅能看到这一次。

雍正四年(1726)七月十八日浙闽总督高其倬的奏折中有:

> 将江西谷石用大船由长江载至镇江,再到苏州一带,用海船载至福建之福、兴、泉、漳四府。秋间北风起时,半月可到。②

亦即是说,江西省省产的米谷经由苏州被运至福建省的福州、兴化、泉州、漳州等地。另外,蔡世远的《与浙江黄抚军请开米禁书》中有:

---

① 《李煦奏折》,中华书局,1976 年,第 30 页。
② 《宫中档雍正朝奏折》第 6 辑,台北故宫博物院,1978 年,第 302 页。

> 犹江浙之米,原不足以供江浙之食。虽丰年,必仰给于湖广。数年来,大都湖广之米,辏集于苏郡之枫桥。而枫桥之米,间由上海、乍浦以往福建。①

可知,苏州的枫桥是江西省省产的米谷流入福建省过程中的通过地之一。

另外,李煦康熙四十八年(1709)十月初七日的奏折中有:

> 窃苏州目下米价甚贱……所以湖广、江西贩米之船络绎来苏。上号米卖一两一钱之内,次号米止卖九钱。②

由此可知,康熙四十八年苏州米价下跌的原因,是通过水运自湖广、江西而来的米谷数量大增。

从李煦的奏折中也可以窥见,苏州作为出入各地物资的集散地,在商品经济中有着重要地位。

苏州也是这种各样的人的集散之地。苏州织造胡凤军雍正元年(1723)四月五日的奏折中有:

> 查,苏州系五方杂处之地,惟阊门、南濠一带客商辐辏,大半福建人民,几及万有余人。……又有染坊、踹布、工匠,俱江宁、太平、宁国人民,在苏俱无家屋,总计约有二万人。③

由此可知,在苏州居住着来自各地的人。由于阊门、南濠一带是市场,所以来自各地的客商云集于此。其中大半是福建商人,其数量几乎达到1万人。另外从事纺织、印染业工作的劳动者以及各种工匠,均来自江苏省的江宁,亦即是南京、安徽省靠近长江的太平府以及宁国府方面,这一群体约有2万人。

---

① 《皇朝经世文编》卷四十四,《户政·荒政》四。
② 《李煦奏折》,第76页。
③ 《宫中档雍正朝奏折》第1辑,台北故宫博物院,1977年,第163页。

李卫雍正七年(1729)十二月二日的奏折中有:

> 臣查,苏州以砑布为业者,皆系外来单身游民。从前数有七、八千人余。①

在苏州,从事砑布工作的人几乎都是从外地来的单身游民。在过去这一群体有七八千人。

李卫等人雍正八年(1730)七月二十五日的奏折中有:

> 苏郡五方杂处,百货聚汇,为商贾通贩要津……细查苏州阊门外一带,充包头者共有叁百肆拾余人,设立踹坊肆百五拾余处,每坊容匠各数拾人不等。查踹石已有壹万玖百余块。……查苏城地方人众丛杂者,莫如胥、阊弍门外,起自虎邱前后山塘、南北濠、枫桥、西园一带,长、吴、元叁县,犬牙相错之处,但踹匠万余人咸聚于此。而各省商贾,帆樯鳞集。②

由于苏州是一个重要的物资集散地,所以来自各地的商人云集于此。在阊门一带,被称为包头的工匠头有340余人,踹坊450个,每个踹坊有工匠数十人不等。踹坊中的踹石已经达到了10 900余个。从事踹布工作的劳动者不下1万人。

从以上的例子可知,伴随苏州经济活动的发展,为数众多的商人从各地来此。在商业活动方面,从福建商人、山西商人③开始,来自各地的客商云集苏州。在苏州城内、近郊,有来自江苏省周边的劳动者为了生活,来到苏州求职、工作。而苏州也具有供应这些外来务工人员口粮的能力。

关于苏州府的生产力,可从诸多方面得知。在此,列举代表纳税能

---

① 《宫中档雍正朝奏折》第15辑,台北故宫博物院,1979年,第164页。
② 《宫中档雍正朝奏折》第16辑,台北故宫博物院,1979年,第747—748页。
③ 松浦章:《苏州的全晋会馆》,《阡陵》(关西大学考古学等资料室汇报)No.24,1991年。松浦章著,周芳玲、张正明译《苏州的全晋会馆》,《明清山西商人研究》香港欧亚经济出版社,1992年,第223—227页。

力的漕船数量加以说明。现将道光五年(1825)经由水路向北京运输粮食的漕船的数量归纳为表2列记于下。

表 2　道光五年(1825)江苏省漕粮、白粮船只表①

道光五年江苏省漕粮	漕　船　数	白　粮　船　数
苏州府	762 只(48.7%)	23 只(34.2%)
松江府	280 只(18.8%)	20 只(29.9%)
常州府	245 只(16.4%)	18 只(26.9%)
镇江府	143 只(9.6%)	0 只
太仓州	96 只(6.4%)	6 只(9%)
合　　计	1 490 只(100%)	67 只(100%)

从表中数据可知,苏州府的漕船,占江苏省全省漕船数量的近二分之一。苏州府内的762只漕船之中,长洲县的有89只,元和县的有95只,吴县的有56只,吴江县的有91只,震泽县的有92只,常熟县的有86只,昭文县的有64只,昆山县的有78只,新阳县的有75只。② 在靠近苏州府成的长洲、元和、吴县三县的漕船共计240只,占苏州府漕船数量的31.5%,相当于江苏全省漕船数量的16%。这一数字几乎相当于常州府全府的漕船数量。苏州府经济实力之雄厚,由此可见一斑。

3. 苏州、浒墅关的水运

在清代,浒墅关在商品流通上占据了重要的位置。这一点在前面所引《浒墅关志序》的记述中,已有过清楚说明。在本节中,笔者欲从乾隆时代的奏折出发,讨论浒墅关的商品流通情况。

管理苏州织造郎中海保在乾隆三年(1738)十二月除七日的奏折中,

---

① 参考道光六年《江苏海运全案》卷十,第1—2页。
② 同上书,第1页。

简明扼要地说明了浒墅关的商品流通情况：

> 惟查，浒关税额资于谷麦米粮者，什之六、七，资于布帛杂项货者什之三、四。①

通过浒墅关的商船中，有六七成是运输用于食用的谷物的，而装载布帛以及其他日用品的商船占三四成。

安宁在乾隆二十六年(1761)七月十八日的奏折中写道：

> 查浒墅关每年所收税银，米粮税约居大半，杂货等税，每年多寡不甚悬殊，故每年盈余之多寡，总在米粮数内。而米粮客贩，惟有江广及安徽等省船只，自北而南经过浒关，接济苏杭等处，从无苏杭米船自南而北经过浒关者。是以凡遇江广安徽等省丰收，米粮较苏杭价贱，则米船南下过关者必多。若苏杭米价平减而江广米价不能甚贱，则南来过关者必少。再，淮扬一带米粮价贵，则江广米船就近在上游粜卖，过浒关者亦少。浒关盈余之盈缩、总在于此。②

亦即是说，浒墅关的税收多少，主要取决于通过该关的粮船多寡。若苏州、杭州一带米价高腾，那么来自江西、湖广、安徽方面的粮船数量就会增加。萨载在乾隆二十八年(1763)四月二十二日奏折中写道：

> 在于浒关报税，而上年江广河南一带年岁丰稔，百货俱登。浙省收成稍歉，北来米豆等货过关亦多。③

乾隆二十七年(1762)，江西、湖广、河南等地喜获丰收，但浙江省却遭遇了歉收。因此，自北而来通过浒墅关将米谷、豆货运往浙江一带的船只甚多。从这份奏折的内容可知，浒墅关所在的苏州并非仅仅是一个商品的集散地。

即便到了乾隆末年，通过浒墅关的船舶中粮船所占的比例仍然很

---

① ② 中国第一历史档案馆藏《朱批奏折》，财政类。
③《宫中档乾隆朝奏折》第 17 辑，台北故宫博物院，1979 年，第 533 页。

高。乾隆五十年(1785)七月十一日四德的奏折中有：

> 因浒墅关日收商税,米豆居其大半,杂货次之,上年江苏、浙江两省地方,岁收丰稔,粮价稍平,北来米货,不能畅销。商民趋利如鹜,江广米船,多在上游价贵之处分投售卖,来苏销者倍少。①

浒墅关征收的商税中,米豆税收入占了一大半。若江苏、浙江两省丰收,那么来自江西、湖广方面,通过浒墅关南下的粮船数量就会变得极少。

征瑞在乾隆五十五年(1790)五月二十一日的奏折中写道：

> 查浒关钱粮,以川楚米税为大宗。②

可见浒墅关的税收主要来源于对来自四川、湖广地区的粮食征收的税款。不过到了嘉庆年间,这一情况发生了改变。那苏图在嘉庆八年(1803)正月二十一日的奏折中写道：

> 查浒墅关税课,向以川、楚及江西、安徽四省之米豆为大宗,杂货次之。近年川、楚商贩本属寥寥。③

可见,到了嘉庆年间,来自长江流域的粮船数量有减少的倾向。

两江总督钱保、江苏巡抚汪日章嘉庆十二年(1807)十二月二十九日的奏折中有：

> 缘浒墅关税,惟以米谷为大宗,杂货次之。而苏省民间食米,全赖江、广及安徽、四川等省商贩源源接济。今岁江西、湖南、安河俱属歉收,米船到关稀少,川米亦鲜到苏。是以税课日见短绌。④

在浒墅关的税收中,米谷为大宗,接下来是杂货。而且江苏省民间食用的大米有很大一部分来自江西、湖南、湖北、安徽、四川等省。这一年,江西、湖南、安徽省歉收,所以装载米谷通过浒墅关的船只非常少,四

---

①②③④ 中国第一历史档案馆藏《朱批奏折》,财政类。

川的米也很少有被运到江苏的。

那么通过浒墅关的船舶是什么样的船舶呢？关于这一点,在《浒墅关志》中有所记载。该书卷五,《签量则例》中收录了大梁头船、活梁头江剥船、活梁头江舥船、活梁头内江船、镇江小栏水船、小江舥船、镇江罗江船、外江船、山船、邵伯山船、山舥船、老太湖船、新太湖船等船舶的名称。从这些船名中,可以知道其中有一些来自镇江、扬州附近的江都、大运河边的邵伯镇以及太湖。另外,所谓的外江船,应该是指来自长江流域的船舶。

记录范围涵盖了19世纪末至20世纪初的《海关十年报告 1892—1901年》的苏州条中,收录了33种帆船的名称。在此将其归纳为表3,列记于下。

表3 来航苏州船舶名及来源地①

船　名	来　　自	船　名	来　　自
公司船	上海、杭州	满江红	江苏省内、长江流域
湖广船	江苏省内、长江流域	红头船	上海、杭州
太湖船	湖州、太湖周边	无锡快	江苏省内、长江流域南部
蒲鞋头	江苏省内、长江流域南部	南湾子	江苏省内、长江流域
乌山船	上海—镇江	牡丹头	长江流域北部
沙飞船	长江流域北部	横快子	长江流域北部
浪　船	镇江	丝网船	内河、长江流域南部
大网船	太湖	邵伯划子	内河航路、长江流域
石头船	苏州附近	锅钓子	江西

---

① DECENNIAL REPORTS,1892—1901,SOOCHOW,pp.556—557.《中国省别全志　第十五卷　江苏省》,东亚同文会,1920年,第五编,第三章民船,第二,苏州的民船,第284页有:"苏州的民船与上海的民船大同小异。今将海关报告之表列出,以窥其一般"。这里说的"海关报告"即是DECENNIAL REPORTS,1892—1901,SOOCHOW。可见,该书也引用了《海关十年报告》。

续　表

船　名	来　　自	船　名	来　　自
山上船	太湖附近	常熟快	长江南部内河
海宁船	镇江	航　船	苏州近郊都邑
双开门	苏州近郊都邑	吴江快	苏州近郊都邑
庐墟快	苏州近郊都邑	小快船	苏州附近
关　快	苏州附近	米包子	苏州附近
料匹子	江苏省内内河	南头船	苏州附近
脚划船	上海、杭州及其他城市	滚钓子	苏州附近
尖头船	苏州附近		

从表中可以得知,在这一时期,来航苏州的船舶中,上海近郊的帆船占了很大比例。由此可知,来自苏州以南的浙江省杭州以及苏州以东的上海帆船,也经过苏州浒墅关,向北开往镇江方向。

关于通关浒墅关的船舶数量,笔者仅找到唯一一则资料,这便是江苏巡抚革职留任陈弘谋乾隆二十六年(1761)九月二十九日的奏折。陈弘谋在该奏折中写道:

> (乾隆)二十四年五月初三日起,连闰至二十五年四月初二日止,经征底薄逐一吊查,过米麦豆船五万八千九百四十八只,收税银二十八万二千八百十九两零;二十五年四月初三日起至二十六年四月初二日止,共过米麦豆船五万四千七百二十二只,收税银二十四万三百四十七两零……二十四年期内共过杂货船六万五千九十只,收税银二十万七千四百九十八两零;二十五年期内共过杂货船六万六千七百四十一只,收税银二十一万千三十三两……①

奏折中记录了浒墅关乾隆二十四年、二十五年两期的通关船舶数量及税收数额。现将这些数据整理为表4。

---

① 中国第一历史档案馆藏《朱批奏折》,财政类。

表 4　乾隆二十四年、二十五年期浒墅关通关船舶数

	乾隆二十四年期		乾隆二十五年期	
米麦豆船	58 948 只 (47.5%)	282 819 两 (57.7%)	54 722 只 (45.1%)	240 347 两 (53.2%)
杂货船	65 090 只 (52.5%)	207 489 两 (42.3%)	66 741 只 (54.9%)	211 033 两 (46.8%)
合计	124 038 只 (100%)	490 317 两 (100%)	121 463 只 (100%)	451 380 两 (100%)

虽说只有两年的数据,但是从表中我们可以得知,相对于比例为47.5%和45.1%的米麦豆船贡献的57.7%以及53.2%的税收,杂货船占的数量虽多但税收却均未过半。从这一数字中不难看出,装载米、麦、豆三种谷物的粮船对浒墅关税收贡献巨大。

关于通关浒墅关的船舶种类这一问题,在此还欲列举清末的苏州民船调查记录以供参考。《中国省别全志　第十五卷　苏州》第五编,第三章,第二,《苏州的民船》中记有:"苏州的民船与上海的民船大同小异"[1]。其中与上海相同的,有无锡快船、南湾子、公司船、航船、海宁船、米包子、乌山船。关于这些船只,该书中有:

> 无锡快船　此船用于运输旅客。在这一带,这种船和南湾子最多。其大,一般载重四、五百担内外,以无锡为中心,经由南运河来到上海。其搭载旅客数量,因船只大小有别而不同。大的能载三、四十人,小的能载十五人内外。造船费用在一千元以下,五百元以上。[2]
>
> 南湾子　南湾子乃官吏豪商所用,北可至山东以北,南可到杭州附近。往昔官商往来,皆赖此船,故其数量颇多。大者载重七、八

---

[1]《中国省别全志　第十五卷　江苏省》,第284页。
[2] 同上书,第277页。

百担，小者载重三、四百担。船员由七、八人至十数人不等。这种船多为一家人或是官吏包船，大者可载四、五十人，小者也可坐三十余人。船的内部构造极为奢华，故造船费用亦高，可至四、五千元。①

公司船　作为客船或是被牵引船使用。其大小，载重六七十吨至百吨内外，可载乘客百二、三十人，其造船费为五千两内外。而此船为海关所管辖，在内河可由小型蒸汽船牵引航行。②

航船　合乘船之总称。短距离航行之船，皆是航船，故其种类颇多。航船多以航行的河川或来往的地名命名。例如上海至松江之间的被称为上海松江航船。此等船大百担以外，三百担以内，船员七、八名。可载乘客数量由其大小不同而不同。大者可载乘客三十人，小者可载十七、八人。造船费用七、八百元。③

海宁船　载酒及箔纸等，由绍兴地方来。载重三百担内外。此在海宁制造，造船费用四、五百两，船员四、五人。④

米包子　米包子来自常熟、无锡等地，为运米船，大者载重四、五百担，小者载重二百担内外。船员四至六人，造船地为上海、无锡、常州等江南各大米产地一带，造船费四千元内外，其构造与其他船不同，屋盖小，船舱内部之一面不能装米，除此之并无区别。⑤

乌山船　乌山船是宁波籍民船，作为上海南市各鱼行之备船，装载鱼类来上海，有时亦做客船使用。其大小，有种种类别，来到上海的起自五、六百担，迄于千担。小者有船员六、七人，大者十数人。虽说是宁波船，但实际以上海为中心活动，其载客量大者五十余人，小者二十余人，而此船内无任何设备，故造船费用极其低廉，大船仅需千五百元。⑥

---

① 《中国省别全志　第十五卷　江苏省》，第278—279 页。
②③ 同上书，第279 页。
④ 同上书，第279—280 页。
⑤ 同上书，第280 页。
⑥ 同上书，第282 页。

上述调查报告,是上海东亚同文书院的第八期学生于明治四十三年(1910)完成的。从这些例子中不难看出,在这个时代,来到苏州,或者说通过浒墅关的船舶,以运输船或客船为主。

苏州浒墅关碑文　1998年8月摄影

苏州浒墅关　1998年8月摄影

4．小结

综上所述,在清代,苏州是全国重要的商业城镇。而支撑其作为商业城镇地位的,便是大运河。通过大运河的水运,各地的船舶均来到苏州。这些船舶中,又以来自长江流域以及大运河流域的船舶为主。暗示苏州水运情况以及动向的,便是设于苏州郊外浒墅关的情况。浒墅关位于大运河上,通过关口北上,经过无锡、常州、丹阳、镇江可至长江流域各地以及中国的北方;而南下则可通过吴江县、嘉兴府到杭州。所以可以说,该关位于要冲之地。关于浒墅关商品流通的情况,可参考豫坤道光十四年(1834)正月二十七日的奏折:

> 查浒墅关钱粮,北来货物向以米豆为大宗,南来绸布杂税亦居额数之半。上年川省米石颗粒未来,湖广、江西、安徽等省产米之区,春载船只尚敷常年。比较夏间,上游一带江水乏溢,民食维艰,粮价腾贵,客商贩米未到苏州境内。①

浒墅关的税收,来源于运送米豆等谷物由北而来以及运输绸布通关北上的船只。不过,由北而来的粮船多少,受每年米价,换言之就是各地收成的丰歉影响很大。

亦即是说,浒墅关并非仅是作为流入巨型商业城市苏州的物资的调节阀而存在,它在商品流通上的地位还有许多。正如前面引用的雍正四年(1726)七月十八日浙闽总督高其倬的奏折中所说:"将江西谷石用大船由长江载至镇江,再到苏州一带,用海船载至福建之福、兴、泉、漳四府。秋间北风起时半月可到"②那样,江西生产的米谷经过长江水系,由镇江入大运河到苏州,然后再由苏州经运河运至上海、乍浦等地,换海船

---

① 中国第一历史档案馆藏《朱批奏折》,财政类。
② 《宫中档雍正朝奏折》第6辑,第302页。

运往福建的福州、兴化、泉州、漳州等地。在旧历的秋天,从江南到福建,海运只需半个月即可到达。

在这里,笔者不过是举了一个很小的例子。在清代,苏州作为长江流域水运及大运河水运的调节阀,发挥了极其重要的作用。

第3篇
清代长江水系的航运

第 1 章 清代芜湖市场与民船

1. 绪言

道光二十五年(1845)安徽省宿松县出身的段光清在由乡里往杭州赴任的途中,通过了长江沿岸的芜湖。他将自己对芜湖的印象记录如下:

> 数日抵芜湖,有税关焉。长江木商贩木至此,抵关外纳税后,再分运南北。①

经长江运输之木材在集散交易,木材亦从芜湖搬运至各地。芜湖是长江重要的物资集散地。

芜湖的繁荣景象,深深地留在了段光清的脑海里。他写道:

> 人烟稠密,街市繁华,亦以为水陆镇会,势宜然耳。②

---

① [清]段光清:《镜湖自撰年谱》,近代史料笔记丛刊,1960 年 2 月第一版,1984 年 8 月北京第二次印刷,中华书局,第 8 页。
② 同上书,第 8 页。

芜湖,是商业发达的繁忙之地。

从上面的记述中,可以得知芜湖是以长江水系之利形成的商品市场。

在芜湖交易的物资中,米是主要的一种。在1913年日本人的调查报告中,芜湖市场的特色被记述如下:

> 安徽省盛产米及其他农作物,芜湖是这些农作物的集散地。而由内地至芜湖集散之农作物,大体由民船运输,因此在芜湖集中之民船数量甚多,平时停泊之民船,数量在六百只以上。①

芜湖以水路交通之便,成为以米为首的各地农产品集散的商品市场。

芜湖的县市,自长江江岸至县城之间形成。民国八年(1919)《芜湖县志》卷五,《地理志·市镇·县市》条道:

> 视昔有加江口一带,米、木局及仃栈居多长街。百货咸集,殷实商铺,亦萃于此。

从长江江岸开始,米商、木材商、船行等商行鳞次栉比。

上述芜湖市场形成之背景,与以长江为首的水路航运及民船有着密切关系。因此,本章欲叙述清代四大米市之一的芜湖②与水上航运之间的关系。

---

① 《中国省别全志 第十二卷 安徽省》,东亚同文会,1919年,第194页。
② 安徽哲学社会科学研究所、芜湖地委宣传部、安徽师范学院历史系:芜湖市市调查研究《芜湖米市——旧中国四大米市之一》,《安徽史学通讯》总12、13号合刊,1959年。
  关于安徽米之流通,由上海满铁调查资料第30编《支那商品丛书第15辑 米——安徽之米》(1940年5月),最近山本进之《安徽米流通及清代崇明之棉业》(载《名古屋大学 东洋史研究报告》13,1988年12月),解明经由崇明商人的崇明棉与安徽米的相互流通之间的关系。
  关于芜湖的城市发展,最近的研究成果如下:
  唐晓峰、于希贤:《芜湖的聚落起源、城市发展及其规律的探讨》,《安徽师范大学报》,1980年第2期。
  王廷元:《论明清时期的徽商与芜湖》,《安徽史学》,1984年第4期。

2．芜湖市场的形成

芜湖商品市场形成时期虽不甚明了,但嘉庆《芜湖县志》卷一《建置志·关津》道：

> 芜地,内濒长河,外临大江,水陆噤喉,舟车辐辏。明成化时,设工部抽分于河北。崇祯初,立户部钞关于河南,统理诸小口岸。而商贾税法,于是乎备。

另外,雇祖禹之《读史方舆纪要》卷二十七,《江南九》芜湖县条道：

> 芜湖实为要冲也,今商旅骈集,明天启中,置关于此。

亦即是说,明代的成化(1456—1487)年间,工部的抽分所被设置在长河之北,天启年间(1621—1627)或崇祯(1628—1644)时代,最初的户部钞关被设置在长河之南。从上述记录中,可以得知芜湖商品市场发展的契机在明代前半期。

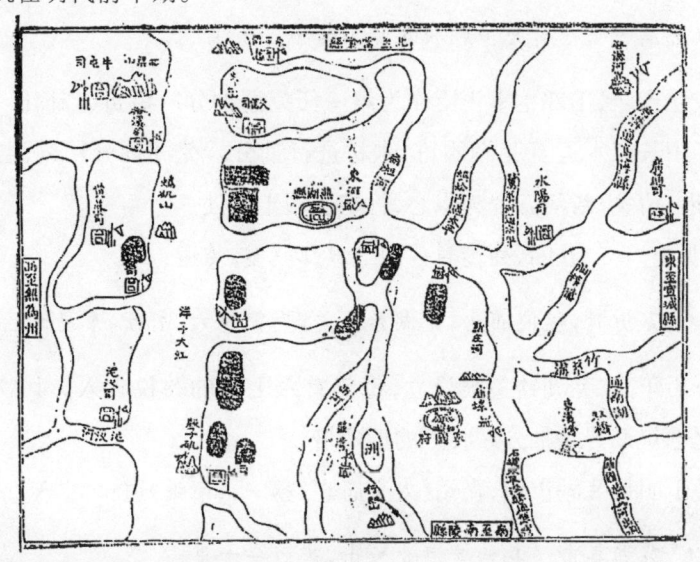

明代的芜湖

(1) 明代的芜湖

《明宪宗实录》成化七年三月戊寅(五日)条道：

> 增置工部属官三员,往直隶太平府芜湖县、湖广荆州府沙市、浙江杭州府城南税课司三处,专理抽分。前此三处,客商停聚,竹木市卖,有司惟收其课钞。

成化七年(1471)年,明朝于沙市、杭州及芜湖,设置了抽分所。之所以选择这些地方,是由于这些地方作为竹木材的集散地,为客商所知。在长江流域的沙市、芜湖,为明朝所注目。

关于芜湖抽分所之概略,康熙《太平府志》卷十二,《田赋下·关税》道：

> 抽分厂系工部分司,在芜湖县治西,滨于大江,明成化七年设立,工部主事王臣,始职其任,主管长江大河竹木之税,每岁及期交代。所辖巡司一十三处,设泥叉、东河、鲁港、清戈、新河五口分委,以防漏税。总计每岁额税正银四万五千三百两。

成化七年,工部主事王臣作为第一任芜湖抽分厂负责人赴任。他负责对经由长江水运至芜湖的竹、木材进行抽分。芜湖抽分厂以泥叉、东河、鲁港、清戈、新河五处为中心,管辖巡司十三处。

《明史》卷二五四,列传卷一四二,《郑三俊》传道：

> 万历时,税使四出,芜湖始设关,岁征税六、七万,泰昌时已停。

万历年间,芜湖钞关被设立,每年有六七万的关税收入。其收入达到成化七年设置之抽分厂收入的近两倍。

关于明代芜湖市镇,嘉靖《太平府志》卷一,《市镇》道：

> 芜湖县市　　县治前河北长街,东西一十里。
>
> 河南市　　县河南,东西一十里。

>   河口镇　县治西大河口。
>
>   板桥市　一十五里。
>
>   阳清市　一十五里,又作阳青。
>
>   石岗市　一十里。
>
>   山口市　一十五里。
>
>   石危市　三十里。
>
>   二十里市　即此。
>
>   东管市　七十里。
>
>   橹港市　一十五里。
>
>   孤汀市　三十里。

不难想象,长江之水运对这些城市的发达作出很大贡献。

同书卷四,《江夫》道:

>   序曰:"本府三县俱濒大江,南通诸省,北距两京。往来使客络绎不绝,倒站者驿递自为支应,其长往船只则于沿江地方,起夫曳船。"

濒临长江的当涂、芜湖、繁昌三县,水运交通极为便利,因此人、物交流极为繁盛。尤其是芜湖,嘉靖六年(1527),知县王德溢道:

>   地方居民与徽贾、盐商、土著者派夫二千三百五十六名,在官输差答应。

在芜湖土著居民以及徽州商人、盐商等的努力之下,在官方的运输中征用了江夫两千余名。

正如这个例子所描述的那样,芜湖发展为徽州商人进出居住的一大市镇。

(2) 清代的芜湖

乾隆二十一年(1756)八月初四日安徽巡抚高晋的奏折道:

据委管关务安徽道王勋详称,芜湖关税全赖下游江浙地方。年岁丰收货易消售,则上游江楚等省出产诸物,商贾源源贩运过关,税自丰盈。去秋,下江各属被灾较重,浙江杭嘉湖等处亦被偏灾,米价高昂,民间糊口维艰,一切杂货物竹木停积难消,商贩不甚流通,以致盈余,较上届短少等情,详覆。①

芜湖关的收入,与下游的江浙地区之农业产量及上游江西省、湖南省、湖北省等地之生产额的增减成比例。因此乾隆二十年(1755)秋季,下游区域特别是浙江杭州、嘉兴、湖州的灾荒,招致米价高腾,给相关其他货物之流通带来了障碍。正如这份报告所说,对于芜湖来说,维持长江上游及下游安定的农业生产是极其重要的。

嘉庆《芜湖县志》卷一,姚逢年之《重修芜湖县志序》道:

> 安徽省据江南大江之上游,其府属有八。而滨大江以南者,惟池州、太平二府,其二府之县属有九,而滨大江以南者,东流、贵池、铜陵、繁昌、芜湖、当涂六县,皆舟舣停泊之所。而芜湖尤当其冲盖,以朝廷设关纳税在此,故四方商民,上下往来之舟舰皆屯泊于江口以待稽查而后放行者。较他县,停舟之所为尤多,其客商辐辏,百货丛聚,而又为五方士民杂处之区,故芜湖号称难治。然难治非不治也……今嘉庆十二年二月,《重修芜湖县志》,镌刻告成。

芜湖在清代较明代更加繁荣,这是明显的事实。特别是,芜湖作为安徽省来往舟舶最多之地,因此呈现出商客云集的繁荣景象。

关于芜湖的盛况,民国八年(1919)《芜湖县志》序——《芜湖新修县志序》中,前署芜湖县知事查钟泰在开头部分如是说:

> 芜湖扼中江之冲,南通宣、徽,北达安、庐。估客往来,帆樯栉比,

---

① 《宫中档乾隆朝奏折》第15辑,台北故宫博物院,1983年7月,第109页。

第 1 章　清代芜湖市场与民船

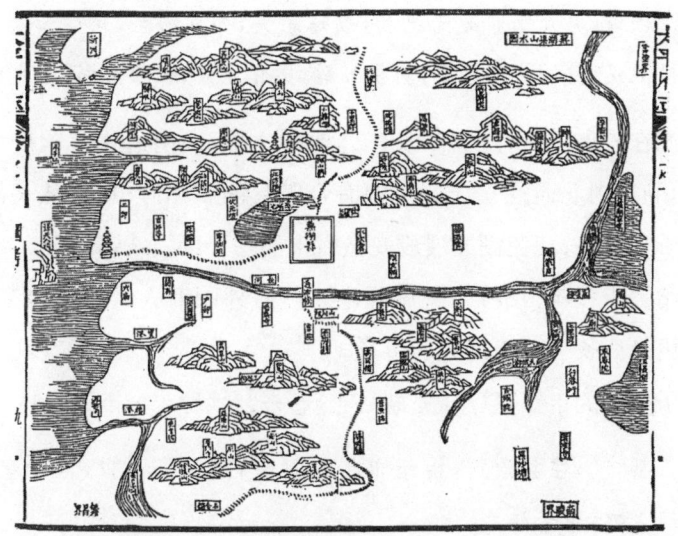

清代的芜湖

来源:康熙二十二年重修,光绪二十九年重刊《太平府志》

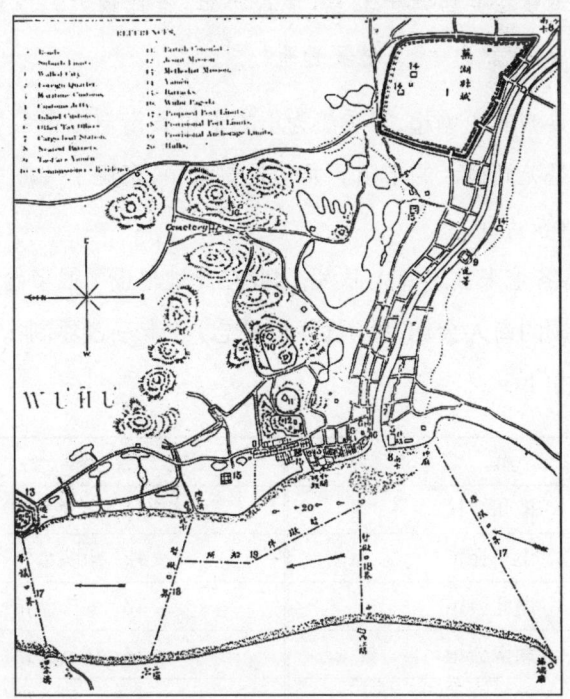

清末的芜湖

皖江巨镇,莫大乎。此光绪初,刱建新关,外商纷至,轮舶云集。内外转输沪汉之间,此为巨擘,新机日辟,文化遂兴,郁郁彬彬,人才蔚起。

芜湖在安徽省中,是面向长江之要冲之地,向南通往宁国府城宣化县和徽州府,向北通往安庆府及领有合肥县的泸州府,加之从长江而来的船舶所带商品,使芜湖发展成安徽省中的一个巨型城镇。

光绪二十三年(1897),芜湖开港。此后外国商人以轮船等来航,此后芜湖更是成长为一个巨大的市场。

关于芜湖的市镇,嘉庆《芜湖县志》卷一,《地理志·市镇》道:

> 县市 在县治前,由新市街出弼赋门,西抵江口,名十里长街。门门之盛,甲于江左。

同书还提到:

> 鲁港镇在县西南十五里,境内市镇,惟此最大。多牵坊为粮米聚贩之所,商旅骈集,泛防要地也。

从芜湖县城的西侧起,至长江为止的十里长街与位于县城西南十五里的鲁港镇是芜湖最大的市镇。尤其是鲁港镇,聚集了芜湖引以为傲的米行、精米商等商行。

在芜湖,各地来往之商人很多,因此在此地建设了很多商人会馆。

关于芜湖的商人会馆,民国《芜湖县志》卷十三,《建制·会馆》中记录的会馆名如下:

会 馆 名	会 馆 名
1. 徽州会馆	11. 宿太会馆
2. 山东会馆	12. 山陕会馆
3. 湖北会馆	13. 安庆会馆
4. 湖南会馆	14. 江苏会馆
5. 广东会馆	15. 宁波会馆

续　表

会　馆　名	会　馆　名
6. 潮州会馆	16. 浙江会馆
7. 庐和会馆	17. 江西会馆
8. 泾县会馆	18. 福建会馆
9. 太平会馆	19. 潇江会馆
10. 旌德会馆	

(1) 徽州会馆在芜湖县城西门,建于康熙年间。不过自明代开始徽州商人便已经在芜湖进出了。康熙《徽州府志》卷二,《风俗》道:

> 今则徽之富民,尽家于仪扬、苏松、淮安、芜湖、杭、湖诸郡,以及江西之南昌、湖广之汉口、远如北京。

对于擅长于在外地经商的徽州商人,芜湖是省内重要的商业市场。

(2) 山东会馆于民代创建于芜湖县城外。其后毁于太平天国之乱,同治五年(1866)重建。

(3) 湖北会馆在河北江口。湖北人来到芜湖是很早的,拥有民船的船户很多,商人也不少。从汉口方面航行在长江之上的船舶多有来航。

(4) 湖南会馆原本建于丹阳乡观音桥后禹王宫旧址之上,毁于太平天国之乱,于同治五年(1866)重建。

(5) 广东会馆最初位于广东同义堂米业公所,光绪十五年(1889)由广东米商重建,被命名为广肇公所。有很多广州与肇庆两府的商人来到了芜湖。

(6) 潮州会馆是于光绪十二年(1886)由潮州米商建立的。在芜湖,潮州商人的商业活动"以米为大宗",做米生意的人占大多数。

(7) 庐和会馆就是江北会馆,位于芜湖县城北门外的西湖池。此会馆于光绪三十二年(1906)重建。

(8) 泾县会馆于道光年间创建,光绪初年重建。

(9) 太平会馆就是仙源公所,位于芜湖县城西门内,建于同治五年(1866)。

(10) 旌德会馆建于道光十年(1830),毁于太平天国之乱,同治三年(1864)重建。

(11) 宿太会馆见于道光末年(见段光清之年谱①)。

(12) 山陕会馆当初叫秦晋会馆。于光绪三十一年(1905)重建。

(13) 安庆会馆一名六邑公所,于光绪三十一年(1905)由安庆六邑的米商建设。

(14) 江苏会馆,于宣统三年(1911)由江苏籍绅士、商人设立。

(15) 宁波会馆在四名公所,于宣统元年(1909)由宁波人设立。

(16) 浙江会馆位于芜湖县城西门外石桥巷内,于光绪十九年(1893)设立。

(17) 江西会馆于同治十年(1871)设立,是到芜湖的江西绅士与商人的集会场所。

(18) 福建会馆一名天后宫,于光绪十二年(1886)建设,同二十七年(1901)毁于火灾,同三十年(1904)重建。

(19) 潇江会馆原本叫临清会馆,建于道光初年,于光绪四年(1878)年重建。

以上为设立于芜湖的会馆。

3. 来航芜湖的民船

如上所述,在芜湖的市场,各地商人云集,为其中多数商人所用,并被用作集散运输的工具使用的,正是航行于长江与内陆河川上的小型帆

---

① 《镜湖自撰年谱》第8页,道光二十五年(1845)条道:"时太宿木商又于是处抽厘以建会馆。"

船。这些小型帆船被称作民船。在此欲叙述芜湖的民船种类及其活动范围。

(1) 民船的种类

关于芜湖设立海关以前的来航船舶，雍正五年(1727)十一月十九日魏廷珍之奏折道：

> 查自江西沿江以来，有九江、芜湖、龙江三关，俱收江广及川江之运到货税。而芜湖之税额最多，所赖者湖广豆船之纷集以益课税。①

长江流域江西省以下地区有九江、芜湖以及南京近郊的龙江三关。来自江西、湖广、四川方面的货物，在此三关被课以货物税。而三关之内，货物税额最多的是芜湖。其中自湖北、湖南方向而来，载运豆类的船十分重要。

关于来航芜湖市场的民船，1893年(光绪十九)刊行的《中国帝国海关十年报告，1882—1991》中有详细记载，现将其数据列记于下表：

表2　来航芜湖民船之种类②

	民船之种类	造船地	平均容量(担)	平均舱长(尺)	平均船员(人)	平均船价(两)
1	白沙舟	怀宁县	100—600	33—57	3—6	80—400
2	漕船	桐城县	200—400	34—42	3—6	200—400
3	黄梢船	桐城县	100—300	28—38	2—4	100—300
4	五舱船	桐城县	100—200	25—30	2—3	100—200

---

① 《宫中档雍正朝奏折》第9辑，台北故宫博物院，1978年，第326页。
② CHINA. IMPERIAL MARITIME CUSTOMS, DECENNIAL REPORTS, 1882—91, WUHU, APPENDIX No.26, p.288.

183

续 表

	民船之种类	造船地	平均容量（担）	平均舱长（尺）	平均船员（人）	平均船价（两）
5	板船	桐城县	50—200	15—25	2—3	40—100
6	斗船	桐城县	600—700	50—60	7—8	400—450
7	五舱船	铜陵县	70—100	20—30	2—3	80—100
8	五舱船	无为州	200—300	30—40	3—5	300—400
9	罗江船	合肥县	500—700	50—60	4—7	500—600
10	戈船	合肥县	200—400	24—40	3—5	300—500
11	宣船	泾县 太平县	300—700	30—60	4—8	200—500
12	巴斗船	宿松县	300—700	30—60	3—6	200—500
13	楼船	江都县	100—500	50—80	7—9	600—700
14	巴斗船	德化县	300—500	50—60	4—8	300—600
15	盐船	江西省	1 000—2 000	80—100	7—16	1 000—2 100
16	渔船	黄岗县	300—900	40—70	4—9	400—700
17	楼船	汉川县	400—500	50—80	7—9	600—700
18	牙梢船	汉川县	200—500	30—60	3—6	300—500
19	沙窝船	湘乡县	300—400	40—60	3—6	300—500
20	吊钩船	湘乡县	700—1 000	50—80	6—10	600—1 000
21	辰船	湘乡县	400—800	50—80	5—8	500—800

若仅限于表2之数据，则如同魏廷珍的奏折那样，湖广，即湖北、湖南两省之船舶有渔船、楼船、牙梢船、沙窝船、吊钩船、辰船六种，占所有船舶种类的近30%。

(2) 民船的活动范围

从表 2 中可知,来航芜湖的民船种类有 21 种,若将其按地域划分,则以连接长江下游,面向大运河的江苏省江都县为最东;安徽省内,有长江以北的合肥、桐城、宿松等县,长江以南的泾县以及在长江流域,则有处于芜湖下游的太平县、处于芜湖上游的铜陵、怀宁县;长江上游地区有江西省各地以及湖北省的黄冈、汉川县,湖南省的湘乡县。

上述来航于芜湖的民船,分别属于江苏、安徽、江西、湖北、湖南五省。那么,来航芜湖的民船,其数量有多少呢?据 1913 年(民国二)日本人的调查,平时"约六百只"民船在芜湖停泊,在《中华帝国海关十年报 1912—21(民国一至十)》中,民船活动情况相关记录如下:

> 戎克运输量之重要性众所周知。1913 年(民国二)7 月 16 日芜湖 50 里内之地为海关行政官掌握以来,源自此项之财政收入增加甚多。①

即便在芜湖开港以后,民船的重要性亦毫不逊色。不但如此,来航芜湖之民船数量还有所增加,同书记载:

> 1912 年(民国一)申报海关之戎克数有 34 702 只,1921 年(民国十)达到 246 933 只,是为最高记录。……与南京之间经由戎克之运输量之增加最为显著。南京是货物之转运、或水路运输转为火车运输之地。此地与安徽省北部之贸易,有由水路向天津—浦口铁路转换之倾向。以往依靠海运运往北方之米,现在转由铁道运输。

---

① *CHINA. IMPERIAL MARITIME CUSTOMS, DECENNIAL REPORTS*, 1912—21, WUHU, pp. 343—344.

经由戎克之贸易,其份额徐徐由蒸汽汽船吸收,但芜湖之商业交易与其作为当地销路之重要性,较过去未见丧失。……是戎克之运输,便捷价低,乃为人所好之运输形态之故也。①

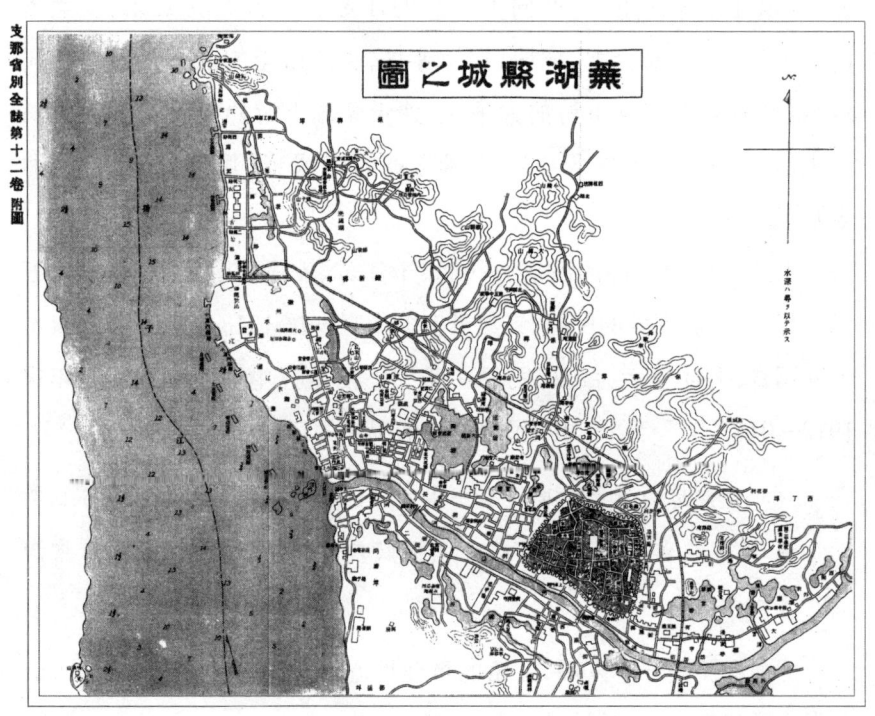

民国初期的芜湖

来源:《中国省别全志第十二卷 安徽省》附图

芜湖在对外开港之后,就经由民船的商品流通的重要性来说不但没有太大变化,反而有了新的发展。

光绪三年(1877)芜湖海关开设,同十一年(1885)以后的民船相关资料,可从海关的统计数据中得知。

---

① CHINA. IMPERIAL MARITIME CUSTOMS, DECENNIAL REPORTS, WUHU, p.344.

表 3　芜湖海关入港、出港中国籍帆船数表①

公元	中国历	入港/出港	帆船只数	总吨位	1只平均吨位
1885	光绪十一	入出港	274 只	15 666 吨	57 吨
1886	光绪十二	入　港 出　港	150 只 147 只	11 609 吨 11 422 吨	77 吨 78 吨
1887	光绪十三	入　港 出　港	260 只 272 只	16 730 吨 17 535 吨	64 吨 65 吨
1888	光绪十四	入出港	244 只	14 820 吨	61 吨
1889	光绪十五	入　港 出　港	275 只 274 只	18 191 吨 18 005 吨	66 吨 66 吨
1890	光绪十六	入　港 出　港	457 只 591 只	23 793 吨 25 318 吨	52 吨 43 吨
1891	光绪十七	入　港 出　港	429 只 469 只	25 994 吨 26 394 吨	61 吨 56 吨
1892	光绪十八	入　港 出　港	407 只 407 只	24 082 吨 23 917 吨	59 吨 59 吨

从表 3 中可知,民船的平均吨位为 43—78 吨,这些帆船都是在长江航行的。民船在芜湖常关入港、出港,其数量的增加,可以看作民船作为运输方式备受重视的结果。

4. 小结

关于芜湖海关的设置,《德宗实录》卷四十六,光绪三年(1877)正月癸未(二十七日)条记载:

---

① 据 COMMERCIAL REPORTS BY HER MAJESTY'S IN CHINA:1885, WUHU p.132. FOREIGN OFFICE 1887,1888,1889,1890,1891,1892,1893.CHINA WUHU。"平均吨位"一栏为笔者所加。

> 查烟台会议条款,内开通商口岸,新添宜昌、芜湖、温州、北海共四处。除北海一口统由粤海关监督兼辖外,其芜湖、温州两处,现已通商设关,应照宜昌成案。

亦即是说,1876年(光绪二)的《烟台条约》(《芝罘条约》)签署后,芜湖与湖北省的宜昌、浙江省的温州以及广东省的北海一同成为对外开放之港口。

关于芜湖对外开港的日期,如同光绪十四年(1888)四月四日安徽巡抚陈彝的奏折所言:"芜湖新关,自光绪三年二月十八日开办"[①]那样,是光绪三年二月十八日,即1877年4月1日。

如同文中所述,芜湖海关之开设之依据,乃是位于长江流域,自明初开始形成、发展的芜湖市场。

[①] 《宫中档光绪朝奏折》,第3辑,台北故宫博物院,1973年,第767页。关于清末海关开设后的诸多问题,滨下武志:《近代中国经济史研究——清末海关财政与开港市场圈》(东京大学东洋文化研究所报告,1989年)在研究视角以及相关资料等方面给笔者的裨益颇大。滨下的《近代中国的国际契机——朝贡贸易系统与近代亚洲》(东京大学出版会,1990年)第六章对《海关十年报告》等资料的研究利用,给笔者之启发甚多。

第 2 章 清代的九江常关与民船航行

1. 绪言

　　元末群雄之一的陈友谅,于元顺帝至正二十年(1360)建立大汉国,其都城江州,就是江西省的九江。① 顾祖禹著《读史方舆纪要》卷八十五,《江西三·九江府》中有:

　　　　明初陈友谅据此,为上流患,既而洪武伐之。

　　陈友谅以江州为根据地,对盘踞在下游金陵南京的朱元璋造成了威胁。后来陈在朱元璋的进攻之下战败而死。

　　关于江州,即九江的地理情况,《读史方舆纪要》记载:

　　　　九江为全省之噤喉,又为湖广、江南之腰膂也。

　　九江不仅是江西省的要冲,而且对于长江上游的湖广及下游的江南来说也非常重要。《大明一统志》卷五十二,《江西布政司·九江府·形

---

① 《明史》卷一二三,列传十一:"江州,(陈)友谅治所也……即江州为都……而自称汉王,置王府官属"。

胜》记载：

> 据江湖之冲要之地，江东西噤喉之地。西据彭蠡，北跨海门。

九江面长江，位于鄱阳湖湖口这一要冲之地。明人张瀚在《松窗梦语》卷五，《商贾纪》中写道：

> 九江据上流、人趋市利。

九江位于长江流域的地理位置，与其商业的发达息息相关。

作为长江水运中的要冲，九江究竟占有什么样的地位？由于明朝和清朝分别在九江设置了钞关与常关，所以本章欲从九江的水路交通运输的角度出发来探讨这一问题。①

2. 明代的九江钞关

《大明会典》卷三十五，户部二十二，课程四《钞关》中所见九江钞关的设置经纬相关记载如下：

> 景泰元年，差主事二员，湖广金沙洲、江西九江，监收船料钞，一年更代。

景泰元年(1450)，明廷派遣户部主事二员，往湖广金沙洲与江西九江征收船料。关于此事，嘉靖《九江府志》卷九，《职官志·公署·户部分司》记载：

> 景泰庚午，朝廷用议者于九江府地方，设立钞关一所。凡船只上下，计料多寡，收钱钞有差，以供经国之费。

景泰庚午年(1450)，明廷在九江府治下设置了钞关。

同书卷十六，《诗文志·文·德化县》中王汝宾之《新迁九江钞关记》

---

① 从通商的角度讨论九江的著作有：陈荣华、何友良：《九江通商口岸史略》，江西教育出版社，1985 年；"中国水运史丛书"所收：《九江港史》，人民交通出版社，1991 年；《长江航运史》，人民交通出版社，1991 年；《江西内河航运史(古、近代部分)》，人民交通出版社，1991 年。

中记载道：

> 景泰初年，以国用不敷，榷舟税以充之。四方商舟，骈集其地，而关之地，实当合流会派之冲。

景泰初年，由于财政状况欠佳，明廷开始从商船征收船料以作弥补。

正统十四年(1449)七月，瓦剌大举入侵中国，所以景泰元年(1450)支出的国防费用在财政支出中所占比例甚重。

但是到了成化元年(1465)，船料的征收被停止。《大明会典》卷三十五，《钞关》记载：

> 成化元年，罢苏州、淮、扬、临清、九江、金沙洲等处收船料钞。

在九江，船料的征收，与苏州、淮安、临清、金沙洲等地一并停止。但在翌年，即成化二年(1466)，九江与金沙洲两地的钞钱征收活动重新开始。

《宪宗实录》卷三十五，成化二年十月己亥(一日)条道：

> 复征湖广金沙洲、江西九江船料钞。旧制无收船钞例，景泰中，以国用不足，始算及每船百料纳钞十五贯。后以钞法不行，又与铜钱中半兼收。近以岁歉，商贾少通，暂停其课。至是从所司奏，军士月粮折支不给，复如旧收之。

在九江钞关，被废止仅一年的船料征收复活了。《大明会典》卷三十五，《钞关》中记载：

> (成化)四年，罢苏、杭、金沙洲、九江四处钞关。

成化四年(1468)，九江钞关再次被废止。同书卷三十五，成化七年(1471)条道：

> (成化)七年，复设九江、苏、杭三府钞关，并河西务，各差主事一员监收。

九江钞关再次复活。同书卷三十五，弘治六年(1493)条道：

弘治六年,令河西务、苏州、九江、临清,钱粮多处,户部各差官一员。

户部向河西务、苏州、临清以及九江这四个钱粮收入较多的地方派遣差管进行管辖。

九江钞关自成化七年(1471)复活以来,一直存续到明朝末年。该关关署最初设置于九江府,乾隆《江西通志》卷三十四,《九江关》道:

> 嘉靖四十二年,科臣张鸣瑞请移关湖口,抚按议未便,遂于湖口添设一关。

嘉靖四十二年(1563),张鸣瑞请求将关口移至位于鄱阳湖入口的湖口,此项奏议,于巡抚与按察使之议未得其便,于是折衷在湖口新设一关。

隆庆元年(1567)湖口关被废,所以在明代,基本是以九江关为中心的。

关于在九江钞关,船料是如何被征收的,可从《万历会计录》①卷四十二,《关钞船料》②中得知。船料的基本征收方法,在同书嘉靖九年户部尚书梁材的题本中记载如下:

> 船料则例,原以货物多寡为率。后从简便,仍验船梁阔狭,定收料银。大率自伍尺以上,始榷其利。③

船料在最初是按船载重量征收从量税的,但后来为图简便,按船的宽度来征收。九江钞关的船料数额,也基于这条规定征收。同书记载:

> 五尺,钞贰拾壹贯伍百伍拾伍文,钱肆拾叁文壹分壹厘,共折银壹钱贰分陆厘贰毫伍丝。④

自船梁五尺开始,每加一尺其税金便增加相应的数额,直到三丈六尺为止。现将税金数据统计至表1。

---

① 北京图书馆古籍珍本丛刊52、53,书目出版社。
② 北京图书馆古籍珍本丛刊53,第1319—1321页。
③ 同上书,第1327页。
④ 同上书,第1319页。

表 1　明代九江钞关・船料则例表

丈尺	钞(贯)	钱(文)	折银(两)
	贯　　文	文分厘毫	两钱分厘毫丝
5尺	21.555	43.110	0.126 25
6	31.040	62.080	0.181 8
7	36.212	72.424	0.212 1
8	55.181	110.362	0.323 2
9	62.078	124.156	0.363 6
1丈	86.220	172.440	0.505
1.1	94.842	189.684	0.555 5
1.2	103.464	206.928	0.606
1.3	112.086	224.172	0.656 5
1.4	132.779	265.358	0.777 7
1.5	142.262	284.526	0.833 25
1.6	165.542	331.084	0.969 60
1.7	175.880	351.776	1.030 2
1.8	186.235	372.470	1.090 8
1.9	196.581	393.162	1.151 4
2.0	206.927	413.854	1.202 0
2.1	235.380	476.760	1.378 65
2.2	246.580	493.176	1.444 3
2.3	257.797	515.594	1.509 95
2.4	269.005	538.01	1.575 6
2.5	301.769	603.538	1.767 5
2.6	313.840	627.68	1.838 2
2.7	325.910	651.82	1.908 9
2.8	337.981	675.962	1.979 6
2.9	350.052	700.104	2.050 3
3.0	362.122	724.244	2.012 1
3.1	374.195	748.390	2.191 7
3.2	386.264	772.528	2.262 4
3.3	398.340	796.680	2.333 1
3.4	410.405	820.01	2.403 8
3.5	420.476	844.952	2.474 5
3.6	434.550	869.1	2.545 2

出典：《万历会计录》卷 42，《九江钞关・船料则例》。

3．清代的九江常关

《世祖实录》卷三十，顺治四年(1647)正月庚申(十八日)记有：

> 归并荆关、通惠河、中河、清江厂、杭关、芜湖、龙江、芦政等关于户部。

荆关等诸关被置于户部之管辖下。

同书卷三十，顺治四年二月癸未(十二日)平定浙东、福建的诏书道：

> 关律抽税，原寓讥察，非欲困商，明末叠增数倍。原额已经户部题定，照万历年间原额及天启、崇祯递增额数一半征收。杭州南北二关，先已差官，其余自顺治四年正月初一日以后，俱照此例。

诸关之税收，以明万历年间之原额为基准，参考天启、崇祯年间的数额征收。如此，常关的征税额基本上在自顺治四年正月一日正式确定。之后，九江关也被设置。

《圣祖实录》卷一百一，康熙二十一年(1682)二月壬辰(十四日)条道：

> 九卿议覆，给事中雅齐纳条奏："请将九江榷关移于湖口地方。"一议不准行，一议准行，上命画一议奏。寻九卿议，暂移九江关于湖口收税，以一年所得为定额，若有不便，具题另议。从之。

九江关的榷署被移至湖口，并以湖口一年的税收为定额。

其后，湖口关之移设成为了一个问题。从雍正元年(1723)九月初一日江西巡抚斐率度的奏折可以看出这一点。其奏折道：

> 为敬陈湖口设关之险，仍请移回九江，并分立口岸，保商裕课事。①

由于湖口立关立地位置不佳，所以斐率度建议将关口移回九江，并设立多个口岸。

---

① 《宫中档雍正朝奏折》第一辑，台北故宫博物院，1977年，第670页。

将关口移出的湖口主要理由如下:

> 窃查,湖口地方,江湖合冲,水本溜急,又加上钟、下钟诸山罗列水心,商船重载,常遭覆溺,所以从前设关原在九江。自康熙二十一年,接准部议,移驻湖口。①

湖口乃长江与鄱阳湖合流之地,另外有上钟山下钟山等山在水中。因此,载货重的船舶经常在此地遇难。关于将关口移回九江的好处,斐率度说:

> 移回九江,仍于大姑塘设立口岸,征收往来江南、江西船料。大姑塘去九江叁拾余里,虽分两处,其实壹关。如有九江已经纳税,仍往大姑塘,及大姑塘已经纳税,仍往九江者,彼此验票即放至。江西民船只在鄱阳生理,并不出江者。②

在九江设关时,于大姑塘设置口岸,征收江南及江西之船料。大姑塘虽然距九江三十余里,但九江与大姑塘两个地方实际是一个关所。无论是在九江还是在大姑塘纳税,只要持有纳税证明就能通过另一处关口。如此一来,以鄱阳湖为生活舞台的江西民船,可以自由航行至鄱阳湖与长江之交汇处而无需纳税(见右图)。

九江·湖口概图

在雍正元年(1723)斐率度奏请之后,关于九江关关署一事终于被决定,这一体制一直延续至清末。

---

① 《宫中档雍正朝奏折》第一辑,台北故宫博物院,1977年,第670页。
② 同上书,第670—671页。

(1) 九江常关的机能

清代的九江常关于长江流域担负着什么样的责任？这一点从管理九江关税务的舒善于乾隆二十七年(1762)六月初二日提交的奏折中窥知一二。

> 九江关上接湖广，下通江浙，惟茶、盐、竹、木收税，其余一切船只止征船料，不收货税。总视所过船只之多寡，以定料银之盈缩，而船只之多寡，又须视江浙、湖广米价之低昂。①

九江关上游通湖北、湖南，下游连接江苏、浙江，对通过九江关的船只征税，以船料为主。但通过该关的船舶所载茶叶、盐、竹材、木材，需征货税。船舶数的多少，与税收之多寡息息相关。因此，下游的江苏、浙江与上游的湖北、湖南的米价变动与通过九江关的船只数有着很大关系。这份奏折中还列举了一个关于米价与通过船只数量之间关系的例子：

> 乾隆二十四年，江浙米价昂贵之后，湖广米价平减，贩运米粮船只络绎不绝。是以征收船料较多。②

乾隆二十四年(1759)，江浙一带米价高腾，而湖北、湖南一带米价低廉，因此运送大米自两湖地方沿江而下赴江浙地方的船只数量大增，通过九江关的船只增加，九江关征收的船料当然也就增加了。与此相对的是：

> 乾隆二十五年，江浙各处丰收之后，本年(乾隆二十七年)米价平减，兼之是年湖广偶值偏灾，米价稍昂，商贩运米前赴江浙，不能获利，是以往来贩运米粮船只甚少。③

由于乾隆二十五年(1760)江浙地方丰收，而乾隆二十七年(1762)两湖地区因遇灾害，米价昂贵。从两湖地方贩米到江浙地方不能获利，所以赴江浙地方的船舶数大减。

---

①②③ 中国第一历史档案馆藏，《宫中朱批奏折》，财政类，关税档案。

嘉庆十六年(1812)广惠的奏折道：

> 查，九江关定例，只征船料并竹、木、盐、茶四项，内惟船料、木税为大宗。连年各处丰收，上下游粮价相等，商贩无从获利。①

在50年之后，九江关的税收还是以船料为主，通关船只多寡，与税收数额息息相关。另外，广惠在嘉庆十七年(1813)四月二十五日的奏折中道：

> 九江关……因上年川楚粮价较昂，不能下运，兼之各货俱贵，商贩无利可图。是以，货载米豆等船以及木植均形减少。②

由于四川、两湖各省米价高腾，下长江之船舶变少。道光二十三年(1843)六月十二日九江关税务监督蒋方正之奏折道：

> 查九江关定例，只征船料并竹、木、盐、茶四项，内以船料最为大宗，次以盐、木两税为重。逆夷扰浙滋江，商船已形减少。③

九江关的税收主要是船料，其次有盐、木材等货税。鸦片战争中英军进攻浙江，所以来航九江的商船数量减少。沈葆桢在同治元年(1862)五月二十八日的《查明九江关实在情形并筹变通办理折》中道：

> 九江关税例，向以木排为大宗，船料、淮盐次之，茶、竹又次之，此外别无应税之货。嘉庆、道光年间，必木税一项，愈具全额之半，加以各项，方能敷额。④

在嘉庆、道光年间及以后，木材税成为九江关的主要收入。

(2) 通过九江关船舶的船籍

九江关是连接长江上游的湖北、湖南于下游江浙地区水运的要冲，

---

① 中国第一历史档案馆藏，关税，嘉庆十六年四月二十八日档案。
② 中国第一历史档案馆藏，关税档案。
③ 《道光咸丰两朝筹办夷务始末补遗》，台北"中央研究院"，1966年，第54页。
④ 《沈文肃公政书》卷一，《奏折》。

那么通过该关的船舶数大概有多少呢？江西巡抚陈弘谋乾隆七年(1742)六月十八日的奏折道：

> 自乾隆叁年捌月拾柒日起，至肆年肆月弍拾陆日止，计捌个月零拾日，其过关之船，共有伍万叁千零叁拾弍只。

自乾隆三年(1738)八月十七日至同四年(1739)四月二十六日的八个月零十天之间，通过九江关的船舶数达到了 53 032 只。①

另外同奏折中还提到：

> 肆年分任内所过之船，仅止肆万玖千柒百玖拾只。②

乾隆四年四月二十七日至同五年四月二十六日的一年之间，通关船舶有 49 790 只。两江总督尹继善乾隆十七年(1752)五月二十日的奏折提及，乾隆十五年(1750)"共过关时满等船四万二千六百一十五只"。③

表2 18—20世纪九江关通关民船数表

中 国 历	公 元	月 数	通关民船数
乾隆三年	1738—1739 年	8 个月又 10 日	53 032 只
乾隆四年	1739 年	1 年	49 790 只
乾隆十六年	1752 年	1 年	42 615 只
乾隆二十五年	1760 年	1 年	61 645 只
乾隆二十六年	1761 年	1 年	44 833 只
光绪十八年至光绪二十七年	1892—1901 年仅戎克	每年	20 000 至 30 000 只
民国七年	1918 年	1 年	29 716 只
民国八年	1919 年	1 年	30 869 只
民国九年	1920 年	1 年	32 095 只

(注)乾隆三至二十六年数据来源于注 17—21 各档案，光绪十八至二十七数据来自注 22 档案，民国七至九年数据参考本书第 209 页注①。

---

①② 中国第一历史档案馆藏，《宫中朱批奏折》，财政类，关税，乾隆七年六月十八日陈弘谋奏折。
③《宫中档乾隆朝奏折》第三辑，台北故宫博物院，1982 年，第 96 页。

表3 雍正九年(1731)制定九江关船料表

船　名	船　料	船　名	船　料	船　名	船　料
辰　船		划　船	16两9钱	扶稍船	16两
驳　船		巴斗船		江窝船	15两
大桨船		鸦尾船		三桨船	14两
大广船		中抚船		巴干船	
大襄船		雕子船		车牌船	13两
竹山船		采石船		丰城船	
抚　船		临江船		宣　船	
大斗船		桐曹船		奉新船	11两
大雕子船		渡　船		两尖船	10两
方稍船		渔　船		中扉船	8两
大黄船		下江黄船		满江红船	8两
大敞稍船		三板船		本水船	8两
大座船	46两	中辰船		课　船	13两5钱
大扁船	40两	镇江沙船		脚　船	4钱
大划船	43两	焦湖船		盐　船	48两5钱
柏木船	36两	鳅　船		盐船・小五船	57两
湖南船	30两5钱	濑子船	16两	茶　船	17两5钱
大鸦尾船	30两	芜湖船		鱼苗船	〃
以上各船・小五船 48两5钱		宋埠船		涨　船	1两
		摇　船			

(注)据乾隆《钦定大清会典则例》。仅记载了船料的最高额。

乾隆二十七年(1762)十二月初八日江西巡抚汤聘的奏折中有：

乾隆二十五年分共放过时船六万一千四百八十五只。①

乾隆二十六(1761)年则：

较二十五年、少船一万六千六百五十二只。②

亦即是说，相对于乾隆二十五年(1760)通过的61 885只，乾隆二十六年(1761)的通关船舶数锐减至44 833只。《海关十年报告1892—1901年(光绪十八至光绪二十七)》道：

一年间来港(九江)之戎克数量在二万至三万之间。③

从上述记录可知，在19世纪末，一年之间来航九江的船数减少至20 000—30 000只。

通过九江关的帆船究竟有什么种类呢？乾隆《钦定大清会典则例》卷四十七，江西九江关条中记载了辰船等五十数种船名(见表3)。另外，《海关十年报告(1882—1891)》载有满江红等八种船名(见表4④)，《海关十年报告(1892—1901)》中载有钓钩等二十种船名(见表5⑤)。与其他常关相比，来航九江常关的帆船种类明显丰富。《海关十年报告》所载船籍明确的船舶如下：

湖北船：满江红、车牌、鸦稍、扁子、三官舱、划子6种。

湖南船：钓钩、小驳船、辰船、巴干、扒船5种。

江西船：抚船、赣船、洛安、罗滩、巴斗、刁子6种。

江苏船：槽子、舢板、斗船、白沙洲4种。

山东省：济南州山船1种。

---

①② 中国第一历史档案馆藏关税档案。
③ *China Imperial Maritime customs*, *Decennial Reports*, 1892—1901, 1904, Kiukiang, p.356.
④ Ibid., p.223.
⑤ Ibid., p.357.

第2章 清代的九江常关与民船航行

表4 1822—1891年来航九江常关民船表

Class No.	Class Name.	Where Built.	Province.	Dimensions. Length.	Dimensions. Breath.	Dimensions. Depth.	Total.	No. of Masts.	Carrying Capacity.	Equivalent Tons.	No. of Crew.
				feet	feet	feet	Cang.		Piculs.		
1	Man-ciang-hung（满江红）	Han-yang-fu（汉阳府）	Hupeh	90	19	7	1 197	4	3 500	100	18
2	〃	〃	〃	80	17	6	816	4	2 500	75	14
3	〃	〃	〃	70	14	5.5	539	3	1 800	55	12
4	〃	〃	〃	65	12	5	390	3	1 200	36	…
1	Ch'l-p'ai（车牌）	〃	〃	85	18	7	995	4	2 800	85	18
2	〃	〃	〃	75	16	6.5	720	4	2 400	72	14
3	〃	〃	〃	70	13	6	501	3	1 800	55	12
4	〃	〃	〃	65	12	5.5	390	3	1 200	36	…
1	Tiao-kou（钓钩）	Chang-sha-fu（长沙府）	Hunam	90	17	7	1 071	4	2 800	85	18
2	〃	〃	〃	80	16	6.5	832	4	2 500	75	14
3	〃	〃	〃	70	14	6	588	3	1 800	55	10
4	〃	〃	〃	65	12	5	429	3	1 200	36	…
1	Fuch'uan（抚船）	Fu-chou-fu（抚州府）	Kianmgsi	100	15	7	1 050	4	3 200	96	16
2	〃	〃	〃	90	13	6.5	761	4	2 400	72	14
3	〃	〃	〃	70	12	6	504	3	1 800	56	12
4	〃	〃	〃	70	11	5	385	3	1 200	36	…

续表

Class No.	Class Name.	Where Built.	Province.	Dimensions.			Total.	No. of Masts.	Carrying Capacity.	Equivalent Tons.	No. of Crew.
				Length.	Breath.	Depth.					
1	Hsiao-po ch'uan (小驳船)	Heng-chou-fu (衡州府)	Hunam	80	17	7	952	3	2 800	85	18
2	″	″	″	75	16	6.5	780	3	2 400	72	14
3	″	″	″	70	14	6	588	3	1 800	55	13
4	″	″	″	70	12	5	462	3	1 200	36	…
1	Ch'em ch'uan (辰船)	Ch'en-chou-fu (辰州府)	″	90	15	7	945	3	2 500	75	12
2	″	″	″	80	14	5.5	728	3	2 000	60	…
3	″	″	″	70	12	6	504	3	1 600	48	8
4	″	″	″	70	11	5.5	424	3	1 200	36	…
1	Shan ch'uan (山船)	Chi-ning-chou (济宁州)	Shantung	80	18	8	1 152	4	3 000	90	16
2	″	″	″	70	15	7	784	3	2 500	75	14
3	″	″	″	70	14	6.5	637	3	2 000	60	…
4	″	″	″	65	12	6	468	3	1 400	42	12
1	Ya-shao (鸦梢)	Han-yang-fu (汉阳府)	Hupeh	70	14	7	686	3	2 000	60	12
2	″	″	″	65	12	6.5	507	3	1 600	48	…
3	″	″	″	60	11	6	396	3	1 200	36	10

出典：*China Imperial Maritime customs*, *Decennial Reports*, 1882—91, 1904, Kiukiang, p223.

表5　1892—1901年来航九江民船表

Class Name.	Province.	Approcimate Picul Capacity.	Number of Crew.
Tiao-kou(钓钩)	Hunam	3 000 / 1 000	15 to 18 / 11 " 14
Hsiao-po(小驳)	〃	2 000 / 700	14 " 16 / 7 " 12
Ch'em ch'uan(辰船)	〃	1 000 / 700	12 " 14 / 6 " 9
Pa-kan(巴干)	〃	1 000 / 700	12 " 14 / 6 " 9
P'a-ch'uan(扒船)	〃	800 / 400	7 " 10 / 4 " 7
Hung-ch'uan(红船)	Hupeh	3 000 / 1 000	17 " 20 / 12 " 15
Ya-shao(鸦稍)	〃	800 / 300	7 " 10 / 3 " 6
Pien-tzu(扁子)	〃	700 / 300	7 " 9 / 2 " 5
San-kuan-ts'ang(三官船)	〃	500 / 250	4 " 7 / 3 " 6
Hua(划子)	〃	150 / 50	3 " 6 / 1 " 4
Tsao-tzu(槽子)	Kiangsu	2 000 / 1 000	14 " 16 / 10 " 20
Shan-pan(舢板)	〃	2 000 / 1 000	14 " 16 / 10 " 20
Tou Ch'uan(斗船)	〃	650 / 200	7 " 9 / 3 " 6
Pai-sha-chou(白沙洲)	〃	400 / 200	5 " 8 / 3 " 5
Kan ch'uan(赣船)	Kiangsi	1 000 / 500	12 " 14 / 6 " 9
Lo-an(洛安)	〃	700 / 250	7 " 10 / 4 " 6

续 表

Class Name.	Province.	Appropriate Picul Capacity.	Number of Crew.
Fu ch'uan(抚船)	〃	{3 000 / 1 000}	15 〃 18 / 11 〃 14
Lo-t'an(罗滩)	〃	{900 / 350}	11 〃 13 / 4 〃 6
Pa-tou(巴斗)	〃	{700 / 200}	7 〃 9 / 3 〃 5
Tiao-tzu(刁子)	〃	{900 / 400}	11 〃 13 / 5 〃 8

出典：*China Imperial Maritime customs*，*Decennial Reports*，1882—1900，1904，Kiukiang p.357。

在此，笔者欲叙述 18 种帆船中明清时代文献中所见的若干种。
明代的董谷在《碧里杂存》卷上里，讲述了满江红的逸事：

> 我圣祖居和阳，时欲图集庆，遂与徐公达间行买舟，以觇江南虚实。至江口，适值岁除，呼舟，人无肯应者。有贫叟妻妇二人，舟尤小，欣然纳之曰："天晚矣，明当早渡。"且进鸡酒具忝，情甚真厥。明发舟，老叟举棹，口中打号子曰："圣天子六龙护驾，大将军八面威风。"圣祖元旦得此吉语，喜甚。中山（徐达）蹑足，相庆登极。后访得之，无子。官其侄，并封其舟而朱之，以故迄今江中渡船皆谓之满江红云。

明太祖朱元璋在即位前与徐达结伴，欲自江北渡集庆，也就是后来的南京，适逢除夕，无船肯渡。偶然之间，找到一对贫穷的老夫妇，肯用他们的小船载朱元璋一行过江。此时色已晚，一行受老夫妇的款待之后于第二天早上乘船渡江。老叟在新年对朱元璋道出吉言，朱元璋很高兴。朱元璋即位后，派人寻找这对老夫妇，老夫妇没有孩子，朱便给其侄子官位，并将船涂成红色，所以长江中的渡船都被称为满江红。

乾隆五十七年(1792)刊，吴忠孚撰《商贾便览》①卷二，《各省船名样式》道：

> 满江红，下江扬州、湖广、南昌人俱架。其式以湖划子、车牌子样，只木板天仓，妆过腰前数尺，头上所空不多。

满江红在长江下游、扬州、湖南、湖北以及江西南昌等地均广为人使用。这种船类似于在湖北武昌附近使用的湖划子以及下面将要提到的车牌子，采用了以板覆船的样式。

赵翼《陔余丛考》卷三十三，《满江红船》道：

> 江船之巨，曰坚实可重载者，曰满江红。

该船是长江上最大的船。

关于车牌子，《商贾便览》道：

> 车牌子，下江、扬州及湖广、南昌等处人俱架。其船大小不一，似湖广划子样，仓深，四方斗底，载得重，四方天仓，篷俱用木板，或外雕花。官仓两边设有光窗，其舵柄出天篷外。

车牌子在长江下游、扬州、湖北、湖南、南昌等地广为利用。其船型不甚相同，在湖北、湖南类似划子，船舱深，呈长方形，能够装载较重货物。全船以篷覆盖，采用木板帆，船体上有窗。

关于鸦艄子船，同书道：

> 鸦艄子，青山人架，多艄，有两义，似脚船小划子样。船小，只可装一二百石载，名双飞燕。

鸦艄子的使用者是湖北省武昌府江夏县治下的青山人。青山位于长江沿岸汉口稍往下游之处。鸦艄子船是载重仅100—200石的小型船舶，也被称作双飞燕。

---

① 东京大学东洋文化研究所藏。

关于双飞燕,同书道:

> 双飞燕,汉阳人架,即小湖划子。妆饰好看,船小。前加艣艚划动快扫,亦有似鸦艄子的。

双飞燕的使用者是汉阳人,船体与鸦艄子类似。

江西省的船有巴斗和刁子,该书道:

> 巴斗子,九江人架的多。其船肚大,头平,似火铲,艄略高,艄及中仓俱用篾天蓬。

巴斗子船的使用者是江西九江人,船头部分平坦而船腹大,形状类似于火铲。该书还记载:

> 刁子船,广信人架多。其船大小不一,大的七八个仓,小的只四个仓。头高艄尾撬起,如竖高招牌样。

刁子船的用户大多是江西省东部的广信府人,大小不一,大的有七八个船舱,小的只有四个。

上述来航九江关的民船船籍分布,如图所示。

关于通过九江关的民船之载重等情况,《海关十年报告(1882—1891年)》九江条道:

> 关于以戎克于江上搬运之物品,仅盐由特定之发送地而来。其他货物全部由货主任意输送,支付税关与厘金之后,于其他港口靠岸。从上游而来之制品有:湖南的石炭、铁与钢铁。所有种类的油均来自湖南及汉口等地,白蜡、红花、石膏、麻、卷烟以及烟花均来自湖南。自江西而来的有瓷器与纸。从下游而来产品,有从镇江运来的盐,从鄱阳湖运来的茶,来自江西的瓷器、纸、蓝、根菜类、米、卷烟及豆类则从安徽运来。[①]

[①] *China Imperial Maritime customs*, *Decennial Reports*, 1882—1891, 1893, Kiukiang, p.224.

第 2 章 清代的九江常关与民船航行

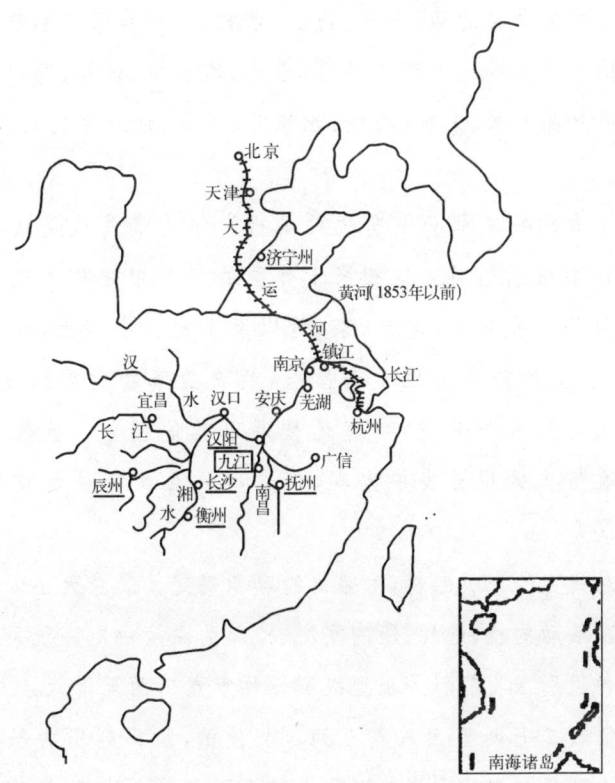

清代来航九江民船船籍图

(注)有下画线的地名是船籍所在地。本图主要依据 China Imperial Maritime customs, Decennial Reports, 1882—91, p223 制作。

这份报告详细地记述了从长江上游以及下游地区运至九江的物品。《海关十年报告(1892—1901)》九江条有:

　　一年之间,约有二万至三万只戎克来航此港。这些船只,来自湖北、湖南、江苏、安徽、江西等内地地方,运来这些省份生产之各种产品,产品之中又以农产品为主。可以将各省之产品列举如下。由湖南运至的产品有:石炭、铁、金属制品、陶器、所有种类的油、铺地用的材料、块状肥料、白色以及黄色的蜡、油纸、伞、竹制工艺品、锡、椰子壳等物品。由湖北运至的产品有:药剂、麻纤维、土布、柿子、果实酒、木棉与椰子。由江西运来的产品有:苎麻布、香烟、蓝、陶瓷

207

器、茶、所有种类的油、土布、药剂、木材、麻纤维以及谷物。由安徽运至的产品有：茶、土产的鸦片、墨水、印刷板、黄铜、明矾。由江苏运来的产品有米、土布、绉绸、丝织品、木棉、铺地用的材料、锡以及梳子。

所有的戎克都必须向税关呈报。作为常关这是众所周知的事。最后缴纳船料。这相当于外国的税关中吨税的税金。税关对四种货征收物税，即盐、茶、竹以及木材。事实上，税关仅征收后三项，盐的关税由位于南昌府，负责盐事物的部门定期送来。除了支付赋税与关税，戎克还被课以其他税金。虽然这些税金没有在官方的税金表中出现，但这些税金的征收是被官方允许的……

对戎克的征收船料，由船体的容积确定。艇身大小以船首第一支可以活动的枝、舵柱、船的宽度、槛部的深度决定。税关将戎克分为两种级别征收船料。小型级别征收零点二两至十六点九两，大型级别征收二七两至四八点五两。其他的，后面列出的舢板也被课税。小型级别中的大型船以及大型级别中最小的船，所需缴纳税金相差甚大，一英寸的计算失误，即可能将小型级别算作大型级别，造成船主巨大损失。故意算错的做法，时常为常关之雇员所用。戎克之所有者，常为这种麻烦的报告书所困扰。为了使报告书上的数字下降，船主会时常使用一些不能见光的手段。这些手段的使用也造成了一定损失。而副的官厅，不过是负责检查通关凭证。官员索要的，是在戎克获准进行之前的小数目金额。

构成戎克乘务人员的水手人数，以戎克的级别而定。最大的戎克拥有十五人以上，而小的只有三人或以下。最小的戎克，其定员往往由船主及其家族构成。贫困的船主、舵主鲜有能够富有起来的。除非出于船只丢失或破损，几乎没有能够使船主放弃这个职业事情。针对事故的保险之类,亦不存在。①

从上面的文书中,可以知道晚清民船乘务人员以及民船航运的状况。

《通商汇纂》明治四十一年(1908)第2号所载日本在长沙帝国领事馆的报告,署名日期为明治四十年(光绪三十三,1907)11月18日的《江西商情》,对清末航运的情况有如下记载:

> 乾隆以来,天下升平,各地商情旺盛至极。江西在福建、广东、湖南、安徽之间,商况颇为繁华,是为所谓江西商人之基础。当时之物产,以景德镇之瓷器为最,吉安、赣州之商人,多以鬻卖景德镇瓷器起家。②

在这里主要从地理情况的角度,提示了江西与福建、广东、湖南、安徽之间的商业关系。

关于江西的民船航运,同书记载如下:

> 凡民船自南昌而下,溯湖口而上者,必经此地。故货物由广东运往扬子江者,先在樟树集中,之后由吴城输出。自湖南、湖北、安徽、江苏进入扬子江之货物,在吴城集中后至樟树,分配至各路销售。而当时西洋杂货之供给,皆仰广东,漕折之制又未改,至每年米谷运送时期,樟树、吴城实呈帆樯蔽江之景观。③

可以说,从广东经过江西省内水路,过鄱阳湖连接长江的水路网已经确立。

据1923年在九江的日本领事馆的调查:

> 于九江之民船出发到达地,有龙开河口及常关前,常有许多民

---

① China Imperial Maritime customs, Decennial Reports, 1892—1901, 1904, Kiukiang, pp.356—357.
②③《通商汇纂》,明治四十一年(1908)第二号,第65页。

船在此辐辏。又,造船所在老马渡,列举主要船行之(从业者)之店名,有顺昌隆、蔡广顺、屈德和、陈全等,彼等组织船帮公所。于九江之民船种类如左。抚刀子(多为江西人所用)、桠稍子(多为湖南人所用)吃水三尺至五尺,宁波船(吃水较前者深)、巴斗子(多为武穴人所用)、友板子、纱挑子、吃水一尺至二尺。

民船之重量,小者自二百担级别起,大者可至三千担级别。盖四千担以上者无法航行于内河之上也。九江、南昌之间,为重要之民船航线,其航行日数因风力而变,上航大抵七日,下航要五日。①

就算到了1923年的时候,民船的活动也较为活跃。同书中还有:

今自大正七年(民国七年,1918)至大正九年(1920),经由九江常关出入民船只数并常关纳税货物之价格如左所示。②

在书中记录了通过九江关的民船数量(参见表2)。

到了1920年前后,通过九江关的民船数量上升至30 000只。

4. 小结

位于长江要冲之地的江西省九江,于明代设置钞关,于清代设置常关,管辖通航于长江之上与来往于鄱阳湖和长江之间的民船。在18世纪的全盛时期,通过九江关的船舶数达到每年6万余只,九江发挥了作为连接长江上游的湖北、湖南,下游的安徽、江苏以及江西省内部水运要害之地功能。

九江钞关、九江常关的税收在明清两代基本上是基于船料征收的。关于这一点,尹继善的奏折很明确地说道:

九江关征收船料,每年税银之盈缩,实视所到船只之多寡,而所

---

①② 东京大学东洋文化研究所藏《在九江帝国领事馆管辖区域内事情》,外务省通商局,大正十二年(1923)11月上梓,第114页。

到船只中,又有大小之别。如船大,则料自多;船小,则料自少。历来货物、米粮,俱系大船;人载,多系小船。岁时丰歉、气候阴晴既有不同,过关船只又参差不一,而所征税银亦各有增减。①

从这段文字中,我们可以知道:船料的征收,由通关船舶的船体大小以及数量多少决定。大型船主要装载货物以及米粮,而装载人员的的船只较小。因此,船料征收量的多寡,与九江区域人、物的移动量之多少有着紧密的关系。

九江作为一个商业圈能够影响到的地区,已经在上面讨论过,到了清末:

> 九江商埠,当扬子江之中枢,为上下游之枢纽,商舶营运,舳舻相接,与湖北之汉口、山东之烟台情事相同,允宜设立商务总会。②

九江位于长江的中枢部位,来自上游下游的船舶络绎不绝。此地与湖北的汉口,山东的烟台等地同样繁荣,所以同意在此地设置商务总会。关于这个商务总会管辖的区域:

> 该会区域界线,下至镇江,上抵湘、鄂、岳州、宜昌等处,包举五省,沿江数千里,联络节制。③

下游至连接大运河的镇江,上游达湖南岳州、湖北宜昌等地,包括了湖北、湖南、江西、安徽、江苏这五个长江流域的省份。可以说,这个商圈管辖区的范围,与前述来往九江的民船所在地的范围几乎相。

综上所述,通过来往九江关的民船来看,九江商圈作为长江中枢部的商圈,位置极其重要。

---

① 《宫中档乾隆朝奏折》,第三辑,第 95 页。
② 《农工商部奏九江商埠设立商务总会请给关防折》,《政治官报》,光绪三十三年(1907)十月二十八日第九号,第 4 页。
③ 同上书,第 8 页。

第 3 章 清代汉口的民船业

1. 绪言

在清代,湖北的汉口是与江西的景德镇、广东的佛山镇、河南的朱仙镇齐名的四大城镇之一。①

关于汉口的繁荣景象,范锴在《汉口丛谈》卷二中记载:

> 汉口自明以来,久为巨镇。②

清代前期刘献廷的《广阳杂记》卷四中记载:

> 汉口不特为楚省咽喉,而云、贵、四川、湖南、广西、陕西、河南、江西之货,皆于此焉转输,虽欲不雄天下,不可得也。天下有四聚:北则京师,南则佛山,东则苏州,西则汉口。

汉口不仅是湖北的省内的水运要地,也是云南、贵州、四川、湖南等

---

① 梅原郁:《汉口》(《亚洲历史事典》第 2 卷,平凡社,1959 年,第 280 页);谷口规矩雄:《关于汉口镇的成立——明代主要商业路线图》(布目潮沨编《唐宋时代行政、经济地图的制作研究报告书》,1981 年 3 月,第 111—119 页)。

② 谷口规矩雄:《关于汉口镇的成立——明代主要商业路线图》。

长江流域各省生产物资的重要集散地。

关于这个情况,在清代官吏的记录中亦能窥见一端。乾隆十六年(1751)十二月七日署理湖广总督印务湖北巡抚恒文的奏折道:

> 湖北武昌为省会之区,汉口一镇系商贾辐辏之所。①

汉口已经成为了商品经济发达的重要地区。

钱泳在《履园丛话》十四,《祥瑞·汉口镇火》中提到了发生在汉口的一次火灾:

> 汉口镇为湖北冲要之地,商贾毕集,帆樯满江,南方一大都会也。毕秋帆尚书镇楚时,尝失火烧粮船百余号,客商船三、四千只,火两日不息。

从上述记录来看看,来往汉口的帆船挤满了长江。此次火灾发生于毕秋帆(毕沅)担任湖广总督的时期。毕沅的湖广总督任期分三段时间,共计八年有余:自乾隆五十一年(1786)六月至十月,乾隆五十三年(1788)七月至乾隆五十九年(1794)八月以及乾隆六十年(1795)正月直至嘉庆二年(1797)七月十二日死去。② 从这一点来看,此次汉口火灾应该发生在 18 世纪之末,并令过往汉口的船只蒙受了巨大损失:火灾中被烧毁的除了运输政府粮税的百余船外,还有客商的 3 000—4 000 只各式帆船。

从这些事例中我们可以认识到,汉口的繁荣与利用长江水系的航运业的发达有着密不可分的关系。

但是从历史研究的层面上出发来看,清代汉口航运业的具体情况尚未被研究透彻。因此在本章中,笔者欲试以清末的资料为基础,对这一

---

① 《宫中档乾隆朝奏折》第 2 辑,台北故宫博物院,1982 年,第 114 页。
② 钱实甫:《清代职官年表》第 2 辑,台北故宫博物院,1982 年,第 144 页。

2. 汉口埠头的情况

(1) 汉口的埠头

关于清末汉口在长江上的埠头,据明治三十二年(光绪二十五,1899)3月21日日本的《汉口帝国领事馆报告》②,专用于民船停泊的大埠头就有二十余个。其中较为主要的是:

> 小口、杨家河、至公巷、武圣庙、泉隆巷、邱家垱、新码头、小新码头、老官庙、五彩、沈家庙、宝庆流通巷、集稼嘴、大码头、中码头、打扣巷、龙王庙、四官殿、米厂、马王庙。③
>
> (民船)在汉水两岸,至西桥口码头,紧紧相连,几乎有二里长。南岸之汉阳,岸边多有四川船,湖南、湖北、江西等地船只,皆集中于以上各个码头,其数量大约二万四千艘,总吨数一百万吨,可以帆樯林立之语来形容。来去船只,仅有河流中央可供通过。看到这番景

---

① Rowe,William T.,HANKOW;*Commerce and Society in a Chinese City*,1796—1889,Stanford U.P.,1984. 对汉口的商业进行了详细的叙述,但几乎没有触及到民船业这一问题。东亚同文会遍《中国省别全志》第九卷,《湖北省》,大正七年(1918),第五编第五章《民船》(第318—358页)中有详细的调查,但书中叙述的时代比较靠后,所以在此作为今后的课题暂且搁置。松浦章:《中国海事史研究现状》(《东洋史研究》第45卷第2号,1986年)中对此问题有所提及,明清时代的水运很少。

② 外务省通商局:《通商汇纂》第130号,明治三十二年(1899)4月18日,《汉口民船往来之状况》,第50—53页。使用外务省通商局的《通商汇纂》的研究,有角山荣编著的《日本领事报告之研究》(《京都大学人文科学研究所研究报告》,同文馆,1986年),笔者参考了这本书中各篇研究论文以及书中收录的资料。《通商汇纂》与中国相关条目的目录,由中川靖子归类研究后写入《通商汇纂》中国关联记事条目》(1)、(2),《辛亥革命研究》第5、6号,汲古书院,1985年,1986年),为研究者的检索提供了莫大方便。现在,中川的著作中收录了到明治三十六年12月13日为止的相关条目。

③ 外务省通商局:《通商汇纂》第130号,第50页。

象,便能推知此地商业与水运何其兴盛。①

不仅在汉口的江岸,停泊的帆船排到流入长江的汉水两岸,一直延绵到汉阳的岸边。由于停泊的船舶太多,故江面仅有很小的空间可供来往船舶通过。这份报告书中说,在光绪二十五年集中于汉口的帆船有24 000艘,总吨位在1 000 000吨左右。关于1894—1898年出入汉口的船只及吨位数,可参见下面的表1。

表1　1894—1898年出入汉口船只数及吨数

公元	中国历	日本历	出入汽船数	吨　数	出入帆船数	吨　数
1894	光绪二十	明治二十七	1 432	1 385 458	2 208	1 508 348
1895	光绪二十一	明治二十八	1 354	1 367 643	2 346	1 513 147
1896	光绪二十二	明治二十九	1 418	1 533 633	2 399	1 686 387
1897	光绪二十三	明治三十	1 441	1 610 543	2 566	1 783 042
1898	光绪二十四	明治三十一	1 599	1 672 680	2 566	1 832 060
合　　计			7 244	7 569 957	12 085	8 322 984
年　平　均			1 449	1 514 911	2 417	1 644 597
平均顿位数				1 045		689

(2) 汉口的船行与船栈

既然在汉口有数量巨大的船舶停泊,那么,我们能够从中国的商业结构的角度出发,容易地推导出这样的结论:有很多以这些船舶为对象的牙行存在。事实上,汉口存在很多船行与船栈。

《汉口帝国领事馆报告》中有:

在当地,拥有正当部帖经营民船商行者,于武圣庙附近有昊泰兴、李二方、刘王盛、沈地隆、晋益昌、杨玉泰、卞崇发、金寿民、永兴

---

① 外务省通商局:《通商汇纂》第130号,第50—51页。

西、陈广生、赵新胜数家,专营往襄阳以西行之生意,当口称之船行。①

如同这份报告所述,武圣庙附近,拥有官府发放的经营许可——部帖的船行有昊泰兴等十一家。他们经营的范围是往襄阳以西进发的船舶。襄阳地处湖北中北部,接汉水中游,北可经南阳至洛阳。

另外,关于船栈,该报告书说:

> 仅次于此(船行)的,是没有一定的部帖,存在于沈家庙至龙王之间的船栈。其中重要的有李顺昌、许万盛、万隆顺、万兴茂、徐洪盛、正泰、熊公兴、李永丰、严正友、王炳谦、万和顺十二家,至于攫摸行之类,其数量不胜计算。②

从沈家庙到龙王庙的地段,有很多船栈。其中重要的有十二家。除此之外,还存在着数量巨大的攫摸行。从引文中可以推测,攫摸行应该是规模很小的船栈。

关于经营这些船行、船栈的人,该书中有:

> 在此地方经营民船商行者,多为湖南人,湖北本地人及四川人较少。右记各种民船中,湖南船种类最多。来往之人欲往某处,均以于该地人经营之船店雇用该地之船为便。③

从上面的记录中可以得知,经营船航的人大都是湖南籍人士。而到达汉口的船舶,主要利用同省人经营的船行。但是向襄阳方面的船舶与此不同:

> 唯独往襄阳地方行进之船只,时常有不测,故多约所定之商行。④

前往襄阳方向需要使用专门的船行,因为这段路程比较危险。

---

① 外务省通商局:《通商汇纂》第130号,第51—52页。
②③④ 同上书,第52页。

那么,一般来说,这些船行和船栈是如何发挥其机能的呢?关于这一点,同报告书中有:

> 民船之中,有为个人所有者,又有于各大店,供自家用者,此等事项自然不必劳烦船行、船栈照顾。然凡客商搬运货物,以至旅客之一去一来,均依赖彼等(船行、船栈)。由行程之安全不可不计之故也。然其中不乏图运费低廉,且经验丰富者,不经商行之手,直接与船主签订合同。①

船行与船栈办理到达埠头时的入港手续以及装载物品的卸船、贩卖,或是临时保管货物以及乘务人员的住宿等问题。在船归航之际,则负责回程时运输货物的整理装船及出港手续。但是也有的货主和船主不经过船行,直接签订运输合同。

同书中,关于船行、船栈的手续费及其作用,有记录如下:

> 据闻,船行、船栈之佣钱,正规者为一三,也有要价高至二八者。抑一三者,假定运费为一吊文,则抽百三十文,二八者,则抽百六十文之佣钱。佣钱非由客商处收取,而是由船主支付给商行。支付后,商行兼为船到达目的地之前的保证人,对船主、客商均有益处。②

按照运费收取佣金后,船行、船栈便成为货主和船主之间的保证人。所以船行、船栈具有保证人的性质。

3. 来航汉口民船的种类及其运营结构

(1) 民船的种类及其载重

关于来航汉口的民船,《汉口帝国领事馆报告》中有:

---

①② 外务省通商局:《通商汇纂》第130号,第52页。

出入之民船,其种类千差万状,不胜枚举。现将其中主要种类及其来往之航路、装载之货物略记如下……①

如同报告中指出那样,自长江、汉水来航汉口的民船种类繁多。笔者将《汉口帝国领事馆报告》中记录的船舶名称及装载之货物整理为下表(表2)。

表2 来航汉口民船之种类、航行地、装载货物表②

编号	民船名	航行地名	载货	
			入港货物	出港货物
①	鸦船	汉口←→武昌、青山、黄陂县、孝感县、天门县、赵市	石膏、布、胡麻、高粱、大豆、油、牛皮、毛骨	杂货、洋货、铁、炭、药材、茶
②	舱子	汉口←→襄阳附近、黄陂、马梁 其余同①	布、烟草、麻	
③	天门赵市	汉口←→同①、德安府	同①	同①
④	抚刀子罗唐	汉口←→江西省	陶器、米、药材、纸、水果	各种杂货、杂谷、洋货、牛骨
⑤	排子	汉口←→河南省	羊皮、牛皮、药材、豆、藁绳、檞皮	不定
⑥	火溜子	汉口←→陕西省,汉中	檞皮、纸、藁绳	不定
⑦	柏木麻雀尾	汉口←→四川省	木耳、胡椒、黄花菜、鸦片、药材	棉花、布料、杂货、海产物
⑧	钓钩	汉口←→湖南省	杂货、纸、铁、木炭、米、桐油、夏布、雨伞、茶	洋货、药材

①② 外务省通商局:《通商汇纂》第130号,第51页。

续　表

编号	民船名	航行地名	载　货	
			入港货物	出港货物
⑨	小　驳	汉口←→湖南省浏阳、郴州、衡州	米、木炭、茶、纸、石炭、莲子	
⑩	巴　杆	汉口←→湖南省郴州、衡山	石黄（混合金属）、棕榈、肥皂	
⑪	麻　阳	汉口←→湖南省常德府	油、纸、石炭、米、夏布	

上表中列出的是以汉口为根据地的民船和来航汉口的民船及其航行范围和装载货物。

除上表之外，来航汉口的民船还有以下种类：

乌江子、沙鸼子、舠子、倒把子、毛板子、齐板子、长船、满江红（盐船）、车牌子、开舩、舵老、草鞋板、桐子角。①

除此之外，我们还可以见到很多名称、船型、载重量各异的民船。

关于民船的载重量，同报告书说：

大者可自由装载二、三千石，乃至四千石。②

一般的船载重量如下：

鸦船，大型船载重量一〇〇〇石，小型船载重量一〇〇余石

抚刀子、罗唐，大型船载重量一〇〇〇石

排子　大型船载重五〇〇至六〇〇石

柏木、麻雀尾，大型船载重一〇〇〇余石

钓钩，大型船载重一〇〇〇余石、小型船载重五〇〇至六〇〇石③

从上面的数据可知，载重量500—1 000石的民船是主流。

---

①②③ 外务省通商局：《通商汇纂》第130号，第51页。

除了上述主要从事商业活动的民船,在汉口附近还有连接汉口与武昌、汉阳的渡船。关于渡船,《广阳杂记》卷四中有:

> 汉阳渡船最小,俗名双飞燕,一人而荡两桨,左右相交,力均势等,最捷而稳,且其值甚寡,一人不过小钱二文,值银不及一厘,即独买一舟,亦不过数文。故谚云,行偏天下路,惟有武昌好过渡,信哉。

由此可见,连接汉阳与汉口、武昌的渡船船费及其低廉。

另外,《汉口丛谈》卷二中,对汉口渡船处附近的情况记述如下:

> 禹王阁柱接驾嘴渡口,郡民渡河,往来要道……接驾嘴,上下数里,商贾云集,五方杂居,尤为汉口市盛之区。

在汉口接驾嘴附近有渡船场,这对于需要渡过长江的人来说是一个很重要的交通要冲。在接驾嘴附近的南北数里之间,形成了聚集有很多商人的商业地区。

《汉口帝国领事馆报告》中,对渡船的描述如下:

> 渡船为官渡船,其质坚牢平稳,船底宽阔,每船容四十人,此地一带有渡船四十艘余,均属官渡局监督。①

由此可知,汉口的渡船是在官府的直接监督之下的。

关于水难事故等的救济船,《汉口帝国领事馆报告》中有:

> 各慈善堂所持救生船[称红船],亦有三十艘。②

几个慈善堂备有被称为红船的救生船。

(2) 民船的运营结构

那么,上面说的民船是如何从事运营的呢?下面欲从乘务人员及船主的经营等角度出发,考察民船运营的实际情况。

---

①② 外务省通商局:《通商汇纂》第 130 号,第 51 页。

(a) 乘务人员的构成

虽然关于各种民船船员的具体数量,目前还不甚明了,但从《汉口帝国领事馆报告》中可以窥知一般的情况。

> 虽说水手的数量,因船只大小不一而不尽相同,然五百石之载重,下水折合六、七人,上水时折合十二、三人。唯有来自四川之柏木船为特例,下水时二、三十人。上水时四、五十人。又,时按其载货情况,水流之如何,亦有增至百人之事。①

从上文我们可以知道,船只在具有落差的长江等河川上航行,顺流而下与逆流而上时所需要的船员的数量不尽相同。载重 500 石左右的民船,在顺流而下时只要船员 6—7 人便已足够,而逆流而上时则需要船员 12—13 人。但是从四川来的柏木船,从四川顺流而下至汉口时需要船员 20—30 人,从汉口回四川的时候则需要船员 40—50 人。

另外,在内有严如翌道光二年(1822)所写识语的《三省边防备览》卷五,《水道》中提到,从汉口向四川航行,还需要靠人力将船拉往上游的人夫。

> 在大江之水手,川江大船载客货由汉阳、荆、宜而上,水愈急则拉把手即牵夫愈多,每大船一只,载货数百石,牵夫必雇至七、八十人。

如上所述,这些人夫被称为拉把手或者是牵夫,载重数百石的大船需要雇用 70—80 名这样的牵夫。

在这里,欲将笔者于 2002 年 7 月 26 日在巴东县官渡口附近的神农溪县的经历,作为顺三峡而下时的实际例子列出。

神农溪全长 60 余公里,在巴东县官渡口流入长江。在这里,笔者乘坐全长 7 米左右的小型游览船逆神农溪而上约 4 公里。此船由 5 名居住

---

① 外务省通商局:《通商汇纂》第 130 号,第 52 页。

在神农溪流域的土家族男子,操桨橹驾驶。在河道浅水流急的地方,有3名男子下船后,用绳索牵引船只继续前进。下面的照片便是当时拍摄的。

顺长江支流神农溪而上(2002年夏摄影)

《帝国汉口领事馆报告》中提到,一般在往来于四川与汉口之间时:

> 上水取道内河,下水取道长江。①

从汉口回四川之际,不取航行困难的长江水路,而是利用长江以外的内陆河川。

关于船员的构成,《汉口帝国领事馆报告》记载如下:

> 水手之工资,以年而定者多。例为每月一吊至二、三吊,舵手至四、五吊为止,饭食一般由船主负责提供。②

由上面记述,我们可以知道民船经营结构的一般情况:

| 船主(船舶所有者) | 舵手(操舵者) | 水手(民船的下级船员) |

舵手工资较普通水手高大约1倍。另外,民船的船员由于其工作性

---

①② 外务省通商局:《通商汇纂》第130号,第52页。

质特殊,伙食费用一般由船主支付。

(b) 民船船主的经营状况

那么,民船船主又是如何经营水运航运的呢？关于这一点,《汉口帝国领事馆报告》中有:

> 近来效仿洋风,以亲族或朋友之醵金制造民船。但除宁波船外,这类经营方法在当地鲜有所闻,大体上以自己持有者为多。①

到了清末,民船由建造者的亲族或朋友提供资金建造,在船舶运营中的利润以出资金额的多寡分配的经营形态流行。但是,在来到航汉口的民船中,还是以自主经营的为主。

关于民船所有者——船主的经营内容,同书中有:

> 闻其造船之费用,五百石载重,船身制造费用凡六百吊,帆柱、帆、橹等一切器具约二百吊,合计需要八百吊。起工后经过二个月半,得进水。虽说若年年见时宜修理,则可以使用二十年,但不间断地勤加修理并非易事,故船只平均在造船后十年损坏。一般还清本利需要二年,但运气不好者,耗费三、四年以上才还清本利的亦不少见。②

载重量500石的民船,建造费用为800吊左右,造船需要耗费大约两个半月。造好的船,若善加修理维护,则其使用寿命可以达到20年。但是,一般的船,使用寿命在10年左右。船主收回造船时投入之资金及利息,约需要2—4年。

4. 汉口税关的民船船料

关于向民船征收的船料,《汉口帝国领事馆报告》有记录如下:

---

①② 外务省通商局:《通商汇纂》第130号,第52页。

民船出入之际,不但需要缴纳针对其装载之货物征收之厘金,还必须缴纳船料。船料由位于汉口通济门旁的汉口关以及位于桥口的宗关二局征收,但两关均不属汉阳府,而归武昌直辖。收税方法,总体而言,以帆柱为基点,量左右之宽度以确定船之长度,而实际的长度并不测量。以八寸四分之宽度换算为一尺长度,每一尺二百十文,依次向上推算,一丈长的船需缴税二吊一百文。上水之船在下水时征税,下水之船在上水时征税。又,由于一年之中,有清历十二月二十八日至同月三十日之间的三日,俗称恩关,税关与厘金局一同免除税金,故当此时,民船之出入甚多。其他若非悬挂外国旗或公用船只,并无船只能够免交上述课税。①

从上文中可知,汉口税关属于武昌府直辖,民船所需上缴的船料以帆柱位置船身宽度决定。船料在船出港时并不征收,而在其入港时征收。旧历十二月二十八日至三十日的三天,由于恩关,船料被免除,故入港的民船数量很多。

鸦柄(湖北船)②

---

① 外务省通商局:《通商汇纂》第 130 号,第 52—53 页。
②《民船》第 6 号,苏浙皖民船总会,1941 年,卷首照片。

5. 小结

以上,叙述了对长江重要商业城镇汉口的繁荣提供支撑作用的民船航运业。

以汉口为中心展开活动的汉口籍民船以及从各地来汉口的民船,促进了东至江西省,西至四川省,北至河南省、陕西省,南至湖南省的汉口商圈形成。这些民船在各地之间商品流通的过程中发挥了重要的作用。《帝国汉口领事馆报告》中有:

> 当口(汉口)水运之发达,实以汽船、帆船时常充当媒介,振兴贸易之故也。于此过程中,民船[该国制造,被称为"戎克"之船]之功劳,不可不为人知晓也。①

从上述报告中,我们可以知道:即便是在清末,航行能力很高的外国汽船进入长江流入的时候,作为民船的帆船,对汉口的繁荣仍然发挥着很重要的作用。这些帆船的航行能力也得到了很高的评价。

---

① 外务省通商局:《通商汇纂》第130号,第50页。

第4章　关于清代四川的民船航运业

1. 绪言

明代隆庆四年(1570)序,徽州人黄汴所著地理书《一统路程图记》中,收录了《北京至十三省各边路图》及《南京至十三省各边路图》,在这两幅地图中,记录了当时的中国国内主要水旱道路的情况。在图中,自东方至四川省的路线,有从西安府经由汉中府进入四川的陆路,以及由湖广省武昌府,利用长江水路经过荆州府、夔州府入川的水路。这两条路线的终点,均为四川省省会成都。从这个例子不难看出,在旧中国,陕西省方面的陆路和长江水运的水路,是从东方各省到四川省的最具代表性的道路。

咸丰三年(1852)十二月二十八日大学士管理户部事务祁窝藻等的奏折中有:

> 臣查夔、渝两关,上下客商来往,均以湖北汉阳府之汉口镇为总汇之区。①

---

① 中国第一历史档案馆《朱批奏折》,财政类,关税,MF21—2542、MF21—2543。

四川省在长江流域接近湖北省的夔州设有夔关,在重庆设有渝关。通过两关的船舶数量受来自下游汉口镇船舶数量的影响很大。咸丰二年(1852),太平天国的军队攻占湖南,这一事件对来往于汉口和四川省之间的船舶造成了巨大打击。同奏折中有:

> 弐年,粤匪由湖南窜扰湖北,汉阳、武昌相继失守,荆州、宜昌等府处处戒严。楚省商艘,不能贩货西来;川省商船,不敢冒险东下。①

咸丰二年(1852),太平天国的军队自湖南进攻湖北,汉阳、武昌相继陷落,荆州、宜昌等地戒严。湖北、湖南省籍船只不能运货到四川,而四川的商船也不敢冒险赴湖北交易。

从以上事例可以得知,四川省的航运,以长江航运为主,并且与下游湖北、湖南船舶航运有着紧密的关系。

乾隆二十四年(1759)八月谢鸣篁的《川船记》中有:

> 蜀道之难,人皆知之也。其于山也,复岭叠巘,断崖绝壁,横以铁索,悬以木栈。余耳得而闻之,目得而见之。

在清代,进入四川的陆路非常艰险,这是山岳众多造成的。因此,当时入川,一般运用水路。谢在《川船记》中还写道:

> 凡自东南入蜀者,皆直抵湖北之汉口,始换川船。

利用水路赴川的人,均在湖北省汉口换乘被称为川船的船只。

在清代四川省经济活动中的各种重要构成部分之中,有的已经在最近的研究中已经得到了解明②,但是,至今为止,对重要构成部分之一——水运的研究尚不充分。特别是,对四川省的航运活动的研究,至今为止未能取得进展。

---

① 中国第一历史档案馆《朱批奏折》,财政类,关税,MF21—2543。
② 山田贤:《移住民之秩序——清代四川地域社会史研究》,名古屋大学出版会,1995 年。
  山本进:《清代长江中上流域之商业网》,《历史学研究》,第 689 号,1996 年。
  孙晓芬:《清代前期的移民填四川》,四川大学出版社,1997 年。

因此,在本章中欲考察清代四川省水运活动的情况。

2. 清代四川的民船航运

乾隆二十四年(1759)谢鸣篁在《川船记》中写道:

> 川船大都以栢木为之,质最脆而制又不甚坚。船身长若干丈,尾高耸,头方平,中直,大者受千百石,小者五、六百石。船舱深若干,底面隘中宽,纳货于内,上覆以板,每板合缝处盛以木沟,使雨不得入。桡夫即以次旁立板,上夜则露宿。

四川的川船主要以柏木为材料,大船载重量千百石,小型的有五六百石。

严如熤的《三省边防备览》卷十四中引用了陈明申所写《夔行纪程》,其中可见有关四川帆船的记述:

> 川江之船,其名不一,不能备载,就见者记之。

如同上面史料所说,四川的帆船名字不统一,不能全部记录。所以,在此只能转引陈明申亲眼所见的帆船种类:

> 板跨子,内装门窗,安棹椅,上盖顶板为官船。次麻阳船,亦有门窗,此外厂船最大。螳螂头、柏木船,亦船之大者,身长舱深,可装重载。其次有吊钓子、爬网子、板头船等名。俱[筏]篷船,头至中舱,两傍安长木桡十余把至六七十把不等,船大载重,桡不胜水,则用大楫以五六人推摇,最小者有五板船,无篷即划子,其厂船、螳螂头、柏木船均带五板船为接纤上下度人之用。板头船,其稍上卷而歪,下水只推桡楫,船头用大木,稍与舵相应,上水则竖桅张帆,大船用纤五六十人,小亦二三十人,船头仍用桡楫,上拉下推,逆流而上,遇滩则合三四船之纤夫,百余人共拉一船,上滩再拉一船,名为并纤,纤道忽上。

在这里我们能看到的船名有板跨子、麻阳船、厂船、螳螂头、柏木船、吊钓子、爬网子、板头船、五板船、划子等等。这些船只在航行之际，需要牵引船只的纤夫，大型船需要纤夫50—60人，小型船也需要20—30人。如果没有纤夫的牵引，船只则无法逆流而上。

另外，关于这些船舶的航运，《三省边防备览》卷五，《水道》中有：

> 在大江之水手，川江大船载客货，由汉阳、荆、宜而上，水愈急，则拉把手即纤夫愈多。每大船一只，载货数百石，纤夫必雇至七八十人。夔门不过经过之地，至重庆府卸除，客商改雇小船，分往川北、川西南。其嘉陵、渠、潼、泸、涪等江，各有熟水道水手、板主，别雇而行。荆、宜所来，拉把手在重庆府河岸各棚，待下水重载之雇募。下水重船需水手较上水为少，每只多止三四十人，计重庆所至上水船每日以十船为率是水手来七八百人。所开下水船，每日亦以十船为率，是水手去三四百人，以十日总计，河岸之逗留不能行者常三四千人，月计万余矣。

在四川，逆流航行于长江之际，大型船只无法自力航行，必须要靠人力牵引。从事这项工作的人便是纤夫。纤夫也被称为拉把手。载重数百石的大船需要纤夫70—80名。夔门只是船只的经过之地，通过此地后船只到达重庆，货物再换由小船，由嘉陵江等水系运往各地。在换船之际，若非雇用熟知各条水路的水手或者板主，船只的航行会变得相当困难。

东亚同文书院出版的《中国省别全志 第五卷 四川省》第五编第四章的《民船》项中，列举了四川省内几条主要的民船航线：长江；在重庆与长江汇合的嘉陵江；经过成都，在宜宾与长江汇合的岷江；在泸州与长江汇合的沱江；在涪陵与长江汇合的乌江。可以确定，这些水路是四川省内的主要水路。

光绪十八年(1892)八月初四日湖广总督张之洞等人的奏折中有：

229

> 宜昌为川楚通衢,川盐商人均在该处聚集。自设立通商口岸以来,华洋杂处,益形繁盛。近来重庆开设新关,商贾行旅更倍。①

由此可知,宜昌是连接四川与湖北的要冲,运输四川井盐的船只都寄港宜昌。宜昌在光绪二年(1876)年《芝罘条约》签署后对外开放,在此之后不仅中国商人,还有很多外国也来到宜昌,呈现出一片繁荣的景象。到了重庆开港之后,聚集到宜昌的商人更是数量倍增。

宜昌位于湖北省西部,处于四川省的下游位置,是四川省帆船,赴湖北省汉口、湖南省、安徽省以及江苏省时的必经之地。关于寄港宜昌的帆船,《海关十年报告 宜昌 1882—1891》中有:

> 此地之戎克分为两大种类,即被称为"南船"、"南部"、"下扬子江"的帆船以及被称为"川河船"或是"下扬子江"的帆船。重庆与宜昌港之间的运输贸易,为扬子江上游的戎克独占。

由此可知,宜昌以上的长江水运业务为四川省的帆船所垄断。《海关十年报告 宜昌 1882—1891 年》第152页中有:

> 往返于汉口与宜昌及重庆之间,从事贸易的戎克数量约有2 500只。
>
> 其贸易总额约为每年2 000万海关两。
>
> 此地之戎克分为两大种类,即被称为"南船"、"南部"、"下扬子江"的帆船以及被称为"川河船"或是"上扬子江"的帆船。重庆与宜昌港之间的运输贸易,为扬子江上游的戎克独占。由于南部的戎克需要面对湍急的水流,所以吨位比较小。这些船舶的航运能力,受到宜昌至汉口之间长江宽度的限制。一般来说,在长江从事贸易的戎克种类有80种之多。但是,在宜昌只能看到如下24种。下面是来到宜昌的不同种类戎克的名称。

---

① 中国第一历史档案馆编《光绪朝朱批奏折》第102辑,第613页。

南船（九种类）

Po ch'uan（驳船）　　　　　Wu-chiang-tzu（巫江子）

Hsiao po（小驳）　　　　　Ch'iu-chiang-tzu（鳅江子）

Ya-shao-tzu（鸦楂子）　　　Man-chiang-hung（满江红）

Sha-wo-tzu（沙窝子）　　　Liu-tzu（溜子）

Pai-chiang-tzu（罗江子）

川河船（一五种类）

Ma-yang-tzu（麻阳子）　　　O-erh-tzu（鹅儿子）

Ma-ch'iao-wei（麻雀尾）　　P'ao-wo（扒窝）

Ch'en-po-tzu（辰驳子）　　　Hua-tzu（划子）

Ch'iu ch'uan（鳅船）　　　　Wu-pan（五板）

Ch'en-t'iao-tzu（辰条子）　　Chiao ch'uan（脚船）

Ch'en-pien-tzu（辰扁子）　　San-paan（三板）

Jao-pai-tzu（桡罢子）　　　K'ua-tzu（跨子）

Ku-yang-tzu（枯阳子）

上述的"跨子"是唯一适合于旅客运输的船只。其他的船，全部是为了适应货运需求而改造过的。戎克，为其主人即 pan-chu（板主）所有。商人为运输物品雇用戎克。关于戎克航行的主要目的地，四川省有重庆、万县、夔州府，湖北省有沙市，湖南省有长沙、常德、湘潭，除此之外还有汉口。戎克运输的物品由种类繁多的物品构成。它们从湖南的港口运来数量极多的米谷。从四川省运来大量的盐，这些盐也被输往沙市。

每一只戎克均持有以下证明书。即，港湾税支付收据与支付船舶税后得到的行船许可书。戎克板主还持有各厘金局、税关颁发的航行证书以及货物税收据。

一般而言，戎克的乘务人员有船长，或是板主、管事、管舱以及四名打扛子的成员组成。换言之，长江上游的戎克，需要2名外掌管、舵公、厨师、挠夫头以及一定数量的水夫以及牵引船只人夫。水夫及牵引船只的人夫数量，以船只大小及其航行的路线不同而各不相同。即，下航需要6至10人，上航时则需要很多的船员以及牵引船只的人夫，这一点在先前已有所提及。

宜昌的民船，大多数船型较小，鲜有超过60吨的。如果将每一艘戎克的资本金看作200海关两，那么在这个港口停泊的2 500只戎克，其资本总量则有50万海关两。

由此可知，来到宜昌的四川帆船多为不满百吨的小型帆船。

关于"川船"和"南船"，19世纪40年代的调查报告——胡成之著《长江中上游舟筏》①中有：

川船就是四川船的简称，主要是航行于重庆与宜昌之间，航行于宜昌以下的很少。运载川盐至沙市，下航再入运河销湖南各市镇，虽然不多，但间或也有下航运到芜湖的，是以运米粮为主要目的。川船又一名叫柏木船，因为造船材料是用柏木，构造很坚固，虽有三峡之险，也安然通过。四川多产桐油，桐油油上船身，可以加强船身及耐用。

川船类别也有种种。

"麻阳船"，船腹小，装置也比较普通船高，积重六〇〇至一〇〇〇市担。

"麻雀尾"，是川船中之大型船，船腹宽，容积可容三〇〇〇市担左右的不少。

"辰驳子"，尖型，特色是舵大，小型的叫做"五板船"，积重一〇〇市担左右。船行很快，多收容贵重货物与赶路旅客。

"毛鱼鳅船"，也是小型的。

---

① 胡成之：《长江中上游的舟筏》，《海事》1947年第1期，第37—38页。

"胯子船",专载搭客,名称也有种,大抵是因船舱之多寡而定。两舱的叫"两舱胯子",三舱的叫"三舱胯子",四舱的叫"四舱胯子",大形的船叫"桡罢子",舵很大,船身也笨重。

"扒窝子"是一条榀的民船,从中部到船腹部,都盖上涂桐油的竹席。

"艄麻阳"是中型的民船,这是最适通的。这些多是用柏木或楠木建造,船长八〇至一二〇尺,阔九尺至十二尺,船底统是平的。

由此可知,川船就是四川省船舶的略称,其种类有麻阳船、麻雀尾、辰驳子、毛鱼鳅船、胯子船、扒窝子、艄麻阳等。关于南船,该书中有:

南船是湖南船的简称,多集中于汉口。湖南是有名的产米地,素称为鱼米之乡。运出汉口时多用此船,因湖南富有造船木材,所以造船费是比较便宜的。

集中于汉口、沙市的南船有十多种,货物船大的叫做"小驳船",载重四〇〇至五〇〇市担,运载米、木炭、茶、纸、煤下航,回头就带些杂货、绵丝、棉布。

"麻阳船"往来常德、汉口间,也多运载货物。客船也有若干,但多载六市至八市担的小行李,吃水一、五尺至二尺,搭客七人至十二人。

"麻雀尾"、"大驳子"、"倒扒子"、"沙窝子"等都是货物船,湖南或长沙造的船叫"乌江子船",主要的是往来于汉口、长沙、湘潭之间,去时载米、豆、油、煤等,还时载棉花、盐、糖、火油、洋布等,积载量是二〇〇至五〇〇市担,水夫四人,至多也不超过七人。

由此可知,南船是湖南船舶的略称。在清代,于湖北省的汉口和宜昌,四川省的帆船一般被称为川船,湖南省的帆船一般被称为南船。

3. 清代四川航运业的展开

根据乾隆《四川通志》卷十六下《政权》中的记载,位于重庆府巴县的渝关是康熙四十六年(1707)设置的。夔关是于康熙六年(1667)年设置的。① 在两关中,夔关备受重视,四川巡抚都察院右副都御使张德地的题本中有:

> 夔关一税,为巴蜀下流总汇之区,昔年川货之出荆、襄,达武、粤,与夫各省诸货之入蜀者,无不道经三峡途出夔门也。②

夔关位于长江于四川省内的下游之地,从四川省到湖北,至江苏、广东方面以及从长江下游运至四川省内的物品都必须经过此关。康熙四十六年(1707)四川巡抚熊泰的上疏中有:

> 查川省地方山深林密,产木颇多。……臣查,重庆为川江上流要区,木植多由彼经过,而夔州府与楚接壤,俱系川东道管辖。③

由此可知,由于木材产量多,四川成为木材的重要产地。在四川省内,木材交易的中心以及重要集散地是重庆。

乾隆五年(1740)二月二十八日署四川布政使大理寺少卿高山的奏折中有:

> 川省夔州府一关,在省城东一千七百里,瞿塘上下,楚蜀咽喉,商贾必由辐辏。④

夔关位于省城成都以东1700余里的地方,位于三峡之一的瞿塘峡,夔关"乃川、湖孔道,商贾络绎"⑤,由于此地是湖北省与四川省的接点,所以商人众多,是一个很重要的商品的集散地。

关于雍正三年(1725)七月下旬至雍正五年(1727)二月四川省的渝

---

① 《四库全书》,上海古籍出版社,第559册,第682页。
② 同上书,第686页。
③ 道光七年(1872)刻本影印《夔州府志》卷十三,榷政,中国地方志集成,四川府县志辑,第152页。
④ 中国第一历史档案馆《朱批奏折》,财政类,关税,MF18—106。
⑤ 《明清档案》A86—28(4—1),乾隆三年(1738)十月二十八日,四川巡抚硕色揭帖。

关、夔关的税收,四川按察使程如丝的奏折中有:

> 臣窃见,关税之盈缩,由于商货之多少;盐茶之丰歉,由于抹井之荣枯。乃四川水土、所产荣枯不一,其地商货所聚多少。①

四川巡抚硕色雍正七年(1729)九月六日的奏折中有:

> 川省渝关征收木税……据经收关税之重庆府知府李厚望详称,木税之盈缩,视木植之多寡,而木植抵关之多寡,又视山水河流之巨细、米粮价值之低昂。②

由此可见,重庆的渝关是木材的重要集散地,渝关税收之多寡,在相当大的程度上受到通过该关的木材数量多寡之影响。

关于重庆民船航行的情况,《海关十年报告 重庆 1882—1891》中有具体叙述,现将其整理为表1列出。

表1　1882—1891年　寄港重庆民船船名表

船　种	容　量	出港地	装载货物	船员定员	船曳人数
厂口麻秧子	500担	涪州万县	一般	9—11	31—39
辰州麻秧子	600担	湖　南	木材	7	25
辰　边　子	400担	湖　南	一般	7	29
辰　驳　子	300担	宜　昌	一般	16	61
辰　条　子	1 200担	辰　州	一般	7	29
桥　眼　船	1 400担	竹根岸	盐	6	27
千　担　哥	800担	遂宁小河	一般	6	28
金　银　定	100担	内　江	砂糖、一般	2	4
秋　秋　船	100担	内　江	砂糖、一般	2	4
秋　子　船	30担	内　江	一般	2	3
冲　盐　棒	400担	内　江	一般	5	16

---

① 中国第一历史档案馆《朱批奏折》,财政类,关税,MF18—606,雍正年间奏折。
② 同上书,MF18—1480、MF18—1481。

续 表

船 种	容 量	出港地	装载货物	船员定员	船曳人数
厚 板	800担	涪州小河	盐、一般	5	22
小辰驳子	400担	巫山县	一般	5	19
桡 枂 子	300担	相 溪	一般	5	19
牯 牛 船	400担	云 南	盐	3	10
瓜 皮 船	300担	登景关	米、盐	2	8
贯 牛 舵	2 000担	合 州	盐	6	28
贵州麻秧子	800担	贵 州	一般	9	34
锅 铲 头	1 600担	泸 州	盐、一般	6	24
老 鸦 秋	1 200担	遂 宁	一般	5	22
柳 叶 帮	100担	内 江	砂糖、一般	2	4
橹 板	300担	开 县	盐	3	8
马 耳 哆	300担	重庆小河	一般	5	18
毛 板	300担	合 州	一般	2	3
毛 鱼 秋	1 200担	泸州小河	盐	5	22
南 河 船	800担	嘉定竹根岸	盐、砂糖、药剂	6	23
南板麻鸟尾	1 200担	重庆·宜昌	一般	18	73
鹅 儿 子	300担	归 州	一般	5	21
扒 千 船	20担	嘉定府	一般	3	……
扒 窝 子	200担	落 楼	一般	5	12
百 甲 头	200—300担	小 河	米	5	18
白板麻鹊尾	1 000担	重庆·宜昌	一般	12	50
半 头 船	70担	眉州小河	木材或旅客	2	3
三 板 船	1 800担	綦 江	一般	5	21
收口麻秧子	400担	万 县	一般	6	20
大 河 船	600担	叙 府	一般	5	17
太 红 船	200担	落 溪	一般	2	3
刀 口 船	600担	云 南	一般	5	17
提 篮 船	1 200担	五同桥	盐	6	24

续 表

船 种	容 量	出港地	装载货物	船员定员	船曳人数
钓钩船	1 000担	湖 南	一般	4	10
舵 龙	30—40担	上流域	旅客与杂货	2	4
舵龙子	400担	长寿涪州	米	5	18
草药船	300担	白 河	药剂	6	……
东瓜船	400担	泸 州	砂糖	4	18
乌江子	40担	湖 南	米	6	……
乌龟壳	400担	永 宁	盐	4	13
烟火船	800担	重庆小河	石炭	15	……
阴阳合	200担	遂宁小河	一般	3	4

数据来源:Decennial Reports,1882—91,113—115pp. Chungking。

自光绪十八年(1892)开始的10年之间,来到重庆并办理了通关手续的民船数量,在《海关十年报告 1892—1901 重庆》中有详细记录,现将这些记录整理为表2列出。

表2 1892—1901年 寄港重庆民船数

公 元 （中国历）	入港船只	入港吨数	出航船只	出航吨数
1892年 （光绪十八）	1 203	33 518	676	9 776
1893年 （光绪十九）	1 034	27 922	727	11 895
1894年 （光绪二十）	1 180	34 134	813	12 945
1895年 （光绪二十一）	1 200	36 881	917	17 237
1896年 （光绪二十二）	1 279	36 500	779	16 114
1897年 （光绪二十三）	1 444	49 036	767	19 408
1898年 （光绪二十四）	1 434	48 298	681	16 877
1899年 （光绪二十五）	1 894	76 009	1 014	24 878
1900年 （光绪二十六）	1 846	62 147	835	22 715
1901年 （光绪二十七）	1 483	50 542	937	24 902

数据来源:Decennial Reports,1892—1901 169p. Chungking。

从表1和表2中的数据中我们可以看到,在19世纪末,每年均有千余只民船来到重庆。这些船只中又以载重30—40吨的小型船舶为主。

由于有大量民船寄港,在重庆出现了专门从事民船运输的商行,那就是渝行。关于渝行,明治二十八年(光绪三十一,1905)的《扬子江汽船调查报告》①中有:

渝行者,出入四川货物之回漕商行之称谓也。其名称来自重庆之别名——渝城。

由此可知,在重庆有名为渝行的专业船行。

《中国省别全志 第四卷 四川省》中,保存了大正三年(1914)的调查报告:

如今,重庆的一家渝行,一年之中经营之下航壮旗船就有二百十一只,各种民船的数量如下。②

亦即是说,在重庆,有一家渝行,在一年之中向长江下游发送了212只民船。这些民船的种类及数量如下:

船 名	只 数	船 名	只 数	船 名	只 数	船 名	只 数
麻阳船	106只	五板船	39只	划 子	33只	辰 驳	17只
扒 窝	8只	舢 板	5只	桡阳子	2只	胯 子	1只

从表中可知,从重庆出发开往下游区域的民船中,麻阳船占据了很大的比例。关于麻阳船的载重等数据,在接下来的论述会详细说明。

明治二十一年(光绪十四,1888)11月的《通商报告》第88号至第92号中,收录了在汉口帝国领事馆报告《清国四川地方旅行日记拔萃》,在

---

① 大阪市立图书馆藏,尽记有本科生田岛繁二。大阪市立图书馆的登录印日号码为14965,日期为明治三十九年(1906)4月26日。
② 《中国省别全志 第五卷 四川省》,第321—322页。

这份报告中可以看到关于四川民船航运的记录：

> 船舶　上下于重庆、宜昌之间的支那船，其数量每年达几万艘，出入之货物若干，沿江之官衙，恐也不能知其数量。若要列举余于航行之中目击之大船（下航船船员十四人以上，上航船船员二十人以上之船舶）数量，每日平均十三艘半，即，余于十四日之间，睹大船百八十九艘。①

这份记录，作为描述了重庆、宜昌之间的民船往来状况资料，弥足珍贵。

明治三十年（光绪二十三，1897）1月26日发行的《通商汇纂》第60号中收录了明治二十九年12月10日在沙市领事馆报告《清国宜昌地方巡视报告》，这份报告对长江上航行的民船的航运状况有所提及：

> 由宜昌至重庆，运货船只所需人员数量因长江水量之丰枯多少有而不尽相同。但一般而言，大型船需要舟子十六人，其附属之五板船（作探路及救助用之船）需要舟子八人，需要曳手八十四人；中型船舟子十二人，五板船上四人或六人，曳手四十三人；小型船需要船员十人及曳手二十人（船员的工资，至重庆每人二两三钱，曳手每人二两，是为通例也）。另，至水流湍急之场所，大型船需增雇百五十人，中型船百人，小型船六十人（其费用大概每人八文）。枯水之时行程需二十日至三十日，丰水之时则需三十日至五十日。自重庆至宜昌，大型船要舟子七十人，中行船要四十人，小型船二十至三十人，无需另配曳手（舟子工资，除提供饭食外，仅一钱至六钱），船快则十日，慢则十七、八日到宜昌。客船，即跨子船，所需舟子及曳手较货船而言，所占比例少。②

---

① 《通商报告》第90号，明治二十一年（1888）11月19日，第16页。
② 《通商汇纂》第60号，明治三十年（1897）1月26日，第5页。

由此可知,航行于宜昌和重庆之间的民船,大体可以分为大型、中型以及小型三种,每种船在航行时所需要的船员及曳手等必须的工作人员数量也不尽相同。

大正十年(1921)5月,外务省通产局编《重庆领事馆管辖区域内状况》中,收录详细记录了重庆的经济情况等信息的报告书——《重庆领事馆管辖区域内事情》。该报告第十一章《交通与通信》,第一节《交通》,第一款《四川省》,第五项《民船》(第125—130页)中,对四川省,特别是以重庆为中心的民船航运相关信息有着颇为详尽的记述。该资料虽是民国时期的史料,但不失为很好的参考资料。现将其内容列记如下:

第五项　民船

(一)种类

民船之种类,大致如下:

(1)三峡之民船

因船种、船型、大小及所属地不尽相同,民船有各种名称。其中大者能载二千担(约一百吨)小者能载一百担内外。

船　种	载重量	所属地	备　考
白板麻雀尾	一、〇〇〇－二、〇〇〇	重庆、宜昌	用作挂旗船
收口雀尾	四〇〇	万县	同
南板麻雀尾	一、二〇〇	重庆、宜昌	同
麻阳船	三〇〇－六〇〇	同	同
辰驳子	四〇〇	同	同
鳅船	四〇〇	同	同
五板子	一〇〇	同	客船
舻子船	四〇〇－六〇〇	同	同
阴阳同	三〇〇	宜昌	一般货物
乌龟壳	八〇〇	重庆	石炭

续 表

船　种	载重量	所属地	备　考
马耳声	三〇〇	同	盐
厂麻口秧子	五〇〇	涪州、万县	一般货物
原板	八〇〇	涪州	同
舵龙子	四〇〇	同	米
小表驳子	四〇〇	巫山	一般货物
鹅儿子	三〇〇	归州	同
草菜船	三〇〇	泸州	菜
毛鳅	一、二〇〇	同	盐
锅钟头	一、六〇〇	同	一般货物
瓠船	四〇〇	同	砂糖
大河船	六〇〇	叙州	一般货物
贯牛舵	二、〇〇〇	合州	同
毛板	三〇〇	同	盐
烟火船	二〇〇	遂宁	一般货物
艚哥	八〇〇	同	同
老雅秋	一、二〇〇	同	同
南河船	八〇〇	嘉定	同
杖杆船	二〇〇	同	同
百甲头	三〇〇	同	米
牛头船	七〇	眉州	木材
乌江子	四〇	湖南	米
钓钩子	一、〇〇〇	同	一般货物
表边子	四〇〇	同	同
麻秧子	六〇〇	同	木材
牯牛船	四〇〇	云南	盐

所要水夫及曳夫之大概人数如左

船之大小	上 航		下 航
水夫	曳夫	水夫	水夫
二百担船	六人	二〇人	二〇人
三百担船	八人	三〇人	三〇人
四百担船	一二人	五〇人	三〇人
五百担船	一五人	六〇人	四〇人
七百担船	一七人	八〇人	七〇人

(2) 岷江之民船

船 种	长	幅	载重量
大四舱挂子航	一〇〇尺	一二尺	六〇〇担
三舱挂子航	八〇	一〇	五〇〇
三舱小挂子航	七〇	一〇	四〇〇
大南河船	八〇-九〇	九	五〇〇
五板船	四〇-五〇	七	一〇〇
小南河船	七〇-八〇	七-八	四〇〇
麻阳船	一〇〇	一三	六〇〇
小半头船	三〇	五	七〇-一〇〇
毛篷船	五〇	七	一三〇

其他

船种	载重两	船种	载重量
枭杆船	二〇〇	百甲头船	二五〇
大河船	六〇〇	草菜船	三〇〇
毛鳅船	一、〇〇〇	锅钟头船	一、五〇〇
瓢船	三〇〇	竹筏	-

(3) 沱江之民船

船　种	积载量	备　考
柳叶船	五〇-七〇担	客船
小河船	三〇	客货船
金银定	一〇〇	砂糖船
秋夕船	一〇〇	砂糖其他货物船
秋子船	三〇〇	一般货物船
冲盐船	四〇〇	同
瓜皮船	三〇〇	同
丕尻股船	盐一载	盐运搬船
木板船	二〇	客货船

(4) 嘉陵江之民船

船　种	积载量	船　种	载重量
毛板	三万斤	五板	一万五千斤内外
燕尾	三、四万斤	舵龙	七千斤
扒柁	一万斤	桃子船	一万五千斤
鳅子	二、三万斤	州帮	五万斤
老娃邱	四万-六万斤	强半	六万斤
三板	六、七千斤	扒湾船	四千斤
半头	二万斤内外	槛载	三千斤

(5) 涪江之民船

船　种	积载量	船　种	积载量
毛板	四〇担以下	贯牛	四〇担以下
舵龙	同	草叶	同

(6) 竹筏船、筏、马革船

(A) 竹筏船

在民船不能通行的岩石较多的溪流中充当交通工具。究其构造,乃将大竹二十五至三十根向并,以薄竹片捆绑相连而成。长约八间,宽约七尺,航行之际用棹驱动,颇为轻便。载重量两千斤。

(B) 筏

在竹筏船不能通行之小溪,以临时制作的小型筏充当交通工具。与竹筏上航下航时均可使用的情况不同,筏仅在下航时一次性使用,使用完毕后不再回收。

(C) 马革船

在雅砻江等激流上使用的革船。其特长是即便碰撞到岩石,船体也不会损坏。究其构造,乃以马革三、四张缝合而成,为方形或圆形,其状如囊,内部以竹材组合为支柱。可载三、四人,用作近距离渡船。

(D) 红船

救助于三峡遇难船只的救生船,俗称红船。由于该船船体与一般民船不同,被涂成红色,故名。追溯其沿革,系新滩附近商人李运奎于咸丰四年提倡设置,目前通行于三峡之上的红船有四十只,在各个险要之地,至少配置红船一只。其效力甚佳。①

该文中列举了航行于长江三峡、岷江、沱江、嘉陵江、涪江这五个水系民船。现将这五个水系的位置关系归纳为图1,列记如下。

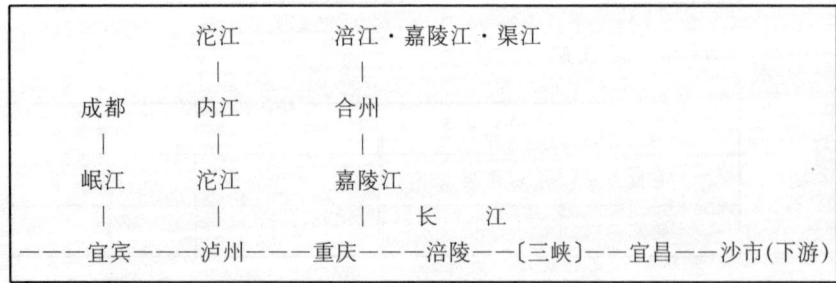

图1 四川省内主要水系略图

---

① 《在重庆日本领事馆管内状况》,外务省通商局,大正十年(1921)5月上梓,第125—127页。

从略图中不难看出,重庆是四川省内主要水系的最终汇合地。因此,航行于五大水系的船只中,有很多能在重庆看到。通过对比《海关十年报告 重庆》与《在重庆日本领事馆内状况》所见民船的名称可以证实这一点。《在重庆日本领事馆内状况》中关于民船运行的状况如下:

(二)三峡遇难民船数

三峡由来以天下航行之险着称,故每年民船遇难数量不少。具体如表:

年　　次	遇难民船数	湿货件数	漂流件数
大正三年(1914)	二八	三、六六四	一七五
大正四年(1915)	一〇	一、三七八	-

(备考)遇难地点以新隆滩为最多
　　　又　其中不少为受土匪之害

(三)船帮

上下于三峡之间的民船,其船头以四川、湖北人最多。上下三峡之民船船帮,即船头的行会如下表。

宜帮	宜昌人	渝帮	重庆人
庙帮	黄人[真邑]	临抚帮	江西临江抚州人
州帮	归州人	浙帮	浙江人
万帮	万县人	广帮	广东人
云阳帮	云阳人	保帮	保宁人
开帮	开县人	汉阳帮	汉阳人
忠帮	忠县人	外帮	专属外国商人者

(四)民船数量

可以推测,四川全省之大小民船合计二万只内外。时常来往于宣重间之民船数有一千余只。

（五）民船运输费用

宣重间民船之运费，由上航下航及丰水期枯水期有别而各不相同。又由情谊而定价者亦不少。大概标准如左。

(1) 上航运费

丰水期	每斤	二三文－二六文
枯水期	同	一七文－二〇文

(2) 下航运费

物种类	丰水期	枯水期
	两	两
陈 皮	一·二〇	一·〇〇
棓 子	一·〇〇	〇·八〇
牛 胶	一·三〇	一·一〇
大 黄	一·〇〇	一·〇〇
黄 姜	一·〇〇	一·〇〇
天 麻	一·〇〇	一·〇〇
		以上药剂
	两	两
牛 皮	二·〇〇	二·〇〇
羊 皮	一·二〇	一·二〇
丝 头	一·六〇	一·六〇
茧 巴	二·二〇	一·六〇
豚 毛	二·〇〇	一·六〇

续 表

物种类	丰水期	枯水期
头 发	一•四〇	一•四〇
棕榈丝	〇•八〇	〇•八〇
羊 毛	〇•八〇	〇•八〇
鹿 皮	一•四〇	一•四〇
青 麻	〇•三〇	〇•三〇
麦 子	〇•八〇	〇•七〇
白 糖	一•〇〇	一•〇〇
苎麻布	二•〇〇	二•〇〇
牛 油	〇•八〇	〇•八〇
木 耳	一•〇〇	一•〇〇
董 丝	一•四〇	一•四〇
山 丝	一•四〇	一•四〇
川 绸	一•四〇	一•四〇

(六)民船可航行水路(附汽船可航行水路)

从长江干流开始,民船可航行的水路纵横于域内。在此将长江干流与支流分开叙述。

水路别	小形汽船可航哩数	民船可航哩数	备考
1. 宜昌重庆间	四〇〇	四〇〇	
2. 重庆叙州间	三〇〇	三〇〇	
3. 叙州上流	一	二〇〇	
合 计	七〇〇	九〇〇	

长江支流

1. 岷江	小形汽船可航哩数	民船可航哩数	备考
(a) 干流			
叙州－嘉定	九七	九七	二九〇里下航一日半
嘉定－成都	－	一一八	丰水期小舟更可行至灌县
			下航三日半
(b) 支流			
青衣河	－	九〇	二七〇里
合　计	九七	三〇五	
2. 沱江			
泸州－富顺	六〇	六〇	未有汽船溯江者。
			八〇里
富顺－赵家渡	－	一九〇	五七〇里
合　计	六〇	二五〇	
3. 嘉陵江			
重庆－合州	六〇	六〇	八〇里
合州－昭化、广元	－	二五二	七五六里
合　计	六〇	三一二	
4. 涪江			
(a) 干流			
合州－遂宁	－	八三	二五〇里
遂宁－大和镇	－	三七	一一〇里
大和镇－潼州	－	三三	一〇〇里
潼州－中填	－	三三	一〇〇里
(b) 支流			
潼州－中江县	－	二三	七〇里
合　计	－	二一九	

续　表

5. 渠江			
合州－三汇	-	八三	二五〇里
三汇－东乡	-	五〇	一五〇里
三汇－巴县	-	六〇	一八〇里
合　计	-	一九三	
6. 黔江			
(a) 干流			
涪州－龚滩	-	一六六	四九八里
龚滩至上游	-	四〇	二〇里
(b) 支流			
渡头河	-	三〇	九〇里
中清河	-	四〇	一二〇里
合　计		二七六	
7. 綦江			
綦江－长江	-	三三	一〇〇里下航一日
松坎－蜿皮滩	-	三九	一一七里下航一日
合　计	-	七二	
总　计	小形汽船可航水路	九一七哩	
	民船可航水路	二,五二七哩①	

《在重庆日本领事馆管内状况》详细地记录了民船的航行状况。在长江流域三峡附近从事航运业的主要是四川人和湖北人，这一点引人注目。可以想象，以重庆人为中心的渝帮和以宜昌为中心的宜帮，占有三峡水运中的大部分份额。

在《在重庆日本领事馆内状况》第九项，重庆市内道路及渡船状况中，记录了重庆渡船的状况：

---

① 《在重庆日本领事馆管内状况》，第128—130页。

(二) 渡船

自重庆沿江之地横渡长江或嘉陵江至附近村落的渡船业比较发达。大致无不便之感。但渡船皆为小型民船——划子,故不仅在丰水期渡船航行要冒很大风险,而且风大浪高时,渡船一时绝迹于江面,亦是不得已也。

主要的渡船路线如下

(1) 自朝天门横渡长江至弹子石
(2) 自朝天门横渡嘉陵江至江北县
(3) 自千厮门至同上
(4) 自东水门至弹子石
(5) 自大平门至龙门濠
(6) 自金紫门至同上
(7) 自储奇门至海棠溪
(8) 自南纪门至同上

渡船费用因丰水期枯水期以及包船等因素而不尽相同。(以包船危险最少。)船费大致如左。

自东水门至弹子石

枯水期	包船		百五十文
	合乘	一人	十文
丰水期	包船		三、四百文
	合乘	一人	二十文－三十文

其他的路线可由此类推。但嘉陵江之渡船比长江的渡船便宜五、六成。①

如同《在重庆日本领事馆管内状况》中所指出那样,在 20 世纪之初,四川省共有 2 万余只民船运行于江河之上,而经常往来于宜昌和重庆之

---

① 《在重庆日本领事馆管内状况》,第 131—132 页。

间的民船数量达到 1 000 余只。

4．小结

综上所述,四川省的民船活动十分活跃。而这些民船的活动中,又以小型民船的活动为中心。这是由四川河流河道狭窄水流湍急这一自然条件决定的。另外,四川与下游地区之间的物资人员运输,主要是通过长江航运完成的。

前面业已提到,四川按察使程如丝在奏折中说明了关乎渝关、夔关的收入多寡的要因:

> 臣窃见,关税之盈缩由于商货之多少,盐茶之丰歉,由于株井之荣枯,乃四川水土所产荣枯不一,其地商货所聚多少。①

四川省内井盐及茶叶产量的多寡,对两关的收入影响很大。这里折射出一个事实,即四川省生产的井盐和茶叶,有很大一部分经民船运输至各地的。

但是,在长江航运中,有一个问题是不容忽视的——三峡之险。光绪十八年(1892)八月初四日湖广总督张之洞等人的奏折中有:

> 查,峡江之险,甲于天下。上自四川夔巫交界之涪石起,下至湖北东湖之虎牙滩止,计水程四百余里,险滩五十余处,行旅船只往来,动辄失事,夏秋尤甚,覆溺之患,无日无之。其情状惨不忍言。②

由此可知,航行于三峡之上,是极其困难的。这段航路,以四川省与湖北省省界为中心,从上游的夔州府开始,经过巫山、涪州、石砫,到达下游的湖北省宜昌府东湖的虎牙山附近,长约 400 里,也就是是 200 公里,

---

① 中国第一历史档案馆《朱批奏折、财政类、关税》MF18—606,雍正年间奏折。
② 中国第一历史档案馆编《光绪朝朱批奏折》第 102 辑,第 613 页。

路途中滩多路险,船只航行于上时必须十分谨慎和细心。但是,如同奏折中所说那样,虽然航行于三峡之上的船只时常遇险,但这条水路在清代内河航运中是一条不可或缺的必经之路。

第4篇
清代内河水运诸相

第1章 清代湖南的水运

1. 绪言

光绪三十二年(明治三十九,1906)正月十九日湖南巡抚庞鸿书的奏折道:

> 湘省南连黔、粤,多系山乡,北滨洞庭,向称泽国,共间平原,沃土只有此数。①

---

① 《宫中档光绪朝奏折》第22辑,台北故宫博物院,1975年,第769页。

湖南省连接四川省与广东省,山地很多。北部有洞庭湖,被称为泽国,拥有供广大的平原。

湖南省水运最大的问题点,是洞庭湖及湘江、沅江等随季节水位大幅变化的江湖中水量之多寡。光绪三十二年(1906)正月二十八日湖南巡抚庞鸿书的奏折道:"湖南水道……下游每值秋冬水涸,轮船即不能行驶"①,下游水域每年秋冬季节水量贫乏,轮船不能通行。关于湘水的水位,《大公报》第511号,民国六年(1917)2月1日的《本省新闻·湘潭要闻》道:"上年冬间。天久不雨,湘河水流浅涸……小火轮数月不能直通",由于干旱,湘水、湘河水位低下,轮船航行困难。

曾在湖南汽船会社担任过船长的小关世男雄②记载道:"风浪季、减水季之际,往往无如帆船安全快速者"③,洞庭湖"约为琵琶湖④之二倍。湖中仅有一条水路,作为河流残存,湖则化为一大平原。湖水过岳州与长江合流。其水或深或浅,丁冬季,深三英尺至一寻半乃至四寻,三四月之时,注入洞庭湖诸口之河水增加,洞庭之平原渐次呈湖水之景观。蜿蜒流过洞庭平原之河水没于水下,难认其所在,更无法以水流及水色识别。是为汽船帆船航行最困难之处"。⑤ 在这里,小关记述了实际从事航运工作的人以外无法知晓的事实,同时我们也能从中看出湖南水运的困难,以及比起轮船,轻便的帆船更适合在此地水运的情况。

在本章中,欲叙述湖南水运的相关状况。

2. 从1902年《清国洞庭、鄱阳两湖沿岸事情》看湖南民船航运

明治三十五年(光绪二十八,1902)《通商汇纂》第247号载有明治

---

① 《宫中档光绪朝奏折》第22辑,台北故宫博物院,1975年,第786页。
② 松浦章:《湖南汽船会社沅江丸船长关世男雄》,《环流》(7),2008年。
③ 小关世男雄:《海事要纲》,台北日本物产会社,明治四十年,第319页。
④ 日本第一大湖,淡水湖,面积约672平方公里——译者。
⑤ 小关世男雄:《海事要纲》,第327页。

三十五年9月18日在汉口帝国领事馆报告《清国洞庭、鄱阳两湖沿岸事情》,这份报告中第一部分是关于湖南省的报告,第二部分是关于江西省的报告。在关于湖南省的报告中,岳州与长沙之间的水路情况如下:

> 自岳州至长沙间,从来以民船之停泊处闻名之地方有鹿角、磊石、琴棋弯、土星港、荣田市、芦林潭、湘阴县、亳河口、靖港、新康、丁字弯、三义礁等,但其中除第一靖港,第二湘阴,第三芦林潭,其余地方仅为民船之停靠处,为供给民船之需要物品而成立,人家不过五六十乃至百余户之小地方。①

岳州至长沙之间的停泊地有靖港、湘阴、芦林潭。各港的情况如下:

> 靖港　去长沙六十清里之下游,人家二千余户,市街之规模、家屋之构造比他地颇大,作为米谷市场闻名。其他输入之物以杂货为重,为附近出入货物之小集散地。
>
> 湘阴　在长沙下游百二十清里,为临江之一县城,虽非以商业繁盛闻名,但其地为地方官之所在地,因此自备其体裁,乃仅次于前述靖港之市镇。
>
> 芦林潭　在长沙下游百五十清里,虽人家仅三百余户,但处航行于长沙、常德、岳州间船舶必经之处,乃是货物、乘客周转最便之港。②

靖港作为米谷市场闻名;湘阴是县城,在政治上地位重要;芦林潭是水上交通的岔路口。

航行于这条水路上的民船有:

---

①②《通商汇纂》第247号,第36页。

支那形帆船

船形种类	营　　业	船　　籍
满江红	多充官吏公用之乘船	淮河、湖北
把杆船	乘　客　用	衡山县地方
钓钩子船	多载石炭下南京、镇江 归程载盐而上	湘乡、益阳地方
小驳船	载石炭下长沙或汉口 归程载杂货,或供旅客乘坐	衡州、郴州 湘乡
倒扒子船	载米及石炭下汉口 归程载杂货而上,或供旅客乘坐	长沙、湘乡
乌扛子船	多往来于湖南各港 时载煤下汉口①	湘阴、新康

以上为各地方著名之民船,运输往来以右为重。

以上记载,记录了湖南地方的主要民船满江红、把杆船、钓钩子船、小驳船、倒把子船和乌扛子船及其活动领域以及作为民船基础的船籍地。

关于岳州到长沙之间的航行日数:

> 民船自岳州上长沙,顺北风,快则二日得达,通常则要五、六日。下行顺南风则一日得达。②

岳州和长沙之间有 174 公里③的水路,若得顺风,溯航之际需要二日;顺流而下需要一日。

关于在长沙的民船季节情况,同报告道:

> 帆樯林立,船舶密集之处,以大西门外及小西门外为最盛,当时

---

① ②《通商汇纂》第 247 号,第 37 页。
③ 长沙—岳阳水路为 174 公里。《湖南省内河航线里程图》,《中国交通营运里程图》人民交通出版社,1991 年,第 367 页。

见大型民船千二百余只,紧靠而泊。①

20世纪之初,在长沙有1 200只民船停泊。

关于长沙货物集散的情况,同报告道:

> 此地集散之货物,由附近地方并由湖南各内地,经水运向下集中,又再向下游地方运输,以及,自长江洞庭湖经湘江而上,分散至各内地之物品,亦暂时在此地集散。……目下于此地集散货物中,以上游内地附近出产货物,向下游各省转运之米、麻、布、差、纸、木材石炭等为重,自下游输入之物品,主要有盐、砂糖、丝织品、鸦片及外国各种杂货。盐来自淮安,丝织品自南京及苏杭州地方,经汉口而来,外国杂货总体自上海而至。②

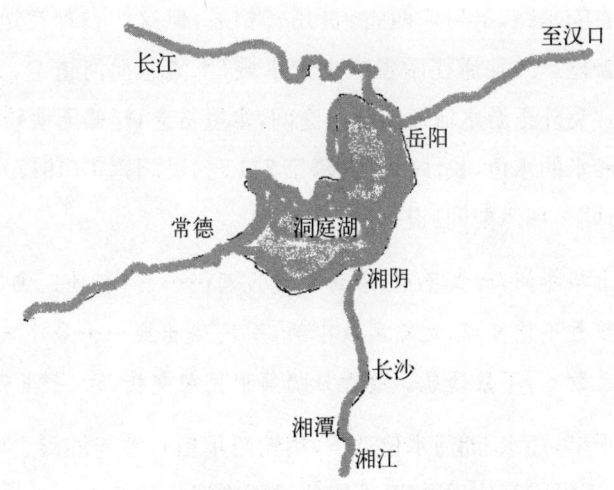

湖南省地图概略

民国二十年(1931)7月《湖南各县地理调查笔记》地理类中关于长沙与湘潭的轮船交通有着如下记载:长沙是"轮帆交通,民商称便,轮船可往来之地",湘潭"民船上通两广,下出两湖,其县西涟水下游"。

---

① 《通商汇纂》第247号,第37页。
② 同上书,第38页。

自岳州至湘潭间的轮船航运,是由洞庭湖水位决定的。前述在汉口领事馆报告的注记道:

> 目下值枯水之季,岳州以上由支那固有之民船接续。①

在枯水期,轮船很难在岳州上游水域航行,因此湖南的轮船航线停留在汉口与岳州之间。

湖南航路最大的问题点,就是河川水量之多寡。光绪三十二年(明治三十九,1906)正月二十八日湖南巡抚庞鸿书的奏折道:

> 查湖南水道,仅与广西、贵州相通,均系边远省分,贸易素非繁盛。且上游离河险狭,难容巨舰,下游每值秋冬水涸,轮船即不能行驶。②

湖南省的水路,虽与广西省、贵州省相通,但这两省都在边远之地,贸易并不繁盛。并且通往两省的上游水域,水流急而河道窄,大型船只通航困难。另外下游水域每年秋冬之间,水量贫乏,轮船无法航行。

关于湘水的水位,长沙《大公报》第511号,民国六年(1917)2月1日载《本省新闻·湘潭要闻》道:

> 上年冬间,天久不雨,湘河水流浅涸……长(长沙)、湘(湘潭)小火轮数月不能直通,运输须放中间,用民船积换……最小火轮,非有深四尺数寸,不敢通航。故近日仍须用民船交接,六、七里云。

由于干旱,湘水、湘河水位低下,用轮船承担长沙与湘潭之间的水运十分困难,不得已而使用民船,即帆船进行水运。

3. 日本领事报告中的民船航运

明治三十八年(光绪三十一,1905)3月30日在长沙领事馆分馆的报

---

① 《通商汇纂》第226号,第39页。
② 《宫中档光绪朝奏折》第22辑,台北故宫博物院,1975年,第786页。

告《清国湖南省湘潭商业视察复命书》中,记录湖南省水运之状况如下:

  交通 目下之交通机关,有汽船民船二种。汽船之中,湖南南汽船会社之沅江丸、湘江丸二只,定期往复于汉口、湘潭间;太古、怡和两洋行各一只(昌和、沙市),不定期往复于汉口、湘潭间。此外往复于长沙、湘潭之间之小汽船有三只。即两湖汽船会社所有之小汽船湘靖及在汉口清国人所有之江天、鸿升两只。上述三只小汽船,专于长沙、湘潭之间从事乘客运输,每日各汽船往复两地一回。其航行时间,上水,即由长沙至湘潭约五小时。下水,即由湘潭至长沙约要四小时。一个携带行李之旅客,其船费钱二百四十文。输送旅客数量,湘靖一日平均百七八十人,其他二只平均不过三四十人。此等诸小汽船,吃水有六七尺,入枯水期,长沙、湘潭之间之二滩即焦潭、泥鳅潭之水深仅二、三尺,故早早停止航行,较如湖南汽船会社保有的有特别构造之汽船,其航行期遥为缩短。尚,汉口、湘潭间之交通,岳州、湘潭间有数处浅滩,冬期枯水期间中,各滩水深均不过二、三尺,故每年冬期三、四个月间,汉口、湘潭间汽船之交通杜绝。①

湖南汽船会社在汉口、湘潭间的航线上与英国太古、怡和两洋行,长沙、湘潭航线与中国的两湖轮船公司激烈竞争。另外,冬季枯水期,由于洞庭湖水量造成的航行困难问题,每年重复不断。

大正十三年(1924)10月上梓的外务省通商局之《在长沙帝国领事馆管辖区域内事情》,第十章《交通及通信》,第一节《交通》道:

  本省水路四通八达,省内之交通自不必说,通往省外之交通亦得依赖水路。即由洞庭湖溯扬子江而上入贵州,依湘江通广东广西两省。②

同书第一项《水路交通》道:

---

① 《通商汇纂》明治三十八年第41号,第24页。
② 《在长沙帝国领事馆管辖区域内事情》外务省通所局,大正十三年,第100页。

261

> 湖南省水路交通，依洞庭湖及湘江、沅江、资江、林江联结沿岸各都市。①

以巨大水域闻名的洞庭湖，与流入此湖的湘江、沅江等水系连接，水路交通十分发达。

特别是关于湘江的民船交通，同书道：

> 常省西历一八九八年清国政府内河航运章程发布以来，航行自由。于其以前，悉以民船输送旅客货物。②

到湖南省19世纪末轮船航行自由化为止，使用民船（即帆船）的交通运输繁盛。

> 民船之运输，就其准时迅速且同时可从事多量之搬运等方面，终究不及汽船便利，其时有为天候左右，或浸水等之危险。但其运费低廉，特别是湖南省之河川，冬季减水县大，为接续运输，其间以民船运输为宜。或以民船，或以汽船，二者互不侵犯，广为运输之所用。湘江为湖南河川中之最大，出入湘江之民船，日日百只以上，其航行可能之区域，于丰水期达四百三十里，以湘潭、长沙、衡州等为其中心地。而于此等地方，民船所泊货物之装卸等相关设备，完备无憾。衡州与长沙之交通繁盛，丰水期一日出入之船舶达百只以上云云。是以其与长沙方面及郴州、长宁、永州各方面之商业交易兴盛之故也。③

由于轮船准时迅速以及可以同时进行大量运输，它的登场给湖南省的民船造成了巨大打击。但是湖南省的水路在丰水期和枯水期水位相差甚大，就此而言轻便的民船较轮船更为灵活。特别是由洞庭湖至各河川航行之际，民船极为有效。关于这一点，可以从下述同书记载的横山、

---

① 《在长沙帝国领事馆管辖区域内事情》外务省通商局，大正十三年，第100页。
② 同上书，第105页。
③ 同上书，第105—106页。

湘潭等地之民船情况得到了解。

> 横山为民船之通过地，一日通过数平均二十五只上下。又，渌口通过渌水至醴州，瓷器之运输兴盛，日达六十余只。
>
> 湘潭为民船之集合地，来集之民船众，外形长大之船数量众多，其停泊数平时达三千。各码头之设备于民船甚为方便，但于大型轮船则不甚方便。
>
> 在长沙由民船出入之物资商品亦多，较湘潭少，其交易上亦不可同日而语。

湘江流域湘潭上游的横山，作为民船的通过地，一天有约25只民船通过。如此算来一年间通过的民船数为9 000只。在湘潭的民船就更多了，平时就有3 000只民船停泊。长沙虽不及湘潭，但也有为主众多的民船来往。

关于自西方流入洞庭湖的沅江的水运，《在长沙帝国领事馆管辖区域内事情》中有：

> 常德，有沅江之长沙制成，乃省北产物之输出港，同时又是输入同地物品之集散地。而此等货物之运输，多依民船，其航行地方，于省内及汉口、沙市。
>
> 在常德之上游，通贵州之潕水之航行极盛，一年之内，十个月间，吃水三英尺之民船可航行至洪江，然通四川之交通不甚便利。仅吃水二英尺之麻阳船，得经酉水支流至秀山。①

沅江是洞庭湖西部最大的河流，其中心地是常德。沅江发源自贵州，所以民船可以通过这条连接贵州的水路航行至贵州。

> 往常德下游航行，由牛鼻滩入支流，再入洞庭湖西部，经澧水，利用运河达沙市。在汉口，下沅江，自龙阳县下游出洞庭湖，过芦林

---

① 《在长沙帝国领事馆管辖区域内事情》外务省通所局，大正十三年，第107页。

潭至岳州,复下扬子江。

辐辏桃园之民船达二百只,各船于丰水期可载百余担,枯水期可载七八十担,至贵州省境自此地上航至辰州八、九日间,下行则三、四日间足矣。

辰州以上洪江间约四百三十里,水量亦多,民船之航行甚显活泼之气。

在汉江,有竹舟江与干流之交汇点。交易兴盛,自辰州经七八日航行可至。民船之数,合来往铜仁及凤凰之民船,二百石以下之船不下千只。①

从常德往下游航行之际,从牛鼻滩进入支流,再入洞庭湖西部,经由澧水,由运河可以到沙市。往汉口,则经由沅江顺水而下,从龙阳县的下游入洞庭湖,经芦林潭、岳州进入长江。在桃源,民船辐辏,其数量达200

① 《在长沙帝国领事馆管辖区域内事情》外务省通所局,大正 13 年,107 页。

只。从各地而来的民船,丰水期载重 100 担,枯水期载 70—80 担往,贵州省。至辰州上航需要 8—9 日,下航需要 3—4 日。尤其是从辰州溯流至洪江的 430 里,水量很多,民船的航行活动极盛。在汉江与竹舟江的交汇点,交易兴盛,自辰州至此地约需航行 7—8 日,民船的数量,与至铜仁、凤凰的民船合计,200 石以下民船不下 1 000 只。

湖南常德　沅江河畔　1999 年 8 月摄影

关于洞庭湖:

民船集中于沅江,往复于沿岸都市及其他。与岳州之交通最为频繁,民船出入之数,日及五千只。[①]

[①]《在长沙帝国领事馆管辖区域内事情》,外务省通商局,大正十三年,第 108 页。

洞庭湖岸最大的港口是岳州,在这个地方一日有五千只民船出入。自广西流入湖南省南部,最后注入洞庭湖的资江:

> 江水急流多滩,宝庆地方最险。然往宝庆之水路交通,仅有资江可依,故今尚用此水流。自宝庆乘流而下,丰水期三日、枯水期八日……资水之利用,由宝庆分上下二段,以下游至益阳之七百八十里为主。大型民船得以通行,殊以水流之急,故依特别之构造与熟练之水夫,日可见百只上下。上游可供载重五十担乃至百担至民船通行,达武冈。①

资江的水流湍急,以宝庆地方最危险。但是赴宝庆地方,除利用作为水路交通的资江水运,别无他法。自宝庆顺水而下,丰水期需要3天,枯水期需要8天。资水的航运,其主要部分是宝庆下游至益阳的780里。在这里大型民船得以通航,但因水流湍急,船只有着特殊构造,并且需要熟练的水夫操船。每日可见100只民船航行。上游,可供载重50—100担的民船航行至武冈。

从江西省向西流入湘江的渌水是醴陵县唯一之水路,此地的民船活动情况如下:

> 醴陵之民船出入数,一日五十只以上。这些民船即便下航亦不用帆,依劳力而行。②

湖南省西北部的澧水流域耕地很多,"其交通运输专依水运"③,澧州与上游的石门之间在丰水期利用载重100石的民船,枯水期利用载重40石的民船进行运输作业,由石门再往上游至慈利、永定、桑植,则用载重约20—50石的民船。④

综上所述,湖南省正如其名字一样,包含着巨大的湖泊——洞庭湖,洞庭湖流域有多数河川注入,在这些河川上,可以看到各式各样的民

---

①②③④《在长沙帝国领事馆管辖区域内事情》外务省通所局,大正十三年,第108页。

船在活动。

4．小结

　　湖南省的民船活动即便到了20世纪前半期也不容忽视。这一时代的情况,保存在国民政府粮食运销局在民国二十三年(1934)以油印本形式刊行的调查记录《湘桂粤三江民船运输调查》[①]一书中。

　　根据这一调查报告,长沙的民船,属于衡州帮的小驳船约有1 000只,这些民船载重约10—20吨。属于祁阳帮的白水船约700只,这些船的载重约17—20吨。属于永州帮的把杆船约有600只,载重5—15吨。属于常德帮的神州船约800余只,载重20—80吨。属于津市帮与沅江帮的倒扒子民船约700只,载重从6—7吨到20吨不等。这些在长沙的民船,合计起来将近4 000只。虽然民船形状各异,故不能将所有民船等同看待,但湖南省数量如此巨大之民船,长期作为运输工具,活动在人们的交通以及物流领域。

附:《湘桂粤三江民船运输调查》(粮食运销局)上海图书馆藏

　　长沙民船运输情形

　　一、组织——长沙船舶组织可分二次,一为船行,一为船帮。船行组织均为合股资本不过千元,在地方上无大实力,且负责之信用能力,亦属有限。船行对于各船户或则深知底蕴,往来较密,或则临时报到,令具铺保而后托运。长沙船行在昔为数本多,施以铁路修筑,各货多趋于车运,致船行业务日渐衰落,故最近较昔之船行,只小西门之石复兴一家。其负责人为李佩南,营业线路则北至湘阴南

[①] 据上海图书馆藏《湘桂粤三江民船运输调查》(粮食运销局、民国23年(1934年)(图书编号:线普长50395)。该书虽未注明刊行年月,但根据内容可判断其出版年份应为19世纪20年代前半。本章末尾摘录该书中一部分。

迄衡州,熟悉船户有四五百只。船帮则因地域之不同而分为衡州帮、祁阳帮、永州帮、常德帮、津市帮、沅江帮等,其有组织者,则仅衡州祁阳及永州三帮。衡州帮由船户公权常务委员一人负责,现任常委为黄建候。祁阳帮及永州帮由船户公劝经理一人,现任经理为曾金鉴。二者因已合而为一矣。

二、船舶——长沙船舶可大致为五类、如左。

1. 小驳船多属衡州帮,为数约千只,载重约二十吨至十吨。

2. 白水船多属祁阳帮,为数约七百只,载重约十七吨至二十吨。

3. 把杆船多属永州帮,为数约六百只,载重约五吨至十五吨。

4. 神州船多属常德帮,为数约八百只,载重约二十吨至八十吨。

5. 倒扒子多属津市帮及沅江帮,为数约七百只,载重约六七吨至二十吨。

船舶造费,大者约一千五六百元,小者约七八百元,每三年一大修,约需一百八九十元,每年小修一次,约需七八十元。使用年限,若维持得法,可至二十年之久。

三、船员——船舶佣用船员方法,多以年计。工资每月六元至八元,有零支者,亦有按月发给者。伙食则船主俱给,普通载重五吨左右之船舶,需船员五六人,十吨左右者则需八九人。

四、运价——由长沙至汉口,若利用火轮,则每吨约六元,小水时候价收费,约十元左右。若利用民船,则九元左右即可。由长至衡每吨约三元至三元五角,粮食运销局曾与衡属船业工会订定水运合约,每吨国币三元一角,大水时则可酌减,每吨约二元四角左右。由长至永亦可直达,每吨约七元六角。

五、能力——由长至汉间,民船既多,载重又大,且有火轮行驶,故运输能力极大,约略计之,则每日数百吨之运输能力绝无问题。由长至衡,船只百吨之运输能力上无问题,兹者已与衡属船业工会订定合同,每日供给运输能力一百吨,遇必要时并可随时增加。

六、货运情形——长沙本地除米粮外,甚少其他之出产。其运之货物多由他处蜂回,普通由长沙南运者,多为米、煤、桐油、纸张等,每月运量约四万石左右,大宗货运多由客商自佣船只,由船商家直接负责,并不经船行或船帮之手。

七、码头仓库——长沙为南北水运要道,故大小西门沿江一带,码头极多。粮食管理,帮别之不同,复可分为四段,即:

1. 自太古码头至义码头属新码头江西帮,帮首为彭振才,所属有三八〇人。

2. 自金家码头至日清码头属大金码头江西帮,帮首为罗永吉及朱义福二人,所属有三五〇人。

3. 自义码头至回龙巷属汽船码头长沙帮,帮首为黄桂盈、龙求生及孟少林三人,所属有五五八人。

4. 自椭码头至普济公司属小码头长沙帮,帮首为彭松云、胡维臣及谭冬生三人,所属有四五〇人。

搬运费规定每石四分、皆可随时佣用。

长沙仓库设备甚佳,计湖南省银行省仓库二所,交通银行有仓库五所,聚兴诚银行有仓库二所,另松记等十一家,各有堆栈仓储能力约四十万石,多分布于大西门小西门,米每石收费四分六厘六毫,皆可随时交涉存仓。

八、其他——长沙空船行驶毫无捐税,只卸货时须纳相相当贸用,其他数额以货价大小而定。谷米出境,则每石须纳检验费五角。

(以下略)

第 2 章 清代福建产茶叶输出的集散地之一
——江西河口镇：水运与陆运的接点

1. 绪言

18世纪以后,茶叶作为中国的大宗出口商品,经由广州被出口到欧洲。武夷山南麓,即福建省一侧的武夷山麓,是茶叶的生产地之一。此地生产的茶叶经由陆路,穿越山脉,由福建省输往江西省,到达信江沿岸的河口镇,再通过江西省内水运,即沿信江而下至省会南昌,溯自南方的广东省流向北方的赣江而上,至江西省南安府(今大余),再度穿越山岭经梅关至广东南雄州(今南雄市),然后利用水运至广州①,最后于广州装上外国船只向海外出口。

在清代,福建茶经由广州向欧美出口,需要经过众多集散地,江西省的河口镇便是这些集散地中非常重要的一个。从茶叶产地武夷山至河口镇的道路,是茶叶运输过程中的重要道路。因此,笔者认为有必要赴铅山县河口镇进行实地调查。笔者于2001年8月27日,利用参加于福

---

① 波多野善大:《中国近代工业史之研究》,东洋史研究会,1961年,第二章《中国出口茶之生产构造——鸦片战争之前》,第86—144页。

建省武夷山市举办的第九届国际明史学术讨论会的机会,雇用汽车从武夷山市出发,至江西省铅山县的河口镇访问。从武夷山茶叶的一大集散地——武夷山市星村到铅山县的盘山公路大概有113公里长①,由于是山路,所以单程所需时间长达3小时。

在本章中,欲结合上述考察经历,叙述清代以及现在河口镇的情况。

2. 清代的河口镇

江西省的河口镇在清代是该省四大市镇之一。②

明治四十年(1907)在长沙帝国领事馆报告《江西之商情》,《过去现在之商情》中有:

> 乾隆以来,天下升平,各地之商情极旺盛,殊江西,介于福建、广东、湖南、安徽之间,颇呈繁华之商况,是为所谓江西商人基础之所作。当时之物产,以景德镇之瓷器为最,吉安、赣州之商人,多以鬻卖景德镇瓷器起家。各地之都市中,除景德镇外,临江府之樟树、南昌府之吴城,为较繁华之地。

> 樟树在吉安、南昌之中间,东连抚州、建昌,西通瑞州、临江、袁州。吴城濒扬子江,临鄱阳湖,溯流而上百八十清里至南昌,顺流而下百八十清里至湖口。凡民船自南昌而下,自湖口而上,必经此地。故货物自广东运往扬子江,必先于樟树集中,其后由吴城输出;自湖南、湖北、安徽、江苏入扬子江之货物,于吴城集中之后至樟树,分于各路贩卖。而当时西洋杂货之供给,皆仰广东,加之漕折之制未改,至每年米谷运送时期,樟树、吴城,实呈帆樯蔽江之景观。③

这段纪录,描述了清代江西省强势市镇的繁荣景象。

---

① 参阅《中国交通营运里程图集 新世纪版》,人民交通出版社,2001年,第119、125、128页。
② 松浦章:《关于清代大黄的销售路径》,《关西大学东西学术研究所纪要》,第23辑,1990年,第50页。
③ 《通商汇纂》明治四十一年第2号,明治四十一年1月13日发行,第64—65页。

前面提到的四大市镇中,以世界闻名的景德镇瓷器的原产地景德镇为首。景德镇位于江西省东北部,在清代属饶州府浮梁县。其次是樟树镇。如江西巡抚郝硕在乾隆四十三年(1778)闰六月十七日的奏折中"临江府属清江县所辖之樟树镇地方,实为水陆冲衢,商民杂处,奸良莫辨,弹压稽查,最关紧要"①的描述那样,樟树镇是水陆交通便利,商民云集之地。该地位于江西省省会南昌西南部,清代属临江府清江县,作为药材市场负有盛名。关于吴城镇,江西巡抚海成在乾隆四十二年(1777)七月十六日的奏折中道:"吴城镇五方杂处,商贾云集。有弹压地方,查拏匪窃之责,非强干之员,不能为理。"②如奏折所述,吴城也是云集各地商贾之地,所以有发生各种事件的可能性,因此在委派官员时必须遣处理问题能力较强的人物。吴城位于连接长江流域的鄱阳湖西侧,赣江流入该湖的河口处,在清代属南昌府新建县。

与上述三镇并列的,就是河口镇。《江西之商情》,《各市场情况中》中有.

> 距广信府府城西方七十清里之地为河口镇。人口约八万,其物产为泗纸,年额在百余万元之上。③

位于江西省东部信江之滨的河口镇,在清代属广信府铅山县。关于河口镇的研究甚少,在日本也未被注目。④

---

① 《宫中档乾隆朝奏折》第 43 辑,台北故宫博物院,1985 年,第 802 页。
② 《宫中档乾隆朝奏折》第 39 辑,台北故宫博物院,1985 年,第 390 页。
③ 《通商汇纂》,明治四十一年第 2 号,第 67 页。
④ 徐晓望:《河口考察记》,《中国社会经济史研究》,1986 年第 2 期,第 100—105 页;徐晓望:《明清闽浙赣边山区经济发展的新趋势》,傅衣凌、杨国桢主编《明清福建社会与乡村经济》,厦门大学出版社,1987 年,第 193—226 页;徐晓望:《清代江西农村商品经济的发展》,《中国社会经济史研究》,1990 年第 4 期,第 30—40 页;萧放:《论明清时期河口镇的发展及其特点》,《江西师范大学学报(哲学社会科学版)》,1989 年第 3 期,第 62—67 页;施由民:《清代及近代河口镇的茶叶贸易》,《农业考古》1993 年第 2 期,第 204—207 页;在波多野善大:《中国近代工业史之研究》第二章《中国出口茶之生产构造——鸦片战争之前》的《向广东之运输》(第 118—120 页)这一小节,能够看到河口镇的地名;陈慈玉:《近代中国茶叶的发展与世界市场》,《现代经济探讨丛书》,"中央研究院"经济研究所,1982 年,第二章第一节第三小节《茶叶产地至通商港的路径》(第 38—41 页)中亦提及此问题。

河口镇的迅速发展,和其作为武夷山茶的集散地,可以方便地利用江西省内航运将茶输往广东有着很深的关系。从一般的思考出发,武夷山生产的茶叶利用武夷山南麓阳溪、建溪、闽江等航运至福州集散,再利用沿海航运到达广州这一路径更加便利,但经由这一路径的运输直到《南京条约》签订后的五口通商时代才为清政府所允许,在此之前武夷山的茶叶不得已而经由江西省运输。

在清代,自福建省经由江西省至广州,需要50—60日。五口通商之后,武夷山茶经由内陆航运至福州,春季需要4日,秋季需要8日,再自福州经海路运往广州,需耗费14—15日。①

由于上述原因,河口镇成为武夷山茶叶的一大集散地。
1911年上海东亚同文馆的实地调查记载:

> 河口镇顾名思义是一个镇,位于大型民船上航之终点,乃上下货物转运的集散地。又因此地乃连接江西与福建、浙江方面的交通要衢,往时商业颇为殷盛,故该镇与吴城镇、景德镇共称江西三镇。长江轮船通航以来,江西省西南部一带之商业份额为长江附近地方所夺,因此逐渐衰落。但是,如前面所说,该地为江西通往福建、浙江方面的交通要道,因此其作为商业重镇的地位至今仍未完全丧失。②

河口镇在长江通航轮船之前的帆船时代,盛极一时。管辖河口镇的广信府的地方志同治《广信府志》卷一之一,《疆域》中有:"河口镇、三十里距府城(广信府)、计水程八十里"③,河口镇距广信府有三十里水路的距离。该记载下有注:

> 江浙闽粤商贩丛集,船只暂泊。④

河口镇也是自江苏、浙江、福建、广东而来的商人暂泊船只之地。关

---

① 波多野善大:《中国近代工业史之研究》,第119页。
② 《中国省别全志 第十一卷 江西省》,东亚同文会,1918年,第103—104页。
③④ 同治《广信府志》(一),中国地方志丛书,中华地方第106号,成文出版社,第61页。

于这一点,同治《铅山县志》卷三,《地理·津梁·福惠河》中有:

  福惠河,在县治二十五都,即河镇之小河。(中略)嘉庆十九年,同知彭昌运劝捐修复,改名福惠河。(下略)①

原为河口镇的小河的福惠河,于嘉庆十九年(1814)由铅山县同知彭昌运主导修复,并以"福惠河"命名。

这位彭昌运写下的记录,清楚地描述了河口镇的情况——同治《铅山县志》卷三,《地理·津梁·福惠河》条下,有名为《彭昌运记》的附录,该附录道:

  河口居信江之西南隅,日中为市,懋迁者皆资水利,舟楫帆樯,信水既通之。②

经确认,该记录为嘉庆十九年时铅山县同知彭昌运所书。从这条记录可知,十九世纪前半期河口镇的繁盛,与通过信江水路的帆船运输有着极为密切的关系。

乾隆八年刊《铅山县志》卷一,《地理·疆域》中有:

  河口镇,县西三十里,即古沙湾市也。当信河、铅河二水交会之冲,在汭口九阳石之上,商贾往来,货物贮聚,隐然为县西之保障。明万历间,石佛寨巡检司何清奉文驻扎河口。今仍之。按河口之盛,由来旧矣。(中略)货聚八闽川广,语杂两浙、淮扬。舟楫夜泊,绕岸灯辉。③

另外,乾隆四十九年刊《铅山县志》卷二,《都鄙·市镇》中有:

  河口镇,县西三十里,即古沙湾市也。当信河、铅河二水交会之冲,在汭口九阳石之上,商贾往来,货物贮聚,隐然为县西之保障。

---

① 同治《铅山县志》(一),中国方志丛书,中华地方第911号,成文出版社,第285页。
② 同上书,第185页。
③ 乾隆八年《铅山县志》(一),中国地方志丛书,中华地方第909号,成文出版社,第67页。

第2章 清代福建产茶叶输出的集散地之一

明万历间,石佛寨巡检司何清奉文驻扎。乾隆四十年,改驻湖坊,移军粮分府驻扎于此。①

同治《铅山县志》卷二,《地理·疆域·镇》中有:

> 河口镇,县北三十里,即古沙湾市也。当信河、铅河二水交会之冲,在汭口九阳石之上,商贾往来,货物充物,为阜通利用之取。明万历间,石佛寨巡检司何清奉文驻扎。乾隆四十年,改驻湖坊,移军粮分府驻扎于此。②

河口镇位于信河于铅何交汇处,航运便利,来自各地的商贾云集,大量物资在此集散。因此在明代万历年间驻有巡检司,乾隆四十年(1755)驻有驻防官。

河口镇旧名沙湾市,现就此作若干讨论。

明代嘉靖《铅山县志》卷三,《图籍·镇》中,有对汭口镇及紫溪镇③的记载,却无沙湾市或河口镇之相关记录。

康熙二十二年刊《广信府志》卷三,《地舆志·坊乡·铅山之乡》条中有:

> 沙湾市,县西三十里。④

另外康熙二十二年《铅山县志》卷一,《疆域·市》中有:

> 沙湾市　县西三十里,即河口。当信河、铅山二水交会之冲,汭口、九阳石之上,舟楫凑泊,商贾往来,货物贮聚,隐然为县西之保障也。荷为八闽孔道,商贾贸迁,络绎不绝。今路由仙霞,市廛萧条,大非昔日矣。⑤

---

① 乾隆四十九年《铅山县志》(一),中国地方志丛书,中华地方第910号,成文出版社,第70页。
② 同治《铅山县志》(一),第138页。
③ 嘉靖《铅山县志》,天一阁藏明代方志选刊续编(四六),第68页。
④ 康熙《广信府志》(一),中国地方志丛书,中华地方第918号,成文出版社,第282页。
⑤ 康熙《铅山县志》(一),中国地方志丛书,中华地方第908号,成文出版社,第45页。

275

河口古镇古称沙湾市,近信河、铅河的交汇处,适于舟运,所以商船、商人、货物等多于此地汇集。但是自连接福建省与浙江省衢州府江山县的仙霞关开关之后,其繁华程度大不如前。同条相关的编者注释中有:

> 传曰:"时地盛衰,岂不以数哉"。石塘、河口铅二镇也,石塘以造纸为业,河口为八闽孔道,贾客贸迁,货物铺陈,昔之市镇颇丰,而近少替矣。(中略)河口原恃闽货为生涯,近因取道仙霞,遂分河口。今来者,皆肩挑小贩与拨浅小舠,歇店有人而牙行掣肘,铺舍有名而贸易无实。一值公务,如取船采买之属,不至雇贴数金,牵连数百家不止。又闽中迁民去住不测,每难防范。呜呼二镇,盛衰之理,大概见矣。①

康熙二十年代,铅山县石塘镇与河口镇是该县具有代表性的市镇。石塘镇造纸业发达,而河口镇作为连接福建的商业市镇而发展。

从上述记载可知,河口镇在清代以沙湾市的名称兴起,至康熙年间以河口镇的名称闻名。

乾隆时十八年刊《广信府志》,《地理·疆域·信江》中有:

> 信江一道,水路。(中略)至河口镇三十里,距府城计水程八十里。②

这条记录下的注释说:

> 江浙闽粤商贩,丛集茶叶、烟、各货,聚集大小船只亦多停泊。③

江苏、浙江、福建、广东商人贩运的茶叶、烟草、竹笋等货物在此地集散,因此大小不一,为数众多的船舶沿江停泊。

同治《广信府志》卷一之二,《地理·物产》中有:

---

① 康熙《铅山县志》(一),第45—47页。
② 乾隆《广信府志》(一),中国地方志丛书,中华地方第919号,成文出版社,第120—121页。
③ 同上书,第121页。

> 今建安之茶,多取道铅之河口镇,而铭实无佳茗。①

福建省建宁府建安县生产的茶叶,与武夷茶一样被输往河口镇。在河口镇有为数众多的物资集散。

同治《铅山县志》卷六,《建置·公廨》中有:

> 湖坊巡检司在石佛寨,万历间移驻河口。国初,仍之。至乾隆三十六年,奉文改驻今地。②

同书卷六,《建置·河口公署》中有:

> 分防同知署在河口一堡官山沿乾隆三十九年奉文建。③

湖坊巡检司原本在石佛寨,乾隆三十六年(1771)奉文移驻河口镇,乾隆三十九年(1774),分防同知属也在同地建立。伴随河口镇的兴盛,大量人口聚集,防备的需求也增加了。很明显,驻防官署是为了对应这一情况而设置的。

雍正十二年(1735)三月初一日署理江南总督印务赵弘恩的奏折中有:

> 广信府界,连闽浙安徽三省,而广信、铅山二营,仅共官兵七百八十余员名,分防一府七县,似觉汛广兵单。④

虽然广信府是连接福建省、浙江省与安徽省的要地,但只有广信与铅山两处兵营,仅有的780余名官兵,负责管辖一府七县。这一情况,在18年后仍无大变化。乾隆十八年(1753)五月十一日署两江总督江西巡抚鄂容安之奏折中有:

> 铅山英河口汛,离营三十里,该地与闽省之崇安县连界,为水陆往来要道。原防外委把总不足以资弹压,且防兵十名,巡察难周。

---

① 同治《广信府志》(一),第115页。
②③ 同治《铅山县志》(二),中国地方志丛书,中华地方第911号,成文出版社,第444页。
④ 《宫中档雍正奏折》第22辑,台北故宫博物院,1979年,第676页。

(中略)河口地方实属水陆冲要,原设弁兵,势力单薄,难资防范。①

乾隆五十六年(1791)和珅等人的题本也提到这个情况:

广信府河口镇……该镇地当冲要,五方杂处,分防弹压,非精明强干之员,不克胜。②

和珅等人的题本,为了唤起朝廷对河口镇防备必要性的认识,明确指出了该地作为与福建省崇安县相接之水陆要冲,日益繁忙的情况。然而现有防备未应时而变,极为薄弱。

对河口镇防卫,在嘉庆年间也是同样重要的。嘉庆十年(1805)十月初二日桂庆等人的题本道:

广信府同知分防河口镇,地当冲要,五方杂处,系冲繁难,三项相兼要钦,非精明强干之员,不克胜任。③

由于河口镇有着"冲"、"繁"、"杂",即交通要冲、作为商业市场的繁忙、大量三教九流人士集散的特点,所以在防备上非常困难。

另外,关于石佛寨,同治《铅山县志》卷二,《地理·疆域·寨》中有:

石佛寨,县治西南九十里,山高地峻,洞如峡口,接邵武府光泽界,山洞中有怪石,如佛因名。(中略)万历间,迁立河口,乾隆四十年仍迁湖坊。④

石佛寨在武夷山脉之中,在清代与崇安县(现武夷山市)西南部相接,设于邵武府光泽县境之处。

同治《铅山县志》卷二,《地理·疆域·镇》的按语道:

按河口之盛,由来旧矣。货聚八闽川广,语杂两浙淮扬。舟楫

---

① 《宫中档雍正奏折》第5辑,台北故宫博物院,1982年,第326页。
② 《明清档案》A261—41(5—1),1992年。
③ 台北"中央研究院"黎氏语言研究所藏明清史料,登陆号115642。
④ 同治《铅山县志》(一),第145页。

夜泊,绕岸灯辉,市井晨炊,沿江雾布,斯镇胜事。①

河口镇的兴盛,是福建、四川、湖南、湖北之货、物到此集散的结果。因此,此地两浙两淮、扬州等地方言混杂。夜间停泊的船舶,灯火照亮两岸。另外城镇早晨的炊烟,如同雾布一般笼罩着河川。这里,描述了河口镇兴盛繁荣的景况。

除此之外,有关河口镇的盛况,可从同治《铅山县志》卷七,《建置·附各会馆》的记载中窥见一斑:

全福会馆 在河口一堡。乾隆二十四年建,道光二十四年毁。(中略)重建,同治十一年,(中略)重修。

永春会馆 在河口三堡小河沿。嘉庆九年,重建。(下略)

山陕会馆 在河口一堡后街。道光三年,山陕客商重修。(下略)

旌德会馆 在河口三堡小河沿。嘉庆七年,阖邑士商倡建。咸丰间被焚毁。同治九年复重建。(下略)

浙江会馆 在河口三堡。乾隆三十八年,重修。(下略)

南昌会馆 在河口三堡。嘉庆二年(中略)重建。

建昌会馆 在河口四堡。乾隆十四年,(中略)建。(中略)嘉庆十二年(中略)重修。

徽州会馆 即文公祠、在河口三堡郑家街。新安士商公建。

昭武会馆 在河口三堡。道光三年(中略)重修。

赣州会馆 在河口一堡。嘉庆十五年(中略)建。道光二十四年被火焚毁,合郡士商重建。(下略)

吉安会馆 在河口一堡。道光二十五、同邑诸人倡募重建。(下略)

临江会馆 在河口三堡。道光二十六年、阖郡士商倡募鼎建。(下略)

---

① 同治《铅山县志》(一),第139页。

贵溪会馆　在河口三堡。咸丰十一年、被粤匪焚毁遗址尚存。
公输子祠　在河口三堡。程公祠前。
中州公所　在河口三堡油麻滩。
瑞州会馆　在河口三堡小碛衖大街。(下略)①

从以上材料可知，明确记录了创建、重建年代的会馆中，以于乾隆十四年(1749)，由与管辖河口镇广信府西南部接壤的建昌府籍人士修建的建昌会馆为最早。接下来分别是福建省籍人士创建于乾隆二十四年(1759)的全福会馆，乾隆三十八年(1773)重修的浙江会馆，嘉庆七年(1802)由江西省会籍人士修建的南昌会馆，同年由安徽省宁国府旌德籍人士重修的旌德会馆(旌德是与徽州府北部相邻的县)，嘉庆九年(1804)由福建省西南部籍人士重建的永春会馆，嘉庆十五年(1810)由江西省南部籍人士修建的赣州会馆，道光三年(1823)由山西商人、陕西商人重修的山陕会馆以及同年重修的福建邵武府的绍武会馆等。在材料中，公输子祠虽无详细说明，但奈良行博指出，山西省的晋祠中存在着公输子祠。关于公输子祠，奈良说："(公输子祠)是十分少见的祭祀职业神的祠堂，《晋祠志》中说，该祠是营造晋祠的工匠们为自己修建的祠堂。"②因此不难想象，河口镇的公输子祠应该有着某种作为工匠职业会馆的机能。

众所周知，会馆、公所，正如"此会馆公所，乃支那商人坚强团结，维持信义为一之机关。"③所说，对于中国的商人是非常重要的机关。从河口镇拥有14个会所，1个公所以及1个祠堂的情况，不难窥见河口镇作为商业市镇而繁荣的一端。

据东亚同文书院的调查，自信江下游至河口镇，河川宽阔，水流颇大，但大型帆船往浙江省方向溯流而上极为困难。

---

① 同治《铅山县志》(二)，中国地方志丛书，中华地方第911号，成文出版社，第523—525页。
② 奈良行博：《道教圣地——中国大陆踏查记录》，平河出版社，1998年，第85页，c—9。
③ 《支那经济全书》第二辑，东亚同文会，1907年，第539页。

明代的路程书《天下水陆路程》卷七,《四江西城由广信府过玉山至浙江水》道:

江西至玉山水缓,夜有小贼,可防,无风浪之险。铅山河口之上,滩多水少,船不宜重。①

由此可知,自铅山县河口镇以下流域,适合于大型帆船航运。

1793年(乾隆五十八)作为英国国王乔治三世全权大使谒见乾隆帝的马戛尔尼在回国之际,自浙江省经由江西省至广州的途中,便通过了河口镇。其归国途中,自浙江省常山至江西省玉山,利用了水路。其间行程,借坂野正高之翻译列记如下:

1793年11月21日(星期日)上午10时,由陆路踏上旅程。途中,于作为浙江省与江西省省界的建筑物中用餐。接下来,经过不到9小时,走过24英里的路程,到达玉山县。关于行走之方法,或是骑马,或是乘坐有顶的轿子,或是乘坐无顶的轿子,一行绅士诸君,均可选择自己喜好的交通方式。②

"11月23日(星期六),从玉山县出发,沿河而下。河宽80码,河水浅,流速快。两岸是绝壁,岸边树木茂密生长。"③

"11月23日(星期日)昨夜,我们继续乘船前进,但由于最近下雨,发生了极浓的烟雾,弥漫于大气的一面,因此,即便河流比先前宽,河水比先前深,在航行过程中仍然时有险情发生。船屡次撞上暗礁,时而突然发出声音,互相碰撞。"④

11月24日"正午,我们停止于名为河口的巨大、华丽的村落。该村建于水边,对岸连绵着丘陵,形状像一排倒立的拳球,十分怪

---

① 杨正泰校注《天下水陆路程·天下路程图引·客商一览醒迷》,山西人民出版社,1992年,第203页。
② 坂野正高译注《中国访问使节日记》,平凡社东洋文库227,1975年,第180—181页。
③ 同上书,第182页。
④ 同上书,第184页。

异。丘陵主要以黑色岩石构成,从岩石裂缝中,生长出数颗大树。小船乘坐舒适且便捷,但没有足够的空间来很好地装载行李"。①

从上述马戛尔尼的日记中,不难看出发源于浙江省与江西省省界处的信江,在玉山附近河道狭窄,水流湍急,暗礁很多。但到了铅山县的河口镇,水流平缓,水位深且河道宽,适合于大型帆船的航行。

信江经过河口之后,再经过贵溪、鹰潭,流入鄱阳湖。

河口镇成为利用内陆河川的水运,特别是利用大型帆船之水运的一个终结点,以至于其成为物资集散的起点,这都是由地理状况决定的。关于这一点,Robert Fortune 在 A Journey to the Tea Countries 中说:

> 这个被称为 Hokow,或 Hohow(河口镇)的南中国城镇,是帝国最重要的内陆城镇之一。这个镇位于北纬29度54分,东经116度18分,在我旅程中顺流而下经过的 Kin-keang 河(信江)左岸。若与其他的城镇对比,从这个城镇的大小来看,该镇人口大概有30万人。这里是最大的红茶贸易市场,来自中国各个地方的商人云集。有的是来买茶,有的买了茶后运至其他省份或地区。
>
> 在这个城镇中,大型宿舍、茶行、仓库随处可见,又以信河沿岸最为密集。并排停泊于城镇的舟船数量庞大。小型的有一人用的客船,公用的大型客船与官人用的船则用华丽的旗子装饰。
>
> 在这些船的旁边停着用于将茶或其他商品运往东边的铅山或西边的鄱阳湖的运输船。与上海、苏州等沿海繁荣城镇相对,Hokow(河口镇)是西部内陆的繁华城镇。②

由此可知十九世纪后期河口镇的繁荣景象。

---

① 《中国访问使节日记》,第184页。
② Robert Fortune, *A Journey to the Tea Countries of China; including Sung-lo and the Bohea Hills; with a short notice of the East India Company's tea plantaitions in the Himalaya Mountains*,1852, Mildmay Books, London,1987, pp.202—203.

接下来欲叙述信江流域之帆船。《商贾便览》卷二,《各省船名样式》中,可见江西省的帆船名。在此,将有关信江流域之帆船样式名称列记如下:

> 刁子船,广信人架多。其船大小不一。大的七八个仓,小的只四个仓。头高艄尾,撬起如竖高招牌样。
> 弋阳鱼船,似刁子,艄尾更尖小,略矮些。
> 提划子,弋阳人架多,略似刁子,艄尾更大些,尾竖矮些。
> 两仓小剥船,上饶、铅山、玉山俱有,似弋阳鱼船样。
> 罗荡子,贵溪、安仁俱架,其船两头一样平,极尖,小船,大小不一。

从这些反映行驶于江西省内河信江之上的帆船的记录中可知,刁子船是其中最大的。刁子船大小不一,大的有七、八个船舱,因此来航河口镇附近的帆船中,向下游行驶的恐怕就是刁子船。停泊于河口镇的帆船,其景象可从《铅山县志》的《河口镇图》(图2)窥知一端。

《中国省别全志》1910年左右的调查中有:

> 河口镇又云狮江,是对岸高六七十尺之岩石屹立,其形状恰如狮子之故。此镇古来盛于商业,以信江流域之中心地而闻名。而今,受汽船航行于长江之间接影响,以往自此地运往闽粤之地之货物逐渐减少。码头凡十六个,其中二个位于对岸,自下游数起,分别是大王庙、建昌、蒋家、贵溪、抚州、新桥口、大桥口、马四墈、五埠墈、巴家、大金家墈、小金家墈、官埠头、天后宫,对岸的是庙完和中洲,均为与河口联络的渡船码头,庙完码头虽小,但常有四、五只渡船停泊。……码头是用石块堆积建造的。此附近水深十尺,市街比河岸高十五尺至二十尺。①

---

① 《中国省别全志 第十一卷 江西省》,第253—254页。

虽然乾隆四十九年《铅山县志》所收《河口镇图》中看不到埠头的名字,但是从《中国省别全志》的记录中可知,河口镇一侧有14个埠头,而在河口镇对岸有2个埠头。书中所说河口镇附近的信江水深约3米,市街比江面高数米,堤防以石块堆积建造,这一情况与河口镇的现状一致。

关于河口镇的官埠头渡,乾隆四十九年《铅山县志》卷三,《建置·津梁》中有:

> 官埠头渡　在河口镇。客籍邹隆先捐义渡置田三十亩,赡渡修船,立户输粮,嗣以要津,一舟接送维艰,复募增三舟,往来利济焉。①

官埠头渡是靠其他地方出身的邹隆先捐义田收获运营的渡船。

那么,河口镇与福建省武夷山市之间陆路情况如何呢。

3. 从崇安县星村镇到河口镇的路途

① 从崇安县星村镇到河口镇的路途

同治《广信府志》卷一之二,《地理·山川·碉堡》中有:

> 铅山为八闽门户,车马之音昼夜不息。②

江西省铅山县有通往福建省的重要陆路。

清代的路程书《天下路程图引》卷一,三一,《南京由铅山河口至福建路》中有:

> 铅山县、分水关、赤土铺、杨源铺、黄柏铺、渭墩铺、竹方桥、乌石街、分水岭、黄连铺、大湾街、大安驿、南岭、小将铺、杨家庄、姚岭铺、沙湾、军牙岭、崇安县。③

由此可知,自分水关开始,每十里有一个驿铺。从分水关到崇安县

---

① 乾隆四十九年《铅山县志》(一),第211—212页。
② 同治《广信府志》(一),第94页。
③ 杨正泰校注《天下水陆路程·天下路程图引·客商一览醒迷》,第405页。

共计一百八十里。在这本路程书中,记录了从南京出发,经由江西省铅山县至福建省会福州的道路情况。

左宗棠同治五年十月的奏折中有:

> 闽省出产茶叶,先仅崇安县属之武彝山一带,故有武彝茶之名,历在该县设官征税放行,之后有再经过各关者,仍令照例输税。①

如同奏折中所说那样,崇安县以武夷山一带省产的武夷茶而闻名。

关于武夷山南麓省产的茶叶经由江西省运往广东省的行程,可参考 Chinese Repository Vol. Ⅷ, June, 1839, pp. 132—168 中收录的"Description of the tea plant; its name; cultivation; mode of curing the leaves; transportation to Canton; sale and foreign consumption; endeavors to raise the shrub in other countries."一文。该文被翻译成日文,即《支那丛报》第八卷所收《茶树总说》,现将其内容摘录如下:

> 欲将福建及江西生产之茶叶运往广东,就其路线而言,除翻越广东省北部梅岭的路段以及从茶叶产地的山岳地带运往乘船处的短途陆路,其余均为水路。……
>
> 茶被安全地包装后,再以筵包裹,加上记号后往前面的星村集中,再由此地运往贵溪的河口。贵溪是发源于武夷山,流入鄱阳湖的河流。而这些茶中的一部分,经由陆路运往位于鄱阳湖东南方的货物集散地——河口,不过发源于武夷山,并且流入鄱阳湖的不止贵溪这一条河,还有很多小河流,茶叶中的一部分,应该是由这些河流被运出的。从星村到河口镇有 210 里,从河口出发,通过鄱阳湖到省城南昌府有 495 里。②

这里所说的星村现在属于福建省武夷山市。发源于武夷山脉的北

---

① 左宗棠《闽省征收起运运销茶税银两未能定额情形折》,同治五年十月初八日,《左宗棠全集·奏稿(三)》岳麓书社,1989 年 9 月、158 页。
②《支那丛报》第八卷,丸善株式会社,1942 年,第 224—225 页。

溪河在武夷山市崇阳镇附近成为崇阳溪,继续往下至建阳市后成为建溪后流入经闽江,经由省城福州后流入大海。星村位于流入崇阳溪的九曲溪上游。九曲溪溪谷现在有漂流的旅游项目,故有很多观光客造访。漂流的出发地就位于星村镇。①

从上述资料可知,清代经由广东向欧美诸国出口的福建省武夷山茶,大都是在星村集中后经由陆路运往江西省的河口镇的。

关于这一点,中国学者说:"康熙初,我国茶叶开始出口欧洲,以至茶成为英国人的必需品。嘉庆时,清廷禁茶出海南运,安徽、福建等地的茶集中到江西铅山县河口镇的茶市,由此沿信江而西,转入赣江,再南下大庾岭,用人力担过梅岭关,再由南雄沿北江到广州,经十三行商人出口。长途转运,商人仍有利润。"②安徽、福建的茶叶被输送至广州,和清朝的政策有很大关系。另一方面,则是由于英国对茶叶需求量的扩大。乾隆四年(1739),英国的东印度公司购买了大量被称为 Bohea 的武夷茶。③

关于武夷山省产的茶叶为何不经由闽江水系出海后运至广东,而是利用江西省内陆河川运至广东,这也和清朝的政策有关。嘉庆二十二年(1817)两广总督蒋攸铦的奏折中有:

> 福建之武彝茶及由安徽入浙江之松罗茶,为西洋夷人必需之物。而各夷中又惟英吉利销售更多,从前商人悉由江西内地贩卖来粤。④

看来福建武夷山茶经由江西省运至广东是一个传统惯例。

---

① 参照《福建省地图集》,福建省地图出版社,1999 年,第 58—59 页;《武夷山旅游地图》,福建省地图出版社,2000 年第 1 版第 2 次印刷。
② 许涤新、吴承明主编《中国资本主义的萌芽》,《中国资本主义发展史》第一卷,人民出版社,1985 年,第 331 页。
③ H. B. Morse, *The Chronicles of the East India Company trading to China* 1635—1834, 1925, Vol. I, p. 268. 中国海关史研究中心组译《东印度公司对华贸易编年史(1635—1834 年)》(第一、二卷),中山大学出版社,1991 年,第 268 页。
④ 《粤海关志》第 18 卷,茶之禁。

> 嘉庆二十二年七月二十六日内阁奉上谕,蒋攸铦奏请严禁茶叶海运一折,闽皖商人贩运武彝、松罗茶叶赴粤省销售向由内河行走。①

由此可知,蒋攸铦奏请严禁福建茶经由海运输往广东,而是经由江西省内陆河川运输。这一奏请于嘉庆二十二年(1817)七月二十六日得到嘉庆帝的确认。

但是,较内陆运输而言,海上运输远为方便,因此海上秘密运输也非常兴盛。这一点可以从福建浙江总督董教增的奏请中知晓:

> 嘉庆二十四年十二月十八日奉上谕,董教增奏,闽省厦门洋船请仍贩运茶叶一折,所奏甚属非是前此闽浙等省贩粤茶叶,多由海道运往。经蒋攸铦以洋面辽阔,漫无稽查,恐有违禁夹带等弊,奏请仍照旧例,改由内河行走,业经明降谕旨,通行饬禁。②

嘉庆二十四年(1819),茶叶经由陆路运输的方针再次得到确认。道光元年(1821)五月二十八日的上谕中有:

> 江海关出口茶船与闽广浙之船,可以利涉深洋者不同。……凡北赴山东、天津、奉天等处茶船,仍准其纳税放行。其向由内河行走输税者,照旧禁止出洋。③

由福建、广东、浙江船经由海洋南下运输茶叶的禁令仍未解除。

② 崇安县星村的茶叶集散

关于武夷山茶叶生产,嘉庆十三年(1808)《崇安县志》卷二,《物产·货属·武夷茶》中有:

> 山中土气宜茶,环九曲之内,不下数百家,皆以种茶为业,岁所

---

① 参照《嘉庆道光两潮上谕档》第22册,广西师范大学出版社,2000年,第261页;《仁宗实录》第322卷,嘉庆二十二年七月戊辰(二十六日)条。
② 《嘉庆道光两潮上谕档》第24册,第664—665页。
③ 《嘉庆道光两潮上谕档》第26册,第220页。

产数十万斤,水浮陆转,鬻之四方,而夷茗甲于海内矣。①

武夷山市九曲溪附近适合茶树生长,生产茶叶的茶农有数百家,而他们生产的茶叶则经由水陆道路被输送至各地。

嘉庆《崇安县志》卷一,《风俗》中有:

> 星村茶市,五方杂处,物价昂贵,习尚奢淫,奴隶皆纨袴,执事江西及汀州人为多,漳泉亦间有之。初春时,筐盈于山,担属于路,牙行佛宇,几欲塞破;五月后,各赍余橐,聚赌宿娼,转瞬成空饥寒,并至鼠窃狗偷,往往而有甚者,白昼攫金,聚啸岩穴,不可不预防也。②

来自各地的人们云集崇安县星村的茶市,其中又以来自江西省、与江西瑞金接壤的福建省中西部汀州人最多。另外来自漳州以及泉州的人也不少。农历初春时节,装茶的箩筐漫山遍野,运输茶叶的挑担塞满道路,前来交易的牙行等也很多。到了五月,人们用卖茶得到的金钱大兴赌博嫖娼之事,所得金钱在转瞬之间即被挥霍一空。可见,每年定期在崇安县星村举行的茶市活动,也令社会风俗发生了变化。

武夷山从宋代开始生产茶叶,到了清代中期的嘉庆年间,其名声不仅为全国所知,更是扬名于海外。星渚,即星村是作为武夷茶的茶市而繁荣起来的城镇中最大的一个。③

嘉庆《崇安县志》卷一,《风俗》中有:

---

① 嘉庆《崇安县志》卷二,第15页。本书中引文引自海图书馆所藏本(图书编号:551822—31)。吴觉农主编《中国地方志茶叶历史资料选辑》,农业出版社,1990年,第323页。彭泽益主编《中国近代手工业史资料》第一卷,中华书局,1962年,第303页也列出了这段文字。
② 嘉庆《崇安县志》卷二,第15页。本书依据上海图书馆所藏本(图书番号:551822—31)。《中国地方志茶叶历史资料选辑》,第322页。《中国近代手工业史资料》第一卷,第303—304页也有引用,书中注明引自嘉庆《崇安县志》卷一,第3—4页,《风俗》。
③ 《中国地方志茶叶历史资料选辑》,第322页。《中国近代手工业史资料》第一卷,第303、304页收录的嘉庆《崇安县志》卷一风俗条中有:"武夷以茶名天下,自宋始,其时利获未薄也。今则利源半归茶市。茶市之盛,星渚为最。初春后,筐盈于山,担属于路,负贩之辈,江西汀州及兴泉人为多,而贸易于姑苏、厦门及粤东诸处,亦不尽皆土著。"上海图书馆藏嘉庆《崇安县志》卷一中无此记事。

> 土产茶最多,乌梅、姜黄、竹纸次之。客商携资至者不下数百万,而民不富,盖工作列肆皆他方人,崇[安]所得者地骨租而已。①

对于武夷来说,茶叶生产是一个很大的产业。商人们从各地携带巨资来购买各种土产,但当地人却不富裕。这是由于赚走大部分钱财的工匠商店经营者等,皆为外地人,崇安得到的只有土地租金而已。

另外,关于武夷茶叶的生产、运输的变迁,在民国三十一年(1942)的《崇安县新志》卷十九,《产物》中有简短记述:

> 清初,本县茶市在下梅、星村,道咸间,下梅废而赤石兴。红茶、青茶向由山西客(俗谓之西客)至县采办,运赴关外销售。乾嘉间,销于粤东。五口通商后,则由下府、潮州、广州三帮至县采办,而转售于福州、汕头、香港。②

为了武夷山生产的茶叶,连山西商人都来到了崇安。他们买到茶叶后,想必是经由陆路到达江西省铅山,再经从河口走水路到汉口,最后通过陕西、甘肃方面,将茶叶贩运至长城以北的。乾隆、嘉庆年间,茶叶主要通过内陆运至广东,但是到了五口通商之后,茶叶则经由闽江水系运往福州,再经由海运运往广东省北部的汕头以及香港方面。

关于茶叶在星村的集散情况,《中国省别全志 第十四卷 福建省》第六编,第一章,《福建茶》中有:

> 福建生白眉为武夷茶,在崇安县武夷山麓生产的占大部分。在武夷山麓上的星村,以及距离城外十五里的赤石街,茶栈鳞次栉比,至生产茶叶之季节,除本地茶客外,临时设立福州茶商的茶叶收购站,购得茶叶到手后包装运往福州。虽说星村不过是一个小村,但

---

① 嘉庆《崇安县志》第1卷,第3页,《风俗》。引文来自上海图书馆所藏本(图书编号:551822 — 31)。《中国地方志茶叶历史资料选辑》,第322页,《中国近代手工业史资料》第1卷,第304页也引用了这一条,但是文字有所移动。在本稿中,引用上海图书馆藏本。
② 同治《崇安县新志》,中国方志丛书,华南地方,第238号(2),成文出版社,第509页。

是在村中有数量庞大的店铺，进行大规模的茶叶交易，这一切都是蒙茶业的恩赐。

在星村集散的制茶中，慧苑及磊石产者为良种，天心码头产者次之。主要的茶栈有永丰福、福茂新、同泰荣、华记、春裕发、永顺、炳记及永盛发等。各茶栈一年生产量五百箱至八百箱，一箱为三十斤，四箱为一担，制茶费及诸杂费一担要八两，至福州运费要四两。①

这是20世纪10年代的报告。从报告中可知集散于星村的茶叶数量。虽然此时茶叶是经由闽江水系被运往福州的，但是在《南京条约》缔结之前，数量如此庞大的茶叶则是通过陆路翻山越岭后被运至河口镇的。

茶叶自生产至从广州出口的过程中，有诸多商人参与其中。现欲参考《中国茶业问题》，叙述茶叶产业链的情况。现将茶叶生茶至出口的商人组织概略图列记如下：

山户・茶户（种植茶树，粗制毛茶，茶工从事采摘茶叶、耕种、制造等工作）→ 茶行・茶贩（收购毛茶）→ 茶号・茶庄（购买毛茶，精制以适应出口需要）→ 茶栈（以茶号与出口商之间的中介为本业）→ 广东行商 → 外国商人②

民国《崇安县新志》卷六，《礼俗（二）・风俗（一）・生活（四）・职业》中有：

---

① 《中国省别全志　第十四卷　福建省》，东亚同文会，1920年，第458页。
② 波多野善大：《中国近代工业史之研究》中，列举了山户、茶庄（茶号）、行商（第97—131页）。同时笔者还参考了吴觉农、范和钧著《中国茶业问题》（现代问题丛书），商务印书馆，1937年，第六章，《茶业组织问题》，第一节《吾国茶业组织概况》（第202页），还有译自该书第六章的《支那茶业之机构》（松崎芳郎译），茶业组合中央会议所，1940年，第1—30页以及《支那茶业之机构》第33—38页载《现代支那茶用语解说》。

> 茶叶经营，均操于下府、广州、潮州三帮之手。……栽茶、制茶、干纸、捞纸、撑船、推车、抬轿，均江西人。①

在民国时代，崇安县茶叶生产的主力乃是广州、潮州商人手下的商人，从事采摘茶叶以及加工茶叶的多是从江西来的打工仔。

嘉庆年间，广东省的商人来崇安县星村买茶的记录留存至今。嘉庆十三年(1808)八月二十四日福建巡抚张师诚的题本中有：

> 广东客人僧宁隐等，由原籍至永安小桃地方，雇刘昌林船只，装载行李银两，往崇安星村买茶。于嘉庆十三年三月二十五晚，船泊建安长坪村河边被盗行劫。……失赃共值纹银一千六百六十四两四钱六分，……②

广东商人前往星村买茶，在永安县小桃雇船前往星村，在建安县长坪村附近遭遇盗贼袭击，被抢走的财物价值白银1 600余量。从这个事例中可知，广东商人来到永安县后，在该县雇船沿沙溪而下，到达现在的南平市，从此地进入闽江上游——建溪，再上航进入九曲溪，前往星村购茶。

民国《崇安县新志》卷六，《职业》中还有：

> 娼妓一业，明以前无可考见。清初茶市渐兴，娼妓亦随之而至。清末赤石一隅，多至七十余家。……此辈均赣籍，茶市一过，则风流云散矣。③

崇安县娼妓业的发达，与茶市的勃兴有着密切的关系。清末，在赤石一带就有妓院七十多家。这些性工作者中大多数是赣籍，也就是江西人。在茶市繁荣的季节，她们从家乡外出到崇安打工挣钱，而茶市一过，这些性工作者也就回老家了。由此可知，崇安县的繁荣与否，和茶市的

---

①③ 民国《崇安县志》(一)，第162页。
② "中央研究院"历史语言研究所藏明清史料，登录号122919。

兴衰有很大关系。

该书卷六,《歌谣》(三)中,收录了关于茶叶的歌谣:

> 正月采茶是新年　二月采茶茶叶青　三月采茶发芽　四月采茶茶叶黄　五月采茶茶叶浓　六月采茶绿洋洋　七月采茶笑嘻嘻　八月采茶风凉　九月采茶是重阳　十月采茶是立冬　十一月采茶雨淋淋　十二月采茶雪飘飘①

可知,由与此地气候比较温暖,与茶树相关的农业生产一年四季均在进行,其中最为繁忙的工作,莫过于采摘茶叶。

关于武夷的茶叶,民国《崇安县志》卷十九,《物产·茶》中有:

> 武夷茶共分两大类,一为红茶,一为青茶,均非本山所产。本山所产为岩茶,岩茶雕鹏,青茶之一种,然与普通青茶有别。其分类为奇种、名种、小种。至于乌龙水仙,虽亦出于本山,然近代始由建瓯移植,非原种也。

原产武夷的加工茶叶,本来仅有青茶中的岩茶,到了后来,有很多其他地方的茶被引入此地。关于这一点,道光二十五年(1845)作序的梁章钜的《归田琐记》卷七,《品茶》中有:

> 余侨寓浦城,艰于得酒而易于得茶。盖浦城本与武夷接壤,即浦产亦未尝不佳,而武焙法,实甲天下。浦茶之佳者,往往转运至武夷加焙,而其味较胜,其价亦顿增。……沿至近日,则武夷之茶不胫而走四方。且粤东岁运,番舶通之外夷。……武夷九曲之末为星村,鬻茶者骈集交易于此。多有贩他处所产,学其焙法,以赝充者,即武夷山下人亦不能辩也。②

---

① 民国《崇安县志》(一),第171页。
② 梁章巨:《归田琐记》,清代史料笔记,中华书局,1981年8月第一版,1997年12月第2次印刷,第145—146页。

这是梁章钜住在与崇安县北部相接的浦城县居住时的事情。在浦城县,比起酒来,茶叶更容易入手。浦城产的茶叶质量岁也不错,但是就制茶的技术来说,还是崇安县最好。因此,浦城县生产的茶叶往往被运往崇安县加工后再被卖到其他地方。最近,武夷的茶不仅闻名于全国,而且还通过广州运往海外。位于武夷九曲溪的星村,吸引了来自各地的茶商。也有其他省产的茶叶,仿武崇安制法精制后运至此地贩卖,其加工技术之精巧,就连武夷人都无法分辨。可以认为,梁章钜的记录,描述的是从18世纪下半叶至19世纪上半叶,武夷山省产的茶叶大规模出口欧美各国的真实情况。

③ 武夷茶从星村到河口镇的陆路运输情况

关于集中到星村的茶叶向河口镇运输的情况,Samuel Ball 在 "Observations on the Expediency of opening Second Port in China, addressed to the President and Select Committee of Supracargoes for management of the Affairs of Honourable East India Company in China" 中写道:

> 几乎所有的红茶,均由内陆方向运往广东。最初在武夷山的中部位置的星村集散后打包,再于同地装筏运往崇安县,每只筏装茶十二箱。接下来由人夫搬运,翻越山岭至铅山县,这是一段开销颇大的路程,平均需要八天时间。从铅山县至河口,由小舟运输,各自均可收容二十二箱。在河口镇换由大型帆船运输,至赣州府。据说这些大船每艘能运茶二百箱。但是,接近赣州府城的地方浅滩很多。①

由此可知,从茶叶经筏子运至崇安后,再从崇安县经人力搬运至铅山县,这段陆路旅程需要八天。

---

① *Journal of the Royal Asiatic Society of Great Britain and Ireland*, vol.6, pp.214—215.

上等茶运输之图　　　　　　　粗制茶运输之图

图 1　茶叶运输之图

Robert Fortune, *A Journey to the Tea Countries of China; in cluding Sung-lo and the Bohea Hills; with a short notice of the East India Company's tea plantaitions in the Himalaya Mountains*, 1852, Mildmay Books, London, 1987, pp.202—203.

那么，从崇安县向铅山县运输茶叶，运输过程情况如何呢？波多野善大已经论述过这个问题。① Robert Fortune, A Journey to the Tea Countries of China 中，描绘了茶叶的两种运输形式。在左图中的茶箱上可以看到"寿眉"字样，这个"寿眉"是武夷山的名茶。而右图的茶箱上可以看到"君眉"的字样。② 该书中有：

有很多苦力，担挑茶箱。他们中的大多数每人只运一箱。刚才

---

① 波多野善大：《中国输出茶之生产构——鸦片战争以前》，《名古屋大学文学部研究论集Ⅱ（史学 1）》，1952 年第 202 页中有将 Fortune 著述中的这张图以《自崇安扛茶箱翻越武夷山运输至铅山的人夫》的题名收录，而收录了这篇论文的波多野善大：《中国近代工业史之研究》中没有收录该图。
② Robert Fortune, *A Journey to the Tea Countries of China; including Sung-lo and the Bohea Hills; with a short notice of the East India Company's tea plantaitions in the Himalaya Mountains*, 1852, Mildmay Books, London, 1987, pp.202—203.

提到的上等茶,其茶箱在运输的过程中是不允许接触地面的。因此,这类茶到达目的地时的状态往往较粗制茶好。搬运一箱茶的方法是:以长度为七英尺的竹子二根,其中一头紧紧绑在一起,并将箱子固定在另一头上,成三角形。苦力在运输时,可以将头伸进这个三角框里,这样箱子就可以扛在肩上了。在箱子下面绑有小木片,肩扛的时候,可以当成垫子。上面的素描(图1)对这种运输方式的描绘,比用任何语言都要生动。负责运输的苦力若要休息,就将竹子前端撑在地上,然后将其竖起,与地面垂直。这样可以不费力气地保持茶箱不接触到地面。

这样做的好处是,在险峻的山路上行走十分方便。因为苦力们如果不休息的话,只能行走一定的时间和路程,如果没有图中这种方法,则必须频繁地将货物放在地面上。即便是到旅店或者茶馆休息的时候,只需将箱子连同竹架靠在墙上即可。

通常便宜茶用的运输方法也就是一个苦力用扁担挑运两箱,扁担的一头挑一箱。苦力们有时在路边休息,有时在旅店休息,所以经常将茶箱放于地面上,因此箱子被污染,用这个方法运输的茶叶,在到达目的地时没有比用上面一种方法运到的茶叶状态更完好的。

茶叶就是以上述的方法,从崇安县运输至铅山县河口镇的。

崇安到河口的这条道路不仅仅是茶叶的运输路线,而且是江西物产输出至福建的道路。关于这一点,嘉庆十三年(1808)十二月二十一日福建浙江总督阿林保的题本中有:

> 崇安县通详,永春州客民黄滂与林保合伙,往江西省贩买瓷器,于嘉庆十三年五月初十日,行至崇安县辖南源山脚,被贼抢去银番衣物,拒伤事主林保。……失赃共值纹银三千零九十一两九钱四分……失事处所离崇安县城三十五里,离南源岭塘七里……①

---

① "中央研究院"历史语言研究所藏明清史料、登录号108577。

在位于福建省泉州西北部,以德化窑闻名的永春州,有黄滂和林保二人,二人共同出资,以合伙的形式赴江西购买瓷器,携带纹银等从崇安县出发,前往江西。一行在距离崇安县城35里的南源岭堂附近遭到强盗袭击,不仅被抢走财物值纹银有三千余两的财物,林保还受到了身体上的伤害。想必他们是准备去江西省的瓷器产地景德镇购买瓷器,所以来到崇安,并准备过分水关到河口镇乘船吧。崇安县—分水关—河口镇这一道路是一条很重要的商业道路。

笔者为了确认武夷山茶的运输路线,于8月27日8时30分从武夷山市乘车出发,进入山路,大约9时多路过洋庄,9时30分经过大安(参看照片1),不到10时便到达福建省与江西省的省界分水关。

民国《崇安县志》卷十三,《政治》四,《建设》上,二《交通》中的《本县道路概要表》中有:

　　名称:崇分公路　　起讫点:由县城起分水关止　　经过著名村镇,洋庄、大安

　　路长:三十八公里　　路幅:平地处七点五公尺、山路处四公尺　土质:砂土、黄土

　　迂回及崎岖之状况:大安下五公里及分水关附近,山岑崎岖,路线蜿蜒上坡亦较大

　　桥梁及渡河点:大小桥梁共二十九坐①

从崇安县到分水关的路上,最主要的城镇就是洋庄与大安。这一情况至今仍未改变。从大安到分水关的道路"蜿蜒",这一情况至今也未改变。

关于福建省与江西省省界分水关的地理情况,地处该关东北的五虎岗海拔1 891米,西南的黄岗山海拔2 158米②,两山之间的分水关海拔

---

① 民国《崇安县志》(一),第287页。
② 参照《江西省交通旅游地图册》,中华地图学社,2000年,第110页。

约 700—1 000 m。笔者通过该关时感到身处云海之中(参看照片 2)。

关于分水关,嘉靖《江西通志》卷十,《广信府·关梁》中有:

> 分水关　在铅山县治南八十里,由极峻阻。其水一派南流,入福建崇安溪,直抵于海。一派北流,抵于江,故名分水。有巡检司,为闽浙要关。①

嘉靖《铅山县志》卷六,《关隘》中有:

> 分水关　去县八十里,山脊峻阻,一水南流入海,一水北流入江,有巡检司。②

同治《铅山县志》卷二,《地理·关》中有:

> 分水关,去县东南八十里,其水一南流崇安,一北流铅山,故名岩峦峻绝,为闽楚要冲,界接崇安。明正统间,闽寇作乱,于此设备,入关而西,车盘寨为关内要隘。③

由此可知,分水关的名字来源于此地两条河,一条向南流如东海,一条向北流入长江。该关南面崇安县,亦即是现在的武夷山市,北接铅山县,乃分武夷山脉为南北两方之地。上面提到的明代正统年间的闽寇,乃是正统十三年(1448)爆发的邓茂七叛乱。④ 邓茂七叛乱之际,其一部分麾下,欲通过分水关前往江西省,以扩大势力。这样看来,分水关不仅与一些历史事件有深刻的关系,而且即便带了现在,作为连接武夷山市与江西省铅山县的交通要冲,其地位也是无可替代的。

经过分水关进入江西省后,道路立即变得好起来。路途中,遇到很

---

① 嘉靖《江西通志》(一),《四库全书存目丛书,史部 182》,庄严文化事业有限公司,1996 年,第 452 页。
② 嘉靖《铅山县志》,天一阁明代方志选刊续编四六,第 125 页。
③ 同治《铅山县志》(一),141 页。
④ 谷川道雄、森正夫编《中国民众叛乱史 2 宋—明中期》,平凡社东洋文库 351,1979 年,西村元照注释《明代中期的两大叛乱》,第 355—360 页、第 368—408 页;松浦章《武职选簿》中所见邓茂七之乱》,《满族史研究通信》第 6 号,1997 年,第 32—35 页。

多车身上写有江西省的简称"赣"字的大型卡车。江西一侧,地势比较平坦,农村的风景与日本山区的风景有几分相似。10时5分经过乌石,接下来经过车盘。关于车盘,同治《铅山县志》卷二,《地理·疆域·寨》中有:

> 车盘寨,县治南六十里,地名车盘,有神鹿,黑色,每出风雨随之。路接福建分水关界。宋淳熙间,设巡检司。明洪武三年裁革后,设驿。……顺治己亥年奏裁。①

车盘寨历史悠久,早在宋代淳熙年间(1174—1189),此地就设置了巡检司。

经过车盘,于10时11分过五星峰,10时45分过稼轩,10时52分过永平,11时5分看见铅山县的标示。11时30分到达了铅山县城中部的黄岗山大道(参看照片3)。我们在铅山县城内吃了午餐后出发,12时过后,到达离铅山县中心比较近的河口镇,从河口镇的码头(参看照片4)眺望对岸,可以看到马戛尔尼日记中提到的半圆形山脉,铅河在此地的河面很宽,水量也很足(参看照片5)。

④ 河口镇的现状

现在,在河口镇的信江码头上立有一块名为"河口防洪工程记"的石碑(参考照片12)。这块碑是铅山县人民政府于1991年4月立的。碑文的开头部分有:

> 明初铅河改道,汇信江于河口,两河航运日繁,河口遂成货聚八闽川广,商贾云屯雨集之重镇。然利兴弊随,河口地势低洼,桃花水涨,漫街浸衢,几不间年。……

在河口镇有一条被称为明清街的路,这条路的正式名称是人民中路。在过去,这条路上有200—300家经营棉布、茶叶等各色商品的商

---

① 同治《铅山县志》(一),第145页。

店,直到1949年。现在,这条街边的建筑保留了从前的样式,但是已经改作住房使用(参看照片6、7)。这些建筑的特征之一,是一楼的层高特别高,大概有4米。在这一带,几乎所有的建筑都是以这个形式建造的。

新修《铅山县志》记载,河口镇作为商业市镇大繁荣的时期,在镇内进行交易的商品主要有纸、茶叶、药剂等。到了五口通商之后,河口镇逐渐衰落。但是,即便如此,在咸丰、同治年间,作为江西省东北的物资集散地,河口镇的地位是不可动摇的。这里有安徽人朱少峰经营的名为朱大全的绸缎店,湖北人经营的朱怡丰布店,安徽人经营的石中玉南货店,丰城人经营的陈隆昌广货店,安徽人经营的汪同茂布店,奉新人经营的长安市面馆。在光绪年间(1875—1908),河口镇中有大约1 900家商店,到了民国初期这一数字更是达到了2 000家有余。民国三十三年(1944),河口镇的商店减少为383家。1949年5月,铅山县解放,同年7月铅山县工商科的工商登记资料记载,在河口镇经营的店铺有47家,过去曾经营业但现在已经停止营业的有1 097家。①

乾隆时代,河口镇有茶叶批发商——茶行48家,这些茶行均是临河建造,其构造便于船只装卸货物。这些茶庄中最大的四家——饶、吕、郭、庄被称为"四大金刚"。在河口镇集散的茶叶经由水路被运往南北两个方面:南边,经由江西省内的水运与穿越山岭的陆路被运往广州,而北边则经由水路,到九江后再至汉口,并从汉口方向继续北运至蒙古、俄罗斯方面。② 四大金刚之一的茶商饶家的传记被收录在同治《铅山县志》卷十八、《人物·善士·善举》之中:

> 饶廷标,号养和,旌德人,国学生。幼随父懋迁河镇,遂家焉。
> 标席父资,家日益富,……有李德全堂药局,负标二千金,店事将败。
> 复贷千金,不敷。年又将败,又贷数百金,以维持之。有汪佩珍开设

---

① 铅山县县志编纂委员会编《铅山县志》,南海出版公司,1990年,第283页。
② 同上书,第280页。

元有杂货店,负广客五万,标亦被累五千。广客控县追索,时邑宰吴林光呼佩珍来,将元有、元太二店抵归饶姓,已立契矣。……惟元太归标,讼既结,标见佩珍孑身回里,心恻然检,还元太。……其他处积欠盈千累万,标从未兴讼,亦不索追,其待友也。①

在这里可以看到饶廷标的名字。饶廷标祖籍是旌德人,年幼时随父亲移居河口。由此可知饶氏父子应该属于徽州商人的范畴。饶氏父子在河口积累了巨额财富,饶廷标为药店、杂货店提供了巨额贷款,但他不仅求回收,还在这些商家经营困难的时候为他们追加投入更多资金。在这条记录,虽然没有说明饶家有何家业,但是从河口镇的情况来看,其巨额资金应该是来源于其经营的茶行、茶庄。

河口镇产生了诸如饶家一般积累了巨额资产的茶行和茶庄。

《南京条约》签署之后,上海开港。在上海进行茶叶贸易也成了可能。在条约签署后不久的道光二十三(1843)和道光二十四(1844)年,从在上海经营过茶叶的敦利号的记录中,可见铅山县河口镇李裕发、孚和号、天美号、协泰号、瑞兰号、同兴源记六家茶商的名称。其中,以天美号的出货量最大,道光二十四年九月二十六日,从这家茶商发送的 632 箱茶叶到达了上海的敦利号。② 另外,在其他日期的记录中,有收到茶叶数箱至数十箱不等的记录。由此可见,河口镇茶商的茶叶吞吐能力之强。

在河口镇被称为明清街的人民中路,有一家名为金利合的药店(参看照片 8、11)。这座建筑物极其庄严,据店员张虹说,这家药店在 1949 年解放之前属于何家,现在是国营药店。就店内的建筑样式来看(参看照片 9、10),该建筑在建造的时候耗费了巨资。

关于金利合药店,新修《铅山县志》中有详细的介绍:

---

① 同治《铅山县志》(四),第 1547—1548 页。
② 王庆成:《开埠初期上海外贸业的制度和概数——英国收藏的敦利商栈等簿册文书并考释(下)》,《近代史研究》,1997 年第 2 期,第 176—179 页。

金利合药号始业于同治十一年(一八七二)。老板何柱成,丰城人,同治八年(一八六九)在河口森昌德药号当学徒,三年满师,自立门户。①

丰城县人何成柱在河口镇的森昌德药店当学徒,在学习了三年半之后自立门户。广信七县盛产药材,何成柱在这些地方购买药剂后,将其卖往南昌和作为药材市场负有盛名樟树。后来,他将收购药材的范围扩大到福建省北部,于光绪元年(1875)和卢清照共同出资开办了金利合药店。后来还在三堡街开了分店。这就是现在河口镇的金利合药店。他还从樟树镇聘请来职业药剂师。光绪十一年(1885),开设名为吉庆合的分店。光绪十二年(1886),何成柱与卢清照分家,吉庆合归卢清照,金利合归何成柱。到了民国二十四年(1935)6月,金利合拥有流动资金24万元,房屋8栋,其中6栋在河口镇内。民国二十六年(1937),该药店的雇员达到了30名。②

4．小结

以上,考察了清代自广州出口至欧美的福建省武夷茶从集散地经由陆路翻越山岭运输至江西省铅山县河口镇的路线以及河口镇的历史情况。河口镇在清代,特别是嘉庆、道光时代盛极一时,即便是在一百数十年后的今天,从垣壁之间,仍能品味出这个古镇的余韵。

过去,以人力将茶叶小心翼翼地从武夷山市运往河口镇的道路,现在已经有一部分经修缮变成了漂亮的大路。但是在这段路程中,也有很长一段是仅能够供两辆车错车通过的小路。特别是穿过福建省山岳地带,通往江西省的道路,铺设还极为简陋。处于内陆地区的江西省,大力修缮本省道的道路,这恐怕是为了适应物资以及旅客的运输的需要,打

①② 铅山县县志编纂委员会编《铅山县志》,第281页。

开对外活动的道路吧。

清代,运输工人肩挑背扛将武夷山的茶叶运往江西省铅山县河口镇时所走的山路,现在已经成为江西省向沿海的福建省运输货物、旅客的重要交通道路。

本次的河口镇调查,得到了厦门大学历史研究所的杨国桢教授、厦门大学人文学院院长陈支平教授、福建省社会科学院历史所徐晓望研究员的指点。另外,在河口镇实地调查之际,台北市文献委员会编纂卞凤奎为我们做了翻译的工作。在此,对上述诸位先生表示感谢。杨国桢先生、徐晓望先生曾于20世纪80年代与世界知名的中国经济史专家,厦门大学的傅依凌教授一同,前往河口镇进行调查,《明清福建社会与乡村经济》便是他们调查的成果之一。

附记:本章中引用的"中央研究院"历史语言研究所藏明清史料,拜"中央研究院"中山人文社会科学研究所汤熙勇先生指点而得,在此深表谢意。

图2 《河口镇图》

(乾隆四十九年《铅山县志》卷首图,《中国地方志丛书》,华中地方第910号,第38—39页)

第 2 章　清代福建产茶叶输出的集散地之一

福建省武夷山市九曲溪 2001 年 8 月摄影

照片1　武夷山麓附近的风景

照片2　福建省、江西省省界——分水关

第 2 章　清代福建产茶叶输出的集散地之一

照片 3　铅山县城

照片 4　铅河埠头

305

照片5　铅河及铅河对岸

照片6　河口镇明清街

第2章　清代福建产茶叶输出的集散地之一

照片7　河口镇明清街

照片8　河口镇金利合

照片9　金利合入口处的雕刻

照片 10　金利合内部的木雕

照片 11　金利合药柜

照片 12　《河口防洪工程记》

第 3 章　清代内河水运的河盗、湖盗、江贼

1. 绪言

中国大陆水系广泛,自古至今为水运所利用。水运无论是于人的交流还是于物交流,均是不可或缺的。

但是,这些内陆河川的航运,并非任何时候都是安全的。在内河,时有商船所载货物与旅客的私人物品被盗贼所夺。关于这一点,可轻而易举地从本章所载《点石斋画报》中的数幅图画中窥知。

虽然近年以来,对沿海的海盗的研究成果颇多[①],但是至今为止,鲜有学者注意到这些出没于内陆湖泊河川的河盗、川盗、江贼、湖盗。

因此,在本章中,笔者欲叙述清代内陆河川水运航运中所见与河盗、湖盗、江贼的相关的一些情况。

---

① 松浦章《中国的海盗》,东方书店,1995 年 12 月;郑广南《中国海盗史》;松浦章《中国的海商与海盗》,山川出版社。

《点石斋画报》癸集,92—94 页,《杀商传闻》

2. 清代内河水运的河盗

雍正十年(1732)七月至十一年(1733)十二月,安徽巡抚徐本①在奏折②中说:

> 谨奏,为敬陈拏获积盗缘由,仰祈睿鉴事。窃照,安河寿州地方,濒临淮河,为江南豫省水路孔道,往来商贾停泊河干,每遭刦刼。历年以来,一岁之中申报大盗十余起至数十起不等。臣密加查察访,有一伙积盗,俱系沿河聚族而居,撑驾小舟,假以捕鱼为业,散布

---

① 钱实甫编《清代职官年表》二,中华书局,1980 年,第 1597—1588 页。
② 这则奏折中虽未记录日期,但《雍正朱批奏折》第 6 册中所见该奏折之前"雍正十一年七月初十日"的字样可知,该奏折为雍正十一年七月至十二月之间所写。

河滨,久惯为匪,商贾不敢夜行。臣密谕庐凤道李如兰到彼访拏,该道随雇觅客舟减从前往,临晚行。至该州地方,即遇一伙惯盗,视为客商,拉船欲刦,经该道差役,擒获孟二一犯,究出同伙,为匪者二十余人。供明,每遇客船停泊,即便尾随行刦,共计刦过棉花船、米船、瓶罐船,一共十余案,其余抢窃之案尚多。陆续拏获平文早等一十三名。并跟获孙马绰号骝花马,孙黑绰号无天地,平小报绰号免虎坐等三名。其余各盗,现在密檄严拏。臣查此辈,久匿河干,积惯行刦。且有如此绰号,实为水路大害。当将各盗饬令臬司,严审刦过各案,确情追缉,余盗定拟具题,并分委附近佐贰人员,令庐凤道督率前往沿河一带,将大小渔船取具连环,互保编列,号数严密,稽查其孙、平、焦、邓等姓聚族而居者,设立族正,不时查举。如有违犯,一体坐罪。再令文武员弁,轮流巡哨,务期宁谧外,所有拏获寿州积盗缘由。相应奏闻,伏祈睿鉴,谨奏。①

发源于河南省的淮河,横跨河南、安徽省,穿过洪泽湖后流过现在的江苏省,注入中国东海。这封奏折的内容,是报告位于淮河流域安徽省几乎正中央位置的凤阳府寿州的河盗猖獗之情况。当地的孙、平、焦、邓等姓氏形成的聚族,本以渔业为生,但有时也袭击来往河川之上的棉花船、米船、瓶罐船。

这样的事例,在内河水运航运中绝非少见。

(1) 江南运河的河盗

在本小节中,笔者欲叙述清代内河水运,特别是江南运河地区河盗的情况。

雍正七年(1729),大运河沿岸的常州府附近发生了河盗事件:

---

① 《朱批徐本奏折》,第32—33页。《雍正朱批谕旨》第7册,文源书局,1965年,第3953页。

> 据常州府详,据荆溪县详称,雍正七年十月二十七日,据浙江嘉兴府平湖县监生叶德福报,为大盗劫杀事,内称生系平湖人,带银三百九十两有余,摇船一只,同伙四人,俱上籴谷,路由台治徐舍地方,本月二十六日,船歇徐舍镇店口河下,时及二更,忽遭大盗拾数余,凶驾船两只。①

雍正七年,嘉兴府平湖县监生叶德福报告了雍正七年十月二十七日为大盗劫杀之事。叶为平湖人,带有银390余两,摇船1只,同船的还有同伴4人,载上纳官府的谷物,取道台治徐舍地方,于同月二十六日将船停泊于常州府治下的徐舍镇店口河。到了二更的时候,忽然出现2只贼船,从船上下来了十数名河盗,袭击了叶生一行。叶生一行恐怕是在驾船自嘉兴府前往常州途中遇强盗袭击的。

雍正八年(1730),有船在利用大运河水运于无锡与苏州之间运输生猪大米时遇袭:

> 据苏州府详,据元和县详称,雍正八年三月初十日,据无锡县民王宗元报,为裁路枪夺,叩赐通详辑究事,内称痛身同侄王四,于今三月初九日,船载猪、米,来苏投牙果卖。②

雍正八年三月初十,无锡县民王宗元报告,据在航行途中遇袭受伤的侄子王四说,他于同年三月九日,驾船将猪、米运往苏州牙行出售的途中,于深夜被盗贼所劫。

雍正九年(1731),武进县栖鸾乡居民在从事水运商业活动时为河盗所袭:

> 据常州府详,据武进县详称,雍正九年六月二十八日,据栖鸾乡二十五都五面事主钱秉文、张考先报,为停舟被劫事。内称身系借

---

① 《明清档案》A43—80。
② 《明清档案》A45—40。

本贩解生理,今六月二十一日,身往戚墅堰谢茂承行内,贩买麻豆饼共七十余石,见有发票可据。至二十四日晚,到家,将船停泊河边。二十五日,身往宜邑官村行内,探听饼价低昂,有伙伴张考先在船看守,讵料,是夜被盗,将身饼撑往羊家塘旷野地方。①

雍正九年六月二十八日,来自栖鸾乡二十五都五面的受害者钱秉文、张考先报告,他们的船在停泊时被强夺。二人以借钱从事商业活动为生,在这一年的六月二十一日,沿大运河至武进县东南戚墅堰的谢茂承之店头,购买麻豆饼七十余石,发票还在二人手里。二十四日晚上,二人回家,将船停于河边。二十五日,钱秉文前往宜邑官村打探豆饼价格高低,张则留守船内。不料,船为河盗光顾,钱秉文的货物被盗贼强行带到羊家塘旷野地方。

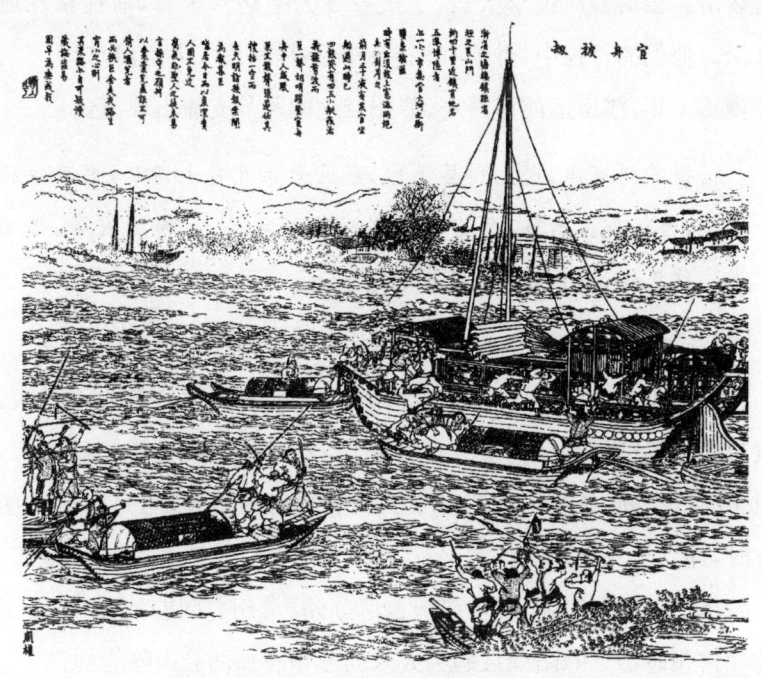

《点石斋画报》乙集,85—86页,《官舟被劫》

---

① 《明清档案》A50—94。

雍正十年(1732)，有船在航行于湖州府以与金坛、溧阳之间时遇袭：

> 据溧阳县详称，雍正十年八月二十九日，据李大成、丁茂安报，为大盗劫杀，号详缉究事。内称，身系湖州府德清县新市镇居民，契本银三百四十两、铜钱一十二千，雇身表弟陈殿龙船只往金坛，采买元米。于本月二十八日，行至台治地方准杨树头村金家稻行门首歇，夜二更时分，遭盗一伙。①

雍正十年(1732)八月二十九日，李大成、丁茂安报告，他们被大盗所劫。此二人为湖州府德清县新市镇居民，携带银子 340 两，铜钱 1 200 文，雇用同族陈殿龙的船只，前往金坛购买元米。八月二十八日，在镇江府溧阳县治下杨树头村金家稻行的门首借宿，于当夜二更时分，被一伙强盗袭击。德清县居民李大成、丁茂安等为了购买米谷，前往镇江府下的金坛。他们的行程中，恐怕有相当长的路程利用了大运河水路。

雍正十年，江南运河嘉兴府、苏州府之间及其支流出现河盗：

> 据苏州府详，据元和县详称，雍正十年九月十四日，据事主梅尚臣呈，为行舟被劫事，词称切身嘉兴府桐乡县人，揭贩衣服、棉绸等货。往正仪、双凤等处，货卖回家。于九月十二日夜，舟至尹山停泊，十三日五更时分，开至台治夹浦桥地方，遭盗一伙。②

雍正十年九月十四日，受害者梅尚臣陈述，他是嘉兴府桐乡县人，以贩卖衣服与棉绸等物品为业。他在正仪、双凤等地卖完货物后回家，于九月十二日夜间，停舟于尹山。十三日五更时分出发，船只行至夹浦桥地方时，遇到了一伙强盗。

乾隆二年(1737)，出没于江南运河苏州、常州之间的河盗，袭击了行船前往常州府治下的阳湖县购买大米的苏州府长洲县人陈能约：

---

① 《明清档案》A55—61。
② 《明清档案》A55—44。

据常州府详,据阳湖县详称,乾隆二年十月初五日,据陈能约禀,为行舟被劫事。内称,身系苏州府长洲县人,欲到杨巷史禄余行内籴米,于本月初叁日黄昏时候,路过台治八四房圩前港内,有大船壹只、装盗拾余人、各持刀棍、跳至船中、劫去银两等物。①

乾隆二年十月初五日,被袭击的陈能约陈述,他是苏州府长洲县人,欲至杨巷史禄余行内购买大米,于十月三日黄昏时刻到达常州府八四房圩前港内,出现了一只大船,船上有盗贼十余人,各自拿着刀棍,闯入他的船内,抢走了银两等物品。② 常州和苏州之间的大运河水路约有93 km。

乾隆三年(1738),镇江府丹徒县与丹阳县之间出现了河盗:

丹阳县民王靖章与浙客张姓,于乾隆叁年陆月拾捌日夜,同舟行至丹徒县辛丰金涵口地方,被案一案。③

丹阳县民王靖章与张姓浙江客,于乾隆三年六月十八日夜间同舟而行,行至丹徒县辛丰涵口地方,为河盗所劫。王靖章的家乡丹阳县,位于大运河水域的镇江府,与王靖章同行的浙江人大概是商人,他们恐怕是在利用大运河航路时被盗贼所劫。

乾隆二十三年(1758),常州府金匮县的船业人员周万安,在从事运输的时候,于常熟附近遭到了河盗的袭击:

据苏州府详,据常熟县详称,乾隆二十三年二月初十日,据金匮县船户周安万禀,称窃身操舟为业,今二月初九日,有吴静安倩身船,载造糯米拾石五斗,在舱并造糯米三石,贮放船头,来治粜卖。行至宝岩,时已二更,将至烧香,浜迫近西湖阔井处。④

---

① 《全国交通营运线路里程示意图(第二版)》,人民交通出版社,1978年,《(九)浙江省(杭嘉湖地区)》,第39—40页。
② 《明清档案》A82—17。
③ 《明清档案》A87—36。
④ 《明清档案》A198—007。

乾隆二十三年二月初十日,金匮县船户周万安陈述,他以操舟为生,二月九日被吴静安雇用,载糯米10石5斗,在舱内还有糯米3石,欲前往宝岩贩卖。他于天二更左右,将至烧香的时刻,在接近西湖阔井处遭受袭击。

乾隆二十三年(1758),丹阳县人周以兴与买卖上的伙伴阮君弼等人,经由大运河往常熟卖货,事毕在常熟搭乘另外的船只回家。在路上,一行人遇到河盗:

> 据镇江府详,据丹阳县详称,案于乾隆二十三年三月初四日,据周以兴报称,窃身丹徒县人,皆伙阮君弼,由常熟卖货回里,于三月初一日,在常熟顺搭徐受舍船只,初三日,在宪治马桥停泊,是夜被盗。①

这次的案件发生于乾隆二十三年三月四日。周以兴陈述,他是丹徒县人,与同伴阮君弼一同前往常熟卖货,从丹阳县搭乘徐受舍的船回家。初三日,一行在镇江府治下马桥停泊时被窃贼光顾。

道光元年(1821),在江南运河发生了疑似由同一嫌犯实施的三起袭击客船事件:

> 吴江县报案内开,道光元年十一月初九日,据事主震泽县民陈景源报称,伊往嘉兴置货,十一月初七夜,船至吴江吉庆地方,被盗……同日又据事主马秉汇呈称,伊载货船至嘉兴交卸,十一月初七夜,至吴江七里湾地方,被盗。……同日又据事主浙江仁和县民徐春泉报称,伊由苏州回籍,十一月初七夜,船至吴江唐家路地方,被害。……②

道光元年十一月初九日,受害者震泽县民陈景渊赴嘉兴置办货物,于十一月七日夜间被盗。马秉汇载货至嘉兴交易,于同一天晚上在吴江

---

① 《明清档案》A198—6。
② 中国第一历史档案馆所藏《刑部档案》7075案卷。

七里湾处被盗。另据浙江仁和县民徐春泉报告,他在从苏州返回浙江之际的七日夜间,于吴江唐家路地方受害。

道光十七年(1837),镇江、杭州之间河盗出没:

> 据苏州知州汪云任详,据长洲县知县景寿春详称,道光十七年八月初一日,据地保张汉山报,据丹徒县职员郭凌运、民人陶以交等报称,伊等合雇陈添桂船只,往浙江置买烟叶。八月初一日黎明,行至长洲县潘家角地方,被逃驾船。①

道光十七年八月初一日,丹徒县职员郭凌运及民间人士陶以交,共同雇用陈添桂的船只,前往浙江购买烟叶。八月一日的黎明时分,到长洲县潘家角地方时遇袭。这一次,是镇江府治下的丹徒县职员与民人共同雇船,行至浙江购买烟叶,在应用连接镇江与杭州的大运河航行时,在苏州附近为河盗光顾。

清末的上海报纸《中外日报》第1882号,光绪二十九年七月十六日(1903年9月7日)外埠新闻,《航船被盗》条有:

> 航船被盗○自省垣至塘西镇,向有来往航船。某夜,忽来盗船一艘,有盗十数人,持械登航船,劫夺衣物、银洋若干。次晨即将衣物在镇上典当,致被拘获四人,余俱逸去,其四人已解仁和县实候办。②

浙江省城杭州省垣至塘栖镇,向来有航船往来。某一天晚上,突然有一艘盗船来到这里,盗船上有手拿武器的盗贼十数人,袭击了航船。他们掠夺走乘坐航船人员的衣服以及银元若干。第二天早上,盗贼拿着抢来的衣服去塘栖镇典当行典当,其中有4人当场被抓获,其余全部逃跑。被抓获的4名盗贼已经被押赴仁和县待审。这是光绪二十九

---

① 中国第一历史档案馆所藏《刑部档案》7136案卷。
②《中外日报》第1822号、光绪二十九年七月十六日(1903年9月7日)外埠新闻。

年(1903)航行于杭州与塘栖镇之间大运河河道上之航船,为贼船所袭的事件。唐栖镇距离杭州,水路有26.4公里①。

《点石斋画报》元集十一,《计破贼船》

《点石斋画报》亨集二,《剧贼神通》

---

① 《全国交通营运线路里程示意图(第二版)》,人民交通出版社,1978年,《(九)浙江省(杭嘉湖地区)》,第41页。

《时报》己酉(宣统元年,1909)十二月二十一日《地方通信》,《嘉兴通信》,《白日抢劫》条中,记载了江南运河嘉兴府与苏州之间出现的河盗:

> 嘉兴航船之开往苏属芦堰镇,十六日,装载各货及搭客行至离镇七、八里之遥,时未日没,突来盗船两只,盗匪十余人,各执快枪,栏住抢劫现洋二百余元,火腿锡箔各物,悉数取去,并尽剥船中各人衣服。该船遭此盗祸,只得开回禾中再行报案。①

宣统元年(1909)十二月,嘉兴的航船前往苏州治下的芦堰镇。十六日,载有乘客及各种货物的航船行至离芦堰镇7—8里处,天还没黑。这时突然出现两只盗船,盗匪十余人各持快枪栏住航船,抢劫现洋200余元以及火腿、锡箔等货物。不仅如此,强盗们还抢走了乘客的衣物。

(2) 江水北域的河盗

在清代,以长江以北水域的为舞台的民船航运活动中,也可以见到河盗的事例。下面是通州至常州航运时的河盗事件:

> 据苏州府详,据常熟县详称,乾隆八年十月二十九日,准如皋县关开,本年十月二十二日,据蔡基汶呈,为据实报明事。内称,切身胞弟蔡基龙,有如字八号船一只,于南河周家港,今十月十五日,身将壮猪、棉花、黄豆等物,令弟同水手陈宏远等,运至常熟县六院镇发卖。至十六日天将明时,行至普玉沙南寻与沙北霞,有匪船一只。②

乾隆八年(1743)十月二十九日,如皋县报,蔡基汶报告受害一事。蔡基汶的胞弟蔡基龙有一只登录于如皋县的如字八号船,此年十月十五日,蔡基汶在南河周家港将壮猪、棉花、黄豆等货物托付给其弟蔡基龙和水手陈宏远等人,装船运往常熟县六院镇贩卖。十六日天快亮的时候,蔡基龙

---

① 《时报》己酉(宣统元·1909)十二月二十一日《地方通信·嘉兴通信》。
② 《明清档案》A132—28。

的船行至普玉沙南寻与沙北霞,这时遇到了一只匪船。从这条记录中可知,江苏省通州治下如皋县居民蔡基龙,利用自己的船只将猪、棉花、黄豆等物品运往他处交易。从如皋县至长江,需要经由江北水路,接着横跨长江利用江南的水路。蔡基龙一行应该是在利用这些水路的途中遇袭的。

关于镇江府与常州府靖江之间水运航运途中的河盗猖獗,有例如下:

> 据常州府详,据清江县详称,乾隆拾壹年八月贰拾叁日,据镇江府丹徒县米客朱元吉禀,为禀明被盗情由事。内称,窃身借本,上运漕晏灿郁行,买稻并糙米,雇梁山船装至大桥董世高、朱超凡行内,雇王成裕船,装送江南。因风水不便,本月贰拾壹日晚,停泊烂港口江心阴沙。不料夜深潮长,身等熟睡,被盗。①

乾隆十一年(1746)八月二十三日,镇江府丹徒县的米客朱元吉陈述,他借款经营,于晏灿郁行购买稻谷及糙米,雇用梁山船运至大桥董世高、朱超凡行内,在雇用王成裕的船运往江南。因为风水不便,八月二十一日晚上在烂港口江心阴沙停泊,深夜涨潮,一行人熟睡后被河盗所窃。镇江府的米商,赴常州府靖江县治下购买米谷,往江南运输。常州府靖江县位于长江以北,从靖江到此买米,必须利用一段长江水路。此为商人在江北、江南之间运输米谷时遇到河盗的例子。

关于扬州府治下水运航运中的河盗,有例如下:

> 据扬州府详,据甘泉县详称,乾隆二十三年八月初二日,据事主黄鲁卿禀称,窃身籍属徽州,同店伙汪学等,代客运木。停泊邵伯后河,候风过湖。八月初一日二更时分,俱各睡熟,被盗。②

受害者黄鲁卿是徽州籍人士,与同伴汪学等人,代客人运送木材。

---

① 《明清档案》A145—73。
② 《明清档案》A198—118。

他们将船停泊于邵伯后河,等待起风过湖。八月初一日二更时分,一行人熟睡后,被河盗所窃。这是徽州商人运输木材,在位于大运河上,扬州之北,高邮之南的邵伯湖附近被窃的具体事例。

关于淮安府治下水运航运中的河盗,有例如下:

> 盐城县城外,行舟被盗……据淮安府知府陶易详,据盐城县知县朱洛臣详称,乾隆三十九年六月初六日,据事主生员王纪报称,本月初壹日,生坐王凡船只往淮,彼晚,船至相近流均沟口地方,遇有壹船在船伍人,阻生去路。壹人上船,将生拉出船舱,生同船户王凡惊落下水。……被盗处所相距县城壹百肆拾里,并无村舍,亦无墩防营汛。①

据淮安知府陶易的报告,盐城县知县朱洛臣报告说,乾隆三十九年(1774)六月初六日,受害人生员王纪说,这个月初一日,他乘船去淮安府,同夜,船到达沟口地方,在此遇到了河盗。一个河盗上船,将他拉出船舱,他与船户王凡受惊落水。王纪遇到河盗的地方距盐城县约有140里,无村无舍,也没有墩防营汛。在这个例子里,盐城县的生员,在前往淮安府时使用了船舶。盐城到淮安的直线距离有70余公里,现在的陆路有138公里,而水上航路约有120公里。② 在当时,两地之间的水路船舶辐辏,所以比起走陆路,走水路应该远为便利。

3. 湖盗与江贼

(1) 太湖的湖盗

另外,太湖是江南具有代表性的湖泊,据史料记载,太湖的湖面上也出现过盗贼的身影。雍正十年(1732),有船在航运时遭遇盗贼:

---

① 《明清档案》A222—122。
② 参阅《江苏省地图册 最新版》,广东省地图出版社,1997年;《全国交通营运线路里程示意图(第二版)》第39、132页。

> 据镇江府详,据溧阳县详称,雍正十年正月二十七日,据沈大伦禀,为叩缉恩追事。词称,身系杭州海宁县人民,契本往高淳口上,籴买籼米。于本月二十六日行至,歇到二更时分,遭大盗架厂船二只。①

雍正十年正月二十七日,沈大伦陈述,他是浙江省杭州府海宁县人,往高淳口购买籼米。同二十六日至旅舍,二更时分,遇到了大盗所驾厂船两只。这是浙江省海宁县人民到镇江府溧阳县下遇盗的事例。至于他所走之航路,应该是从海宁出嘉兴府,沿大运河至镇江府下丹阳县附近,然后沿金坛运河、昆仑河(即现在的丹金槽河)至溧阳县的,或是经由一部分太湖水面进入荆溪,过宜昌至溧阳。若他走的是太湖路线,则很有可能是在应用太湖周边水系时遭到湖盗袭击的。

《点石斋画报》辛集,第 27—28 页,《太湖救生》

在常州府荆溪与浙江省间的太湖上航行之际遇盗的事例如下:

> 据常州府详,据荆溪县详称,雍正十年九月二十九日,据沈有德

---

① 《明清档案》A52—44。

报,为报明失窃事。内称,身系浙民,借本投治贩猪生理。于本月二十八日夜,船泊宜农桥地方,意欲投杨令望牙行买猪。①

浙江省居民沈有德,借本贩猪营生。雍正十年(1732)九月二十八日夜,他的船停靠于宜农桥地方,欲往杨令望的牙行买猪,这时候被湖盗所袭。常州府位于江苏省南部,可通过漕运与浙江省相通。此地位于太湖沿岸,所以沈有德应该是利用了太湖水路时遇袭的。

关于苏州、宜兴之间太湖航运中的湖盗,有例如下:

> 据无锡县详称,雍正十年十月十二日,据吕天长禀,为停舟被劫事。内称,身系杭州府仁和县民,于本年九月二十八日,在苏州雇张太船一只,往宜兴贩买籼谷。二十九日夜,船泊台治盛店桥地方,身与船户熟睡,被盗。②

雍正十年(1732)十月十二日,吕天长陈述,他在停船的时候遇盗。他是杭州府仁和县的县民,九月二十八日,于苏州雇用张太船一只,赴宜兴购买籼谷。二十九日的夜间,一行将船停泊于盛店桥地方,一行熟睡后被盗。浙江省杭州府仁和县县民吕天长去苏州雇用船只赴宜兴。苏州与宜兴是夹太湖东西相望的两个地方,吕天长的船应该是航行于太湖水面的时候遇盗的。

行走于浙江湖州、常州荆溪之间的船只也遇到过湖盗:

> 据常州府详,乾隆八年十一月二十七日,据浙江湖州府乌程县民孟廷贤,范世忠报,为报明事。内称,身等籍乌程,合本贸易。于本月二十六日夜,船至荆溪县,泊于治下徐舍镇地方,不意是夜三更时分,身等睡卧被盗。③

---

① 《明清档案》A55—58。
② 《明清档案》A55—59。
③ 《明清档案》A132—76。

乾隆八年（1743），浙江湖州府乌程县居民孟廷贤与范世忠合伙做生意，二十六日，他们乘坐船只到达荆溪县，停泊于徐舍镇地方，二人熟睡后被盗。乌程县位于浙江省治下，在太湖南岸，而荆溪县在常州府治下，位于太湖西岸。徐舍镇与荆溪县都在荆溪沿岸，徐舍镇在荆溪县上游。孟廷贤、范世忠二人此行应该是利用了太湖与荆溪的水路。

太湖是连接宜兴与浙江省内地域水运的重要航路。民船在太湖水面航行之际遇到盗贼的事例如下：

> 乾隆拾五年拾壹月拾八日，访得卑（荆溪）县乌溪相近之湖面，于初玖日夜，有米船被劫之事，随移会营汛协查去后，贰拾壹日，据典史孙玨详称，拾壹月拾贰日，据宜兴县开上区拾图吴加升禀，为失窃首关叩详缉追事。词称，身准宜邑船，载糙米肆拾柒石，往浙货卖。于本月初玖日夜，泊船乌溪地方，是夜睡熟，被贼钻入。①

据乾隆十五年（1750）十一月十八日荆溪县的报告，九日夜间，该县乌溪附近太湖水面发生了米船被袭的事件。事件发生后，该县立即通知营汛调查，据典史孙玨的报告，十一月十二日，宜兴县开上区拾图吴加升禀报，请求逮捕盗贼。据吴所称，他在宜兴船上装载了糙米 47 石，前往浙江贩卖。九日夜间，一行停船于乌溪地方，熟睡后遇盗。宜兴县的吴加升，雇用宜兴船前往浙江卖米，在荆溪县治下太湖湖面的乌溪地方被湖盗所窃。

关于太仓州、常州府之间太湖航运之际的湖盗，有例如下：

> 据常州府详，据荆溪县详，乾隆贰拾四年肆月贰拾九日，据吴县民邱殿玉禀称，窃身系宝山县唐逸恭米店帮伙，于本月肆月贰拾四日，店主令身出外籴米，雇雇大成船只，带有银钱柒百余金，于贰拾八日，行至洛城桥地方停泊。不意，于是夜更深时分，被盗多人。②

---

① 《明清档案》A171—119。
② 《明清档案》A200—58。

吴县居民邱殿玉是宝山县唐逸恭米店的帮伙,乾隆二十四年(1759)四月二十四日,奉主人的命令买米。他雇用了瞿大成的船只,持有银钱700余,于二十八日至荆溪县治下洛城桥地方停泊。到了深夜,不经意之间被多一伙大盗所袭。自宝山至常州府荆溪县,取道太湖水路的可能性很高。

(2) 长江的江贼

嘉庆三年(1798)长江江宁府江宁县与安徽省宁国府之间的发生了江贼行凶事件,详情如下:

> 据江宁府详,据江宁县详称,窃照卑职于嘉庆贰年八月贰拾柒日……拾壹月初叁日,准上元县移开,拾月贰拾日,奉本府押发被劫船户王传生等下县随讯,据王传生供称,系泾县船户,在江宁揽载陈福等货物,前赴旌德县交卸,于拾月拾九日贰更时分,舟泊江宁县双闸洲地方,被盗持械上船。①

受害者王传生是安徽省宁国府泾县的船户,在江宁装载陈福等的货物,准备回宁国府泾县交接。嘉庆三年十月十九日二更时分,他的船在江宁县双闸洲地方停泊时遭遇河盗持械抢劫。该船遭到袭击的地点是江宁,此地位于南京城下的长江水域,而在芜湖附近流入长江的河川有青弋江,泾县位于该江中游。在泾县,泾水流入青弋江。旌德县就在泾水的上游。王传生应该是利用安徽省内河川水运与长江水运的船户。

嘉庆十三年六月九日湖南巡抚景安的奏折中,有一篇名为《沿江行刦盗犯》的报告,下面分析该报告提及的长江水系所见江贼。

> 湖南洞庭湖水面宽阔、向为盗贼出没之所、商旅每受其害。②

如同景安所写那样,湖南的洞庭湖水面宽广,自古为盗贼出没之地。

---

① 《明清档案》A283—44。
② 台北故宫博物院:《宫中档嘉庆朝奏折》第19、20辑、第29册,714页下。

因此，通过洞庭湖的客商多受其害。

> 刘老四，即刘学明，籍隶武陵县，驾船营生。嘉庆十年间六月内，前赴湖北沔阳州，至素识之蔡大华家。有正法之贾帼雄、王大五、瞿老八，在逃之谢老十，先后走至。蔡大华起意，令各驾船往下游江面行刼。①

刘老四，也就是刘学明，是湖南省常德府武陵县人士，以航运业营生。他经常应用的，恐怕是与武陵县东部相接的洞庭湖水运。他于嘉庆十年（1805）六月，前往家住湖北汉阳府沔阳州的熟人蔡大华家，与蔡大华伙同贾帼雄、王大五、瞿老八、谢老十等人驾贼船抢劫。一行商定赃物分配方案如下：

> 伊（蔡大华）弟蔡大珍出船一只，言明刼得赃物，每船分给蔡大华半股，其余按股均分，俱各应允。②

蔡大华的弟弟出船一只，抢劫而得赃物，一半归蔡大华所有，其余由参与者平分。

> 刘老四转邀已获发遣之张五、刘大仆、余麻子、周二，未获之周三、周公、李公八人同坐一船。贾帼雄既邀已正法之贾老三、黄士陇、陈六，未获之陈麻三、杨跛子、黄陂、麻子、游大八人同坐一船。王大五转纠已正法之张老满、王小四、丁老大、丁小么、耿老三、陈老二，在逃之王老满八人同坐一船。瞿老八转纠已正法之陈长二、艾梅、彭胡子，发遣之蔡老七，未获之彭么、杨顺善、徐开太八人铜坐一船。谢老十邀同已正法之贾老二、贾老四、向老么、丁老二、谢三儿、刘麻子同坐一船，于七月初七日开行。蔡大华、蔡大珍均未同行。十一日夜，驶至大冶县江面，王大五、谢老十两船落后。刘老四、贾帼雄、瞿老八三船，上前

---

① 台北故宫博物院：《宫中档嘉庆朝奏折》第19、20辑、第29册，715页上。
② 同上书，715页上。

> 至道士洑猫礁港。有江西客民严轶群货船在彼弯泊。刘老四等三船，荡拢分派陈六等，各在本船接赃。刘老四、贾帼雄、贾老三、黄士陇、陈麻三、杨跛子、黄陂、麻子、瞿老八、陈长二、艾梅、彭么、彭胡子、杨顺全等，各持械过船，劈破舱板，刳出衣箱什物，交陈六等递回，开行驶至广济县江面。刘老四、瞿老八两船落后，贾帼雄、王大五、谢老十三船，前抵武穴镇，行刳四川职员田庆元船内银两衣物。①

他们第一次行凶的地点是长江水域的武昌府大冶县道士洑猫礁港。道士洑位于武汉下游，过黄州的地方，大致是现在的黄石市附近水域。这里仍处于湖北省境内，若继续沿江而下，则能够到达江西九江。他们在道士洑猫礁港袭击了停泊中的江西货船。关于抢劫的细节，如文中所述"各持械过船，劈破舱板，刳出衣箱什物"那样，刘老四等十余名江贼持械袭船，将船舱破坏后抢劫了衣箱什物。贾帼雄、王大五、谢老十所驾驶的三艘贼船流窜至武穴镇，袭击了四川职员田庆元的船，抢劫了他的银两衣物等物品。

> 十四日，五船同泊江西德化县属姜家套，经该处巡江兵役见而盘问追拏，贾帼雄、王大五、谢老十三船挂篷驶逸，刘老四、瞿老八两船因无风篷，恐被追获，均各弃船上岸，分路奔逃。②

到了七月十四日，五艘贼船同时停泊在江西德化县下属姜家套。路过此地的长江巡逻船对他们进行了盘查。贾帼雄、王大五、谢老十所驾三艘贼船挂帆逃跑，刘老四、瞿老八所驾贼船没有帆，船上贼人怕被巡逻船追上，弃船上岸，各自奔逃。

以上列举的是关于长江江贼的具体事例。

4. 小结

清代水运航运的发展，对人与物的流通作出了很多贡献。但观其反

---

① 台北故宫博物院：《宫中档嘉庆朝奏折》第19、20辑，第29册，715页上下。
② 同上书，715页下。

面,阻碍人之移动及物之流通的,正是上述事例中列举的河盗、湖盗以及江贼。这些盗贼,横行于长江、大运河以及相关水系,不仅袭击客商劫其钱财,有时还绑架人物,掠夺物流活动中重要的货物。关于这些盗贼的作案手段,前面引用的湖南巡抚景安嘉庆三年(1808)六月九日的奏折《沿江行刦盗犯》有着详细描述——"各持械过船,劈破舱板,刮出衣箱什物",盗贼们手持武器,袭击船只,破坏船舱后抢劫财物。这应该是在这一类抢劫行为中被普遍使用的作案手段。

　　本章中列举的盗贼相关事件,作为本书之前各章所述清代内河航运史上的具体事例,令人颇感无奈。

　　在此,笔者欲借用《点石斋画报》贞十二,《盗舟赎妓》中所描绘妓女被河盗绑架的情景,为本章画上句号。

《点石斋画报》贞十二《盗舟赎妓》

终章　清代内河水运的旅人与物流

1. 清代使用内河水路的旅人

魏学源在《福建进京水陆路程》①中,记录了从福建到北京的路程状况。来自琉球的使节,在到达福州后,便是利用这样的路程书,往返于福州至北京的道路之上。

例如乾隆五十八年(1793)八月初三日与三十日等日子里,正使、副使所乘朝贡船到达福州。此后,船团内正使、副使等十人左右,得到中国官吏的陪同前往北京。九月二十一日福建巡抚浦霖的奏折记到:"于九月十八日,自闽起程",这次的琉球使节于九月十八日自福建出发前往北京。乾隆五十八年十一月二十四日两江总督书麟的奏折中有:

> 伏查,琉球国使臣毛国栋等,经福建委员厦防同知黄尊邦伴送,于十月二十八日入江苏省吴江县境……徐州府知府张灼禀报,该国使臣于十一月十七日护送,出江苏省境,交山东委员接护前

---

①《中国福建省·琉球列岛交涉史之研究》,第　书房,1995年,第3—61页。

进等情。①

琉球国使一行于十月二十八日进入江苏省吴江县境,于19日后的十一月十七日进入山东省境内,关于他们到达北京的时间,礼部的移会中记载:

> 礼部为移会事主客司案呈,本部具奏琉球国进贡员役到京日期一折,于乾隆五十八年十二月初六日奏,本日奉旨知道了钦此钦遵。……琉球国王尚穆特差正使紫巾官毛国栋、副使正议大夫毛廷柱等恭赍表文来京进贡,并谢恩方物。于本月初五日到京……②

另外,礼部发给内务府的咨文中记有:

> 礼部谨奏,为奏闻事。据琉球国王尚穆特差正使紫巾官毛国栋、副使正议大夫毛廷柱等恭赍表文来京进贡,并谢恩方物。于本月初五日到京,所有应行照料事宜钦遵输旨。③

从上述资料可知,他们从福州出发,经过将近两个月的旅程,于十二月五日到达北京。

琉球使入京之际主要经过的地方,在过吴江县后依次为苏州府姑苏驿,枫桥,浒墅关,无锡县锡山驿,常州府武进县昆陵驿,丹阳县云阳驿,镇江府丹徒县京口驿,扬子江,过江(长江)瓜洲城。扬州府钞关,扬州府江都县广陵驿,邵伯驿,高邮州孟城驿,宝应县安平驿,淮安府山阳县,淮阴驿,清江浦,过河(黄河),王家营,宿迁县古驿,红花埠等。④ 其中,最后的红花埠是"山东、江南交界",过此地后一行经由山东省郯城县,取到泰安府向北京前进。自苏州至山东的路程,很明显是取道大运河。在这一路径上前进,一定会经过淮阴的王家营。民国二十二年(1933)铅印本

---

① 《清代中琉关系档案选编》,第256页。
② 《明清史料》庚编第四本,第374页。
③ 《清代中琉关系档案三编》,中华书局,1996年,第244页。
④ 《中国福建省·琉球列岛交涉史之研究》,第29—41页。

《王家营志》卷一,《建置》中记有:

> 王家营之为镇也……镇与北平、西安、开封、樊城、称北道五郡会,南船北马,众庶走集,财路大赡。①

同书卷三,《交通》记有:

> 王营之为冲途旧矣,大河南横,官道北驰,舟车交会之剧。②

王家营实为南北交通要冲之地。同书卷五,《古迹第十一·陵墓》第6页《琉球通事郑文英墓》中记有:

> 在彤华宫后有碑,旧题琉球国朝京都通事郑文英之墓,旁书乾隆癸丑十一月十四日卒。《县志》曰,文英奉使入贡,道卒,葬此。按邑人蒋阶苏余日记,琉球贡使约数十人,正使耳目官一名,都通官则文英固正使也。又按《东华录》,乾隆五十八年癸丑,是岁朝鲜、琉球诸国来贡。碑上半缺。③

王家营彤华宫后有一块碑,这块碑上刻有"琉球国朝京都通事郑文英之墓"几个大字,大字旁边写有"乾隆癸丑(五十八,1793)十一月十四日卒"几个小字。曾经是郑文英墓地的淮阴县图书馆附近有一座桥,名为"若飞桥"。④ 此桥位于沿淮阴市河北东路的里运河之上,在大动脉京杭运河之南。这里的里运河边,有"南船北马舟舍舟登陆"以及"御马头"两块碑。"南船北马舟舍舟登陆"碑上刻有:"淮阴古之名郡,江北之要冲,素有九省通衢之构。明清时,南省人士在此离舟登岸,换车北上。一九九六年五月 胡道华书印",淮阴是陆路和水路的一个很重要岔路口。

---

① 《中国地方志集成》乡镇志专辑17,江苏古籍出版社,1992年,第63页。
② 同上书,第72页。
③ 同上书,第80页。
④ 作为以藤善真澄教授为代表的国际共同研究的环节之一,笔者自青岛经连云港、淮阴县赴王营镇。1997年10月10日,笔者访问了位于黄河故道附近的淮阴县王营镇新街17号淮阴县图书馆内的郑文英墓。同行的内田庆市教授从居住与附近的老人口中得知,若飞桥是为纪念于1946年死于空难的抗战将领王若飞而命名的。

在琉球国朝贡的贡道上,王家营是从淮安以北赴北京时大运河水运与陆地运输的岔路口。正如平和彦论文所指出那样①,蔡汝霖于同治癸酉(十二年,1873)刊行的《北燕郊游》第52页中,留下了访问王家营郑文英墓时写下的诗文:

> 王家营彤华宫后,有都通官大岭亲云上文英公墓,余随贡使香作诗吊之。当年枻沐勤王事,为国身亡异地遥。今日荒坟奠杯酒,杜鹃啼处也魂销。

这是蔡于郑文英死后约80年,随进贡使上京至淮阴王家营彤华宫后访问郑文英墓时写下的悲凉诗篇。

关于郑文英去世的资料,现存有礼部发往内务府的咨文。这就是乾隆五十八年(1793)十二月初四的《礼部为琉球国贡使到京及随从人员途中病故事致内务府咨文》。

> 礼部为知照事,主客司案呈琉球国差来进贡正使紫巾官毛国栋、副使正议大夫毛廷柱、都通事郑文英、从人二十名、土通事一名,自福建伴送来京之厦门海防同知黄尊邦等,于本月初五日到京。并据该委员差丁报称,都通事郑文英及从人一名在途病故等语,所有应行照料事宜,钦遵谕旨,咨送内务府经理可也,须至咨者。
>
> 右咨内务府②

琉球国进贡正使紫巾官毛国栋与副使正议大夫毛廷柱以及通事郑文英、随从二十名、土通事一名自福建赴北京。一行赴京之际,有厦门海防同知黄尊邦等同行。但是,在途中郑文英以及一名随从去世。

《高宗实录》卷千百六十一,乾隆四十七年(1782)七月甲寅(十九日)条中有:"予故琉球国贡使正议大夫毛景昌祭葬如例。"另外《中山世谱》

---

① 平和彦:《近世琉球国之朝京使节——其贡道与琉球人墓地》,《南岛——历史与文化(5)》,第一书房,1985年,第242页。
② 《清代中琉关系档案三编》,第243—244页。

卷十,《尚穆王》,乾隆四十五年条中有:"四十五年庚子冬,王遣耳目官向翼、正议大夫毛景昌。(中略)毛景昌,在福建浦城县病卒。"①乾隆四十七年赴北京的琉球使节中,毛景昌在上京后回国途中,于福建省浦城县病逝。

乾隆四十七年(1782)五月十五日礼部尚书德保等人的题本中有:

> 琉球国进贡副使正议大夫毛景昌,事竣回国,于乾隆四十七年四月二十日,至浦城县,途次病故。即于二十二日,在于该县地方安葬。……照例给与棺价银二十两,内阁撰给祭文一道,颁发该布政使司,备办祭品,委员读文,致祭一次,仍照例立石封。②

完成任务的毛景昌在从北京回国的路上,病死于福建省建宁府浦城县。他的遗骸被埋葬于该地,礼部支付白银20两,用于购买棺木。

嘉庆九年(1804)序《酬世锦囊全书》卷一,《天下路程》中《福建省城进京至杭州府水陆路程》记有:

> 自福州府至浦城,水路计七百八十里。在此起旱,雇夫过山,行家店家俱有行李货物,秤重每百斤价五六钱。

自福州至浦城,可以利用福建省北部的大河闽江之水运,自浦城至浙江省的山区,有陆路,若有大件行李,则需要人夫来搬运。那么,毛景昌在从北京返回福州的路程中,历尽辛苦,走过浙江省与福建省之间险峻的山区陆路后,来到浦城。由于从这里开始,就能经由平缓的水路回福州,所以他应该是在如同回到福州一般的轻松的感觉中过世的。

综上所述,即便不远万里从琉球国赴中国朝贡的使节,在从进入中国的地方,前往皇帝居住的北京时,其一部分路程,还是利用水运最为便利。

---

① 《琉球史料丛书》第四卷,第155—156页。
② 《清代中琉关系档案续编》,第830页。

2. 清代内河水路的水运与物流

从承担水运的船舶数量,可以窥知清代国内经济发展的一端。

在长江水运中的要冲之地——江西省北部九江关所,乾隆十三年(1748)通关船舶 48 250 只,乾隆十四年(1749)通关船舶 44 795 只,乾隆二十五(1760)年通关船舶 61 485 只。①

另外,在地处大运河之要的扬州附近的关所,乾隆二十三年(1758)通过船只 94 026 只,乾隆二十四年(1759)通过船只 89 389 只。② 在浙江沿海,乾隆初期的通关船舶数达到了 15 000 只。③

国内人民使用了数量超乎想象的船舶,从事食品或日用品等运输,商品的流通得以活跃地展开。这些长江流域、沿海地区生产的物品,其主要消费地之一便是首都北京。在北京,无论是宫廷消费的食物还是民间消费的日用品,均有从各地运输而至的。这些物品之中,又以江苏、浙江、江西、湖北、湖南等地产品为主。江苏、浙江的布类和生丝,江西、湖北、湖南的竹材、木材、瓷器、纸、油等物品,很多都经由船舶运输。在这些物品的运输过程中,长江与大运河的水运被充分运用。

笔者已在第 4 篇第 2 章《清代福建输出茶叶之一集散地——江西河口镇:水运与陆运的接点》中,对清代内河水运物流的一个基点——作为福建产茶叶集散地的江西河口镇作出论述,但这仅仅是清代中国国内内河水运中数目庞大的基点之一。在其他的各个地方,同样有内河水运的基点。各个基点的配合协作,形成了清代内河水运网。而连接各个基点的,则是行走于河川之上的中国帆船。帆船的活动范围,遍及清代中国的国内的所有水系。

---

① 松浦章:《清代九江常关与民船航行》,《关西大学文学论集》第 42 卷第 3 号,1993 年。
② 松浦章:《关于清代的扬州关》,《关西大学文学论集》第 43 卷第 2 号,1993 年;松浦章:《十八世纪中国沿海与长江的航运》,《UP》,东京大学出版会,第 262 号,1994 年。
③ 松浦章:《清代前期的浙江海关与海外贸易》,《史泉》第 85 号,1997 年。

终章　清代内河水运的旅人与物流

在最后,笔者欲在此登载 4 张照片。这些照片是笔者作为"日中贸易史研究者友好访中团"①的一员,于 1981 年 4—5 月赴华之际,乘火车经由平行于九龙江的鹰厦铁路漳平至漳州市华安县路段时拍摄的。它们反映了当时九龙江水运的情况。

九龙江自龙岩市的漳平市流经漳州市,至厦门市,于海沧区的厦门港附近,又名北溪谷的地方注入台湾海峡。鹰厦铁路在这一区间,有一百数十公里是沿此河而建的。②

光绪三年(1877)《漳州府志》卷四,《山川》中有:

其绕郡而北者曰北溪。③

---

① 本次访问团的团长为三上次男,副团长为佐久间重男,秘书长为大庭修,团员有吉田章一郎、斯波义信、田村晃一、藤善真澄、佐佐木达夫等先生。访问团由上海进入中国,之后往宁波、杭州、厦门、泉州、福州、广州调查后经由香港返回日本。
② 据中国《全国铁路旅客列车时刻表》(中国铁道出版社,2007年)第 153 页,漳平与厦门之间距离有 181 公里,漳平与漳州之间距离有 126 公里。据《新编使用中国地图册》(中国地图出版社,2002 年)中国交通(二),"主要内河通航里程表"第 4 页,九龙江的通航里程为 142 公里。
③《中国地方志集成·福建府县志辑 29》,上海书店出版社,2000 年,第 64 页。

335

其下有注曰：

> 古以之名联曰龙溪，亦曰九龙江。去城二十五里，源出延汀之界，合宁洋龙岩州漳平之水而下华崶。①

关于这条河上游的漳平县河段，道光十年(1830)《漳平县志》卷一，《舆地》中有：

> 九龙溪，亦名漳平上溪，绕县而东，诸川所聚，深潭太湍，通舟至华崶，水石才险十余里至岭兜。又为洪流，远于海，华崶以上为上溪，岭兜以下为下河。②

从上述文献可知，九龙溪也被称为北溪或者九龙江，自漳平以下的河段可以通航。

---

① 《中国地方志集成·福建府县志辑29》，第64页。
② 《中国地方志集成·福建府县志辑34》，上海书店出版社，2000年，第357页。

虽说时值1981年,而且是在九龙江这样一条无法与在黄河、长江、大运河之类的著名河川相提并论的河流之上,但帆船溯航时的光景,令人不禁联想到中国的蓬勃朝气。这四张照片都反映了溯航时帆船的情况,特别是最后一张,反映了帆船如同自行车爬坡那般,走Z字形路线溯航的情况。

1920年出版的《中国省别全志　第十四卷　福建省》第五编第六节《漳江流域各地民船》第二,《漳州的民船》中有:

> 漳州位于龙溪(九龙江)之下游,至南溪上下游之货物均在此地集散,商业繁盛,为漳州流域水运之中心。①

九龙江是漳州地区水运的重要水系,漳州又处于这个水系的要冲之地。另外,关于九龙江上游的漳平,同书第三《漳平的民船》中有:

> 漳平在漳水北溪(九龙江)之上,上下游通民船,紧留小舟常有二、三十艘,载重多在四、五十担以下。当地与厦门之间,每四五日

---

① 《中国省别全志　第十四卷　福建省》东亚同文会,1920年,第301页。

有便船,下行花费三日,上航花费六日。至厦门,乘客运货二、三元。①

如同前面所述,鹰厦铁路漳平厦门段是沿九龙江而下的,其水运的状况和《漳平的民船》所述并无二致。那么,可想而知,1981年在火车中所摄的照片反映的情况,与1910年时差别不大。可以说,这些照片反映了尚未受到改革开放大潮影响的传统中国水运,所以具有很高的价值。

泉州在宋元时代海外贸易兴盛。到了清代,德化的瓷器也是经由陆路搬运至永春州后,再利用东溪、晋江的水运至泉州出口海外的。另外,以铁观音茶闻名的安溪县,其茶叶也是利用东溪、晋江水运运输至泉州后出口海外的。发源于永春县,经南安县而下的东溪与发源于永春县西部,经安溪县而下的西溪,在南安县中部偏东的地方汇合,是为晋江。该江流过泉州后注入泉州湾。该江的水运,广为物流所用。到20世纪30年代为止,在泉州的晋江河岸边,还有很多上述运输瓷器与茶叶的溪船(河船)停泊。②

清代中国各地水系所见水运状况,恐怕就如书中所述了。利用帆船的水运,虽受风力影响,但不用担心出发地与目的地,或是中途停靠港口之间的动力问题。这一点,是长久以来中国帆船活动的最大优点。中国帆船,不需要消费煤炭石油等化石燃料,不会污染空气,是很环保的客运和货运工具。

---

① 《中国省别全志 第十四卷 福建省》,第302页。
② 2008年8月,得泉州海外交通史博物馆王连茂研究员指点而得知。

资料篇1 《北新关志》所见内河船舶图[①]

清朝继承了明朝的制度,在康熙《大清会典》卷三十四,《课程三·关税》中有:

> 本朝设关榷税,历年建革不一。有征商税者,有征船料者,有兼征船料商税者。所收课税,解归户部。间支拨兵饷河工等项。[②]

可知,清朝在取代明朝统治中国后不久,便设置了相当于明代内陆税关——钞关的常关。

在这些钞关中,隶属户部的税关的征税则例分为三个形态:只征收商税,按照船舶大小征收船料;既征收商税又征收船料。关于设置税关的地点以及如何征税,具体可见下表。

[①] 杭州出版社于2009年3月出版了《杭州运河文献集成》共5册,在第1册中收录了《北新关志》全文,为节约篇幅,在此仅引用数幅船图以作示例,欲得知船图详情请参阅《杭州运河文献集成》——译者。

[②] 《近代中国史料丛刊三编》,第七十二辑,文海出版社,第1593页。

康熙二十五年税关设置与税额表

设置地		康熙二十五年税银额	则例
崇文门	直隶省　设置水系	94 483 两	商税
左翼		10 000 两	商税
右翼		10 000 两	商税
张家口		15 000 两	商税
杀虎口		9 000 两	商税
天津关	直隶省	40 464 两	船料、商税
临清关	山东省　大运河	29 684 两	船料、商税
淮安关	江南省　大运河	150 728 两	船料、商税
扬州关	江南省　大运河	48 084 两	船料
凤阳关	江南省	79 893 两	商税
芜湖关	安徽省　长江	183 796 两	船料、商税
浒墅关	江南省　大运河	168 709 两	船料、商税
北新关	浙江省　大运河	107 669 两	船料、商税
赣关	江西省　赣江	41 124 两	商税
湖口关	江西省　长江	153 889 两	船料、茶税
太平桥关	广东省　珠江	46 829 两	商税
西新关	广东省　珠江	33 684 两	商税
江南海关	江南省　沿海		
浙江海关	浙江省　沿海		
福建海关	福建省　沿海		
广东海关	广东省　沿海		

出典：康熙《大清会典》卷三十四。

　　从表中可知，刊载了过关船舶的北新关设于浙江省，它是对通过船舶征税的税关。

　　北新关位于浙江省杭州附近，是一个设于京杭运河即将进入杭州之前的河道上的常关。关于北新关的史书便是《北新关志》。在日本，仅东洋文库①及东京大学东洋文学研究所②两个机构藏有该书。本书中使用的是东洋文库的版本。

《北新关志》上有许梦闳雍正九年(1731)的序文。序文之后的正文目录如下:

卷首　凡例、公置图、四境图、四境图说

卷一　建置

卷二　命遣

卷三　禁令

卷四　课额

卷五　法制

卷六　利弊

卷七　钤辖

卷八　公置

卷九　宦迹

卷十　人役

卷十一　季钞附长学

卷十二　修孝附行置图

卷十三　税则附减免例

卷十四　船则附船式

卷十五　记、碑、序、赋、诗、对联

卷十六　告示、旧序

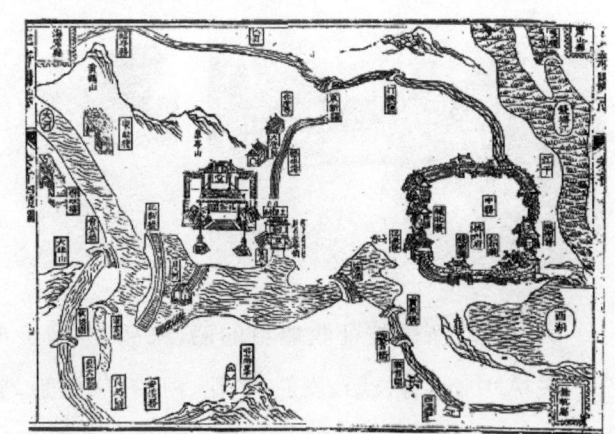

该书由以上十六卷构成。

《北新关志》卷首载有《四境图》(如上),在图中,北新关被如实地画在大运河进入省城杭州之前的地方。现在,北新关的官舍等早已不复存

---

① 东洋文库藏。图书编号Ⅱ-15-B-2。
② 东京大学东洋文化研究所藏该书图书编号为:史部-政书-邦计-39,另有大木文库藏编号:大木-政类-户制-赋税-37,共计两部。大木文库本中,阙卷五一九、十五、十六。

在，其遗址也被修整成供杭州人散步休闲的步行道。在遗迹附近揭有《北新关》的旗帜。左图是从侧面照的照片，而右图则是从运河对岸拍摄的照片。笔者在前往北新关遗址时，得到了浙江工商大学日本文化研究所孔颖女士的帮助，在此深表感谢。

关于在北新关被征收船料的船，康熙《大清会典》卷三十四《课程三·关税》中，记有长船、剥船、赣船、河船、焦湖船、浆船、沙船、边江船、罗子头船、落脚头船、王巷船、乌船、艎船、太湖船、宜兴船、马口船、划子船、匾船、摊船、摇罗船、航船、脚船、摇船、划船、阔头船、尖船等 26 中船式的名称。因此，几乎可以确定这些船是通过北新关的船只。

清代税则的相关书籍中，有不少均收录了大量船舶的名称，但《北新关志》卷十四的附录中，不仅收录了船式名称，更是描绘了 70 余只内河船舶的图像。这些船舶图，在清代中国是十分罕见。在本书中，欲将《北新关志》中所有的船舶图像作为资料刊出。

表 1　清代北新关所内河船及其船式名一览

船　名	船　式	《北新关志》卷数·页数
镇江摆江船	摇船	《北新关志》卷 14 - 02
松江船	摇船	《北新关志》卷 14 - 03
杭州墅湖船	摇船	《北新关志》卷 14 - 04
湖州圈篷船	摇船	《北新关志》卷 14 - 05

续　表

船　名	船　式	《北新关志》卷数·页数
档板尖头船	摇船	《北新关志》卷14-06
刘河荡湖船	摇船	《北新关志》卷14-07
邵伯屉头船	河船	《北新关志》卷14-08
邵白开稍船	河船	《北新关志》卷14-10
平湖花船	摇船	《北新关志》卷14-11
光福报船	摇船	《北新关志》卷14-12
扬州沙飞船	沙船	《北新关志》卷14-13
焦湖船		《北新关志》卷14-14
镇江板船	河船	《北新关志》卷14-15
海船	沙船	《北新关志》卷14-16
宁波船	尖船	《北新关志》卷14-17
琵琶船	河船	《北新关志》卷14-19
便民船	阔头船	《北新关志》卷14-20
水洋毛篷子	桨船	《北新关志》卷14-21
杭州船	摇船	《北新关志》卷14-22
马溜子	河船	《北新关志》卷14-26
湖州白壳子	摇船	《北新关志》卷14-30
吴江尖头船	摇船	《北新关志》卷14-31
闸里沙河船	长船	《北新关志》卷14-32
湖州花船	摇船	《北新关志》卷14-33
苏州大尖头船	阔头船	《北新关志》卷14-34
镇江栏水船	桨船	《北新关志》卷14-35
	河船	《北新关志》卷14-36
湖州太湖船	太湖船	《北新关志》卷14-37
水洋毛篷子方稍	桨船	《北新关志》卷14-38
苏州船	阔头船	《北新关志》卷14-39

续　表

船　　名	船　　式	《北新关志》卷数·页数
镇江瓜子船	河船	《北新关志》卷14-40
湖州太湖船		《北新关志》卷14-41
嘉兴圈篷船	摇船	《北新关志》卷14-42
常州划船外船	划船	《北新关志》卷14-43
常州马船	摊船	《北新关志》卷14-44
湖州船	太湖船	《北新关志》卷14-45
嘉兴齐门船	阔头船	《北新关志》卷14-46
南京满江红	桨船	《北新关志》卷14-47-1
南京楼船	河船	《北新关志》卷14-47-2
长安摊船	摊船	《北新关志》卷14-48
常州划船	划船	《北新关志》卷14-49
嘉定船	阔头船	《北新关志》卷14-50
嘉定平头船	阔头船	《北新关志》卷14-51
镇江划子船外船	划船	《北新关志》卷14-52
南湖凳稍船	桨船	《北新关志》卷14-53
南京	桨船	《北新关志》卷14-54
板船	河船	《北新关船》卷14-56
杭州大洞子船	剥船	《北新关志》卷14-57
丹阳划船	划船	《北新关志》卷14-58
孝丰船	尖船	《北新关志》卷14-60
嘉兴盐阔头	阔头船	《北新关志》卷14-61
粮划尖头船	摇船	《北新关志》卷14-62
抹头子	河船	《北新关志》卷14-63
高淳船	河船	《北新关志》卷14-64
震泽船	摇船	《北新关志》卷14-65
苏州荡湖船	摇船	《北新关志》卷14-67

续 表

船　名	船　式	《北新关志》卷数·页数
南浔航船	航船	《北新关志》卷14－68
杭州赶堂船	阔头船	《北新关志》卷14－70
松江华亭盐拖船	摊船	《北新关志》卷14－71
余杭区摊阔拉	摇船	《北新关志》卷14－72
施家霸泥塔头	摊船	《北新关志》卷14－73
余杭区摊圆拉	摊船	《北新关志》卷14－74
杭州泥塔头船	摊船	《北新关志》卷14－75
湖州沙飞船	沙船	《北新关志》卷14－76

镇江摆江船报桨船

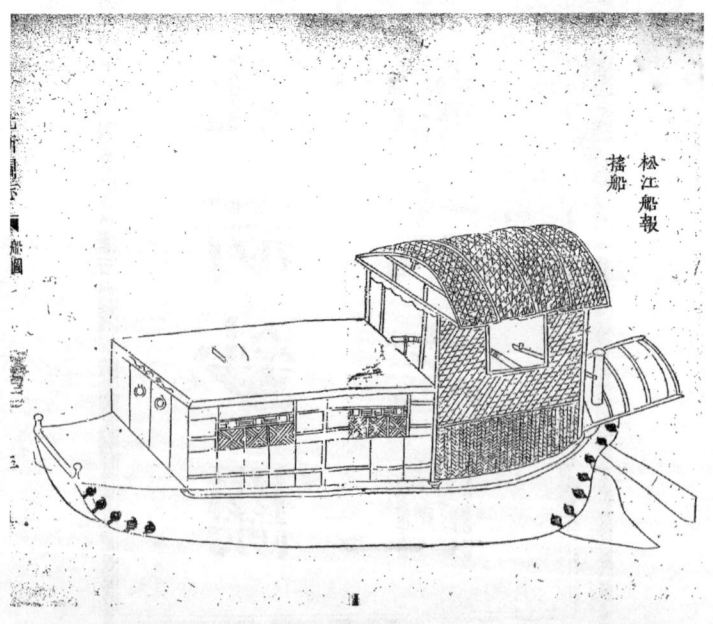

松江船报摇船

资料篇 1 《北新关志》所见内河船舶图

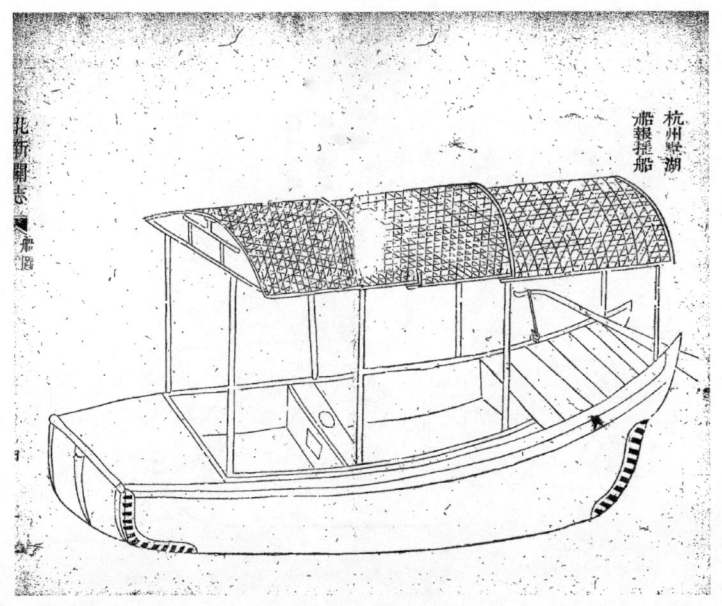

杭州墅湖船报摇船

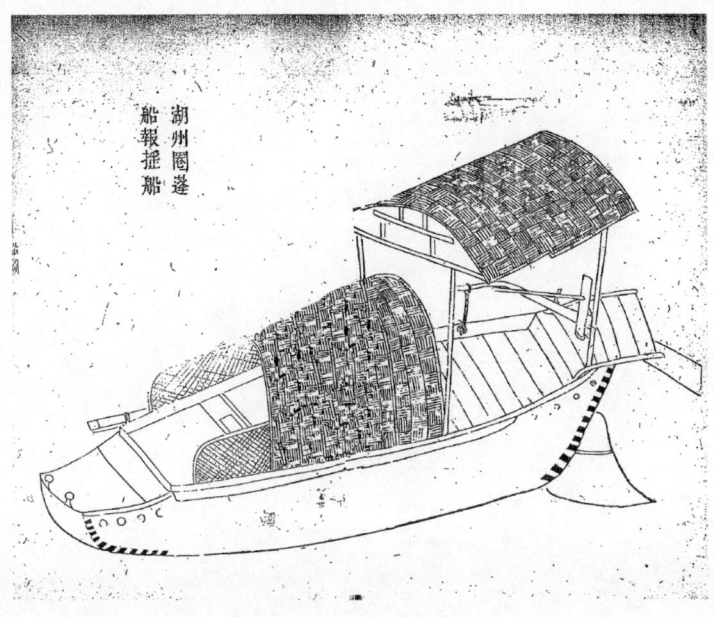

湖州圈篷船报摇船

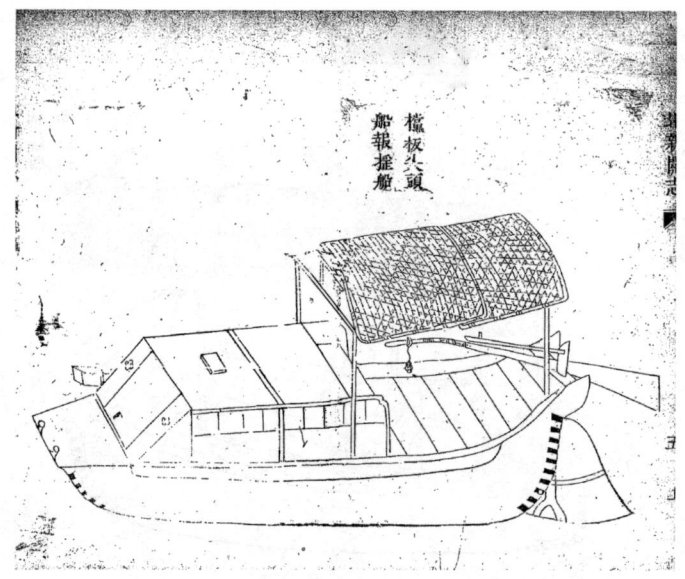

档板尖头报摇船

资料篇2 吴中孚撰《商贾便览》所见内河航运船舶

【解说】

　　东京大学东洋文化研究所的大木文库藏清代乾隆五十七年(1792)刊本吴中孚撰《商贾便览》八卷(一帙四册)[1]，是当时的商人等人，因通商等原因在各地间旅行之际的向导书。该书第二卷中，以《歌声船名样式》为题，记载了被认为是以江西省各水系为中心活动的船舶之名称以及船的样式。关于这本书的内容，森田明在很早之前便做过介绍。

　　为了方便使用，在此将《各省船名样式》全文刊载，并将其中所见船名一览表列记于下(表中2-15-1代表卷二第15页，b代表该页的第二面，1代表行数)。

---

[1] 东京大学东洋文化研究所大木文库藏。

《商贾便览》各省船名样式船名一览

船　　名	揭载丁数	地　　名
江西粮船	《商贾便览》卷 2-15-1	江西
尾子	《商贾便览》卷 2-15-2	江西南昌
艑子王	《商贾便览》卷 2-15-3	江西南昌
扁担王	《商贾便览》卷 2-15b-1	江西丰城
毛蓬子	《商贾便览》卷 2-15b-2	江西南昌
三板子	《商贾便览》卷 2-15b-3	江西章贡州
梭子船	《商贾便览》卷 2-15b-4	江西、南安、吉安
赣河、三角、三眼、吹火筒	《商贾便览》卷 2-15b-5	
官板子	《商贾便览》卷 2-15b-6	吉安
吉安鱼船	《商贾便览》卷 2-15b-7	江西吉安
套葫芦	《商贾便览》卷 2-15b-8	江西吉安
坐古子	《商贾便览》卷 2-16-1	江西瑞州、建昌
瑞州新昌航船	《商贾便览》卷 2-16-2	江西瑞州、横大府
袁州万载船	《商贾便览》卷 2-16-3	江西袁州、临江州、瑞州
圆旺子	《商贾便览》卷 2-16-4	江西临江
巴斗子	《商贾便览》卷 2-16-5	江西九江
□船	《商贾便览》卷 2-16-6	江西都昌
浮艄子	《商贾便览》卷 2-16-7	江西饶州
暖艄子	《商贾便览》卷 2-16b-1	江西鄱阳
夜航船、倒划子	《商贾便览》卷 2-16b-2	江西万年
刁子船	《商贾便览》卷 2-16b-3	江西广信
弋阳鱼船	《商贾便览》卷 2-16b-4	江西弋阳
提划子	《商贾便览》卷 2-16b-5	江西弋阳
两仓小剥船	《商贾便览》卷 2-16b-6	江西上饶、铅山、玉山
罗汤子	《商贾便览》卷 2-16b-7	江西贵溪、安仁
抚州建昌船	《商贾便览》卷 2-16b-8	江西抚州、建昌

续 表

船 名	揭载丁数	地 名
平头子	《商贾便览》卷2-16b-8-2	江西建昌府
尖头子	《商贾便览》卷2-16b-8-3	江西建昌
横头子	《商贾便览》卷2-16b-8-4	江西宜黄
塘船	《商贾便览》卷2-16b-8-5	江西临川
抚刁	《商贾便览》卷2-16b-8-6	江西饶州、广信
车牌子	《商贾便览》卷2-17-1	长江,湖广、江西南昌
满江红	《商贾便览》卷2-17-2	长江,湖广、江西南昌
盐船	《商贾便览》卷2-17-3	长江,湖广、江西九江
椒湖船	《商贾便览》卷2-17b-1	江北
桐曹子	《商贾便览》卷2-17b-2	江西、安庆
苏船、油葫芦	《商贾便览》卷2-17b-3	
湖船	《商贾便览》卷2-17b-4	常州、无锡
婺源船	《商贾便览》卷2-17b-5	
祁门剥船	《商贾便览》卷2-17b-6	
摇划子	《商贾便览》卷2-17b-7	
湖划子	《商贾便览》卷2-18-1	
鸦艄子	《商贾便览》卷2-18-2	
满折艑子	《商贾便览》卷2-18-3	
一家楼	《商贾便览》卷2-18-4	
金牛船	《商贾便览》卷2-18-5	
兴国艑子	《商贾便览》卷2-18-6	
孟葫告	《商贾便览》卷2-18-7	
双飞燕	《商贾便览》卷2-18-8	
孝感艑子	《商贾便览》卷2-18b-1	
孝感戈子	《商贾便览》卷2-18b-2	
黄陂艑子	《商贾便览》卷2-18b-3	

续表

船　名	揭载丁数	地　名
黄州宋埠艑子	《商贾便览》卷2-18b-4	
龙口划子	《商贾便览》卷2-18b-5	
襄划子	《商贾便览》卷2-18b-6	
襄秋子	《商贾便览》卷2-18b-7	
襄牌子	《商贾便览》卷2-18b-8	
襄五仓	《商贾便览》卷2-18b-9	
划子渡	《商贾便览》卷2-19-1	
辰条子	《商贾便览》卷2-19-2	
巴竿子	《商贾便览》卷2-19-3	
艜子船	《商贾便览》卷2-19-4	
吊勾子	《商贾便览》卷2-19-5	
倒划戈子	《商贾便览》卷2-19-6	
红绣鞋	《商贾便览》卷2-19-7	

《商贾便览》卷二

江湖之船，惟盐、漕二船最大。客货小船，往来相周，不可近其船边，以防风厌水吸之虞。其漕官协运势，必赶先，所以客船沿途阻滞。况盐消界限，茶有引处，途中多有巡查之阻，于碍非小，经商者慎之。

各省船名样式

江西粮船　方长式头，中平艄略高，天仓蓬亦方长。俱木板，装官仓在中间，用三枝桅，中枝极大，后枝次之，前枝又次之。小风帆用篾，漕粮例装一千二百石之间，连搭各客货，揽有二千余石载。头工、舵工俱带家眷在船上住，运官及旗丁在中官仓，客及水手各仓俱可住头。船工水手，请淮安、扬州等处及南昌人多。

尾子　南昌人多架，其式略似摇划子、毛蓬子样。艄尾略小撬些，中仓天蓬，有用木板的，亦有用篾箬的艄，天蓬用篾的多。

南昌又有艑子船。

扁担王　丰城人多架,临江人亦架,似圆旺子,更长。

毛篷子　南昌、南康人俱架,其式似鸦尾子、划子样。

三板子　赣州人多架,南安人亦架。头尾比梭子船更大,卷撬甚高,近有平头牌,头不一。

梭子船　南安人架多,赣州、吉安人亦架。头艄尖卷,似织布梭样,故名之。

赣河　一名三角,又一名三眼枪。其式略似梭子船样,又一名吹火筒。其船两头板撬薄,俱小船,只在就近架。

官板子　吉安人多架,袁州人亦架。两头平尖,似锅铲样。

吉安鱼船,略似裹划子样,更短,肚略大,中仓艄仓天蓬俱是篾箬的,头尖,似鱼嘴,亦有带家眷的。临江人架。

套葫芦　吉安人架,湖广人亦架。似满江红样,头尾略尖些。

坐古子　瑞州及建昌县人俱架,似新昌航船样,肚略小。

瑞州新昌航船　两头尖腰更横大,府属船多尖头子。

袁州万载船　两头尖,略似梭样,府属亦架官板子。

袁临瑞三府,俱有尖头子、平头子,但船腰比□抚船捝略大些。

又一名广船,亦略似尖头子。

圆旺子,临江

人多架,船腰略似吉安鱼船样,但头更大方,中仓篾天。

蓬艄上木板　天蓬舵柄出天蓬外。又一式名一条龙,似圆旺子,而艄尾尖。

巴斗子　九江人架的多。其船肚大头平,似火铲,艄略高,艄及中仓,俱用篾天蓬。

□船　都昌人架,似鸦尾子划子样,又有小剥船,名辖船,似浮艄子样。

浮艄子　饶州府属俱架,惟浮梁人架,更多头艄平,尾中间开口,好安舵放橹。

暖艄子　鄱阳人架更多,即大浮艄子,用木板包艄天蓬以避风雨,故名暖艄。

夜航船　又名倒划子,万年人架的多。往来石镇街饶郡,多有夜晚行船,故名之。

刁子船　广信人架多,其船大小不一,大的七八个仓,小的只四个仓。头高,艄尾撬起如竖,高招牌样。

弋阳鱼船　似刁子,艄尾更尖小,略矮些。

提划子　弋阳人架多,略似刁子。艄更大些,尾竖矮些。

两舱小剥船　上饶、铅山、玉山俱有。似弋阳鱼船样。

罗荡子　贵溪、安仁俱架。其船两头一样平。极尖小,船有大小不一。

抚州建昌船　大概身条长,头高,艄平。

一名平头子,建昌府人架多,抚州人亦架。船头略平。

一名尖头子,建昌人架多,抚临人亦架。船头略尖。

一名横头子,宜黄人架多,崇仁人亦架。头有又数寸。

一名塘船,俗名土狗翼,临川人架。其船小,两头平。

一名抚刁,两头高撬,木板包艄。大的装得千担载,亦有饶州、广信等处人架。

车牌子　下江扬州及湖广、南昌等处人俱架。其船大小不一,似湖广划子样。仓深,四方斗底,载得重。四方天仓蓬俱用木板,或外雕花。官仓两边设有光窗,其舵柄出天蓬外。

满江红　下江扬州、湖广南昌人俱架。其式似湖划子、车牌子样,只木板天仓,妆过腰前数尺,头上所空不多。

盐船　下江、湖广、九江等处人俱架。似湖广大划子样。仓斗深大的装得四五千担,只到青山。止二三千担的方到江西省。

椒湖船　江北人架多,似车牌子,四方斗底而天仓蓬更矮些。

桐檀子　安庆人多架,略似车牌子,四方斗底。

苏船　有点略似车牌子样。此船虽大小不一,而其仓摁四方斗底,又有一式,名油葫芦。

湖船　常州、无锡人架。其船大小不一,略似车牌子。仓式但小的无中仓天蓬,只艄上有天蓬。舟子炊焚,故不能搭客。

婺源船　肚大,头平大,艄尖似贵溪、罗荡船艄样。

祁门剥船　两头底平,艄尖。不用舵,动则摇橹。

摇划子　武昌青山人架的多。此船腰头俱平,中仓天蓬用木板装艄上,圆木板蓬板,上用箆筋盖船,大小不一。但摇划子艄多与湖划子艄同。

湖划子　武昌八斤土人架的多。略似车牌子,此船头有二三尺矮,一级两边无空路走,只捆搭跳板往前后。

鸦艄子　青山人架多。艄有两,又似脚船小划子样。船小,只可装一二百石载,亦名双飞燕。

蒲圻艑子　艄尾中间开有口,仓浅,天仓蓬矮,用木板装。只有数尺长,难便客坐。

一家楼　嘉鱼洒阳人架多。略似湖划子样,妆饰好看。

金牛船　武昌人多架。其船大小不一,略似湖划子、蒲圻艑子样。

兴国艑子　船身平直,艄尖略撬,又一式名鳖船。

孟葫芦　汉阳等处人架。船小,艄封平头,似湖划子样。

双飞燕　汉阳人架。即小湖划子,妆饰好看,船小。前加桨橹,划动快捷,亦有似鸦艄子的。

孝感艑子　身长,凡船名艑子,皆仓底浅。

孝感划子　大小不一,身长艄尖。

黄陂艑子　大小不一,亦有带家眷在船住的。

黄州宋埠艑子　似襄牌子,艄略平大,仓底浅,亦有住家眷的,亦有圆天蓬的。

龙口划子　属黄州。其船艄略似鸦尾子样,亦有略似湖划子的。

襄划子　即襄阳人架多,汉阳人亦架。其船艄高尖圆,木板天蓬,住家眷的多。

襄秋子　即襄阳人架,船身长,两头尖撬卷,似梭嘴样,亦有住家眷的。

襄牌子　即襄艑子,襄阳人多架,亦有河南人架。其船大的多,艄高撬,木板方天蓬,舵柄出蓬外,亦有住家眷的。

襄五仓　襄阳等处人架。身略长,艄更高尖。

划子渡船　荆州人架多,武昌府属人亦架,河南人亦有架的。其船大小不一,艄尾中开口,中仓似艑子样,只有木板,矮天蓬,数尺。

辰条子　辰州人多架,麻阳人亦架。其式似艑子而身甚长,艄更尖。此船又名一条龙。

巴竿子　湖南人架,比辰条子更大,仓深,载得重。

艄子船　湖南人多架,似划子渡船,而天仓蓬更高,腰身略大。

吊勾子　湖南人架多,似巴斗子样,两边无空路走的,板只同湖划子样,捆跳板走,前后头艄略似倒划子。

倒划子　湖南人架多,其船身条长,两头略小些,可倒划走得,故名。

红绣鞋　又名内阳秋,俗名吹火筒,湖南人架。其船长小式艄更高。

以上各省之舟,江西船天仓蓬用篾箬的多。风帆用篾的江南、湖广船,天蓬用木板的多,风帆用布的多,婺源、祁门船篷帆与江西船同。至于船名千百样式多端,且不时更换,虽老客江湖不能尽识,此于江右河道往来之舟,约录大概,略备查问而已。

资料篇3 《中国省别全志》所见中国民船名称清单

前言

20世纪之初,上海东亚同文书院编纂了《中国省别全志》,全书共18册,涵盖了除东北之外的几乎所有中国领土的实地调查记录,乃是集大成之研究成果,是至今仍被学界重视的史料之一。1988年8月,台北南天书局将该书改名为《中国省别全志》后影印出版,在这套书的开头部分有"中央研究院"近代史研究所林明德研究员的寄语——《中国省别全志卷头语》。在寄语中,林研究员指出,有很多外文文献对中国史料的不足有着补足的作用。这些外文资料的日文部分又以"东亚同文会编的《中国省别全志》与《中国经济全书》为最重要",可见该资料的重要性。另外,《中国经济全书》旧名《支那经济全书》,该书共计12册,于1989年3月由南天书局影印出版,林明德先生同样为该书写了《中国经济全书卷头语》。在这部《中国经济全书》中,仅有第三辑第三编《水运》[①]中的第二

[①]《支那经济全书》第三辑,东亚同文会,1907年4月,275—440页。

章《民船》中第二节《种类》①中收录了河船16中以及海船6种,并未收录涉及几乎中国全境的广泛的资料。

在中国,《中国省别全志》以及其后的《新修中国省别全志》亦备受注目。这两本书中的调查成果备受好评。中国学者翻译了宁夏省相关资料的一部分,以《〈新修中国省别全志〉宁夏史料辑要》②出版,该书由第一章 甘肃、宁夏两省的沿革、第二章 甘肃、宁夏两省的地理的特点、第三章 甘肃、宁夏两省的气象、水文及灾荒、第四章 甘肃、宁夏两省的沿革、第五章 宁夏省的城市、第六章 甘肃、宁夏两省的民族与文化、第七章 甘肃、宁夏两省的财政、第八章 甘肃、宁夏两省的金融、第九章 甘肃、宁夏两省的度量衡、第十章 宁夏府的货币的金融机构、第十一省 甘肃、宁夏两省的农产资源、第十二章 甘肃、宁夏两省的畜产资源、第十三章 甘肃、宁夏两省的林产资源、第十四章 甘肃、宁夏两省的水产资源、第十五章 甘肃、宁夏两省的药材、第十六章 甘肃、宁夏两省的矿产资源、第十七章 甘肃、宁夏两省的工业、第十八章 甘肃、宁夏两省的商业贸易、第十九章 甘肃、宁夏两省的动植物、第二十章 陆路交通、第二十一章 铁路、第二十二章 邮政、电政、第二十三章 甘、宁旅途构成。

在此,欲叙述《中国省别全志》这部由18册构成的集大成之作中有关民船内容。在这18册书中,每本《交通及运输机关》编,几乎在每本书的这个章节中,均列有《民船》这一项目。现将各册中《民船》项立即于下:

《中国省别全志》第一卷 广东省 1917年4月,第435—484页

据大正三年(1914)第12期生,广东班,广东驻在班的调查报告

---

① 《支那经济全书》第三辑,287—288页。
② 和龑,任德山,李岩峰,孙健军译《〈新修中国省别全志〉宁夏史料辑译》北京燕山出版社,1995年6月。全236页。

编纂。①

《中国省别全志》第二卷 广西省 1917年6月，第300—334页

据明治四十二年(1909)镇南百色班、海南粤西班、桂黔班第7期生的调查报告编纂。②

《中国省别全志》第三卷 云南省 1917年8月，第451—564页

据明治四十三年(1910)第8期生、云南四川班的调查报告编纂。③

《中国省别全志》第四卷 山东省 1917年9月，第511—552页。

据明治四十年(1907)第5期生、芝罘驻在班、山东班的调查报告编纂。④

《中国省别全志》第五卷 四川省 1917年11月，第319—384页。

据大正三年(1914)第12期生、云南班・四川班的调查报告编纂。⑤

《中国省别全志》第六卷 甘肃省 1918年1月，第391—452页

据大正二年(1913)第11期生、甘肃四川班的调查报告编纂。⑥

《中国省别全志》第七卷 陕西省 1918年2月，第225—347页

---

① 《中国省别全志》第一卷 广东省 1917年4月，凡例第1页，第435页。
② 《中国省别全志》第二卷 广西省 1917年6月，凡例第1页，第300页。
③ 《中国省别全志》第三卷 云南省 1917年8月，凡例第1页，第451页。
④ 《中国省别全志》第四卷 山东省 1917年9月，凡例第1页，第511页。
⑤ 《中国省别全志》第五卷 四川省 1917年11月，凡例第1页，第319页。
⑥ 《中国省别全志》第六卷 甘肃省 1918年1月，凡例第1页，第401页。

据第 9 期生清化镇汉中班、第 14 期生、河南山西班、湖北四川班的调查报告编纂。①

《中国省别全志》第八卷　河南省　1918 年 4 月,第 273—314 页

据明治四十一年(1908)第 6 期生、河南湖广班、晋豫班的调查报告编纂。②

《中国省别全志》第九卷　湖北省　1918 年 6 月,第 318—358 页

据大正五年(1916)第 14 期生、湖北四川班、京汉班、江西福建省、农工科湖南班的调查报告编纂。③

《中国省别全志》第十卷　湖南省　1918 年 11 月,第 277—353 页

据大正二年(1913)第 11 期生、汕头长沙班、大正四年(1915)第 13 期生、湖南经过班的调查报告编纂。④

《中国省别全志》第十一卷　江西省　1918 年 12 月,第 273—352 页

据大正二年(1913)第 11 期生、芜湖沙市班、汕头长沙班、福州长沙班的调查报告编纂。⑤

《中国省别全志》第十二卷　安徽省　1919 年 4 月、194—251 页

据大正二年(1913)第 11 期生、津浦京汉班、京汉津浦班、安庆宜昌班、芜湖沙市班的调查报告编纂。⑥

---

① 《中国省别全志》第七卷　陕西省　1918 年 2 月,凡例第 1 页,第 225 页。
② 《中国省别全志》第八卷　河南省　1918 年 4 月,凡例第 1 页,第 278 页。
③ 《中国省别全志》第九卷　湖北省　1918 年 6 月,凡例第 2 页,第 314 页。
④ 《中国省别全志》第十卷　湖南省　1918 年 11 月,凡例第 1 页,第 277 页。
⑤ 《中国省别全志》第十一卷　江西省　1918 年 12 月,凡例第 1 页,第 270 页。
⑥ 《中国省别全志》第十二卷　安徽省　1919 年 4 月,凡例第 1 页,第 194 页。

资料篇3 《中国省别全志》所见中国民船名称清单

《中国省别全志》第十三卷　浙江省　1917年5月、249—281页

据明治四十四年(1911)第9期生、镇江宁波班、江阴厦门班、宁波厦门班的调查报告编纂。①

《中国省别全志》第十四卷　福建省　1920年1月、266—320页

据明治四十年(1907)—大正5年(1916)的调查报告编纂。②

《中国省别全志》第十五卷　江苏省　1920年8月、277—313页

据明治四十三年(1910)第8期生、海开班的调查报告编纂。③

《中国省别全志》第十六卷　贵州省　1920年7月、173—353页

据明治四十一年(1908)第6期生、沅贵班、明治四十二年(1909)第7期生、桂黔班的调查报告编纂。④

《中国省别全志》第十七卷　山西省　1920年9月、197、251页

据明治四十三年(1910)第8期生、甘肃鄂尔多斯班、燕晋班的调查报告编纂。⑤

《中国省别全志》第十八卷　直隶省　1920年9月、400—489页

据大正六年(1917)第15期生、江苏直隶班、内蒙古班的调查报告编纂。⑥

从上述一览表可知,此书中收录的关于民船的调查报告,成于20世

---

① 《中国省别全志》第十三卷　浙江省　1917年5月,凡例第1页,第250页。
② 《中国省别全志》第十四卷　福建省　1920年1月,凡例第1页。
③ 《中国省别全志》第十五卷　江苏省　1920年8月,凡例第1页,第277页。
④ 《中国省别全志》第十六卷　贵州省　1920年7月,凡例第1页,第162、167页。
⑤ 《中国省别全志》第十七卷　山西省　1920年9月,凡例第1页,第189页。
⑥ 《中国省别全志》第十八卷　直隶省　1920年9月,凡例第1页,第400页。

纪之初,也就是清末民初这段时间。正是由于这些民船在当时中国人的日常生活中所处可见,所以中国人未对它们进行详细记录。但是,在外国人看来,这些中国人司空见惯的东西,却是具体,且形象化了的异国文化。因此,外国人将这些事物记录了下来。这些记录并非以个人调查的形式,而是以团体调查的方式存在,并且其范围几乎包含了中国全境,这一点有很重要的意义。通过这些调查,当时在各省活动的包括帆船的船舶,其名为人所知。在关于中国的历史资料中,记有如此数量船舶名称的,仅有此书。

在此,将该书中除蒸汽船之外,利用风力、人力航行的民船名称摘出,并制作一览表,以供参考。一般,中国的船舶在各地有着种种名称。例如有的船以制造地命名,而有的船则以来自何方称呼名称不尽相同,因此要详细考证这些船只的称呼极为困难。在此姑且不加考证,将《中国省别全志》中所见船名全部摘出并作列表,详细的讨论则留作今后的课题。

笔者在可能的范围内,将民船书中民船的名称摘录并制作成卡片,以日语五十音的顺序排序。此表若能够为今后的学者用作收集除《中国省别全志》以外的资料,完成一张完整的中国民船表提供便利,笔者将深感荣幸。

凡　　例

1. 本一览表按东亚同文书院编纂的《中国省别全志》(全18册)中所见民船名称制作,共收录民船名称615种。表中除收录内陆河川船只之外,也收录了沿海地带的民船。

2. 本表将《中国省别全志》中所见民船分为六项,即民船名、船型船种、吨位、省名·地名、主要航行水域以及出典进行记录。

3. 表中民船的顺序按照日语五十音的顺序排列。

4. 表记困难的汉字,以[ ]为标记,表示合成汉字。

5. 笔者在制作该表之际,虽然已经尽可能地对书写加以修正,但是还存在一些无法修正的地方,所以词条排序的可能存在一些差错。在使用时,请同时参考前后的词条。

民船名	船型、船种	吨位	省名、地名	主要航行水域	出典
鸦艄子	货船(燃料、煤炭)	170—500担	湖南省	南京	全志15 江苏省299
鸦艄船		70—600担	湖北省		全志9 湖北省326
阿比쁘(戎克船)	(海洋航行)				全志14 福建省272
厦门船	货船		厦门	福州、宁德	全志14 福建省308
安远船、梭子船	货船	30—300担	江西省	赣江	全志11 江西省281
晏河鳅子船	货船(杂谷)	70—1 000担	湖北省	汉水	全志9 湖北省328
安化梳子		200—300担	安化	湖南省各地	全志10 湖南省285
安化梳子		200—300担	安化	资江(益阳)	全志10 湖南省313
安香船	客货船	30担	福建省	韩江上流(汀州—峯市)	全志14 福建省314
陨帮鳅子船	货船(药材、山货)	70—1 000担	湖北省	汉水	全志9 湖北省328
乌江子	货船	200—300担	长沙	资江(外水路)	全志10 湖南省315
乌江子船	客货船(鱼类)	200—500担	湖南省	汉口、长沙、湘潭	全志9 湖南省324
乌山船	货船	500—1 000担	江苏省	上海、镇江	全志15 江苏省282
乌山船	货船		江苏省	上海、宁波	全志15 江苏省285
乌山船	货船	300—800担	浙江省	瓯江(温州、宁波、乍浦、台州)	全志13 浙江省280
乌走(戎克船)	(海洋船)	1 000—5 000担	浙江省		全志13 浙江省269
乌艚(戎克、宁波船)	(航海用)		宁波	厦门地方	全志14 福建省304

364

续 表

民船名	船型,船种	吨位	省名,地名	主要航行水域	出 典
乌艚船(戎克船)	货船(海洋航行)			福州—宁波	全志14 福建省275
乌篷江船(小)	客货船	3 000担	浙江省	钱塘江(金华,衢州,严州)	全志13 浙江省251
乌篷江船(大)	客货船	1 000担	浙江省	钱塘江(金华,衢州,严州)	全志13 浙江省251
乌篷江船(中)	客货船	600—7 000担	浙江省	钱塘江(金华,衢州,严州)	全志13 浙江省251
乌篷船	货船	100—400担	浙江省	上海—宁波	全志13 浙江省280
运盐船	货船		江苏省	里河	全志15 江苏省307
云霄浦漳浦诏安船	货船		云霄,漳浦,诏安	台湾	全志14 福建省308
云霄漳浦诏安船	货船		云霄,漳浦,诏安	上海,乍浦,温州,台州	全志14 福建省308
云霄漳浦诏安船	货船		云霄,漳浦,诏安	云霄,漳浦,诏安	全志14 福建省308
益阳艞子		200—300担	益阳	湘潭,四川	全志10 湖南省286
永州小毁		300—500担	永州	汉口,湘潭	全志10 湖南省283
永州巴杆	客船		永州	以湘潭为中心的各地	全志10 湖南省285
永昌船(小)		100—200担	江西省	南昌	全志11 江西省285
永昌船(大)		最大600担	江西省	南昌	全志11 江西省285
永新船			江西省	袁江(秀江)	全志11 江西省331
永丰及固水		200—300担	湘乡	湘潭,湘乡	全志10 湖南省284

续　表

民船名	船型、船种	吨位	省名、地名	主要航行水域	出　典
益阳长船		200—300 担	益阳	湘潭、四川	全志 10 湖南省 285
益阳开稍		200—300 担	益阳	湖北麻城地方	全志 10 湖南省 286
益阳七板		200—300 担	益阳	湘潭、四川	全志 10 湖南省 285
益阳船			武冈	资江（宾庆）	全志 10 湖南省 312
益阳相扁子		200—300 担	益阳	湖北麻城地方	全志 10 湖南省 286
益阳道秆子		200—300 担	益阳	湘潭、四川	全志 10 湖南省 285
益阳斗秆子		200—300 担	益阳	湘潭、四川	全志 10 湖南省 285
烟船	货船（杂货）	80—300 担	江苏省	上海—苏州、杭州	全志 15 江苏省 281
盐船	货船	80 担	江西省	安远河	全志 11 江西省 318
盐船	货船（盐）	500—1 000 担	江西省	沙河、颖河、涡河、阜河、淮河	全志 15 江西省 310
盐船	货船（盐）	1 000—2 000 担	江西省	芜湖—江西省	全志 12 安徽省 197
盐船	货船（盐）	110 000 斤	江苏省	淮河	全志 12 安徽省 218
盐船	（外海船）		广东省	沿岸地方—广东三角洲	全志 1 广东省 443
盐船	货船（盐）	24 万斤		海河（天津下游钓台河）—外海	全志 18 直隶省 412
盐船	货船（盐）	8 万—20 万斤	直隶省	北塘河	全志 18 直隶省 432
盐船	货船（盐）	160 担	福建省	石下坝下流、嘉应—潮州	全志 14 福建省 316

续 表

民船名	船型、船种	吨位	省名、地名	主要航行水域	出 典
燕兔飞船	货船	20—3 000 石	直隶省	胶州,芝罘,登州,龙口,虎头崖,羊角沟,威海卫,利津,南清各港,营口,天津	全志 4 山东省 512
燕尾船	货船	30 000—40 000 担	四川省	嘉陵江	全志 5 四川省 342
燕尾船			四川省	保宁	全志 5 四川省 350
延和渡(渡船)	渡船		山西省	黄河,永和关—延川关	全志 17 山西省 264
横快子	客船		江苏省	北部扬子江	全志 15 江苏省 285
黄快子	客船		安徽省	涡河	全志 12 安徽省 233
黄瓜子船(黄胯子)				小清河	全志 4 山东省 514
黄·胯船	货船		扬州	黄河	全志 4 山东省 514
黄梢船		100—300 担	安徽省	芜湖—桐城县	全志 12 安徽省 195
鸭梢船			安徽省	淮河	全志 12 安徽省 218
横水头	渡船(官许)		广东省	广东三角洲	全志 1 广东省 446
黄陂鸦艑船	货船	100—250 担	湖北省	汉水	全志 9 湖北省 326
黄艑子船	货船	100—300 担	湖北省	汉水(汉口—老家口)	全志 9 湖北省 327
黄陂艑子船	货船	50—120 担	湖北省	便河	全志 9 湖北省 327

续　表

民船名	船型、船种	吨位	省名、地名	主要航行水域	出典
鸭屁股船（ロ一チャー）	货船	200—300 吨	江苏省	上海—汉口、宁波、福州、温州	全志 15 江苏省 282
鸭尾子			江西省	南昌	全志 11 江西省 284
鸭尾子（小）			江西省	南昌	全志 11 江西省 285
鸭尾子（大）			江西省	南昌	全志 11 江西省 285
黄屏船	货船		贵州省	铜仁江	全志 16 贵州省 182
鸭拉尾船		1 000—6 000 担	广东省	西江（广州—梧州）	全志 1 广东省 441
鸭拉尾船		1 000—6 000 担	广西省	梧州—广州	全志 2 广西省 304
大型鱼船（小）	渔船	180 担	厦门	厦门地方	全志 14 福建省 304
大型鱼船（大）	渔船	350 担	厦门	厦门地方	全志 14 福建省 304
恩平船		600—1 000 担	恩平县	西江（恩平—梧州）	全志 1 广东省 442
恩平船		600—1 000 担	恩平县	梧州—恩平县	全志 2 广西省 304
海盐船（戎克船）	货船（海洋航行）			福州—兴化	全志 14 福建省 275
改求子	（外海船）	15 万—28 万斤	直隶省	外海	全志 18 直隶省 415
改巧船	（外海船）			海河（天津下游的白河）—外海	全志 18 直隶省 412
开稍		200—300 担	益阳	资江（益阳）	全志 10 湖南省 314

续表

民船名	船型、船种	吨位	省名、地名	主要航行水域	出典
开梢划子	货船(合类)	150—360担	江苏省	湖南省—南京	全志15 江苏省300
开梢船	货船、渔船	500—800担	浙江省	钱塘江(严州)	全志13 浙江省251
开梢槽船			安化	资江(益阳)	全志10 湖南省314
改毫船	货船	20—2 000石	直隶省	胶州,芝罘,登州,龙口,虎头崖,羊角沟,威海卫,利津,南清各港,营口,天津	全志4 山东省512
海船	货船	200—500担	浙江省	钱塘江	全志13 浙江省251
海宁船	货船		江苏省	镇江	全志15 江苏省286
改造子		600—1 000担	河南省	卫河	全志8 河南省296
改造子(河泊船)	货船	10 000斤内外	河南省	以河南省—天津为中心的内地地区	全志18 直隶省407
改造船(河剥改)	(河船)	6万—10万斤	直隶省	芦台运河	全志18 直隶省442
海刁子	货船(杂货)	200—500担	直隶省	以天津为中心的内地地区	全志18 直隶省411
快艇	旅客船(官吏)、巡逻船		江苏省	香港,广东—南京	全志15 江苏省299
怀桐子(挑子船)		15 000斤	广东省	广东三角洲	全志1 广东省444
			四川省	嘉陵江	全志5 四川省343

续 表

民船名	船型、船种	吨位	省名、地名	主要航行水域	出 典
海宁船	客货船	300担	江苏省	绍兴—上海	全志15 江苏省279
岳州鸦艚		300—500担	岳州	岳州附近	全志10 湖南省285
岳州划子		100—300担	岳州	岳州附近	全志10 湖南省285
虾狗艇			广东省	广东三角洲—水先、香港	全志1 广东省444
乐平东岗		200担	江西省	昌水	全志11 江西省346
角良船		50—250担	角良	西江上流—梧州	全志2 广西省304
家春船			直隶省	北塘河	全志18 直隶省433
划子			四川省	长江	全志5 四川省321
划子		100—300担	岳州	资江（外水路）	全志10 湖南省315
窝子		200—300担	长沙	资江（外水路）	全志10 湖南省315
划子		50—300石	直隶省	卫河	全志18 直隶省449
划子（杜子）	客货船	30担以下	安徽省	颖河	全志12 安徽省226
划子（杜子）	客货船	30担以下	河南省	颖河	全志8 河南省304
华子船（划子船）	旅客用（贵人用）	50—300担	江苏省	通州	全志15 江苏省306
划子渡			江苏省	里河	全志15 江苏省307
华舟、华子船	客货船、水上店铺	400—500担	江西省	赣江	全志11 江西省279

续 表

民船名	船型、船种	吨位	省名、地名	主要航行水域	出 典
鸦梢船		200—500担	湖北省	芜湖—湖北省汉川地方	全志12 安徽省198
锅钟头船		1500担	四川省	岷江	全志5 四川省361
河西船		500—1000担	广东省	北江（韶州—广东）	全志1 广东省457
划船		400—500担	安徽省	芜湖—庐州	全志12 安徽省204
划船	货船		安徽省	芜湖—合肥	全志12 安徽省196
划船		20—50担	安徽省	新安江	全志12 安徽省204
河船	客货船	300—1000担	江西省	赣江	全志11 江西省281
河船	货船	500—1000担	江西省	桃江	全志11 江西省324
华船	游客船		广东省	广东三角洲	全志1 广东省446
虾船	渔船		浙江省	灵江（台州—海门）	全志13 浙江省277
河船（小）			江西省	南昌	全志11 江西省284
河船（大）		800—900担	江西省	南昌	全志11 江西省284
河船（火筒船）			江西省	章江	全志11 江西省326
花刁子	货船（杂货）	2000—4000担	江苏省	福州（厦门）—南京	全志15 江苏省299
括划子（江浦船）	货船	100—200担	江苏省	江浦—苏州、常州、无锡	全志15 江苏省293
划艇	货船		广东省	广东三角洲	全志1 广东省443

续 表

民船名	船型、船种	吨位	省名、地名	主要航行水域	出 典
菜艇	旅客船		广东省	广东—澳门—香港	全志 1 广东省 444
花艇	妓楼船		广东省	韶州	全志 1 广东省 458
河东子	货船（豆、杂谷）	240—380担	江苏省	江阴地方—南京	全志 15 江苏省 303
河头船（茶船）	客货船		广东省	广东三角洲	全志 1 广东省 443
花板儿船（ランホー船）		20 000斤	四川省	嘉陵江	全志 5 四川省 343
花屁股	货船	5 000担	江苏省	福建、上海—南京	全志 15 江苏省 299
瓜皮船	货船	300担	四川省	沱江	全志 5 四川省 379
河防船	水师营河防船		山东省	黄河（泺口）	全志 4 山东省 539
火溜子	货船	50—60担	陕西省	汉中—汉口间	全志 9 湖北省 330
瓜篓船	货船	20—30—800石	山东省	胶州、芝罘、登州、龙口、虎头崖、羊角沟、威海卫、利津、南清各港、营口、天津	全志 4 山东省 512
外笼子		100—200担	永州	永州、湘潭	全志 10 湖南省 286
关快	乘客舢板用		江苏省	苏州附近	全志 15 江苏省 286
官家吶交船	（运河船）		直隶省	运河	全志 18 直隶省 413
贯牛舵		40担	四川省	涪江	全志 5 四川省 354

续 表

民船名	船型,船种	吨位	省名,地名	主要航行水域	出 典
槛载船		3 000 斤	四川省	嘉陵江	全志 5 四川省 347
挨船		500—600 担	江西省	昌水	全志 11 江西省 346
广东船	货船	6 000 担	福建省	上海—汕头	全志 15 江苏省 283
广东船	货船		广东	香港、汕头	全志 14 福建省 308
官板(小)		500—600 担	江西省	南昌	全志 11 江西省 284
官板(大)		1700 担	江西省	南昌	全志 11 江西省 284
官板子	客船	400—600 担	江西省	赣江	全志 11 江西省 278
官板子		800—1 000 担	江西省	赣江	全志 11 江西省 278
官板子	客船	最大 600 担	江西省	袁江(秀江)	全志 11 江西省 331
贵县船		100—1 000 担	贵县	西江(广州—梧州—贵县)	全志 1 广东省 441
贵县船		100—1 000 担	贵县	贵县—梧州—广州府	全志 2 广西省 303
徽江船(小)		400 担	浙江省	钱塘江	全志 13 浙江省 250
徽江船(大)		1 200 担	浙江省	钱塘江	全志 13 浙江省 250
徽江船(中)		700—800 担	浙江省	钱塘江	全志 13 浙江省 250
宜春船		最大 600 担	江西省	袁江(秀江)	全志 11 江西省 331
蜑船		200—700 担	广东省	东江	全志 1 广东省 435

续表

民船名	船型、船种	吨位	省名、地名	主要航行水域	出　典
宜船	货船(谷物)	250—300 担	江苏省	苏州—南京	全志 15 江苏省 302
宜船	货船	300—700 担	安徽省	芜湖—泾县,太平县	全志 12 安徽省 197
扳桑船	货船	30—50—900 石	山东省	胶州,芝栗,登州,龙口,虎头崖,羊角沟,威海卫,利津,南清各港,营口,天津	全志 4 山东省 512
吉安总船			江西省	九江	全志 11 江西省 351
吉安塔船			江西省	南昌	全志 11 江西省 258
脚划船	客船、邮便船			杭州附近水路	全志 13 浙江省 280
客船	客船		直隶省	白河	全志 18 直隶省 404
脚艇			广西省	梧州埠附近	全志 2 广西省 303
脚利船	飞脚船(清国官衙用)		江苏省	上海,杭州,他市	全志 15 江苏省 286
牛舌船(槽子船)	货船(河船)	1 万—5 万斤	直隶省	东河	全志 18 直隶省 410
牛层儿	货船	200—400—2 000—3 000 石	宁波	山东省—宁波	全志 4 山东省 513
旧浮梁船	货船	100 担	江西省	昌水	全志 11 江西省 347
锚鉴(戎克船)	(海洋航行)			台湾—福州	全志 14 福建省 272—3
强牛船		60 000 斤	四川省	嘉陵江	全志 5 四川省 343

374

资料篇 3 《中国省别全志》所见中国民船名称清单

续 表

民船名	船型、船种	吨位	省名、地名	主要航行水域	出 典
恭城客船（房船）	客船		广西省	恭城河（平乐—恭城）	全志 2 广西省 321
祁阳船		360担	祁阳	祁阳、常宁、衡州、长沙	全志 10 湖南省 283
祁阳船		200—300担	祁阳		全志 10 湖南省 285
舣板	货船（海洋船）	2 000—4 000担		瓯江—宁波—上海	全志 13 浙江省 269
舣板	旅客船		福建省	闽江（福州下流）	全志 14 福建省 270
夹板船	货船（煤炭、杂货）	70—1 000担	江西省	汉口—上海间	全志 9 湖北省 331
夹板船	货船（石油、砂糖）	500吨	江苏省	北中国—长江	全志 15 江苏省 299
夹苇（丝网船 小）	旅客船		江苏省	通州	全志 15 江苏省 306
鱼鹰子	货船（纸）	200—500担	湖南省	南京	全志 15 江苏省 300
渠江船		200担内外	安化	资江（益阳）	全志 10 湖南省 314
埭船	客货船	200—300担	福州	闽江（福建省城—延平）	全志 14 福建省 269
埭船	渔船	30—40担	福建省	闽江上流（洋口—顺昌）	全志 14 福建省 286
渔船	渔船	400—500担	江西省	赣江、北赣	全志 11 江西省 282
渔船	渔船		湖北省	芜湖—湖北省黄岗	全志 12 安徽省 197
渔船	渔船		安徽省	淮河	全志 12 安徽省 217
渔船	渔船		山东省	山东北部沿岸	全志 4 山东省 536

续表

民船名	船型、船种	吨位	省名、地名	主要航行水域	出典
鱼船	渔船、客货船	70—80担	江西省	闽江上流	全志14 福建省268
渔船	渔船		福建省	闽江上流（洋口—光泽）	全志14 福建省288
渔船	渔船	2—10担	江西省	赣江	全志11 江西省282
鱼艇	小鱼船		广西省	梧州埠附近	全志2 广西省303
岐岭船		120—140担	福建省	石下坝下流，嘉应—潮州	全志14 福建省315
岐岭船		100担	广东省	韩江（汕头—石下坝）	全志1 广东省475
金银铤	货船（砂糖）		四川省	沱江	全志5 四川省379
金溪船	货船（杂货、山货）	50—250担	金溪	西江上流—梧州	全志2 广西省304
均州橄子船		70—1 000担	湖北省	汉水	全志9 湖北省328
鸡公船	客货船	70—80担	江西省	闽江（延平、邵武、光泽）	全志14 福建省268
鸡公船	货船		福建省	闽江中流（福建省城—水口）	全志14 福建省280
鸡公船	货船（官盐）		福建省	闽江上流（洋口—顺昌）	全志14 福建省285
鸡公轮渡	货船		福建省	闽江上流（洋口—光泽）	全志14 福建省288
惠广轮渡	客货船（定期船）	4 000—10 000斤	广东省	东江（惠州—广州省城）	全志1 广东省438
惠州船		1 000担内外	惠州	北江、东江（韶州—惠州）	全志1 广东省458
溪船	货船	200担	福建省	木兰溪（涵江—仙游）	全志14 福建省310

续 表

民船名	船型、船种	吨位	省名、地名	主要航行水域	出 典
荆帮划子		30—200 担	湖北省		全志 9 湖北省 329
桂阳平头		50—60 担	桂阳	桂头、衡州	全志 10 湖南省 287
桂林客船(房船)	客船		广西省	桂江	全志 2 广西省 321
桂林船		80—1 000 担	桂林	西江(广州—梧州—桂林)	全志 1 广东省 441
桂林艇		80—1 000 担	桂林	桂林—梧州—广州府	全志 2 广西省 304
彦子船		20—40 担	四川省	昭化	全志 5 四川省 350
黔阳船		30—100 担	湖南省		全志 10 湖南省 336
红衣船	罪人护送船		江苏省	无锡—常州	全志 15 江苏省 278
广快	客船	200—300 担	江苏省	苏州—南京	全志 15 江苏省 303
宝庆梳窝			宝庆	湖南各地	全志 10 湖南省 285
香港渡	渡船?	900—1 000 担	广东省	东江	全志 1 广东省 435
钩钩船		800—1 200 担	湖南省	湘潭、湖北	全志 10 湖南省 286
黄胯船(运货船、客货船(运河船))	客货船		直隶省	运河	全志 18 直隶省 413
衡山小驳		200—500 担	衡山	衡山下流	全志 10 湖南省 283
江山船(小)	客货船	280 担	浙江省	钱塘江(杭州、金华、衢州、严州)	全志 13 浙江省 250

续 表

民船名	船型、船种	吨位	省名、地名	主要航行水域	出 典
江山船(大)	客货船	700担	浙江省	钱塘江(杭州、金华、衢州、严州)	全志13 浙江省250
江山船(中)	客货船	400担	浙江省	钱塘江(杭州、金华、衢州、严州)	全志13 浙江省250
衡山巴秆	客船	300—800担	衡山	湖南各地	全志10 湖南省284
钩子	货船(淮南盐)	1 000—2 600担	江苏省	扬州—湖南、湖北	全志15 江苏省300
钩子(江西船)	货船(陶器)	400—500担	江苏省	九江—上海	全志15 江苏省281
缸子船			江苏省	沙河、颍河、涡河、阜河、淮河	全志15 江苏省310
候子船	货船(洋药、杂货)	1 000担	江苏省	泰州	全志15 江苏省309
公司船	客船、被曳船	60—100担	江苏省		全志15 江苏省279
公司船	客船(曳船用)		江苏省	上海、杭州	全志15 江苏省284
衡州盐船	货船(盐)	300担	湘潭	湖南各地	全志10 湖南省285
衡州篾船		100担	衡州	衡州、长沙	全志10 湖南省283
衡州小驳(平头小驳)小		500担	衡州	衡州、郴州	全志10 湖南省283
衡州小驳(平头小驳)大			衡州	衡州、汉口	全志10 湖南省283

续 表

民船名	船型,船种	吨位	省名,地名	主要航行水域	出　典
衡州小驳(平头小驳)中		300担	衡州	衡州,郴州	全志 10 湖南省 283
红绣子	货船(纸)	400—500担	江苏省	吉安地方—南京	全志 15 江苏省 300
广信船			江西省	南昌	全志 11 江西省 285
广信雕子		400担	江西省	昌水	全志 11 江西省 346
江西鸡公船	货船		江西省	闽江上流(洋口—邵武)	全志 14 福建省 287
广西船		30—100担	湖南省		全志 10 湖南省 336
江西船	货船	80—90担	江西省	闽江中流(延平府城—福建省城)	全志 14 福建省 282
江西船	货船	200担内外	江西省	闽江上流(建宁—建阳)	全志 14 福建省 293
江西船(钓子)	货船(陶器)	400—500担	江苏省	九江—上海	全志 15 江苏省 281
江船	货船		江苏省	沙河,颍河,涡河,卑河,淮河	全志 15 江苏省 310
江船	货船	200—400担	安徽省	芜湖—合肥地方	全志 12 安徽省 196
江船	货船(米)	400—500担	安徽省	芜湖—庐州	全志 12 安徽省 204
江船	货船		安徽省	镇江—淮河	全志 12 安徽省 215
江船	客船(官吏用)		安徽省	淮河,正阳关,芜湖,南京,镇江	全志 12 安徽省 217

续 表

民船名	船型、船种	吨位	省名、地名	主要航行水域	出 典
航船	客货船		江苏省	苏州附近的都邑	全志 15 江苏省 286
航船	客船(乘合船)	100—300 担	江苏省		全志 15 江苏省 279
纲船(改造子)	渔船(海上渔业用)	3万—5万斤	直隶省	北塘河	全志 18 直隶省 432
江船	渡船	300—400 担	浙江省	钱塘江	全志 13 浙江省 251
校船	(海洋船)	2 500 担	浙江省	瓯江—台湾	全志 13 浙江省 269
航船	(外洋航海用)		浙江省	灵江(台州—海门)	全志 13 浙江省 277
航船	客货船	50—100 担	浙江省	苏州—上海	全志 13 浙江省 280
沟船	(河船)		福建省	涵江附近	全志 14 福建省 310
毫船	货船	5—50 担	安徽省	涡河	全志 12 安徽省 232
合船(江船)	货船	100—200 担	江苏省	常州、镇江	全志 15 江苏省 293
红船(小)			江西省	南昌	全志 11 江西省 284
红船(大)		1 000 担	江西省	南昌	全志 11 江西省 284
红头子船	货船	200—2 000 石	福建省	胶州、芝罘、登州、龙口、虎头崖、羊角沟、威海卫、利津、南清各港、营口、天津	全志 4 山东省 513
红头(戎克,广东船)	(航海用)		广东省	厦门地方	全志 14 福建省 304

续表

民船名	船型、船种	吨位	省名、地名	主要航行水域	出典
红头船（宁波船）	货船（煤炭、石材）		江苏省	上海—杭州	全志15 江苏省284
江斗子	监视巡逻船		安徽省	淮河	全志12 安徽省216
胶鸠船	货船	30—200—400石	山东省	胶州、芝罘、登州、龙口、虎头崖、羊角沟、威海卫、利津、南清各港、营口、天津	全志4 山东省512
交白船	游船	200—500担	浙江省	钱塘江（金华、衢州、严州）	全志13 浙江省251
江北船	客船	400—500担	江苏省	上海、南运河	全志15 江苏省278
江北船	客货船	60—100担	浙江省	苏州—上海	全志13 浙江省280
江浦船（括刘子）	货船	100—200担	江苏省	江浦—苏州、常州、无锡	全志15 江苏省293
古烟溪船			安化	资江（益阳）	全志10 湖南省314
小型鱼船（小）	渔船	50担	厦门	厦门地方	全志14 福建省304
小型鱼船（大）	渔船	120担	厦门	厦门地方	全志14 福建省304
小型鱼船（中）	渔船	80担	厦门	厦门地方	全志14 福建省304
古虾蠢船				资江（益阳）	全志10 湖南省314
黑甲儿	货船	200—400—2 000—3 000石	宁波	山东省—宁波	全志4 山东省513
谷坡揪子船	货船（杂谷）	70—1 000担	湖北省	汉水	全志9 湖北省328

续 表

民船名	船型、船种	吨位	省名、地名	主要航行水域	出 典
吴江快	乘客舢板用		江苏省	苏州附近的都邑	全志15 江苏省286
吴江快船	货船	70—200担		苏州—上海	全志13 浙江省280
湖广船	货船		江苏省	江苏省内、扬子江	全志15 江苏省284
舲子船	客船	20—30吨	四川省	长江	全志5 四川省323
舲子船	客货船	200—300担	湖南省	洪江—贵州	全志10 湖南省335
舲子船	货船	150—600担	河南省	卫河	全志8 河南省296
舲子船	客货船		直隶省	以天津为中心的内地地方	全志18 直隶省407
舲子船	货船(河船)	1万5千—8万斤	直隶省	南运河北河	全志18 直隶省409
舲子		50—100石	直隶省	北塘河	全志18 直隶省433
舲子		80—250担		卫河	全志18 直隶省449
舲子船河南帮		70—100担	河南、陕西省		全志9 湖北省330
舲子船昌台帮		70—300担	河南、陕西省		全志9 湖北省330
舲子船白河帮			河南、陕西省		全志9 湖北省330
古七板子			安化	资江(益阳)	全志10 湖南省314
梧州船		200—500担	梧州	西江(广州—梧州)	全志1 广东省441
梧州船		200—500担	梧州	梧州—广州	全志2 广西省304

资料篇 3 《中国省别全志》所见中国民船名称清单

续 表

民船名	船型、船种	吨位	省名、地名	主要航行水域	出 典
古城子	货船	1 000担	江西省	赣江	全志 11 江西省 281
吴小子		50—60担	江西省	昌水	全志 11 江西省 346
古城驳	货船	40—60担	江西省	赣江	全志 11 江西省 281
古城驳船	货船	100担	江西省	贡水	全志 11 江西省 318
虎船		20担	湖南省	湘潭	全志 10 湖南省 287
罟船(打渔船)	渔船		广东省	广西、广东三角洲	全志 1 广东省 443
湖船				小清河	全志 4 山东省 514
舫子	客货船			南运河(御河)	全志 4 山东省 545
五舱子	货船(谷物)	240—400担	江苏省	芜湖、宁国—南京	全志 15 江苏省 300
五舱子		50—70担		沙河、颍河、涡河、阜河、淮河	全志 15 江苏省 315
五舱子	客船	400—500担	江苏省	扬州—南京	全志 15 江苏省 302
五舱船	旅客船		安徽省	芜湖—桐城县	全志 12 安徽省 195
五舱船(宁国船)	货船(米等)		安徽省	安徽省宁国府	全志 15 江苏省 292
吴典(同安船)	客货船	650担	厦门	厦门—同安地方	全志 14 福建省 305
吴涛(同安船)	客货船	650担	厦门	厦门—同安地方	全志 14 福建省 305
五度船			福建省	石下坝下流、嘉应—潮州	全志 14 福建省 316

续　表

民船名	船型、船种	吨位	省名、地名	主要航行水域	出　典
湖南辰船		100—500担		常德、长沙、湘潭—汉口、汉水	全志9湖北省324
湖南船			广西省	西江下流、桂林—梧州	全志2广西省302
湖南船	货船	200—400吨	湖南省	桂江（湖南—桂林）	全志2广西省321
五板船		6—20吨	四川省	长江	全志5四川省322
五板船	客船	15 000斤	四川省	嘉陵江	全志5四川省343
五板船	客船	100担	四川省	岷江	全志5四川省361
五板船（小形)			四川省	锦江	全志5四川省363
湖北丑船	货船（盐）	2 000—3 000担	常德	顺庆	全志5四川省347
古岭船		200—700担	广东省	资江（外水路）	全志9湖北省317
滚河艍子船	货船（杂谷、山货）	70—1 000担	湖北省	东江	全志1广东省435
材杆船		200担	四川省	汉水	全志9湖北省328
柴洞艇	旅客船（官吏）		广东省	岷江	全志5四川省361
沙窝子	货船		湖南省	广东三角洲	全志1广东省446
沙窝船		300—400担	湖南省	芜湖—湖南省	全志9湖南省325
差使船	客船（官吏用）		安徽省	淮河	全志12安徽省198
					全志12安徽省215

续表

民船名	船型、船种	吨位	省名,地名	主要航行水域	出典
梭子船	货船	1 400 担	江西省	安远河	全志 11 江西省 318
梭子船、安远船	货船	30—300 担	江西省	赣江	全志 11 江西省 281
沙船	货船	800—2 400 担	江苏省	上海—辽东半岛,东北沿海	全志 15 江苏省 281
沙船	货船(谷物)	200—300 担	江苏省	河南—南京	全志 15 江苏省 303
沙船	客货船	100 担	安徽省	淮河	全志 12 安徽省 216
沙船(大)	货船(棉花)、戎克	2 000 石 2 600 担	上海	上海—山东省	全志 4 山东省 513
沙船(中)	戎克	600 石 1 500 担	上海	盐城海州—山东省	全志 4 山东省 513
沙船(小)	货船、戎克	200 石 600 担	上海	青口海州—山东省	全志 4 山东省 513
沙船	(外海船)	20 万—50 万斤		海河(天津下游的白河)—外海	全志 18 直隶省 412
差船(粲子船)	客船	800—1 000 担	河南省	卫河	全志 8 河南省 296
杂货艇	小卖商船		广东省	广东三角洲	全志 1 广东省 447
纱桃子		400—500 担	江西省	九江	全志 11 江西省 351
沙拜(沙扒)小		1 000 担	江西省	南昌	全志 11 江西省 284
沙拜(沙扒)大			江西省	南昌	全志 11 江西省 284
砂爬子	客货船	300—1 000 担	江西省	赣江	全志 11 江西省 280
砂八子	客货船	300—1 000 担	江西省	赣江	全志 11 江西省 280

续 表

民船名	船型、船种	吨位	省名、地名	主要航行水域	出 典
砂巴子	客货船	300—1 000担	江西省	赣江	全志11 江西省280
沙扒(沙拜)小		400—500担	江西省		全志11 江西省284
沙扒(沙拜)大		1 000担	江西省		全志11 江西省284
沙扒船			江西省	梅江(上游水)	全志11 江西省326
沙飞头	货船		江苏省	北部扬子江	全志15 江苏省285
沙艑			广东省	广东三角洲	全志1 广东省446
乍拉船	客货船(河船)	1 500担	直隶省	以天津为中心的内地地方	全志18 直隶省409
乍拉船			河南省	卫河	全志8 河南省296
山华子	货船	30—40担	江西省	昌水	全志11 江西省345
山桠子		200—400担	新化	资江(益阳)	全志10 湖南省313
槊子船	客船(河船)		直隶省	以天津为中心的内地地方	全志18 直隶省409
槊子船(差船)	客船	800—1 000担	河南省	卫河	全志8 河南省296
山上船	乘客用快船		江苏省	太湖附近	全志15 江苏省286
山船			直隶省	以天津为中心的内地地方	全志18 直隶省409
三船子	货船(谷物)	2万斤内外	直隶省	北塘河	全志18 直隶省432
三舱艒子船	客船		四川省		全志9 湖北省321

资料篇3 《中国省别全志》所见中国民船名称清单

续 表

民船名	船型,船种	吨位	省名,地名	主要航行水域	出 典
三舱子	货船(谷物)	100—270担	江苏省	南京	全志15 江苏省 301
三舱子			安化	资江(益阳)	全志10 湖南省 314
三舱小挂子船		400担	四川省	岷江	全志5 四川省 360
三舱小挂子船			四川省	锦江	全志5 四川省 363
三舱船	货船(胡麻,豆)	200担	江苏省	六合县—南京	全志15 江苏省 302
三舱船			江苏省	里河	全志15 江苏省 307
三舱船		300—800担	广东省	东江	全志1 广东省 435
三舱大挂子船		500担	四川省	岷江	全志5 四川省 360
三舱大挂子船			四川省	锦江	全志5 四川省 363
山东船(戎克船)	(海洋航行)	40万—50万斤	山东省		全志14 福建省 272
舢板			四川省	长江	全志5 四川省 322
三板船		6 000—70 000斤	四川省	嘉陵江	全志5 四川省 343
三板船		300担	湖南省	衡州,湘潭	全志10 湖南省 286
三板船		200—500担	广东省	墨江(韶州—南雄)	全志1 广东省 457
三板		40—50担	福州	闽江	全志14 福建省 269
四角头(戎克船)	(海洋航行)				全志14 福建省 272—3

387

续表

民船名	船型、船种	吨位	省名、地名	主要航行水域	出典
四舱跨子船	客船		四川省		全志 9 湖北省 321
四舱艇	货船		广东省	北江	全志 1 广东省 445
七板子		200—300担	益阳	资江(益阳)	全志 9 湖北省 314
四柱艇	货船		广西省	梧州埠附近	全志 2 广西省 303
自买船(厂船)	(河船)	5万—10万斤	直隶省	以天津为中心的内地地方	全志 18 直隶省 409
丝网快子	客船	50—300担	江苏省	上海、南运河	全志 15 江苏省 303
丝网子	货船(绵花)	800—900担	江苏省	通州—南京	全志 15 江苏省 303
丝网船	客货船(曳船用，官绅用)		江苏省	内河、扬子江南部	全志 15 江苏省 285
丝网船(中、单夹类)	旅客船		江苏省	通州—苏州	全志 15 江苏省 306
丝绸船	货船(丝织物)	50—100担	江苏省	苏州—上海	全志 13 浙江省 280
锡钓子	货船(江西省产品)		江苏省	江西	全志 15 江苏省 285
车船	客货船(在下游附近为渡船)	2 000担以下	广西省	西江流域	全志 2 广西省 301
车船	客货船(车船公司所有)		广西省		全志 2 广西省 335—246
车艇	客货船		广东省	广东省城附近、广西	全志 1 广东省 447

资料篇 3 《中国省别全志》所见中国民船名称清单

续表

民船名	船型、船种	吨位	省名、地名	主要航行水域	出典
戎克	货船	900—1 000 担	广东省	东江	全志 1 广东省 435
戎克	货船	20—50 吨	广东省	广东三角洲	全志 1 广东省 442
戎克(王永吉)	货船	380 石	养马岛	北中国海岸(南清航路)	全志 4 山东省 530
戎克(王永兴)	货船	500 石	养马岛	北中国海岸(南清航路)	全志 4 山东省 530
戎克(王永和)	货船	640 石	养马岛	北中国海岸(南清航路)	全志 4 山东省 531
戎克(王吉利)	货船	400 石	养马岛	北中国海岸(南清航路)	全志 4 山东省 531
戎克(王福兴)	货船	700 石	养马岛	北中国海岸(南清航路)	全志 4 山东省 531
戎克(王和兴)	货船	680 石	养马岛	北中国海岸(南清航路)	全志 4 山东省 527
戎克(黄永兴)	货船	400 石	养马岛	北中国海岸(南清航路)	全志 4 山东省 527
戎克(黄永祥)	货船	500 石	养马岛	北中国海岸(南清航路)	全志 4 山东省 527
戎克(黄永发)	货船	600 石	养马岛	北中国海岸(南清航路)	全志 4 山东省 527
戎克(黄永利)	货船	200 石	养马岛	北中国海岸(南清航路)	全志 4 山东省 527
戎克(黄增兴)	货船	500 石	养马岛	北中国海岸(南清航路)	全志 4 山东省 527
戎克(黄德兴)	货船	600 石	养马岛	北中国海岸(南清航路)	全志 4 山东省 527
戎克(祥生)	货船	600 石	养马岛	北中国海岸(南清航路)	全志 4 山东省 527
戎克(祥通)	货船	200 石	养马岛	北中国海岸(南清航路)	全志 4 山东省 527

389

续 表

民船名	船型、船种(沿海航行)	吨位	省名,地名	主要航行水域	出典
戎克船		500—600担		漳江(石码)	全志 14 福建省 301
戎克(孙裕顺)	货船	400石	养马岛	北中国海岸(南清航路)	全志 4 山东省 529
戎克(孙云泰)	货船	600石	养马岛	北中国海岸(南清航路)	全志 4 山东省 529
戎克(孙永泰)	货船	500石	养马岛	北中国海岸(南清航路)	全志 4 山东省 529
戎克(孙源兴)	货船	570石	养马岛	北中国海岸(南清航路)	全志 4 山东省 530
戎克(孙洪泰)	货船	450石	养马岛	北中国海岸(南清航路)	全志 4 山东省 530
戎克(孙聚泰)	货船	500石	养马岛	北中国海岸(南清航路)	全志 4 山东省 529
戎克(孙春泰)	货船	520石	养马岛	北中国海岸(南清航路)	全志 4 山东省 530
戎克(孙祥顺)	货船	570石	养马岛	北中国海岸(南清航路)	全志 4 山东省 530
戎克(孙祥增)	货船	560石	养马岛	北中国海岸(南清航路)	全志 4 山东省 529
戎克(孙盛顺)	货船	460石	养马岛	北中国海岸(南清航路)	全志 4 山东省 530
戎克(孙福号)	货船	550石	养马岛	北中国海岸(南清航路)	全志 4 山东省 530
戎克(孙利)	货船	520石	养马岛	北中国海岸(南清航路)	全志 4 山东省 529
戎克(孙利春)	货船	500石	养马岛	北中国海岸(南清航路)	全志 4 山东省 530
戎克(张洪泰)	货船	400石	养马岛	北中国海岸(南清航路)	全志 4 山东省 527
戎克(张同泰)	货船		养马岛	北中国海岸(南清航路)	全志 4 山东省 527

资料篇3 《中国省别全志》所见中国民船名称清单

续　表

民船名	船型、船种	吨位	省名、地名	主要航行水域	出典
戎克(张裕泰)	货船	400石	芥马岛	北中国海岸(南清航路)	全志4 山东省528
戎克(福丰)	货船	400石	芥马岛	北中国海岸(南清航路)	全志4 山东省528
戎克(扬大兴)	货船	700石	芥马岛	北中国海岸(南清航路)	全志4 山东省526
戎克(林吉利)	货船	200石	芥马岛	北中国海岸(南清航路)	全志4 山东省528
戎克(林玉盛)	货船	250石	芥马岛	北中国海岸(南清航路)	全志4 山东省529
戎克(林仁兴)	货船	500石	芥马岛	北中国海岸(南清航路)	全志4 山东省528
戎克(林长顺)	货船	400石	芥马岛	北中国海岸(南清航路)	全志4 山东省529
戎克(林长凤)	货船	600石	芥马岛	北中国海岸(南清航路)	全志4 山东省529
戎克(林福来)	货船	500石	芥马岛	北中国海岸(南清航路)	全志4 山东省529
戎克(林文兴)	货船	300石	芥马岛	北中国海岸(南清航路)	全志4 山东省528
戎克(林万顺)	货船	600石	芥马岛	北中国海岸(南清航路)	全志4 山东省528
戎克(林佑顺)	货船	700石	芥马岛	北中国海岸(南清航路)	全志4 山东省528
戎克(林来兴)	货船	600石	芥马岛	北中国海岸(南清航路)	全志4 山东省528
戎克(林连顺)	货船	620石	芥马岛	北中国海岸(南清航路)	全志4 山东省528
住家艇	贫民的居住船(广东舢舨的一种)		广东省	广东三角洲	全志1 广东省447

391

续 表

民船名	船型、船种	吨位	省名、地名	主要航行水域	出 典
住家艇	住居船(移动禁止)		广西省	梧州埠附近	全志2 广西省303
秋鱼头船		300担	湖南省	洪江—汉口	全志10 湖南省335
十金标		30—40担	江西省	闽江	全志14 福建省268
舟江船		200—700担	广东省	东江	全志1 广东省435
舟江船		200担	广东省	梅江	全志1 广东省482
舟江船			福建省	石下坝下流,嘉应—潮州	全志14 福建省316
鳅子	货船		陕西省	丹水(龙驹寨—老河口)	全志7 陕西省223
鳅子船	货船	20 000—30 000斤	四川省	嘉陵江	全志5 四川省343
鳅子船	货船	20—40担	四川省	保宁	全志5 四川省350
鳅々船	货船(砂糖他)	100担	四川省	昭化	全志5 四川省350
十稍子	货船(谷物)	200担	四川省	沱江	全志5 四川省379
牛舌子(小槽子)			江苏省	六合县—南京	全志15 江苏省302
鳅船		25吨	直隶省	以天津为中心的内地地方	全志18 直隶省408
鳅船			四川省	长江	全志5 四川省322
鳅船	货船(米、陶瓷器)	200担	湖南省	涟水	全志10 湖南省297
鳅船		300—800担	宝庆	资江(宝庆)	全志10 湖南省312

续 表

民船名	船型、船种	吨位	省名、地名	主要航行水域	出 典
鳅船		200—800担	宝庆	资江(益阳)	全志10 湖南省313
州帮船		15 000斤	四川省	嘉陵江	全志5 四川省343
朱夔船	货船	200—700担	广东省	东江	全志1 广东省435
朱夔船(有盖子的)	客船	200—700担	广东省	东江(老隆—龙川)	全志1 广东省439
出蓬船	货船	200—700担	广东省	东江	全志1 广东省435
戎克(王永盛)	货船	700石	养马岛	北中国海岸(南清航路)	全志4 山东省530
戎克(源兴顺)	货船	470石	养马岛	北中国海岸(南清航路)	全志4 山东省528
戎克(谦泰顺)	货船	610石	养马岛	北中国海岸(南清航路)	全志4 山东省528
戎克(祥泰)	货船	550石	养马岛	北中国海岸(南清航路)	全志4 山东省527
戎克(祥裕)	货船	400石	养马岛	北中国海岸(南清航路)	全志4 山东省527
戎克(孙兴泰)	货船	500石	养马岛	北中国海岸(南清航路)	全志4 山东省530
戎克(孙聚顺)	货船	200石	养马岛	北中国海岸(南清航路)	全志4 山东省529
戎克(孙盛顺)	货船	680石	养马岛	北中国海岸(南清航路)	全志4 山东省530
戎克(孙长兴)	货船	580石	养马岛	北中国海岸(南清航路)	全志4 山东省530
戎克(孙同顺)	货船	500石	养马岛	北中国海岸(南清航路)	全志4 山东省529
戎克(福海)	货船	750石	养马岛	北中国海岸(南清航路)	全志4 山东省528

393

续表

民船名	船型、船种	吨位	省名、地名	主要航行水域	出典
戎克(扬义兴)	货船	400石	芥马岛	北中国海岸(南清航路)	全志4 山东省526
戎克(扬寿兴)	货船	800石	芥马岛	北中国海岸(南清航路)	全志4 山东省526
戎克(林普兴)	货船	700石	芥马岛	北中国海岸(南清航路)	全志4 山东省528
顺昌船(麻雀船)	货船	40—50担	顺昌	闽江上流(洋口—顺昌)	全志14 福建省285
巡船	官宦运送金银的船(内外有炮十门)		广东省	广东三角洲	全志1 广东省446
鳅子船	货船	300担	四川省	沱江	全志5 四川省379
鳅子船	客船		湖北省	汉口—郧阳	全志9 湖北省329
小划子	小卖船、渡船	100担	安徽省	淮河	全志12 安徽省217
饶划子			江西省	昌水	全志11 江西省346
小化子船			江西省	南昌	全志11 江西省285
小河子船	客货船	30担	四川省	沱江	全志5 四川省379
小划子船			浙江省	钱塘江(兰溪上流)	全志13 浙江省265
小河煤船			福建省	石下坝下流、嘉应—潮州	全志14 福建省316
上河煤船	煤炭输送船(河船)	9万斤	直隶省	御河	全志18 直隶省410
上河煤船	货船(煤炭)	90 000斤	直隶省	南运河	全志18 直隶省457

394

续 表

民船名	船型、船种	吨位	省名、地名	主要航行水域	出 典
湘乡窝子		500—800担	湘乡	湖南各地	全志10 湖南省 284
湘乡到巴		300—600担	湘乡	湖南各地	全志10 湖南省 284
小黄跨	货船(谷物)	400—500担	江苏省	清江浦—南京	全志15 江苏省 302
广口船		150—240担	湘潭	湘潭附近	全志10 湖南省 287
小黑船(打鱼船、小泊子)	渔船(运河船)		直隶省	运河	全志18 直隶省 413
焦湖子	货船(谷物)	240—400担	江苏省	安徽—南京	全志15 江苏省 301
尚槎船			安化	资江(益阳)	全志10 湖南省 314
上思船		60担	上思州	上思州—宁明州—南宁府	全志2 广西省 305
徐州划子			江苏省	沙河、颍河、涡河、阜河、淮河	全志15 江苏省 310
小秋子		50—200担	武冈	资江(宝庆)	全志10 湖南省 312
漳州府所属船	货船		漳州府	华北各地	全志14 福建省 307
漳州府所属船	货船		漳州府	浙江诸港、上海	全志14 福建省 307
漳州府所属船	货船		漳州府	台湾、胶州	全志14 福建省 307
漳州船	(河船)		漳州	漳江(漳州—石码)	全志14 福建省 301
常州船	货船	100—400担	常州	苏州—上海	全志13 浙江省 280

续表

民船名	船型、船种	吨位	省名、地名	主要航行水域	出　典
常熟快	曳船、客货船（官绅用）		江苏省	长江南岸内河	全志 15 江苏省 286
常熟船	客船	100—300担	江苏省	南运河	全志 15 江苏省 277
常熟船	客货船	100—200担		苏州—上海	全志 13 浙江省 280
漳州府所属船	货船		漳州府	台湾各地	全志 14 福建省 307
匠招堰船			四川省	顺庆	全志 5 四川省 347
小橄船	货船	200—300担	陕西省	汉水（汉中附近）	全志 7 陕西省 218
小船	货船	30—40担	江西省	昌水	全志 11 江西省 346
厂船	货船	150担内外	直隶省	白河	全志 18 直隶省 404
厂船		300—600石	直隶省	以天津为中心的内地地方	全志 18 直隶省 407
小船	（河用船）	50担	浙江省	卫河	全志 18 直隶省 449
商船	（外洋航海用）		浙江省	瓯江	全志 13 浙江省 268
小船	附近往来船	10担		灵江（台州—海门）	全志 13 浙江省 277
小船板	渔船、客货船	1 000斤	直隶省	杭州附近水路	全志 13 浙江省 280
小船板	客货船	3 000斤	直隶省	箭杆河	全志 18 直隶省 437
小舢板				马厂运河	全志 18 直隶省 465

续 表

民船名	船型、船种	吨位	省名、地名	主要航行水域	出 典
蒋村船	客货船	100—400担		苏州—上海	全志13浙江省280
小太平船	客货船		直隶省	南运河	全志18直隶省458
小太平船	客货船	5000—6000斤	直隶省	马厂运河	全志18直隶省465
湘潭梳窝	旅客船(官吏用)	300—1800担	湘潭	湖南各地	全志10湖南省284
湘潭到巴	旅客船	300—1800担	湘潭	湖南各地	全志10湖南省284
湘潭巴杆	客船	600—1000担	湘潭	湖南各地	全志10湖南省284
湘潭满红红	旅客船	300—1800担		湖南各地	全志10湖南省284
绍弓子	货船(石油)	1200—3500担	江苏省	上海—南京	全志15江苏省299
常德鸦舺		500—800担	常德	湖南各地	全志10湖南省286
常德舨船		300—800担	常德	两湖各地	全志10湖南省286
小南河船		400担	四川省	岷江	全志5四川省360
小南河船			四川省	锦江	全志5四川省363
常宁船		60—70担	常宁	常宁、衡州	全志10湖南省286
小驳		300—500担	衡山	资江(外水路)	全志10湖南省316
小驳		300—500担	永州	资江(外水路)	全志10湖南省316
小驳	货船	15—20吨	福建省	闽江(福州下流)	全志14福建省270

续 表

民船名	船型、船种	吨位	省名、地名	主要航行水域	出 典
邵伯划子	货船		江苏省	内河航路,扬子江南部	全志 15,江苏省 285
邵泊湖船	货船	200 担	扬州	毫州—镇江	全志 15,江苏省 294
小驳船	货船	400—500 担	湖南省	湖南,浏阳,郴州—汉口	全志 9,湖北省 323
小驳船			江苏省	泰州	全志 15,江苏省 309
小马槽	货船	5 000—6 000 斤	直隶省	马厂运河	全志 18,直隶省 465
小泛船	货船	300—500 担	周家口地方	河南—镇江	全志 15,江苏省 294
小泛船		300—500 担	江苏省	沙河,颍河,涡河,卑河,淮河	全志 15,江苏省 310
小帮船	游览船、近距离旅客船		直隶省	以天津为中心的内地地方	全志 18,直隶省 409
小板船	(河船)	1 000 斤	直隶省	以天津为中心的内地地方	全志 18,直隶省 411
小半头船		85 担	四川省	岷江	全志 5,四川省 361
小半头船	客船		四川省	锦江	全志 5,四川省 363
昭平船		500—2 000 担	昭平县	西江(广州—梧州—昭平县)	全志 1,广东省 441
昭平船		500—2 000 担	昭平县	昭平县—梧州—广州府	全志 2,广西省 304
漳平船	(河船)		漳平	漳江(漳平—石码)	全志 14,福建省 301
湘扁子船	客货船	50—100 担		苏州—上海	全志 13,浙江省 280

续 表

民船名	船型、船种	吨位	省名、地名	主要航行水域	出 典
邵北划子船	货船	100担以下	江苏省	运河及其支流	全志15 江苏省 293
小北船（戎克船、乌槽）	（海洋航行）	300—400担			全志14 福建省 272
小麻雀船	货船	约30担	江西省	长溪（白马门—福安）	全志14 福建省 297
艄麻船			四川省		全志9 湖北省 321
稻麻阳			四川省	长江	全志5 四川省 323
襄阳艑子船	客货船	100—250担	湖北省	汉口—老家口，湖南省，江西省	全志9 湖北省 326
小粮船（帮划）	货船（河船）	5万斤	直隶省	以天津为中心的内地地方	全志18 直隶省 411
小粮船（舢板划、三舢板划）	贡米输送船	50 000 斤	直隶省	南运河	全志18 直隶省 458
自摆船	货船	1万斤内外	直隶省	北塘河	全志18 直隶省 432
孖艙艇（スリッパルボート）	旅客船		广东省	广东三角洲	全志1 广东省 447
新化船			武冈	资江（宝庆）	全志10 湖南省 312
仁化船		500—800担	仁化	北江、东江（韶州—仁化）	全志1 广东省 457
新桥船		5担	广东省	韩江（汀州附近）	全志1 广东省 475

续 表

民船名	船型、船种	吨位	省名、地名	主要航行水域	出 典
新桥船	货船		福建省	韩江上流(汀州—峯市)	全志 14 福建省 314
辰驳		25 吨	四川省	长江	全志 5 四川省 322
津市驳船		200—300 担	常德	津市、常德、湘潭	全志 10 湖南省 286
津市驳船		200—300 担	常德	资江(外水路)	全志 10 湖南省 317
辰州条子		500—1 500 担	常辰州	两湖各地	全志 10 湖南省 286
辰州辰船		1 500—2 000 担	常辰州	两湖各地	全志 10 湖南省 286
辰州阳		300—600 担	常辰州	资江(外水路)	全志 10 湖南省 286
辰条子		500—1 500 担	辰州	汉口、长沙、湘潭	全志 10 湖南省 316
辰船	货船	200—500 担	湖南省	芜湖—湖南省	全志 9 湖北省 324
辰船		1 500—2 000 担	湖南省	长江	全志 12 安徽省 198
辰驳			四川省		全志 5 四川省 321
辰驳子		25 吨	四川省	湖南省辰州府—峡中各地	全志 9 湖北省 320
水口系麻雀船	货船	40—50 担	水口	闽江中流(白沙镇)	全志 14 福建省 278
崇丁	货船(杂货)	1 000 担	江苏省	崇明岛—南京	全志 15 江苏省 303
崇明沙船	货船(米)	200—300 担	上海地方	南京、六合、浦口地方	全志 15 江苏省 294

400

续 表

民船名	船型、船种	吨位	省名、地名	主要航行水域	出 典
西河单船	货船(河船)		直隶省	西河	全志18直隶省410
西河对	货船(河船)	250担	直隶省	西河	全志18直隶省410
西江船		200—700吨	广东省	东江	全志1广东省435
西庄船	曳船,客货船(杂货)	500—600吨	江苏省	上海—苏州、杭州	全志15江苏省283
西爪扁	货船(与外国船装卸货物)		广东省	广东—黄埔	全志1广东省444
西南船		200—600担	西南	西江(西南—梧州)	全志1广东省442
西南船		200—600担	西南	梧州—西南	全志2广西省305
石马船		500—1 000担	石马	北江、东江(韶州—石马)	全志1广东省458
石头船	货船(石材)		江苏省	苏州附近	全志15江苏省285
石码渡船	渡船	180—300担	厦门	厦门—石码	全志14福建省305
浙夔船		200—700担	广东省	东江	全志1广东省435
鲜果篮子	货船(茶、杂货)	300—600担	江苏省	南京	全志15江苏省300
船桥	船桥(官设)		直隶省	卫河(临清)	全志18直隶省447
舢板(鸡子)	货船	20—300石	山东省	南山东—江苏省	全志4山东省512
船仔(鼠船)	客船		福建省	闽江(南台—福州)	全志14福建省271

续 表

民船名	船型、船种	吨位	省名、地名	主要航行水域	出 典
泉州府所属船	货船		泉州府	台湾各地	全志14 福建省307
泉州府所属船	货船		泉州府	华北各地	全志14 福建省307
泉州府所属船	货船		泉州府	台湾、华北	全志14 福建省307
泉州船（戎克船）	（海洋航行）	70万—80万斤	泉州		全志14 福建省272
钱船	货船（金银铜钱、杂货）	50—100担	江苏省	上海—苏州、杭州	全志15 江苏省280
舢船	渔船、货船	1 000—15 000斤	直隶省	北塘河	全志18 直隶省433
舢船（改造子）	货船	10 000斤	直隶省	箭杆河	全志18 直隶省437
舢船（改造子，小）	渔船、货船	1 500斤	直隶省	箭杆河	全志18 直隶省437
尖头船	农民使用船		江苏省	苏州附近	全志15 江苏省286
宣都山划子	货船（煤炭）	250担	湖北省		全志9 湖北省329
舢板	旅客船		广东省	广东三角洲	全志1 广东省446
舢板	渡船、游漕船		广西省	西江	全志2 广西省311
舢板	渡船等		厦门	厦门地方（厦门—鼓浪屿）	全志14 福建省305
仙淮船	货船	100—500担	江苏省	亳州—镇江	全志15 江苏省284
双开船	乘客舢板用		江苏省	苏州附近	全志15 江苏省286

续 表

民船名	船型、船种	吨位	省名、地名	主要航行水域	出 典
双夹美(丝网船,大)	旅客船		江苏省	通州—杭州	全志 15 江苏省 306
草莱船		300 担	四川省	岷江	全志 5 四川省 361
铡铲头	货船		广东省	东北两江	全志 1 广东省 446
舵子		200—300 担	益阳	资江(益阳)	全志 10 湖南省 314
艚子	大型货物船		山东省	南运河	全志 4 山东省 545
艚子	货船(盐、谷物)		直隶省	以天津为中心的内地地方	全志 18 直隶省 408
艚子	货船		直隶省	北塘河	全志 18 直隶省 431
艚子	货船	10 000 斤	直隶省	马厂运河	全志 18 直隶省 465
艚子船	货船	100—500 担	河南省	卫河	全志 8 河南省 296
艚子船	货船	10 000 斤	直隶省	海河(三河上游至平谷县)	全志 18 直隶省 434
艚子船	货船	8 000 斤	直隶省	箭杆河	全志 18 直隶省 437
艚子船	货船	8 000 斤	直隶省	芦台运河	全志 18 直隶省 442
[车爪]船		300 担	四川省	岷江	全志 5 四川省 361
漕船		300 担	安徽省	芜湖—桐城县	全志 12 安徽省 195
艚船	货船		广东省	广东三角洲	全志 1 广东省 443
艚船	货船		广西省	西江	全志 2 广西省 302

续 表

民船名	船型、船种	吨位	省名、地名	主要航行水域	出 典
双船	货船		直隶省	白河	全志 18 直隶省 404
曾头（戎克船）	（海洋航行）				全志 14 福建省 272
捅把子船	货船	100—2 500 石	直隶省	胶州、芝罘、登州、龙口、虎头崖、羊角沟、威海卫、利津、南清各港、营口、天津	全志 4 山东省 512
扫马船			福建省	石下坝下流、嘉应—潮州	全志 14 福建省 316
相扁子		200—300 担	益阳	资江（益阳）	全志 10 湖南省 314
草叶船			四川省	涪江	全志 5 四川省 354
梳窝子（倒扒子）	货船	1 300—3 000 担	湖南省		全志 10 湖南省 324
梳窝子		300—600 担	宝庆	资江（宝庆）	全志 10 湖南省 312
梳窝子		200—600 担	宝庆	资江（益阳）	全志 10 湖南省 313
梳窝子	旅客船（官吏用）	600—1 100 担	湘潭	资江（外水路）	全志 10 湖南省 315
大横鼓船	货船	1 000 担	江西省	赣州府—湖北省	全志 11 江西省 284
大河船			福建省	石下坝下流、嘉应—潮州	全志 14 福建省 316
大渔船			江西省	九江	全志 11 江西省 283
大舡	货船、艀船	150—300 担	厦门	厦门地方	全志 14 福建省 305

续表

民船名	船型、船种	吨位	省名、地名	主要航行水域	出 典
大黄跨	货船(谷物)	1 000担	江苏省	清江浦—南京	全志15 江苏省302
大公船	客货船	10担	陕西省	渭水	全志7 陕西省222
太湖船	货船		江苏省	湖州,太湖	全志15 江苏省285
大四舱挂子船		600担	四川省	岷江	全志5 四川省360
大四舱挂子船			四川省	锦江	全志5 四川省363
泰州装盐关驳	货船(盐)		江苏省	海州,淮安—镇江—十二圩	全志15 江苏省294
大焦湖子	货船	450—900担	江苏省	安徽省芜湖,池州	全志15 江苏省292
大舢板	巡逻船(官船)		直隶省	南运河	全志18 直隶省458
大舢板	客货船	4 000斤	直隶省	马厂运河	全志18 直隶省465
对槽船			山东省	小清河	全志4 山东省514
大鸟船		600担	广西省	广东以西西江一带	全志2 广西省305
大肚艇		200—1 000担	广西省	西江上流—梧州	全志2 广西省302
大南河船		500担	四川省	岷江	全志5 四川省360
大南河船			四川省	锦江	全志5 四川省363
邵伯湖船		200担	江苏省	沙河,颍河,涡河,卑河,淮河	全志15 江苏省310
大驳子船	货船	700—800担	湖南省	长沙附近	全志9 湖南省324

续 表

民船名	船型、船种	吨位	省名、地名	主要航行水域	出 典
对马槽			直隶省	以天津为中心的内地地方	全志18 直隶省409
大半头船	客船	150担	四川省	岷江	全志5 四川省361
大半头船	客船		四川省	锦江	全志5 四川省363
太平船	客船	150—800担	河南省	卫河	全志8 河南省296
泰平船	客船		安徽省	淮河	全志12 安徽省215
太平船		200—500担	太平	西江（广州—梧州—太平）	全志1 广东省441
太平船		200—500担	太平	太平—梧州—广州府	全志2 广西省304
太平船	警察船、客船		直隶省	以天津为中心的内地地方	全志18 直隶省407
太平船（南船）	客货船（河船）	1万5千—8万斤	直隶省	南运河	全志18 直隶省410
太平船	客货船	1万5千—8万斤	直隶省	南运河	全志18 直隶省458
太平船	客货船	10 000斤	直隶省	马厂运河	全志18 直隶省465
太平船	客货船	10 000斤	直隶省	马厂运河	全志18 直隶省465
邰北划子船		30—50担	江苏省	沙河、颍河、禹河、串河、淮河	全志15 江苏省310
大北船（戎克船、乌槽）	（海洋航行）		福建省	上海以北、天津、牛庄、芝罘	全志14 福建省272
大埔船		200担内外		石下坝下流、嘉应—潮州	全志14 福建省315

续 表

民船名	船型、船种	吨位	省名、地名	主要航行水域	出　典
大网快子	客船	50—300担	江苏省	上海、南运河	全志15 江苏省 278
大网船	货船(鱼类)		江苏省	太湖、苏州	全志15 江苏省 285
对连华	货船(杂谷)	100担	安徽省	颍河	全志12 安徽省 227
对连华	货船	100担	河南省	颍河	全志8 河南省 305
对连划子			安徽省	淮河—周家口	全志12 安徽省 217
对连船			安徽省	淮河—周家口	全志12 安徽省 217
台湾纪所属大驳	停泊汽船货物积卸	340—400担	台湾	厦门地方	全志14 福建省 304
台湾船(戎克船)	(海洋航行)	30万斤	台湾		全志14 福建省 272
台湾南部及澎湖岛航船(最大)	货船	1 500担	厦门	厦门—台湾南部、澎湖岛	全志14 福建省 305—6
台湾南部及澎湖岛航船(小)	货船	500担	厦门	厦门—台湾南部、澎湖岛	全志14 福建省 305—6
台湾南部及澎湖岛航船(大)	货船	1 000担	厦门	厦门—台湾南部、澎湖岛	全志14 福建省 305—6
台湾南部及澎湖岛航船(中)	货船	800担	厦门	厦门—台湾南部、澎湖岛	全志14 福建省 305—6
驼古子	货船	300—400担	江西省	赣江	全志11 江西省 281
驼古子	货船	300—200担	江西省	南昌	全志11 江西省 285

续　表

民船名	船型、船种	吨位	省名、地名	主要航行水域	出　典
驼古子	渡船(旅客用)	500担	江西省	南昌	全志11江西省285
拖船(香港渡)			广东省	香港—广东	全志1广东省445
驳船	货船		广西省	西江	全志2广西省302
舵龙		40担	四川省	涪江	全志5四川省354
舵龙子			四川省	长江	全志5四川省323
舵龙船		70 000斤	四川省	嘉陵江	全志5四川省343
单夹美(丝网船,中)	旅客船		江苏省	通州—苏州	全志15江苏省306
单船子	货船	2万—10万斤	直隶省	北塘河	全志18直隶省432
竹扒子船	货船		四川省	保宁	全志5四川省350
竹筏			四川省	岷江	全志5四川省361
竹筏	竹筏	400—500担	安徽省	芜湖—庐州支流	全志12安徽省205
竹筏	渡船、渔船		广西省	西江	全志2广西省306
茶艇	货船(茶)	4—5吨	广东省	广东三角洲	全志1广东省445
冲盐棒	货船	400担	四川省	沱江	全志5四川省379
绸船	货船(绢物)	50—100担	江苏省	苏州—上海	全志15江苏省280
中钓钩		200—400担	安化	资江(益阳)	全志10湖南省313

续表

民船名	船型、船种	吨位	省名、地名	主要航行水域	出典
长安船	客货船	500—800 担		苏州—上海	全志 13 浙江省 280
挑划子	货船（谷物、豆）	200—300 担	六合县	南京	全志 15 江苏省 302
调秆子		200—300 担	益阳	资江（益阳）	全志 10 湖南省 314
钓钩船	货船（木材、木炭）	200—500 担	湖北省		全志 9 湖北省 325
钓钩船	货船	500—1 000 担	湖南省	常德、长沙	全志 9 湖北省 325
长沙鸟舡		200—500 担	长沙	湘潭、长沙	全志 10 湖南省 284
长沙窝巴		200—500 担	长沙	湘潭、长沙	全志 10 湖南省 284
长沙到巴	客船	600—1 000 担	长沙	湘潭、岳州	全志 10 湖南省 284
刁秆杆	货船		江西省	九江	全志 11 江西省 350
吊子		最大 200 担	江西省	锦江（五山、广信间）	全志 11 江西省 339
厅子船		200—300 担	湖南省		全志 10 湖南省 336
挑子船（怀桐子）		15 000 斤	四川省	嘉陵江	全志 5 四川省 343
长船		200—300 担	益阳	资江（益阳）	全志 10 湖南省 314
雕船（千船、大）	货船	2 000—3 000 石 3 000—6 000 担	福建省	福建省—山东省	全志 4 山东省 513—514

续表

民船名	船型、船种	吨位	省名、地名	主要航行水域	出典
雕船(千船、小)	货船	400—500 石 2 000 担内外	福建省	福建省—山东省	全志 4 山东省 513—514
钓船	渔船		浙江省	钱塘江	全志 13 浙江省 251
长船		30 担内外	浙江省	灵江	全志 13 浙江省 275
吊头子(吊斗子)	货船	50—300 担	江西省	赣江	全志 11 江西省 282
吊斗子(吊头子)	货船	50—300 担	江西省	赣江	全志 11 江西省 282
吊头船			江西省	章水	全志 11 江西省 326
吊头船		700—1 000 担	湖南省	芜湖—湖南省	全志 12 安徽省 198
吊美子	货船	100 担内外	江西省	赣江	全志 11 江西省 282
刁尾船			江西省	梅江(上侗水)	全志 11 江西省 329
长龙(蛇船)	盗贼船(为河中盗贼所使用)		广东省	广东省三角洲	全志 1 广东省 446
猪嘴船	货船	20—500 石	直隶省	胶州、芝罘、登州、龙口、虎头崖、羊角沟、威海卫、利津、南清各港、营口、天津	全志 4 山东省 512
镇江课船	客货船	100 担	江苏省	扬州—镇江	全志 15 江苏省 294
郴州小驳		20—200 担	郴州	耒水、郴州、衡州、长沙	全志 10 湖南省 283
郴州驳船	货船	20—200 担	郴州	耒水、郴州、衡州、长沙	全志 10 湖南省 297

续 表

民船名	船型、船种	吨位	省名、地名	主要航行水域	出 典
通杆子		200—300担	益阳	资江(益阳)	全志 10 湖南省 314
艇子	渡船、游漕船			西江	全志 2 广西省 312
艇仔(戎克船)	货船(海洋航行)			广东—福州	全志 14 福建省 272
丁西船				小清河	全志 4 山东省 514
蜀舱子	货船		江西省	九江	全志 11 江西省 350
铁船	货船		江苏省	通州	全志 15 江苏省 307
天官子	客船	400—500担	江西省	赣江	全志 11 江西省 279
天官船(小)		500—1 000担	江西省	南昌	全志 11 江西省 285
天官船(大)		1 000担	江西省	南昌	全志 11 江西省 285
东安船		30—50担	东安县	西江(东安—梧州)	全志 1 广东省 442
东安船		30—50担	东安县	梧州—东安县	全志 2 广西省 304
东莞船		100—6 000担	东莞县	西江(东莞县—梧州)	全志 1 广东省 442
东莞船		100—300担	东莞县	梧州—东莞县	全志 2 广西省 304
藤县船		70—200担	藤县	西江(广州—梧州—藤县)	全志 1 广东省 441
藤县		70—200担	藤县	藤县—梧州—广州府	全志 2 广西省 304
桐子壳		200担	永州	永州、湘潭	全志 10 湖南省 283
刀子船	货船	100担	江西省	闽江(福建省城、延平、洋口、建宁、汀州)	全志 14 福建省 268

续 表

民船名	船型、船种	吨位	省名、地名	主要航行水域	出典
刀子船	货船	20万—50万斤	福建省	闽江中流(福建省城—水口)	全志 14 福建省 280
登收船	(外海船)			海河(天津下游的白河)—外海	全志 18 直隶省 412
铜仁船(贵州船)		500—600担	贵州		全志 10 湖南省 336
铜舱儿		300—600担	龙阳	资江(外水路)	全志 10 湖南省 315
挠摆子			四川省		全志 9 湖北省 321
倒扒		100—300担	沅江	资江(外水路)	全志 10 湖南省 314
倒扒	旅客船	500—800担	湘潭	资江(外水路)	全志 10 湖南省 315
倒扒子		300—600担	湘乡	资江(外水路)	全志 10 湖南省 316
倒扒子		200—300担	长沙	资江(外水路)	全志 10 湖南省 315
倒扒子(梳窝子)	货船	1 300—3 000担	湖南省		全志 10 湖南省 324
道皮子	货船(米、杂谷)	600担	湖北省	南京	全志 15 江苏省 300
铜边子		300—600担	龙阳	资江(外水路)	全志 10 湖南省 315
头艋	货船(海岸贸易用)		广东省	广东三角洲	全志 1 广东省 443
灯油船	货船	800—2 000石	山东省	胶州,芝罘,登州,龙口,虎头崖,羊角沟,威海卫,利津,南清各港,营口,天津	全志 4 山东省 512
挠阳子			四川省	长江	全志 5 四川省 321

资料篇 3 《中国省别全志》所见中国民船名称清单

续 表

民船名	船型、船种	吨位	省名、地名	主要航行水域	出 典
铜陵船			铜陵县	芜湖—铜陵县	全志 12 安徽省 196
土舟(梅舟)	货船	1000斤内外	福建省	闽江中流(闽清口—县城)	全志 14 福建省 278
都城船		200—400担	都城县	西江(都城—梧州)	全志 1 广东省 442
都城船		200—400担	都城县	梧州—都城县	全志 2 广西省 305
斗船		600—700担	安徽省	芜湖—桐城县	全志 12 安徽省 196
渡船			江西省	赣江、罗渡	全志 11 江西省 282
渡船			江西省	资江(宝庆)	全志 10 湖南省 312
渡船(官设)			陕西省	渭水、西安—咸阳	全志 7 陕西省 248
渡船(官设)			陕西省	嘉陵江、略阳	全志 7 陕西省 301
渡船(官设)			陕西省	黄河,陕西省吴堡县—山西省宁县	全志 7 陕西省 304
渡船(官设)			陕西省	黄河、延和关	全志 7 陕西省 307
渡船(官设)			陕西省	北洛水、交口镇	全志 7 陕西省 316
渡船(官设)			陕西省	泾河、泾阳县	全志 7 陕西省 322
渡船(官设)			陕西省	渭水、咸阳县	全志 7 陕西省 324
渡船			云南省	金沙江	全志 3 云南省 506

413

续 表

民船名	船型、船种	吨位	省名、地名	主要航行水域	出 典
渡船	渡船		云南省	大池河	全志 3 云南省 522
渡船	渡船		甘肃省	黄河,石嘴子	全志 6 甘肃省 393
渡船	渡船(官设)		贵州省	南盘江,坡脚—班枝花	全志 16 贵州省 211
渡船	渡船		贵州省	都江	全志 16 贵州省 220
渡船	渡船(官设)		贵州省	铜仁江,铜仁南门下	全志 16 贵州省 228
渡船	渡船(官设)		贵州省	沅江,清溪南门外	全志 16 贵州省 234
渡船	渡船(官设)		贵州省	沅江,蕉溪	全志 16 贵州省 238
渡船	渡船(官设)		贵州省	乌江,老君关	全志 16 贵州省 278
渡船	渡船(官设)		贵州省	乌江支流	全志 16 贵州省 290
渡船	渡船(私设)		贵州省	小河口	全志 16 贵州省 292
渡船	渡船(私设)		贵州省	黔江	全志 16 贵州省 293
渡船	渡船(私设)		贵州省	乌江	全志 16 贵州省 294
渡船	渡船(官设)		贵州省	乌江,夹石	全志 16 贵州省 295
渡船	渡船(官设)		贵州省	鸭池河,黔西关	全志 16 贵州省 315
渡船	渡船(官设)		贵州省	赤水河	全志 16 贵州省 336
渡船	渡船(私设)		贵州省	永宁河,河口	全志 16 贵州省 352

续 表

民船名	船型、船种	吨位	省名、地名	主要航行水域	出 典
渡船	渡船		山西省	桑干河,三门城	全志 17 山西省 197
渡船	渡船		山西省	沁水	全志 17 山西省 251
渡船(延和渡)	渡船		山西省	黄河,永和关—延川关	全志 17 山西省 264
渡船	渡船(官设)		陕西省	黄河,潼关	全志 7 陕西省 225
渡船	渡船(民设)		陕西省	黄河,潼关	全志 7 陕西省 225
渡船(对海贼用,有炮)	渡船(旅客用)		广东省	广东三角洲	全志 1 广东省 445
渡船	渡船(官业)		山东省	黄河(泺口—北泺口)	全志 4 山东省 539
渡船	渡船(宿屋私有)		山东省	黄河(清河镇)	全志 4 山东省 541
渡船	渡船(官设民营)		直隶省	卫河	全志 18 直隶省 444
土船	货船(阿片)	50—200担	江苏省	江南各地	全志 15 江苏省 280
斗有(戎克船)	(海洋航行)		福建省		全志 14 福建省 272
土轮渡		900—1 000担	广东省	东江	全志 1 广东省 435
内河五舱子	货船(杂谷,豆)	160—300担	江苏省	南京	全志 15 江苏省 301
南河船	渡船?		四川省	顺庆	全志 5 四川省 347
南京凉篷子船	货船	100—200担	江苏省	南京—镇江	全志 15 江苏省 292

续表

民船名	船型、船种	吨位	省名、地名	主要航行水域	出典
南昌尾子船（鸭尾子）小			江西省	南昌	全志11 江西省285
南昌尾子船（鸭尾子）大			江西省	南昌	全志11 江西省285
南船（戎克船）	（海洋船）	200—300担	浙江省	瓯江（温州、福州、兴化、泉州、石码、漳州）	全志13 浙江省269
南头船	舢板用		江苏省	苏州附近	全志15 江苏省286
南宁船		100—1000担	南宁	西江（广州—梧州—南宁）	全志1 广东省441
南宁船		100—1000担	南宁	南宁—梧州—广州府	全志2 广西省303
南艇（南无阿弥陀佛的祈祷船）	游船		广东省	广东三角洲	全志1 广东省446
南雄船		200—300担	南雄	墨江（韶州—南雄）	全志1 广东省457
南湾子	客船（官吏、豪商）	300—800担	江苏省	山东以北—杭州附近	全志15 江苏省278
南湾子	曳船、客货船、官绅用		江苏省	江苏省内、长江	全志15 江苏省285
南湾子	客船	400—500担	江苏省	南京	全志15 江苏省302
南湾子	客船		安徽省	淮河—南京、芜湖、镇江	全志12 安徽省217
南湾子	货船	200—600担	浙江省	苏州—上海	全志13 浙江省280

续 表

民船名	船型、船种	吨位	省名、地名	主要航行水域	出 典
南湾子船	货船	300—800 担	江苏省	通州	全志 15 江苏省 306
南湾邰北划子		200—500 担	江苏省	沙河、颍河、涡河、阜河、淮河	全志 15 江苏省 310
二舱船			江苏省	里河	全志 15 江苏省 307
宁波船	货船	200—400 担	江苏省	镇江—宁波	全志 15 江苏省 294
宁波船（外海船）		30 万—60 万斤	宁波	海河（天津下游的白河）—外海	全志 18 直隶省 412
宁波船（戎克船）	（海洋航行）	40 万—50 万斤	宁波		全志 14 福建省 272
宁波刁子	货船 杂货	1 500—4 000 担	江苏省	上海、宁波—南京	全志 15 江苏省 298
宁国船（五舱船）	货船（米等）		安徽省	安徽省宁国府	全志 15 江苏省 292
宁都河船	货船	200—400 担	江西省	赣江	全志 11 江西省 282
宁都河船	货船	200—400 担	江西省	宁都河	全志 11 江西省 318
宁明船		70 担	宁明	宁明—南宁	全志 2 广西省 305
パークワン船	炮船	80 000 斤	四川省	嘉陵江	全志 5 四川省 343
パーチョン			广东省	广东三角洲	全志 1 广东省 447
煤烟船	货船	500—1 000 担	江西省	桃江	全志 11 江西省 324
艀子	货船	50—200 担	湖北省	汉口、樊城、老家口、河南南部	全志 9 湖北省 330
艀子	货船	30—300 担	河南省	白河	全志 8 河南省 276

续表

民船名	船型,船种	吨位	省名,地名	主要航行水域	出典
艄桨	货船	20—200担	湖北省	汉口—老家口	全志9 湖北省329
摆艁	货船(米)	500—700担	安徽省	芜湖—合肥地方	全志12 安徽省196
摆船	货船(米)	600—700担	安徽省	芜湖—庐州	全志12 安徽省204
煤船	货船	600—1 300担	江苏省	通州	全志15 江苏省307
煤艁	货船(煤炭)	600—1 300担	河南省	卫河	全志8 河南省296
巴杆	旅客船	50—200担	新宁	资江(益阳)	全志10 湖南省313
巴杆	旅客船(官吏用)	400—800担	长沙	资江(外水路)	全志10 湖南省315
巴杆		600—1 100担	湘潭	资江(外水路)	全志10 湖南省315
巴杆		400—800担	衡山	资江(外水路)	全志10 湖南省316
巴杆		300—500担	永州	资江(外水路)	全志10 湖南省316
把杆		50—200担	新宁	资江(宝庆)	全志10 湖南省312
巴杆子	客船	100担	湖南省	郴州,衡山	全志9 湖北省325
驳卦船	货船	1 000担	江苏省	沿海(温州,福州)	全志15 江苏省282
白沙子	货船(茶)	300—600担	江苏省	南京	全志15 江苏省301
白沙船		100—600担	安徽省	芜湖—怀宁县	全志12 安徽省195
驳子	客货船	30—40担	江西省	赣江	全志11 江西省280

续 表

民船名	船型、船种	吨位	省名、地名	主要航行水域	出典
驳子	货船(米、陶瓷器)	200担	湖南省	漆水	全志10 湖南省 297
驳鳅子	货船	30—300担	河南省	河南—河北	全志8 河南省 276
白水船		130担	衡州	祁阳、衡州、湘潭	全志10 湖南省 286
驳船		600—700担	江苏省	泰州	全志15 江苏省 309
驳船		200—400担	新化	资江(益阳)	全志10 湖南省 313
驳船(饷头)	旅客船(以小蒸气艇牵引)	70吨	广东省	广东三角洲	全志1 广东省 442
驳船	客船(钱塘江商轮公司)		浙江省	钱塘江(桐庐—兰溪)	全志13 浙江省 251
驳船	旅客货物船	10担		苏州—上海	全志13 浙江省 280
白底船(戎克船)	货船(海洋航行)			福州—宁波	全志14 福建省 275
白底(戎克、台湾船)	(航海用)		台湾	厦门地方	全志14 福建省 304
白艮船		50—200担	广西省	西江上流—梧州	全志2 广西省 303
马槽	货船(河船)	4 000—13 000斤	直隶省	以天津为中心的内地地方	全志18 直隶省 411
马槽	货船	10 000斤	直隶省	马厂运河	全志18 直隶省 465
扒窝子			四川省	长江	全志5 四川省 321
扒窝子			四川省		全志5 四川省 321

续　表

民船名	船型、船种	吨位	省名·地名	主要航行水域	出典
扒船	炮船(抽税、贼难)		广西省	西江	全志2 广西省302
八舱船	客船(利莲公司)		兰溪	钱塘江(金华—兰溪)	全志13 浙江省261
扒柁船		10 000斤	四川省	嘉陵江	全志5 四川省432
扒尾船	货船		四川省	保宁	全志5 四川省350
扒尾船		20—40担	四川省	昭化	全志5 四川省350
搬米艇	货船(米)		广西省	西江	全志2 广西省302
扒湾儿船		4 000斤	四川省	嘉陵江	全志5 四川省343
筏	竹筏、木材筏		云南省	红河(河口)	全志3 云南省458
筏子(竹筏)	货船(纸)		四川省	锦江	全志5 四川省363
筏子(木筏)			四川省	锦江	全志5 四川省363
拨船		40—140担	湖南省	湘潭、白菓、九都	全志10 湖南省287
拨船(驳船)		10 000斤	四川省	嘉陵江	全志5 四川省343
拨船	货船	100—200吨	广西省	桂江	全志2 广西省320
巴斗子			江西省	九江	全志11 江西省283
巴斗子			江西省	九江	全志11 江西省351
巴斗子	货船(谷物)	300—400担	江西省	九江	全志15 江苏省300

续 表

民船名	船型、船种	吨位	省名、地名	主要航行水域	出 典
巴斗船		300—700担	安徽省	芜湖—宿松县,九江	全志12 安徽省197
巴都船	货船	30—40担	江西省	汉口—九江	全志9 湖北省331
马门船		300担	江西省	广东以西西江一带	全志2 广西省305
万载子	货船	100—400担	江西省	赣江	全志11 江西省282
万子	货船		安徽省	寿州—淮河	全志12 安徽省215
搬船		300—600担	龙阳	资江（外水路）	全志10 湖南省314
搬船		300—800担	常德	资江（外水路）	全志10 湖南省317
板船	货船	50—600担	江苏省	通州	全志15 江苏省306
板船	货船	50—200担	安徽省	芜湖—桐城县	全志12 安徽省196
蛮船			广东省	广东三角洲—西南诸县	全志1 广东省444
板船（板快）	货船（谷物）	250—300担	江苏省	苏州—南京	全志15 江苏省303
板艇	货物积卸船		广西省	梧州埠附近	全志2 广西省303
半头船		20 000斤	四川省	嘉陵江	全志5 四川省343
搬米船	货船（谷物）		广东省	广东三角洲	全志1 广东省445
半篷船	货船（薪炭）		四川省	锦江	全志5 四川省364
半篷船		80—100担	湘潭	醴陵、湘潭	全志10 湖南省287

资料篇3 《中国省别全志》所见中国民船名称清单

续 表

民船名	船型、船种	吨位	省名、地名	主要航行水域	出 典
百官船	客货船	300—900担	浙江省	上海—宁波	全志13浙江省280
百甲头船		250担	四川省	岷江	全志5四川省361
锚鉴（戎克船）	货船（海洋航行）	1 200—1 300担	台湾、福州	福州—台湾	全志14福建省276
标船	护卫船（河船）		直隶省	西河、北河、御河	全志18直隶省411
标船	保险船、护卫船	19 000—35 000斤	直隶省	南运河	全志18直隶省458
标滩（小）		100—200担	江西省	南昌	全志11江西省284
标滩（大）		1 000担	江西省	南昌	全志11江西省284
标滩子	货船	500—1 000担	江西省	桃江	全志11江西省324
标滩船	货船		江西省	赣江	全志11江西省281
叹书艇	邮便递送船		广东省	广东三角洲	全志1广东省447
闽船（戎克船）	（海洋船）	200—300担	浙江省	瓯江（温州、福州、兴化、泉州石码、漳州）	全志13浙江省269
闽船		400—500担	福建省	闽江	全志14福建省269
闽船	货船	70—300担	福建省	闽江中流（福建省城—水口）	全志14福建省280
府钓子	货船		江西省		全志9湖北省331
福州闽船	货船	30—40担	福州	闽江中流（白沙镇）	全志14福建省278

续 表

民船名	船型、船种	吨位	省名、地名	主要航行水域	出 典
福州船	货船	100—400担	福州	闽江中流（延平府城—福建省坡）	全志14 福建省282
抚船（抚子，小）	货船	400—500担	江西省	九江	全志11 江西省350
抚船（抚子，大）		1 000担	江西省	南昌	全志11 江西省284
抚弓子			江西省	南昌	全志11 江西省284
峡蝶船		400—500担	衡山	抚州	全志11 江西省283
福建海边船	货船（杂货、木材）	400—2 000担	福建省	衡州下流	全志10 湖南省284
平头子		最大200担	江西省	上海—福建地方	全志15 江苏省283
平头子		200—400担	新化	锦江（五山、广信间）	全志11 江西省339
研头子	渡船（河船）	20 000斤	直隶省	资江（益阳）	全志10 湖南省313
平头子船	货船	100担	江西省	以天津为中心的内地地方	全志18 直隶省410
平南船		200—300担	平南	昌水	全志11 江西省346
平南船		200—300担	平南	西江（广州—梧州—平南）	全志1 广东省441
平板及窝子		500—800担	湘潭	平南—梧州—广州府	全志2 广西省303
平板船		500—800担	湘乡	资江（外水路）	全志10 湖南省316
				湘潭、湘乡	全志10 湖南省284

423

续　表

民船名	船型,船种	吨位	省名,地名	主要航行水域	出　典
米包子	货船(米)	200—500担	江苏省	常熟、无锡—上海	全志15 江苏省280
米包子	货船(米)		江苏省	苏州附近	全志15 江苏省286
米包子	货船(绵花)	400—500担	江苏省	常州—南京	全志15 江苏省303
平乐客船(房船)	客船		广西省	桂江	全志2 广西省321
平乐船		500—2 000担	平乐	西江(广州—梧州—平乐)	全志1 广东省441
平乐船		500—2 000担	平乐县	平乐县—梧州—广州府	全志2 广西省304
扁子	货船	50—200担	安徽省	颍河	全志12 安徽省227
艑子船	货船	30—300担	河南省	唐河	全志8 河南省276
汴梁船	货船		河南省	黄河	全志4 山东省514
蒲鞋船	客货船	200—400担	安徽省	苏州—上海	全志13 浙江省280
炮划子	警备船		安徽省	淮河	全志12 安徽省216
炮划子	警备船(河船)		直隶省	以天津为中心的内地地方	全志18 直隶省411
炮划子	巡逻船(官船)		直隶省	南运河	全志18 直隶省458
鲍冰子	货船(杂谷)	300—500担	安徽省	颍河	全志8 河南省305
宝庆鳅子		400—1 000担	宝夫	湖南各地	全志10 湖南省285
宝庆船		10—20吨	四川省	长江	全志5 四川省322

424

续 表

民船名	船型、船种	吨位	省名、地名	主要航行水域	出 典
方口	货船		广东		全志 15 江苏省 299
澎湖岛船	货船		澎湖岛	澎湖岛	全志 14 福建省 308
帮子船		100 担	广东省	韩江（汕头—石下坝）	全志 1 广东省 475
帮子船		80 担	广东省	韩江（峰市—汀州）	全志 1 广东省 475
帮子船	货船	80 担内外	福建省	韩江上流（汀州—峰市、汕头—石下坝）	全志 14 福建省 314
帮子船			福建省	石下坝下流、嘉应—潮州	全志 14 福建省 315
舷子船	客货船（盐等）		安徽省	运河—洪泽湖	全志 12 安徽省 216
茂耳船	旅客船	400—500 担	陕西省	汉水（寒中附近）	全志 7 陕西省 218
放船	货船（陶瓷器）		江苏省	景德镇—南京—长江、九江	全志 15 江苏省 300
炮船			江西省	赣州	全志 11 江西省 318
篷船	旅客船	20—50 担	江苏省	通州	全志 15 江苏省 306
篷船		100—1 500 担	广东省	广东三角洲	全志 1 广东省 442
方口	渡船		济宁	黄河	全志 4 山东省 514
茅川船		700 担		广东以西西江一带	全志 2 广西省 305
煤船	货船（河南煤炭）			道口镇—南运河（御河）	全志 4 山东省 544

425

续 表

民船名	船型,船种	吨位	省名,地名	主要航行水域	出 典
煤船	货船		直隶省	以天津为中心的内地地方	全志 18 直隶省 409
北快子			江苏省	通州	全志 15 江苏省 306
北航船(小)	货船	1 000 担	厦门	厦门—上海、华北	全志 14 福建省 306
北航船(大)	货船	3 000 担	厦门	厦门—上海、华北	全志 14 福建省 306
北航船(中)	货船	2 000 担	厦门	厦门—上海、华北	全志 14 福建省 306
北商船(戎克船)	货船(海洋航行)			福州—上海(台州、宁波)	全志 14 福建省 275
北驳(戎克船)	货船(海洋航行)			福州—华北(天津、牛庄、山东)	全志 14 福建省 276
北流船		20—300 担	北流县	西江(广州—梧州—北流县)	全志 1 广东省 441
北流船		20—300 担	北流县	北流县—梧州—广州府	全志 2 广西省 304
浦梢子	货船(谷物)	200—300 担	江苏省	六合县—南京	全志 15 江苏省 302
浦锡快	客货船		江苏省	江苏省,扬子江南部	全志 15 江苏省 285
牡丹头	货船		江苏省	长江北岸	全志 15 江苏省 285
浦鞡			江苏省	通州	全志 15 江苏省 306
麻鸡船			四川省	嘉陵江	全志 5 四川省 343
麻雀船		10—500 担	福州	闽江(福建省城—邵武)	全志 14 福建省 269

资料篇3 《中国省别全志》所见中国民船名称清单

续 表

民船名	船型,船种	吨位	省名,地名	主要航行水域	出典
麻雀船	货船		福建省	闽江中流(闽清口—县城)	全志14 福建省278
麻雀船	货船	30—40担	福建省	闽江中流(福建省城—水口)	全志14 福建省280
麻雀船	货船	30—40担	福州	闽江中流(延平府城—福建省城)	全志14 福建省282
麻雀船	货船	20—30担	福建省	闽江中流(延平—建宁)	全志14 福建省283
麻雀船	货船	30—40担	福建省	闽江中流(延平—黄田)	全志14 福建省284
麻雀船	客货货船		福建省	闽江上流(洋口—将乐)	全志14 福建省286
麻雀船	货船	20—50担	福建省	闽江上流(洋口—将乐)	全志14 福建省287—8
麻雀船	货船	20—30担	江西省	闽江上流(建宁—浦城—崇安)	全志14 福建省293
麻雀尾		100吨	四川省	闽江上流(建阳—崇安)	全志14 福建省293
麻雀尾		最大3 000担	四川省	长江	全志5 四川省320
麻雀尾		500—1 200担	湖南省		全志9 湖北省320
麻雀尾			安化	资江(益阳)	全志10 湖南省314
码头船	货船(曳船用)	200—500吨	江苏省		全志15 江苏省283

续 表

民船名	船型、船种	吨位	省名、地名	主要航行水域	出典
码头船		20—200 担	广东省	乐昌江(韶州—坪石)	全志 1 广东省 457
麻阳船	客船	400—600 担	江西省	南昌	全志 11 江西省 283
麻阳船		20—40 吨	四川省	长江	全志 5 四川省 321
麻阳船		600 担	四川省	岷江	全志 5 四川省 361
麻阳船		最大 600—1 000 担	四川省	锦江	全志 5 四川省 363
麻阳船	客货船	40—300 担	湖南省	常德府—汉口	全志 9 湖北省 320
麻阳船	货船	300—600 担	辰州	资江(外水路)	全志 9 湖北省 323
麻阳船	货船(盐)		贵州省	铜仁江	全志 10 湖南省 316
麻阳船	货船(盐)	500 000 斤	广东省	西江腹地	全志 16 贵州省 182
麻阳船	客船	200—800 担	广西省	广东—广西	全志 1 广东省 446
麻阳巴杆	客货船		襄阳	湘江下流、沅江	全志 2 广西省 301
满杆船	客船(绅商官吏用)		湖北省	汉口—樊城间	全志 10 湖南省 285
满江红			江苏省	江苏省内、扬子江	全志 9 湖北省 329
满江船	客货船	300—600 担		苏州—上海	全志 15 江苏省 284
					全志 13 浙江省 280

续 表

民船名	船型、船种	吨位	省名、地名	主要航行水域	出 典
满扒子		最大600担	江西省	袁江(秀江)	全志11 江西省331
满篷船		200—700担	广东省	东江	全志1 广东省435
满林江		200—800担	湘乡	资江(外水路)	全志10 湖南省316
满林红		200—800担	湘乡	两湖各地	全志10 湖南省284
民船	货船(羊毛)	20 000斤	甘肃省	黄河(石嘴子)	全志6 甘肃省393
民船	旅客船	10—20担	河南省	洛水	全志8 河南省286
无为船			无为县	芜湖—无为县	全志12 安徽省196
无锡快	客货船(官绅用曳船用)		江苏省	江苏省、扬子江南部	全志15 江苏省285
无锡快子	旅客船	400—500担	江苏省	通州	全志15 江苏省306
无锡快船	旅客船	400—500担	江苏省	上海	全志15 江苏省277
无锡快船	货船	200—300担	浙江省	苏州—上海	全志13 浙江省280
无锡西庄船	货船·	300—700担	浙江省	苏州—上海	全志13 浙江省280
明塘船	货船,渔船	700—1 000担	直隶省	钱塘江(严州)	全志13 浙江省251
莽牛船	(河船)	7万斤	直隶省	南运河	全志18 直隶省410
莽牛船	货船	70 000斤		南运河	全志18 直隶省457

续　表

民船名	船型、船种	吨位	省名、地名	主要航行水域	出　典
莽牛槽子			直隶省	东河庐台方面	全志 18 直隶省 408
莽牛船		700 担	河南省	卫河	全志 8 河南省 296
毛鱼鳅船	货船	300—400 担	四川省	岷江	全志 9 湖北省 320
毛鳅船		1 000 担	四川省		全志 5 四川省 361
网船	渔船	30 000 斤	浙江省	钱塘江	全志 13 浙江省 251
毛板船		20—40 担	四川省	嘉陵江	全志 5 四川省 342
毛板船	货船	40 担	四川省	保宁	全志 5 四川省 350
毛板船		200—300 担	四川省	昭化	全志 5 四川省 350
毛板船		300—800 担	宝庆	涪江	全志 5 四川省 354
毛板船		300—1 110 担	宝庆	益阳、湘潭	全志 10 湖南省 286
毛篷船		130 担	宝庆	资江(宝庆)	全志 10 湖南省 312
毛篷船		500—600 担	四川省	资江(益阳)	全志 10 湖南省 313
木扒子船	货船		湖南省	岷江	全志 5 四川省 361
木板船	货船	20 担	四川省	洪江—沅州	全志 10 湖南省 336
				保宁	全志 5 四川省 350
				沱江	全志 5 四川省 379

续 表

民船名	船型、船种	吨位	省名、地名	主要航行水域	出 典
耶为子	货船	1 000担	江西省	昌水	全志11 江西省346
友板子	邮便船		江西省	九江	全志11 江西省351
邮便子	邮便船		广西省	桂林、平乐—梧州	全志2 广西省323
油桶子	货船(土布)	400—500担	江苏省	通州—南京	全志15 江苏省303
洋益子		最大600担	江西省	袁江(秀江)	全志11 江西省331
阳溪船			安化	资江(益阳)	全志10 湖南省314
叶好(同安船)	客货船	650担	厦门	厦门—同安地方	全志14 福建省305
扬州帮船		80担	江苏省	沙河、颍河、涡河、阜河、淮河	全志15 江苏省310
扬州帮船(荷花办工、黄跨子)	客货船	50—60担	扬州	扬州—镇江	全志15 江苏省293
扬州府船	客货船	100—500担	江苏省	苏州—南京	全志15 江苏省293
摇船	客货船(官商)	200—300担	江苏省		全志15 江苏省302
洋驳	货船	50—100吨	福建省	闽江(福州—马尾)	全志14 福建省270
叶安(同安船)	客货船	720担	厦门	厦门—同安地方	全志14 福建省305
叶进(同安船)	客货船	650担	厦门	厦门—同安地方	全志14 福建省305
叶平(同安船)	客货船	650担	厦门	厦门—同安地方	全志14 福建省305

续 表

民船名	船型、船种	吨位	省名、地名	主要航行水域	出 典
扬码头船	货船		济宁	黄河	全志 4 山东省 514
ラィター	货船(装有大炮)		广东省	广东三角洲	全志 1 广东省 449
罗江船			福建省	石下坝下流,嘉应—潮州	全志 14 福建省 316
螺山鸦艄船			湖北省		全志 9 湖北省 326
罗定船		500—1 000担	罗定县	西江(罗定县—梧州)	全志 1 广东省 442
罗定船		500—1 000担	罗定县	梧州—罗定县	全志 2 广西省 304
罗汤子		最大200担	江西省	锦江(五山,广信间)	全志 11 江西省 339
罗汤船	货船	100担	江西省	昌水	全志 11 江西省 346
摆渡船(南船)	渡船		河南省	河南省—天津	全志 18 直隶省 409
拦杆船			直隶省	以天津为中心的内地地方	全志 18 直隶省 409
ランホー船(花板儿船)		20 000斤	四川省	嘉陵江	全志 5 四川省 343
六舱船	客船(利达公司)		兰溪	钱塘江(金华—兰溪)	全志 13 浙江省 261
龙口船	货船	2 000—5 000担	广东省	汕头地方—南京,镇江	全志 15 江苏省 299
龙州船		100—150担	龙州	西江(广州—梧州—龙州)	全志 1 广东省 441
龙州船		100—150担	龙州	龙州—梧州—广州府	全志 2 广西省 304

续 表

民船名	船型,船种	吨位	省名,地名	主要航行水域	出 典
龙船	旅客船(祭日用舢板)		广东省	广东三角洲	全志1广东省447
龙南艒子	货船	300—400担	江西省	赣江	全志11江西省281
龙南艒子	货船	300担	江西省	桃江	全志11江西省318
龙南船	货船	500—1 000担	江西省	桃江	全志11江西省324
柳府船		200—250担		西江(佛山—梧州)	全志1广东省441
柳府船		200—2 500担	柳州府	柳州府—梧州—佛山	全志2广西省304
浏阳艒子		170—400担	浏阳	湖南各地	全志10湖南省285
浏阳艒子		200—800担	常德	资江(外水路)	全志10湖南省317
柳叶船	客船	50担	四川省	沱江	全志5四川省379
粮划子	货船(粮食)	500—1 000担	河南省	卫河	全志8河南省296
粮划子	货船	800 000斤(8票)		淮河	全志12安徽省216
粮划子船	(河船)	5万—10万斤	直隶省	以天津为中心的内地地方	全志18直隶省409
粮划子船		5万—10万斤	直隶省	南运河	全志18直隶省411
粮划子船	货船		直隶省	南运河	全志18直隶省457
两湖船		400担		湖南—广东、广西	全志2广西省305

433

续表

民船名	船型,船种	吨位	省名,地名	主要航行水域	出典
菱湖船	客货船(米谷)	100—200担	浙江省	嘉兴—湖州	全志13浙江省280
梁山子	货船(麻)	300担以下	江苏省	安徽—南京	全志15江苏省306
料匹子	货船		江苏省	江苏省内内河	全志15江苏省286
辆船		300—500担	岳州	资江(外水路)	全志10湖南省315
两舱艀子船	客船		四川省		全志9湖北省321
凉钓子	渔船		江苏省	苏州附近	全志15江苏省286
凉篷	货船(豆夹柿饼)	300担	江苏省	南京	全志15江苏省301
绿头(戎克,福建船)	(航海用)		福建省	厦门地方	全志14福建省304
粮米船	货船	5—50担	安徽省	涡河	全志12安徽省232
临江船		200—300担	江西省	袁江(秀江)	全志11江西省330
侧扒子		200—400吨	广西省	西江	全志2广西省302
列扒子	货船	500—1 000担	广西省	桂江	全志2广西省320
莲州船		40 000—60 000斤	莲州	北江,东江(韶州—莲州)	全志1广东省457
老娃邱		500担	四川省	嘉陵江	全志5四川省343
楼船	货船(谷物)	400—500担	江苏省	南京	全志15江苏省301
楼船			安徽省	芜湖—江宁地方	全志12安徽省197

续　表

民船名	船型、船种	吨位	省名、地名	主要航行水域	出　典
楼船			湖北省	芜湖—湖北省汉川地方	全志 12 安徽省 198
浪船	客货船		江苏省	镇江	全志 15 江苏省 285
芦乌船	货船	100—300担	安徽省	杭州—新安江—屯溪	全志 12 安徽省 239
泷船		30—100担	广东省	乐昌江(乐昌—宣章)	全志 1 广东省 457
芦乌船	客货船	100—400担	浙江省	钱塘江(金华,衢州,严州)	全志 13 浙江省 251
老龙船	货船	400—500担	广东省	广东—澳门—香港	全志 1 广东省 444
老龙船		1 000担	老隆	北江,东江(韶州—老隆)	全志 1 广东省 457
老龙船	货船	200—300吨		广东以西西江一带	全志 2 广西省 305
鸭屁股船			江苏省	上海—汉口,宁波,福州,温州	全志 15 江苏省 282
庐盖船(小)		100担	江西省	南昌	全志 11 江西省 285
庐盖船(大)	乘客伙板用		江西省	南昌	全志 11 江西省 285
芦墐快	客货船	70—200担	江苏省	苏州附近的都邑	全志 15 江苏省 286
芦墐船			浙江省	苏州—上海	全志 13 浙江省 280
炉儿子			江西省	袁江(秀江)	全志 11 江西省 331
淮南船		500—600担	江苏省	沙河,颍河,涡河,皁河,淮河	全志 15 江苏省 310

续表

民船名	船型、船种	吨位	省名、地名	主要航行水域	出典
淮南方子	货船		安徽省	扬州—淮河	全志12 安徽省215
歪屁股	客货船	20—300担	贵州省	乌江(涪州—龚滩、思南)	全志16 贵州省175
歪屁股	客货船		贵州省	赤水江	全志16 贵州省176
歪屁股	渡船(官设)		贵州省	乌江,湄潭江(湄水口、角口)	全志16 贵州省306
歪屁股鳅子船	货船(杂谷)	70—1 000担	湖北省	汉水	全志9 湖北省328
歪屁股船	货船(盐)	盐1载 (240×450包)	四川省	沱江	全志5 四川省379

后 记

笔者做与本书,即《清代内河水运史研究》(关西大学出版部)的相关研究,起因于1981年4月下旬至5月初期的中国访问之行。当时尚无关西机场,因此由东京成田机场出发至上海虹桥机场。在参观完上海市区之后,乘夜行列车前往宁波,再由宁波转至杭州,接着从杭州乘坐了30多小时的火车到达厦门,再前往泉州与福州。福州之后为广州之行,最后从香港乘机回国,从而结束了中国沿海地区的调查旅行。特别是在杭州往厦门的列车途中,透过车窗眺望福建的九龙江时所见的逆水而上的帆船之景象,让笔者感动不已。在漫长的历史过程中,由这些航行于内陆河川的帆船所支撑起的中国物流的实况浮现于眼前。

中国经济的高度发展之后,前文所提到的帆船航运的状况完全改变。遍布全国的高速公路网,使物资的大量流通变为可能。但直到30年前为止,帆船这个已有2000年悠久历史的交通工具,仍然承担着中国的大量物流任务。为了阐明旧时帆船航运的实际状况,笔者执笔的三部著作:以上海沙船的活动为研究主题的《清代上海沙船航运业史之研究》(关西大学出版部,2004年),本书,以及最近出版的关于清代中国沿海的帆船活动的《清代帆船沿海航运史之研究》(2010年1月),全部以关西大学东西学术研究所丛刊的形式出版。在此,谨向为本书提供条文的关西大学东西学术研究所前所长桥本征治教授表示由衷的感谢。

中国有着悠久的历史。但对被称为"80后",出生于20世纪80年代的年轻人来说,并不能亲眼目睹这个厚重的历史积淀。因此,本书欲将历史的一个真实状况转述给他们。本书在凤凰出版传媒集团、江苏人民出版社的鼎力支持之下得以顺利出版,笔者感到荣幸之至。在此谨向为本书的出版创造宝贵机会的"海外中国研究丛书"主编刘东先生,江苏人民出版社的王保顶先生表示衷心感谢,同时也感谢关西大学博士研究生,现任日本学术振兴会特别研究董科同学在百忙之中将本书译为中文。

在期待本书广为中国读者阅读的同时,笔者也期望各位读者指出这部一个外国人写的中国历史之中的错误之处。

松浦　章

(关西大学博士研究生王亦铮译)

"海外中国研究丛书"书目

1. 中国的现代化　［美］吉尔伯特·罗兹曼 主编　国家社会科学基金"比较现代化"课题组 译　沈宗美 校
2. 寻求富强：严复与西方　［美］本杰明·史华兹 著　叶凤美 译
3. 中国现代思想中的唯科学主义(1900—1950)　［美］郭颖颐 著　雷颐 译
4. 台湾：走向工业化社会　［美］吴元黎 著
5. 中国思想传统的现代诠释　余英时 著
6. 胡适与中国的文艺复兴：中国革命中的自由主义,1917—1937　［美］格里德 著　鲁奇 译
7. 德国思想家论中国　［德］夏瑞春 编　陈爱政 等译
8. 摆脱困境：新儒学与中国政治文化的演进　［美］墨子刻 著　颜世安 高华 黄东兰 译
9. 儒家思想新论：创造性转换的自我　［美］杜维明 著　曹幼华 单丁 译　周文彰 等校
10. 洪业：清朝开国史　［美］魏斐德 著　陈苏镇 薄小莹 包伟民 陈晓燕 牛朴 谭天星 译　阎步克 等校
11. 走向21世纪：中国经济的现状、问题和前景　［美］D.H.帕金斯 著　陈志标 编译
12. 中国：传统与变革　［美］费正清 赖肖尔 主编　陈仲丹 潘兴明 庞朝阳 译　吴世民 张子清 洪邮生 校
13. 中华帝国的法律　［美］D.布朗 C.莫里斯 著　朱勇 译　梁治平 校
14. 梁启超与中国思想的过渡(1890—1907)　［美］张灏 著　崔志海 葛夫平 译
15. 儒教与道教　［德］马克斯·韦伯 著　洪天富 译
16. 中国政治　［美］詹姆斯·R.汤森 布兰特利·沃马克 著　顾速 董方 译
17. 文化、权力与国家：1900—1942年的华北农村　［美］杜赞奇 著　王福明 译
18. 义和团运动的起源　［美］周锡瑞 著　张俊义 王栋 译
19. 在传统与现代性之间：王韬与晚清革命　［美］柯文 著　雷颐 罗检秋 译
20. 最后的儒家：梁漱溟与中国现代化的两难　［美］艾恺 著　王宗昱 冀建中 译
21. 蒙元入侵前夜的中国日常生活　［法］谢和耐 著　刘东 译
22. 东亚之锋　［美］小R.霍夫亨兹 K.E.柯德尔 著　黎鸣 译
23. 中国社会史　［法］谢和耐 著　黄建华 黄迅余 译
24. 从理学到朴学：中华帝国晚期思想与社会变化面面观　［美］艾尔曼 著　赵刚 译
25. 孔子哲学思微　［美］郝大维 安乐哲 著　蒋弋为 李志林 译
26. 北美中国古典文学研究名家十年文选　乐黛云 陈珏 编选
27. 东亚文明：五个阶段的对话　［美］狄百瑞 著　何兆武 何冰 译
28. 五四运动：现代中国的思想革命　［美］周策纵 著　周子平 等译
29. 近代中国与新世界：康有为变法与大同思想研究　［美］萧公权 著　汪荣祖 译
30. 功利主义儒家：陈亮对朱熹的挑战　［美］田浩 著　姜长苏 译
31. 莱布尼兹与儒学　［美］孟德卫 著　张学智 译
32. 佛教征服中国：佛教在中国中古早期的传播与适应　［荷兰］许理和 著　李四龙 裴勇 等译
33. 新政革命与日本：中国,1898—1912　［美］任达 著　李仲贤 译
34. 经学、政治和宗族：中华帝国晚期常州今文学派研究　［美］艾尔曼 著　赵刚 译
35. 中国制度史研究　［美］杨联陞 著　彭刚 程钢 译

36. 汉代农业:早期中国农业经济的形成　　[美]许倬云 著　程农 张鸣 译　邓正来 校
37. 转变的中国:历史变迁与欧洲经验的局限　　[美]王国斌 著　李伯重 连玲玲 译
38. 欧洲中国古典文学研究名家十年文选乐黛云　陈珏 龚刚 编选
39. 中国农民经济:河北和山东的农民发展,1890—1949　[美]马若孟 史建云 译
40. 汉哲学思维的文化探源　[美]郝大维 安乐哲 著　施忠连 译
41. 近代中国之种族观念　[英]冯客 著　杨立华 译
42. 血路:革命中国中的沈定一(玄庐)传奇　[美]萧邦奇 著　周武彪 译
43. 历史三调:作为事件、经历和神话的义和团　[美]柯文 著　杜继东 译
44. 斯文:唐宋思想的转型　[美]包弼德　刘宁 译
45. 宋代江南经济史研究　[日]斯波义信 著　方健 何忠礼 译
46. 一个中国村庄:山东台头　杨懋春 著　张雄 沈炜 秦美珠 译
47. 现实主义的限制:革命时代的中国小说　[美]安敏成 著　姜涛 译
48. 上海罢工:中国工人政治研究　[美]裴宜理 著　刘平 译
49. 中国转向内在:两宋之际的文化转向　[美]刘子健 著　赵冬梅 译
50. 孔子:即凡而圣　[美]赫伯特·芬格莱特 著　彭国翔 张华 译
51. 18世纪中国的官僚制度与荒政　[法]魏丕信 著　徐建青 译
52. 他山的石头记:宇文所安自选集　[美]宇文所安 著　田晓菲 编译
53. 危险的愉悦:20世纪上海的娼妓问题与现代性　[美]贺萧 著　韩敏中 盛宁 译
54. 中国食物　[美]尤金·N. 安德森 著　马孆 刘东 译　刘东 审校
55. 大分流:欧洲、中国及现代世界经济的发展　[美]彭慕兰 著　史建云 译
56. 古代中国的思想世界　[美]本杰明·史华兹 著　程钢 译　刘京 校
57. 内闱:宋代的婚姻和妇女生活　[美]伊沛霞 著　胡志宏 译
58. 中国北方村落的社会性别与权力　[加]朱爱岚 著　胡玉坤 译
59. 先贤的民主:杜威、孔子与中国民主之希望　[美]郝大维 安乐哲 著　何刚强 译
60. 向往心灵转化的庄子:内篇分析　[美]爱莲心 著　周炽成 译
61. 中国人的幸福观　[德]鲍吾刚 著　严蓓雯 韩雪临 吴德祖 译
62. 闺塾师:明末清初江南的才女文化　[美]高彦颐 著　李志生 译
63. 缀珍录:十八世纪及其前后的中国妇女　[美]曼素恩 著　定宜庄 颜宜葳 译
64. 革命与历史:中国马克思主义历史学的起源,1919—1937　[美]德里克 著　翁贺凯 译
65. 竞争的话语:明清小说中的正统性、本真性及所生成之意义　[美]艾梅兰 著　罗琳 译
66. 中国妇女与农村发展:云南禄村六十年的变迁　[加]宝森 著　胡玉坤 译
67. 中国近代思维的挫折　[日]岛田虔次 著　甘万萍 译
68. 中国的亚洲内陆边疆　[美]拉铁摩尔 著　唐晓峰 译
69. 为权力祈祷:佛教与晚明中国士绅社会的形成　[加]卜正民 著　张华 译
70. 天潢贵胄:宋代宗室史　[美]贾志扬 著　赵冬梅 译
71. 儒家之道:中国哲学之探讨　[美]倪德卫 著　[美]万白安 编　周炽成 译
72. 都市里的农家女:性别、流动与社会变迁　[澳]杰华 著　吴小英 译
73. 另类的现代性:改革开放时代中国性别化的渴望　[美]罗丽莎 著　黄新 译
74. 近代中国的知识分子与文明　[日]佐藤慎一 著　刘岳兵 译
75. 繁盛之阴:中国医学史中的性(960—1665)　[美]费侠莉 著　甄橙 主译　吴朝霞 主校
76. 中国大众宗教　[美]韦思谛 编　陈仲丹 译
77. 中国诗画语言研究　[法]程抱一 著　涂卫群 译
78. 中国的思维世界　[日]沟口雄三 小岛毅 著　孙歌 等译

79. 德国与中华民国　[美]柯伟林 著　陈谦平 陈红民 武菁 申晓云 译　钱乘旦 校
80. 中国近代经济史研究:清末海关财政与通商口岸市场圈　[日]滨下武志 著　高淑娟 孙彬 译
81. 回应革命与改革:皖北李村的社会变迁与延续韩敏 著　陆益龙 徐新玉 译
82. 中国现代文学与电影中的城市:空间、时间与性别构形　[美]张英进 著　秦立彦 译
83. 现代的诱惑:书写半殖民地中国的现代主义(1917—1937)　[美]史书美 著　何恬 译
84. 开放的帝国:1600年前的中国历史　[美]芮乐伟·韩森 著　梁侃 邹劲风 译
85. 改良与革命:辛亥革命在两湖　[美]周锡瑞 著　杨慎之 译
86. 章学诚的生平及其思想　[美]倪德卫 著　杨立华 译
87. 卫生的现代性:中国通商口岸卫生与疾病的含义　[美]罗芙芸 著　向磊 译
88. 道与庶道:宋代以来的道教、民间信仰和神灵模式　[美]韩明士 著　皮庆生 译
89. 间谍王:戴笠与中国特工　[美]魏斐德 著　梁禾 译
90. 中国的女性与性相:1949年以来的性别话语　[英]艾华 著　施施 译
91. 近代中国的犯罪、惩罚与监狱　[荷]冯客 著　徐有威 等译　潘兴明 校
92. 帝国的隐喻:中国民间宗教　[英]王斯福 著　赵旭东 译
93. 王弼《老子注》研究　[德]瓦格纳 著　杨立华 译
94. 寻求正义:1905—1906年的抵制美货运动　[美]王冠华 著　刘甜甜 译
95. 传统中国日常生活中的协商:中古契约研究　[美]韩森 著　鲁西奇 译
96. 从民族国家拯救历史:民族主义话语与中国现代史研究　[美]杜赞奇 著　王宪明 高继美 李海燕 李点 译
97. 欧几里得在中国:汉译《几何原本》的源流与影响　[荷]安国风 著　纪志刚 郑诚 郑方磊 译
98. 十八世纪中国社会　[美]韩书瑞 罗友枝 著　陈仲丹 译
99. 中国与达尔文　[美]浦嘉珉 著　钟永强 译
100. 私人领域的变形:唐宋诗词中的园林与玩好　[美]杨晓山 著　文韬 译
101. 理解农民中国:社会科学哲学的案例研究　[美]李丹 著　张天虹 张洪云 张胜波 译
102. 山东叛乱:1774年的王伦起义　[美]韩书瑞 著　刘平 唐雁超 译
103. 毁灭的种子:战争与革命中的国民党中国(1937—1949)　[美]易劳逸 著　王建朗 王贤知 贾维 译
104. 缠足:"金莲崇拜"盛极而衰的演变　[美]高彦颐 著　苗延威 译
105. 饕餮之欲:当代中国的食与色　[美]冯珠娣 著　郭乙瑶 马磊 江素侠 译
106. 翻译的传说:中国新女性的形成(1898—1918)　胡缨 著　龙瑜宬 彭珊珊 译
107. 中国的经济革命:二十世纪的乡村工业　[日]顾琳 著　王玉茹 张玮 李进霞 译
108. 礼物、关系学与国家:中国人际关系与主体性建构　杨美慧 著　赵旭东 孙珉 译　张跃宏 译校
109. 朱熹的思维世界　[美]田浩 著
110. 皇帝和祖宗:华南的国家与宗族　[英]科大卫 著　卜永坚 译
111. 明清时代东亚海域的文化交流　[日]松浦章 著　郑洁西 等译
112. 中国美学问题　[美]苏源熙 著　卞东波 译　张强强 朱霞欢 校
113. 清代内河水运史研究　[日]松浦章 著　董科 译
114. 大萧条时期的中国:市场、国家与世界经济　[日]城山智子 著　孟凡礼 尚国敏 译　唐磊 校
115. 美国的中国形象(1931—1949)　[美]T.克里斯托弗·杰斯普森 著　姜智芹 译
116. 技术与性别:晚期帝制中国的权力经纬　[英]白馥兰 著　江湄 邓京力 译

117. 中国善书研究　[日]酒井忠夫 著　刘岳兵 何英莺 孙雪梅 译
118. 千年末世之乱:1813年八卦教起义　[美]韩书瑞 著　陈仲丹 译
119. 西学东渐与中国事情　[日]增田涉 著　由其民 周启乾 译
120. 六朝精神史研究　[日]吉川忠夫 著　王启发 译
121. 矢志不渝:明清时期的贞女现象　[美]卢苇菁 著　秦立彦 译
122. 明代乡村纠纷与秩序:以徽州文书为中心　[日]中岛乐章 著　郭万平 高飞 译
123. 中华帝国晚期的欲望与小说叙述　[美]黄卫总 著　张蕴爽 译
124. 虎、米、丝、泥:帝制晚期华南的环境与经济　[美]马立博 著　王玉茹 关永强 译
125. 一江黑水:中国未来的环境挑战　[美]易明 著　姜智芹 译
126. 《诗经》原意研究　[日]家井真 著　陆越 译
127. 施剑翘复仇案:民国时期公众同情的兴起与影响　[美]林郁沁 著　陈湘静 译
128. 华北的暴力和恐慌:义和团运动前夕基督教传播和社会冲突　[德]狄德满 著　崔华杰 译
129. 铁泪图:19世纪中国对于饥馑的文化反应　[美]艾志端 著　曹曦 译
130. 饶家驹安全区:战时上海的难民　[美]阮玛霞 著　白华山 译
131. 危险的边疆:游牧帝国与中国　[美]巴菲尔德 著　袁剑 译
132. 工程国家:民国时期(1927—1937)的淮河治理及国家建设　[美]戴维·艾伦·佩兹 著　姜智芹 译
133. 历史宝筏:过去、西方与中国妇女问题　[美]季家珍 著　杨可 译
134. 姐妹们与陌生人:上海棉纱厂女工,1919—1949　[美]韩起澜 著　韩慈 译
135. 银线:19世纪的世界与中国　林满红 著　詹庆华 林满红 译
136. 寻求中国民主　[澳]冯兆基 著　刘悦斌 徐硙 译
137. 墨梅　[美]毕嘉珍 著　陆敏珍 译
138. 清代上海沙船航运业史研究　[日]松浦章 著　杨蕾 王亦诤 董科 译
139. 男性特质论:中国的社会与性别　[澳]雷金庆 著　[澳]刘婷 译
140. 重读中国女性生命故事　游鉴明 胡缨 季家珍 主编
141. 跨太平洋位移:20世纪美国文学中的民族志、翻译和文本间旅行　黄运特 著　陈倩 译
142. 认知诸形式:反思人类精神的统一性与多样性　[英]G.E.R.劳埃德 著　池志培 译
143. 中国乡村的基督教:1860—1900 江西省的冲突与适应　[美]史维东 著　吴薇 译
144. 假想的"满大人":同情、现代性与中国疼痛　[美]韩瑞 著　袁剑 译
145. 中国的捐纳制度与社会　伍跃 著
146. 文书行政的汉帝国　[日]富谷至 著　刘恒武 孔李波 译
147. 城市里的陌生人:中国流动人口的空间、权力与社会网络的重构　[美]张骊 著　袁长庚 译
148. 性别、政治与民主:近代中国的妇女参政　[澳]李木兰 著　方小平 译
149. 近代日本的中国认识　[日]野村浩一 著　张学锋 译
150. 狮龙共舞:一个英国人笔下的威海卫与中国传统文化　[英]庄士敦 著　刘本森 译　威海市博物馆 郭大松 校
151. 人物、角色与心灵:《牡丹亭》与《桃花扇》中的身份认同　[美]吕立亭 著　白华山 译
152. 中国社会中的宗教与仪式　[美]武雅士 著　彭泽安 邵铁峰 译　郭潇 校
153. 自贡商人:近代早期中国的企业家　[美]曾小萍 著　董建中 译
154. 大象的退却:一部中国环境史　[英]伊懋可 著　梅雪芹 毛利霞 王玉山 译
155. 明代江南土地制度研究　[日]森正夫 著　伍跃 张学锋 等译　范金民 夏维中 审校
156. 儒学与女性　[美]罗莎莉 著　丁佳伟 曹秀娟 译

157. 行善的艺术:晚明中国的慈善事业　[美]韩德林 著　吴士勇 王桐 史桢豪 译
158. 近代中国的渔业战争和环境变化　[美]穆盛博 著　胡文亮 译
159. 权力关系:宋代中国的家族、地位与国家　[美]柏文莉 著　刘云军 译
160. 权力源自地位:北京大学、知识分子与中国政治文化,1898—1929　[美]魏定熙 著　张蒙 译
161. 工开万物:17世纪中国的知识与技术　[德]薛凤 著　吴秀杰 白岚玲 译
162. 忠贞不贰:辽代的越境之举　[英]史怀梅 著　曹流 译
163. 内藤湖南:政治与汉学(1866—1934)　[美]傅佛果 著　陶德民 何英莺 译
164. 他者中的华人:中国近现代移民史　[美]孔飞力 著　李明欢 译　黄鸣奋 校
165. 古代中国的动物与灵异　[英]胡司德 著　蓝旭 译
166. 两访中国茶乡　[英]罗伯特·福琼 著　敖雪岗 译
167. 缔造选本:《花间集》的文化语境与诗学实践　[美]田安 著　马强才 译
168. 扬州评话探讨　[丹麦]易德波 著　米锋 易德波 译　李今芸 校译
169. 《左传》的书写与解读　李惠仪 著　文韬 许明德 译
170. 以竹为生:一个四川手工造纸村的20世纪社会史　[德]艾约博 著　韩巍 译　吴秀杰 校
171. 东方之旅:1579—1724耶稣会传教团在中国　[美]柏理安 著　毛瑞方 译
172. "地域社会"视野下的明清史研究:以江南和福建为中心　[日]森正夫 著　于志嘉 马一虹 黄东兰 阿风 等译
173. 技术、性别、历史:重新审视帝制中国的大转型　[英]白馥兰 著　吴秀杰 白岚玲 译
174. 中国小说戏曲史　[日]狩野直喜 张真 译
175. 历史上的黑暗一页:英国外交文件与英美海军档案中的南京大屠杀　[美]陆束屏 编著/翻译
176. 罗马与中国:比较视野下的古代世界帝国　[奥]沃尔特·施德尔 主编　李平 译
177. 矛与盾的共存:明清时期江西社会研究　[韩]吴金成 著　崔荣根 译　薛戈 校译
178. 唯一的希望:在中国独生子女政策下成年　[美]冯文 著　常姝 译
179. 国之枭雄:曹操传　[澳]张磊夫 著　方笑天 译
180. 汉帝国的日常生活　[英]鲁惟一 著　刘洁 余霄 译
181. 大分流之外:中国和欧洲经济变迁的政治　[美]王国斌 罗森塔尔 著　周琳 译　王国斌 张萌 审校
182. 中正之笔:颜真卿书法与宋代文人政治　[美]倪雅梅 著　杨简茹 译　祝帅 校译
183. 江南三角洲市镇研究　[日]森正夫 著　丁韵 胡婧 等译　范金民 审订
184. 忍辱负重的使命:美国外交官记载的南京大屠杀与劫后的社会状况　[美]陆束屏 编著/翻译
185. 修仙:古代中国的修行与社会记忆　[美]康儒博 著　顾漩 译
186. 烧钱:中国人生活世界中的物质精神　[美]柏桦 著　袁剑 刘玺鸿 译
187. 话语的长城:文化中国历险记　[美]苏源熙 著　盛珂 译
188. 诸葛武侯　[日]内藤湖南 著　张真 译
189. 盟友背信:一战中的中国　[英]吴芳思 克里斯托弗·阿南德尔 著　张宇扬 译
190. 亚里士多德在中国:语言、范畴和翻译　[英]罗伯特·沃迪 著　韩小强 译
191. 马背上的朝廷:巡幸与清朝统治的建构,1680—1785　[美]张勉治 著　董建中 译
192. 申不害:公元前四世纪中国的政治哲学家　[美]顾立雅 著　马腾 译
193. 晋武帝司马炎　[日]福原启郎 著　陆帅 译
194. 唐人如何吟诗:带你走进汉语音韵学　[日]大岛正二 著　柳悦 译

195. 古代中国的宇宙论　[日]浅野裕一 著　吴昊阳 译
196. 中国思想的道家之论:一种哲学解释　[美]陈汉生 著　周景松 谢尔逊 等译　张丰乾 校译
197. 诗歌之力:袁枚女弟子屈秉筠(1767—1810)　[加]孟留喜 著　吴夏平 译
198. 中国逻辑的发现　[德]顾有信 著　陈志伟 译
199. 高丽时代宋商往来研究　[韩]李镇汉 著　李廷青 戴琳剑译　楼正豪 校
200. 中国近世财政史研究　[日]岩井茂树 著　付勇 译　范金民 审校
201. 北京的人力车夫:1920年代的市民与政治　[美]史谦德 著　周书垚 袁剑译　周育民 校
202. 魏晋政治社会史研究　[日]福原启郎 著　陆帅 刘萃峰 张紫毫 译
203. 宋帝国的危机与维系:信息、领土与人际网络　[比利时]魏希德 著　刘云军 译